■2025年度中学受験用

ドルトン東京学園中等部

4年間スーパー過去問

●収録内容一覧

入試問題と解説・解答の収録内容

2024年度　２月１日午前	算数・社会・理科・国語
2024年度 ２月１日午後特待	算数・国語
2024年度 ２月２日午後理数特待	算数・理科
2023年度　２月１日午前	算数・社会・理科・国語
2023年度 ２月１日午後特待	算数・国語
2023年度 ２月２日午後理数特待	算数・理科
2022年度　２月１日午前	算数・社会・理科・国語
2022年度 ２月１日午後特待	算数・国語 （解答のみ）
2022年度 ２月２日午後理数特待	算数・理科 （解答のみ）
2021年度　２月１日午前	算数・社会・理科・国語
2021年度　２月１日午後	算数・国語 （解答のみ）

～本書ご利用上の注意～　以下の点について，あ

★別冊解答用紙は巻末にございます。本書に収録している試験
の各校商品情報ページより，一部または全部をダウンロード
★編集の都合上，学校実施のすべての試験を掲載していない場合
★当問題集のバックナンバーは，弊社には在庫がございません　）。

合格を勝ち取るための
『スーパー過去問』の使い方

本書に掲載されている過去問をご覧になって，「難しそう」と感じたかもしれません。でも，多くの受験生が同じように感じているはずです。なぜなら，中学入試で出題される問題は，小学校で習う内容よりも高度なものが多く，たくさんの知識や解き方のコツを身につけることも必要だからです。ですから，初めて本書に取り組むさいには，点数を気にしすぎないようにしましょう。本番でしっかり点数を取れることが大事なのです。

過去問で重要なのは「まちがえること」です。自分の弱点を知るために，過去問に取り組むのです。当然，まちがえた問題をそのままにしておいては意味がありません。

本書には，長年にわたって中学入試にたずさわっているスタッフによるていねいな解説がついています。まちがえた問題はしっかりと解説を読み，できるようになるまで何度も解き直しをしてください。理解できていないと感じた分野については，参考書や資料集などを活用し，改めて整理しておきましょう。

このページも参考にしてみましょう！

◆どの年度から解こうかな　「入試問題と解説・解答の収録内容一覧」

本書のはじめには収録内容が掲載されていますので，収録年度や収録されている入試回などを確認できます。

※著作権上の都合によって掲載できない問題が収録されている場合は，最新年度の問題の前に，ピンク色の紙を差しこんでご案内しています。

◆学校の情報を知ろう!!「学校紹介ページ」

このページのあとに，各学校の基本情報などを掲載しています。問題を解くのに疲れたら息ぬきに読んで，志望校合格への気持ちを新たにし，再び過去問に挑戦してみるのもよいでしょう。なお，最新の情報につきましては，学校のホームページなどでご確認ください。

◆入試に向けてどんな対策をしよう？「出題傾向＆対策」

「学校紹介ページ」に続いて，「出題傾向＆対策」ページがあります。過去にどのような分野の問題が出題され，どのように対策すればよいかをアドバイスしていますので，参考にしてください。

◇別冊「入試問題解答用紙編」

本書の巻末には，ぬき取って使える別冊の解答用紙が収録してあります。解答用紙が非公表の場合などを除き，（注）が記載されたページの指定倍率にしたがって拡大コピーをとれば，実際の入試問題とほぼ同じ解答欄の大きさで，何度でも過去問に取り組むことができます。このように，入試本番に近い条件で練習できるのも，本書の強みです。また，データが公表されている学校は別冊の１ページ目に過去の「入試結果表」を掲載しています。合格に必要な得点の目安として活用してください。

本書がみなさんの志望校合格の助けとなることを，心より願っています。

株式会社　声の教育社　編集部

ドルトン東京学園中等部

所在地	〒182-0004 東京都調布市入間町2-28-20
電　話	03-5787-7945
ホームページ	https://www.daltontokyo.ed.jp
交通案内	小田急線「成城学園前駅」西口2番乗り場，京王線「つつじヶ丘駅」南口1番乗り場よりバス「NTT中央研修センタ」下車徒歩1分

くわしい情報はホームページへ

トピックス

★学習者中心教育のドルトンプランを実践する，日本で唯一の中高一貫校。
★特待型および理数特待型の入試では，一般スライド合格を出します。

創立年 令和元年
男女共学
高校募集 なし

応募状況

年度	募集数			応募数	受験数	合格数	倍率
2024	2/1AM	2科	30名	24名	24名	5名	4.8倍
		4科		98名	88名	35名	2.5倍
	2/1PM	特待	若干名	85名	76名	5名	15.2倍
	2/2AM	2科	35名	23名	20名	1名	20.0倍
		4科		121名	94名	25名	3.8倍
		思・日		46名	41名	17名	2.4倍
		思・英		22名	19名	17名	1.1倍
	2/2PM	理特	若干名	76名	60名	5名	12.0倍
	2/4PM	2科	10名	154名	123名	18名	6.8倍

※2/1PM特待型入試では他に6名，2/2PM理数特待型入試では他に12名が一般スライド合格。

2025年度入試情報

・試験日程：
①2月1日午前〔2科(英語資格)型・4科型〕
②2月1日午後〔特待型〕
③2月2日午前〔4科型〕〔英語型〕〔思考表現型〕
④2月2日午後〔理数特待型〕
⑤2月4日午前〔2科型〕

・試験内容：
〔2科型〕…国語，算数
〔2科(英語資格)型〕…国語，算数
＊出願資格は，英検3級以上か同等の資格を有する者。
〔4科型〕…国語，算数，理科，社会
〔特待型〕…国語，算数
〔理数特待型〕…理科，算数
〔英語型〕…英作文・英語面接
〔思考表現型〕…作文，個別面接
※〔英語型〕・〔思考表現型〕は出願理由書を事前に提出。

学校説明会等日程（※予定）

学校説明会【要予約】
9月21日／10月12日／12月14日＊
各回とも，9：30～11：30。＊は初回者対象。
※基本的な学校説明や入試説明のほかに，校内見学・個別相談も実施します。学校説明を在校生が行うこともあります。

入試体験【要予約】＊小6生限定
11月16日　9：30～12：00
※過去問題を実際の試験教室で体験する来校型と，自宅参加型があります。

入試対策オンライン【要予約】＊小6生限定
1月8日　10：00～
※各教科担当者による入試のアドバイス動画を，入試の終了時までオンデマンドで視聴できます。

Dalton Fest（文化祭）【要予約】
11月2日　10：00～
11月3日　詳細未定

編集部注―本書の内容は2024年7月現在のものであり，変更されている場合があります。正確な情報は，学校のホームページ等で必ずご確認ください。

算数 出題傾向＆対策

◆基本データ（2024年度１日午前）

試験時間／満点	50分／100点
問題構成	・大問数…４題 計算１題（４問）／応用小問１題（６問）／応用問題２題 ・小問数…17問
解答形式	解答のほかに，式や考え方を書く問題も１問ある。単位などはあらかじめ解答用紙に印刷されている。
実際の問題用紙	Ａ４サイズ，小冊子形式
実際の解答用紙	Ａ３サイズ

◆出題傾向と内容

▶過去３年の出題率トップ３
１位：四則計算･逆算20％　２位：調べ･推理･条件の整理14％　３位：表とグラフなど８％
▶今年の出題率トップ３
１位：表とグラフ，調べ・推理・条件の整理11％　３位：四則計算・逆算など９％

計算問題では，小数と分数の混じった四則計算，筆算や魔方陣を利用した問題などが出題されています。

応用小問では，表とグラフの読み取り，割合，長さ，通過算，数列，集まり，展開図，旅人算，数の性質，推理，角度，つるかめ算などが取り上げられています。はば広い分野から基本的なことがらを問うものが出題されています。

応用問題では，図表を見ながら条件を整理する問題，グラフを読み取る問題，立体図形の構成など，複雑な問題も見られるので，注意が必要です。

◆対策～合格点を取るには？～

出題分野がはば広いので，ある分野だけを集中してやればよいというわけにはいきません。地道に努力することが，成功への近道となるでしょう。

計算と小問に関しては，計算問題集や過去問題集を使って毎日欠かさず練習し，速く正確に解けるようになることが大切です。時間をはかって解いたり，ミスのパターンを分析したりすることも効果的です。

応用問題では，条件を整理する問題，グラフを利用する問題，図形問題などを中心に練習しましょう。

分野＼年度		2024			2023		
		1午前	1午後	2午後	1午前	1午後	2午後
計算	四則計算・逆算	◎	○	○	●	◎	◎
	計算のくふう	◎	○	○		○	○
	単位の計算						
和と差	和差算・分配算						
	消去算						
	つるかめ算						○
	平均とのべ						
	過不足算・差集め算						
	集まり				○		
	年齢算			○			
割合と比	割合と比				○	○	
	正比例と反比例				○	○	
	還元算・相当算						
	比の性質	○					
	倍数算	○					
	売買損益						
	濃度						○
	仕事算		○				
	ニュートン算						
速さ	速さ						○
	旅人算					○	
	通過算		○		○		
	流水算						
	時計算			○			
	速さと比	○					
図形	角度・面積・長さ	○	○	◎	○		○
	辺の比と面積の比・相似			○			
	体積・表面積	○	○		○		
	水の深さと体積						
	展開図	○	○			○	
	構成・分割		◎			◎	○
	図形・点の移動						
表とグラフ		◎	○	◎	○		◎
数の性質	約数と倍数						
	N進数						
	約束記号・文字式	○	○				
	整数・小数・分数の性質		○	○			○
規則性	植木算						
	周期算		○			○	
	数列	○			○		
	方陣算						
	図形と規則						
場合の数		○	○				○
調べ・推理・条件の整理		◎	○	◎	◎	●	●
その他							

※　○印はその分野の問題が１題，◎印は２題，●印は３題以上出題されたことをしめします。

社会　出題傾向＆対策

◆基本データ（2024年度１日午前）

試験時間／満点	30分／50点
問題構成	・大問数…３題 ・小問数…20問
解答形式	記号選択と適語の記入がほとんどだが，３行程度の記述問題も出題されている。
実際の問題用紙	Ａ４サイズ，小冊子形式
実際の解答用紙	Ａ３サイズ

分野 ＼ 年度			2024	2023	2022	2021
日本の地理		地図の見方	○			○
		国土・自然・気候	○	○		○
		資源				
		農林水産業	○	○	○	
		工業	○	○	○	
		交通・通信・貿易		○	○	○
		人口・生活・文化	○	○	○	★
		各地方の特色		○	○	○
		地理総合	★	★	★	
世界の地理			○			○
日本の歴史	時代	原始～古代	○	○	○	○
		中世～近世	○	○	○	○
		近代～現代	○	○	○	○
	テーマ	政治・法律史				
		産業・経済史				
		文化・宗教史				
		外交・戦争史				
		歴史総合	★	★		
世界の歴史						
政治		憲法			○	
		国会・内閣・裁判所	○		○	○
		地方自治				○
		経済	○		○	
		生活と福祉			○	
		国際関係・国際政治	○	★	○	○
		政治総合			★	
環境問題						
時事問題			○			
世界遺産					★	
複数分野総合			★			★

※　原始～古代…平安時代以前，中世～近世…鎌倉時代～江戸時代，近代～現代…明治時代以降
※　★印は大問の中心となる分野をしめします。

◆出題傾向と内容

地理・歴史・政治の各分野からほぼ均等に出題されており，それぞれが各分野のはば広いことがらを問う内容になっている場合と，特定のテーマにしぼった内容を問う場合があります。設問のレベルについては，おおむね基礎・標準のものが多く，専門的なことがらを問うものはあまり見られません。

●地理…特定のテーマを取り上げて，写真などの資料を用いた出題がなされます。また，各地方を題材に，国土やエネルギー，貿易などについてはば広く問われることもあります。

●歴史…あるテーマに関連する形で出題され，各時代の歴史的なできごとを問うものが多く見られます。問われる内容も，戦乱・戦争や文化，各時代の政治制度など，バラエティーに富んでいます。

●政治…日本国憲法，選挙の仕組み，国際政治，地方自治などが出題されています。時事的なことがらにからめて特定のテーマについて問われることが多いようです。

◆対策～合格点を取るには？～

まず，基礎を固めることを心がけてください。教科書のほか，説明がやさしくていねいで標準的な参考書を選び，基本事項をしっかりと身につけましょう。

地理分野では，地図とグラフが欠かせません。つねにこれらを参照しながら，白地図作業帳を利用して地形と気候をまとめ，そこから産業のようす（もちろん統計表も使います）へと広げていってください。

歴史分野では，教科書や参考書を読むだけでなく，自分で年表を作って覚えると学習効果が上がります。できあがった年表は，各時代，各分野のまとめに活用できます。本校の歴史の問題にはさまざまな分野が取り上げられていますから，この作業はおおいに威力を発揮するはずです。

政治分野からもはば広い出題がありますので，日本国憲法の基本的な内容と三権のしくみについてはひと通りおさえておいた方がよいでしょう。また，時事問題については，新聞やテレビ番組などでニュースを確認し，国の政治や経済の動き，世界各国の情勢などについて，ノートにまとめておきましょう。

理科 出題傾向＆対策

◆基本データ(2024年度1日午前)

試験時間／満点	30分／50点
問題構成	・大問数…3題 ・小問数…11問
解答形式	記号選択だけでなく，字数指定のない記述問題や作図も出題されている。
実際の問題用紙	A4サイズ，小冊子形式
実際の解答用紙	A3サイズ

◆出題傾向と内容

本校の理科は，各分野からはば広く出題されているので，出題分野表で印がついていない分野も出題されることが予想されます。不得意分野をつくらないことが合格のカギとなりそうです。また，特定のテーマに沿った設問が複数題にわたって出されることもあります。いわば理科の総合問題ともよべる出題で，日ごろの理科に関する興味関心が問われる問題といえるでしょう。実験方法や与えられた資料から自分の考えを記述する問題なども出ているので注意が必要です。

●生命…サンゴと褐虫藻，昆虫をテーマにした問題，屋久島の自然環境をテーマにした問題などが取り上げられています。

●物質…ものの溶け方，物質の状態変化などが出ています。計算問題も出題されています。

●エネルギー…てこのつり合い，浮沈子を題材とした浮力と密度の問題などが出ています。

●地球…流水のはたらき，地層，月の動きと形，火山，台風の経路などが見られます。

分野 ＼ 年度		2024		2023		2022	
		1午前	2午後	1午前	2午後	1午前	2午後
生命	植物						○
	動物		★		★		
	人体						
	生物と環境						★
	季節と生物						
	生命総合						
物質	物質のすがた			○			
	気体の性質	○					
	水溶液の性質						
	ものの溶け方			★			
	金属の性質						
	ものの燃え方						
	物質総合						
エネルギー	てこ・滑車・輪軸				○	★	
	ばねののび方						
	ふりこ・物体の運動				★		
	浮力と密度・圧力		★	★			
	光の進み方	○					
	ものの温まり方			○			
	音の伝わり方						
	電気回路						
	磁石・電磁石						
	エネルギー総合						
地球	地球・月・太陽系		★				
	星と星座						
	風・雲と天候					★	
	気温・地温・湿度						
	流水のはたらき・地層と岩石	★					○
	火山・地震	○					★
	地球総合						
実験器具							
観察						★	
環境問題		★	○				
時事問題							
複数分野総合		★		★	★		

※　★印は大問の中心となる分野をしめします。

◆対策～合格点を取るには？～

本校の理科は，各分野からまんべんなく出題されており，なかには考えさせる問題も出ています。これらの問題に対応するために日ごろからできることとして，

①学校で行われる実験，観察，観測に積極的に参加し，その結果を表やグラフなどを活用してノートにまとめておくこと。

②基本的な知識を確実にするために，教科書・受験参考書をよく読み，ノートにきちんと整理しておくこと。

③問題をできるだけ多く解くこと。特に「物質」や「エネルギー」では計算問題も出されるので，正確な計算力をつけること。

などがあげられます。また，身のまわりのものや環境問題などをテーマにした問題も出されています。いろいろな問題を解くことで知識のはばを広げましょう。

最後に，時事的な問題が出されることもありますから，日ごろから科学ニュースにも目を向け，新聞や雑誌の記事，テレビのニュース番組や科学番組などにも関心を持つようこころがけましょう。

国語 出題傾向＆対策

◆基本データ（2024年度１日午前）

試験時間／満点	50分／100点
問題構成	・大問数…３題 　文章読解題２題／知識問題１題 ・小問数…17問
解答形式	記号選択と本文中のことばの書きぬきのほかに，文章の内容をふまえ，300字程度で自分の考えを書く作文なども出題されている。
実際の問題用紙	Ａ４サイズ，小冊子形式
実際の解答用紙	Ａ３サイズ

◆出題傾向と内容

▶近年の出典情報（著者名）
説明文：森　博嗣　別役　実　中屋敷均
小　説：佐藤多佳子　阿部夏丸　まはら三桃
随　筆：坪内稔典

●**読解問題**…長文読解題の引用文は論説・説明文（本文中に詩が引用されているものもあり）と小説・物語文が中心です。設問は，正確に読み取る力，筋道を立てて考える力に重点が置かれ，指示語・接続語にはじまり，本文の内容と一致する選択肢を選ぶもの，記述問題（作文あり）などが出題されています。ほとんどの問題は，本文をきちんと読めば解答につながる部分が見つかりますが，選択肢には内容的にまぎらわしいものがあるので，十分な読みこみが必要です。

●**知識問題**…漢字の書き取りについては，小学校で学習する基本的なものを中心として出題されています。また，慣用句・ことわざや熟語が頻出であるほか，敬語に関する知識問題も見られますので，注意が必要です。

◆対策～合格点を取るには？～

読解力をつけるためには，読書に慣れることから始めてみましょう。そのさい，①指示語の内容，②段落・場面の構成，③登場人物の性格と心情，④読めない漢字，意味のわからないことばについて，注意しながら読んでください。

漢字については，教科書で確認するのはもちろん，問題集を使って音訓の読み方や熟語の練習をしましょう。ことばの知識などについても，問題集を選んで取り組んでください。

分野＼年度			2024		2023		2022	
			1午前	1午後	1午前	1午後	1午前	1午後
読解	文章の種類	説明文・論説文	★	★	★	★	★	★
		小説・物語・伝記	★		★		★	
		随筆・紀行・日記		★				
		会話・戯曲						
		詩				○		○
		短歌・俳句						
	内容の分類	主題・要旨	○	○	○		○	○
		内容理解	○	○	○	○	○	○
		文脈・段落構成						○
		指示語・接続語	○	○	○	○	○	
		その他	○	○	○		○	○
知識	漢字	漢字の読み						
		漢字の書き取り	○	○	○	○	○	○
		部首・画数・筆順						
	語句	語句の意味						○
		かなづかい						
		熟語			○			○
		慣用句・ことわざ		○	○		○	
	文法	文の組み立て						
		品詞・用法						
		敬語	○			○	○	○
	形式・技法							
	文学作品の知識							
	その他			○		○		
	知識総合		★	★	★	★	★	★
表現	作文		○	○	○	○	○	○
	短文記述							
	その他							
放送問題								

※　★印は大問の中心となる分野をしめします。

カコを追いかけ
ミライをつかめ
「今の説明、もう一回」を何度でも
web過去問
ストリーミング配信による入試問題の解説動画
もっと古いカコモンないの?
カコ過去問
「さらにカコの」過去問をHPに掲載(DL)
声の教育社
詳しくはこちらから

2024年度 ドルトン東京学園中等部

【算　数】〈２月１日午前試験〉（50分）〈満点：100点〉

〔注意〕１．三角定規やコンパス，分度器は使用できません。
２．分数は最後まで約分して答えてください。
３．比は最も簡単《かんたん》な整数で答えてください。
４．円周率は3.14とします。

1　次の $\square$ にあてはまる数を答えなさい。

(1)　$2\times25\div5+23-19=\square$

(2)　$32\times\frac{1}{7}+5\frac{1}{3}\div7=\square$

(3)　$(0.5+12\times4)\times2-1.6\times\left(3\frac{1}{4}-\frac{3}{4}\right)\div2=\square$

(4)　１から100までの数のうち，各位の数字に３と７が使われていない数は $\square$ 個あります。

2　次の問いに答えなさい。

(1)　次の図は，日本のプロ野球において 2000 年以降に達成された無安打無得点試合（ノーヒットノーラン）23 試合の勝利チームの得点をドットプロットで表したものです。

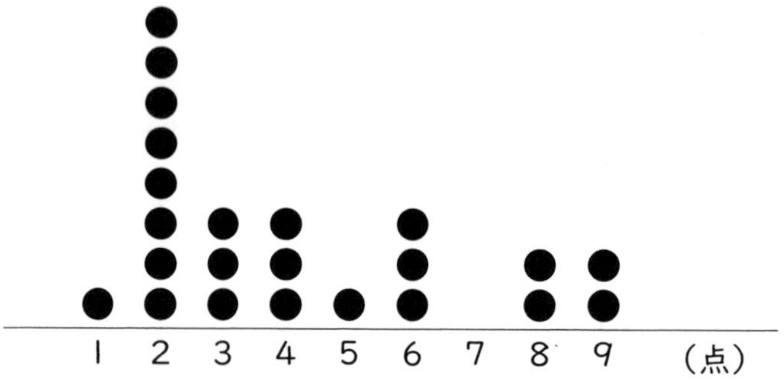

（日本野球機構「達成記録 無安打無得点試合 （ノーヒットノーラン）」をもとに作成）

平均値，中央値，最頻値《さいひんち》を小さい順に並べたとき，下の**ア**～**カ**のうちから最も適切なものを一つ選び，記号で答えなさい。

ア　(平均値)＜(中央値)＜(最頻値)　　**イ**　(平均値)＜(最頻値)＜(中央値)
ウ　(中央値)＜(平均値)＜(最頻値)　　**エ**　(中央値)＜(最頻値)＜(平均値)
オ　(最頻値)＜(平均値)＜(中央値)　　**カ**　(最頻値)＜(中央値)＜(平均値)

(2)　兄と弟のはじめの所持金の比は 4:3 でしたが，兄は洋服を買い，弟はマンガを買ったところ，残金は兄が 700 円，弟は 600 円になりました。洋服とマンガの金額の比は３：２です。最初に兄が持っていた金額はいくらか答えなさい。

⑶　面積が630cm^{2}の長方形の四隅《よすみ》から四角形ア，イ，ウ，エを切り取り，底面が正方形である箱を作りました。四角形アと四角形エの面積の比が2：5であるとき，この箱の体積を求めなさい。

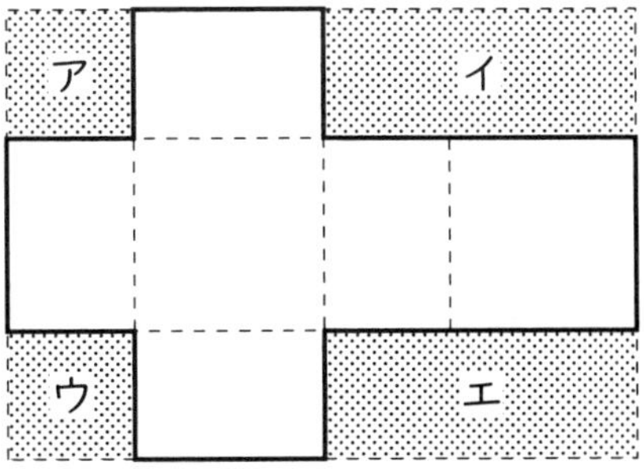

⑷　フェリーは8時30分に鹿児島を出発し，12時30分に屋久島に到着《とうちゃく》します。高速船は10時45分に屋久島を出発し，12時35分に鹿児島に到着します。下のグラフは，その様子を表したものです。□に入るのは何時何分ですか。

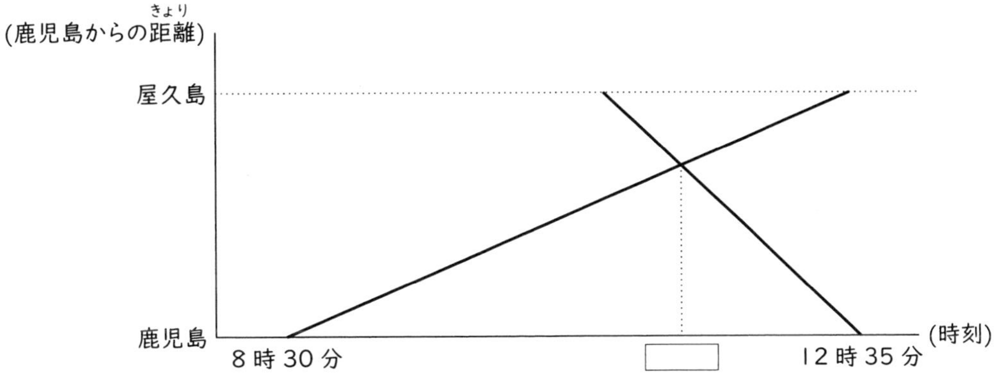

⑸　4つの数 a，b，c，d について，$\begin{vmatrix} a & b \\ c & d \end{vmatrix}$ を $\begin{vmatrix} a & b \\ c & d \end{vmatrix} = a \times d - b \times c$ と定めます。

例えば，$\begin{vmatrix} 3 & 4 \\ 1 & 2 \end{vmatrix} = 3 \times 2 - 4 \times 1 = 2$ です。

このとき，$\begin{vmatrix} 5 & 2 \\ 4 & 3 \end{vmatrix} \times \begin{vmatrix} 4 & 1 \\ 3 & 2 \end{vmatrix} \div \begin{vmatrix} 26 & 9 \\ 25 & 10 \end{vmatrix}$ を計算しなさい。

(6)　まさくんは，クラスメイトと一緒《いっしょ》にたき火を円形に囲んでキャンプファイアーをしています。まさくんのちょうど向かい側にしおりさんがいました。しおりさんとたけしくんの間には10人の子どもがいました。たけしくんとまさくんの間には３人の子どもがいました。このクラスの全員の人数は最大で何人，最少で何人でしょうか。

3　あみだくじとは上（出発点）から下（終着点）に向かって線をたどるくじの一種です。たとえば図１のあみだくじの場合，Ａからたどると，Ｄにつきます。またＢからたどると，横線アイを経てＦにつきます。これらを対応表１のように表します。

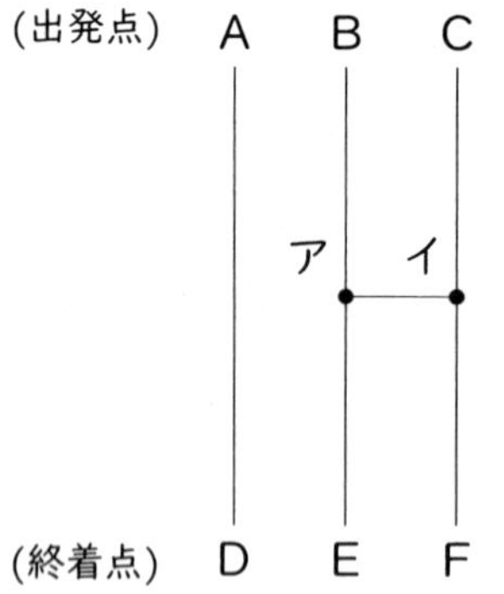

図１

対応表１

出発点	終着点
A	D
B	F
C	□

(1)　Ｃからたどると，どこにつきますか。表１の □ にあてはまる記号を答えなさい。

あみだくじの好きな場所に横線を１本加えて新しいあみだくじを作ります。ただし，以降のすべての問題において，横線はとなり合う縦《たて》線同士を水平に結び，横線同士は同じ高さにしないものとします。また，例１と例２は同じあみだくじと見なし，例１と例３は別のあみだくじと見なします。

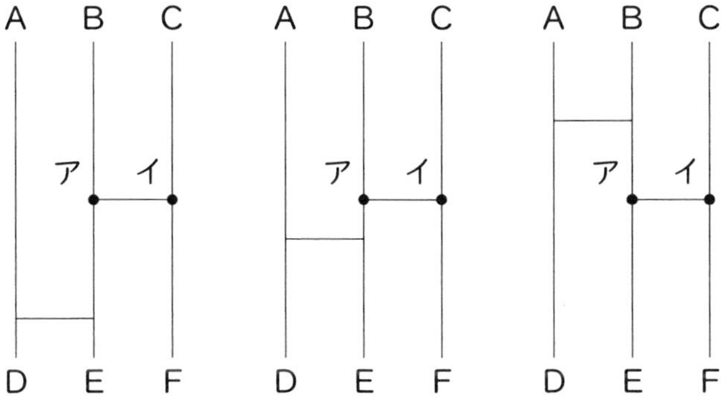

例１　　例２　　例３

⑵　図１に横線ウエを加えます。

①　図２のように加えたとき，そのあみだくじの対応表２の あ ～ う にあてはまる記号を答えなさい。

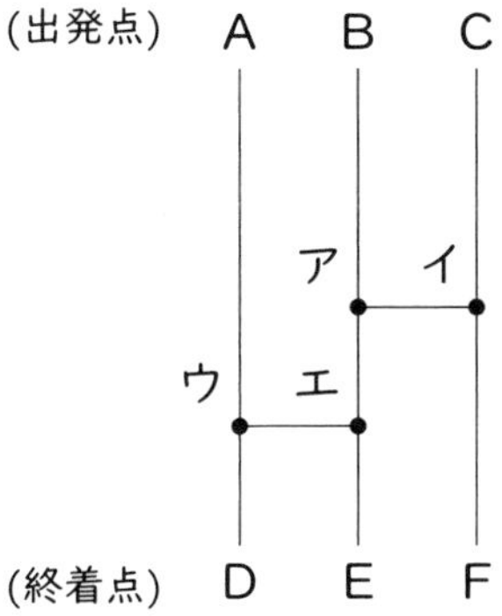

図２

対応表２

出発点	終着点
A	あ
B	い
C	う

② 好きな場所に加えます。次の文の [え] と [お] にあてはまる整数を答えなさい。

新しいあみだくじは ①を入れて [え] 種類あり，その対応表は [お] 種類あります。

⑶ 図２の好きな場所に横線オカを１本加えて新しいあみだくじを作ります。

① 次の文の [か] と [き] にあてはまる整数を答えなさい。
新しいあみだくじは [か] 種類あり，その対応表は [き] 種類あります。

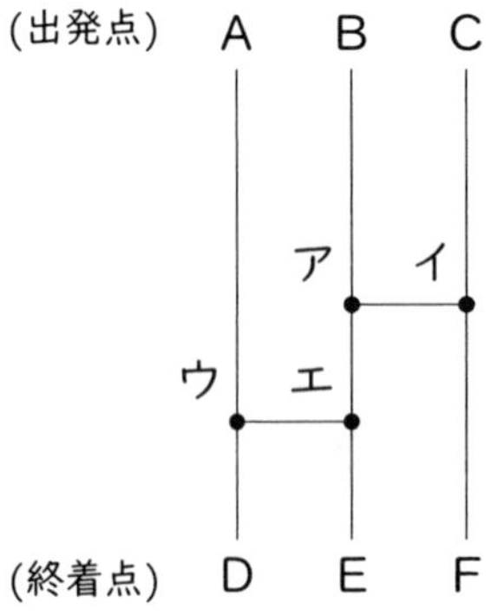

図２

② 新しいあみだくじ [か] 種類には，同じ対応表になるものがいくつか含《ふく》まれています。同じ対応表になるのはどのようなときか説明しなさい。

4 次のはるとさんとひまりさんの会話を読んで，後の問いに答えなさい。

はると　碁石《ごいし》を並べて工夫して計算してみよう。

ひまり　偶数《ぐうすう》の和は図１のように考えることができるね。2＋4 は 2＋2×2＝6，2＋4＋6 は 3＋3×3＝12 と計算できるね。

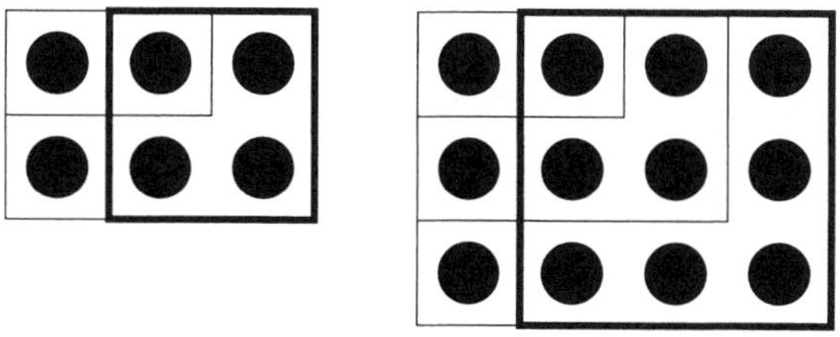

図１

はると　つまり，2 からはじまる a 個の連続する偶数の和は［　①　］という式で表せるんだね。

ひまり　偶数を 2 から順に［　あ　］まで足し合わせて計算するとき，図１のように考えると 756 になったよ。

2＋4＋6＋…＋［　あ　］＝756

はると　奇数《きすう》の和も同じように考えられないかな？

ひまり　奇数の和も図２のように考えることができるよ。

はると　1＋3 は 2×2＝4，1＋3＋5 は 3×3＝9 と計算できるね。

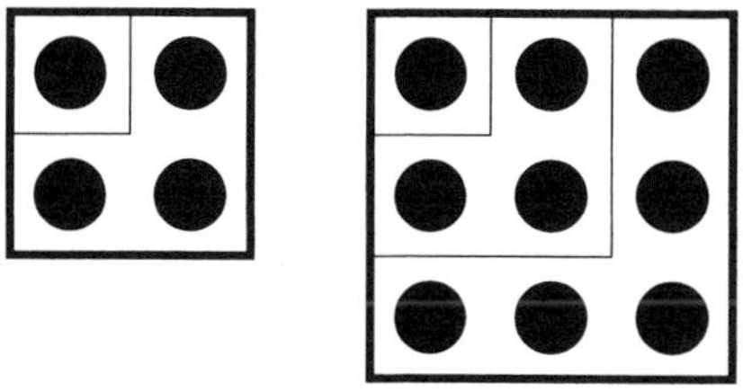

図２

ひまり　つまり，1 からはじまる b 個の連続する奇数の和は［　②　］という式で表せるね。

はると　図３のように考えると，1＋2＋3＋2＋1 も 3×3＝9 と計算できるよ。

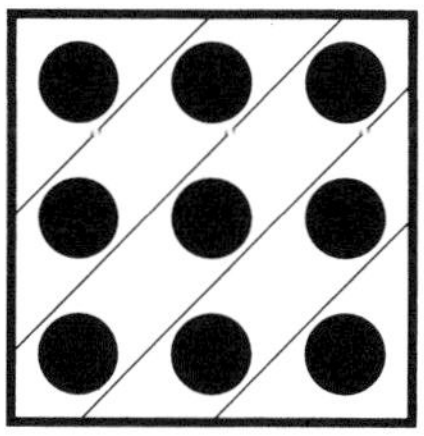

図３

(1) ［ ① ］，［ ② ］にあてはまる式を下の**ア**～**カ**のうちから一つ選び，記号で答えなさい。

ア $a\times(a+2)$　　**イ** $a+a\times a$　　**ウ** $a\times a$

エ $2\times b+b$　　**オ** $b+b\times b$　　**カ** $b\times b$

(2) ［ あ ］にあてはまる偶数を答えなさい。

(3) 次の計算をしなさい。

$(1+3+5+\cdots+199)-(1+2+3+\cdots+10+11+10+\cdots+3+2+1)$

(4) 次のような順に数を並べました。

1，1，2，1，1，2，3，2，1，1，2，3，4，3，2，1，…

このとき，87 回目の２が現れるのは，初めから数えて何番目ですか。式や考え方と答えを書きなさい。

【社　会】〈２月１日午前試験〉（30分）〈満点：50点〉

〔注意〕１．漢字を用いるよう指定されているところは漢字で答えてください。
　　　　２．アルファベットを用いるよう指定されているところはアルファベットで答えてください。

1　次の入間さんと若葉さんの会話文を読んで、あとの問いに答えなさい。

入　間：　１月の箱根駅伝は盛り上がったね。大学駅伝に詳《くわ》しい若葉さんはもちろん見たよね？

若　葉：　ずっとテレビで見ていたわ。あらためて、Ａ東京都の大手町からＢ神奈川県《かながわけん》の箱根町までを往復するってすごいことね。全部で217.1kmよ。

入　間：　すごい距離《きょり》だ。しかも、小田原中継所《ちゅうけいじょ》から箱根山を登る５区は、上り坂がずっと続くんだよね。①２区も最後が大変そうだったな。標高差30m以上の坂を駆《か》け上《あ》がった先に戸塚《とつか》中継所※があるんだね。

若　葉：　地形も区間によって様々だし、②気温や風に影響《えいきょう》を受けることもあるわ。

入　間：　なるほど。厳しい環境《かんきょう》でがんばって走る選手の姿を見ると、とても感動するよ。でも、実は箱根駅伝以外にどんな大会があるのか知らないんだ。

若　葉：　他にも10月に出雲駅伝、11月に全日本大学駅伝があるわ。箱根駅伝と合わせて大学三大駅伝に数えられるのよ。

入　間：　その２つの駅伝はどんな特徴《とくちょう》があるの？

若　葉：　出雲駅伝はＣ島根県で開催《かいさい》されるの。③出雲平野がコースになるから、全体的に高低差が小さいのよ。また、全日本大学駅伝はＤ愛知県からＥ三重県にかけて伊勢湾沿《いせわんぞ》いを走るわ。走路のそばにある四日市の④石油化学コンビナートや、ゴールの伊勢神宮は社会の授業で登場したわよね。

入　間：　へえ、コースの周りにあるものなんか考えたことなかったよ。来年は周りの景色にも注目してみようかな。

若　葉：　そうね。テレビ局のサイトでは、⑤走者の現在地をリアルタイムで表示してくれるから、走っている場所を確認してみてね。

※戸塚中継所は、箱根駅伝で２区の走者から３区の走者に引《ひ》き継《つ》ぐところを指します。

問１　下線部Ａ～Ｅの都県のいずれにも接していないものはどれですか。次のア～エより１つ選び、記号で答えなさい。

ア　兵庫県　　イ　岐阜県《ぎふけん》　　ウ　奈良県《ならけん》　　エ　山梨県《やまなしけん》

問２　①＿＿＿＿について、次の図のうち戸塚中継所の場所を正しく示したものはどれですか。図中のア～エから１つ選び、記号で答えなさい。

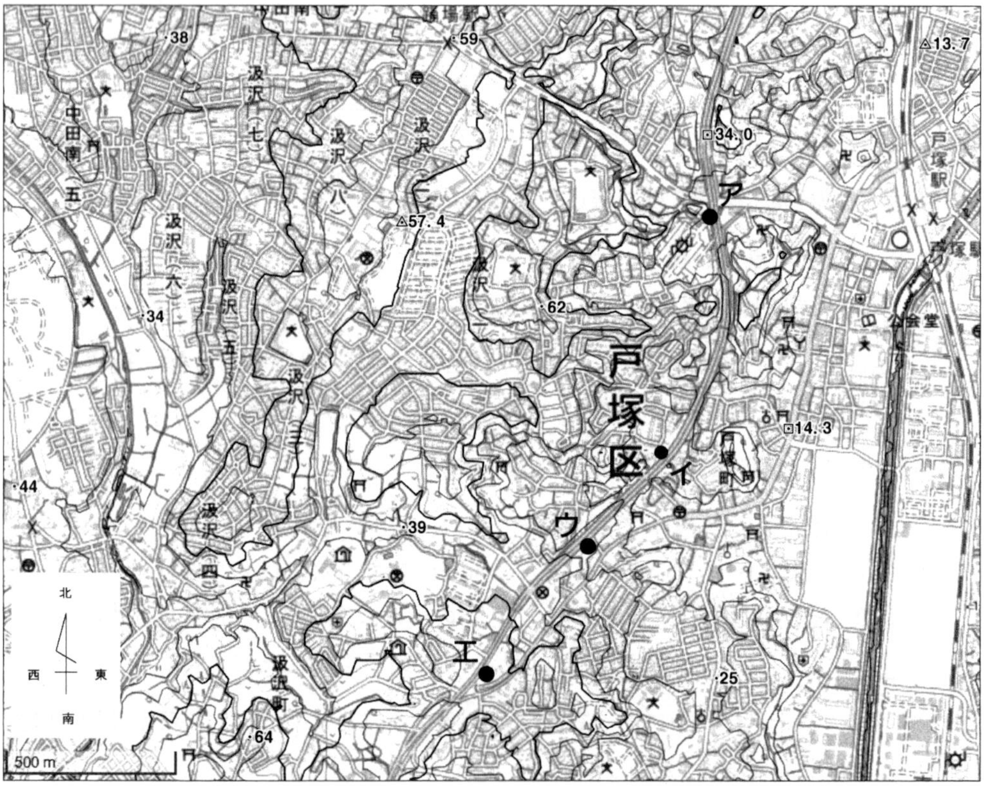

問３　②＿＿＿＿について、日本の気候に関する説明として誤っているものはどれですか。次のア～エより１つ選び、記号で答えなさい。

ア　冬にシベリアから吹《ふ》く北西の季節風は、日本海側に多量の雪を降らせる。
イ　８月末から９月に、しばしば台風が襲《おそ》うが、これまで１月に本州に上陸したことはない。
ウ　冬の太平洋側は、からっ風により乾燥《かんそう》した晴天の日が多くなる。
エ　雪の多い瀬戸内《せとうち》地域では、道路や住居などに雪害対策が施《ほどこ》されている。

問4　③＿＿＿＿に興味を持った入間さんは、様々な資料を入手して、出雲市の地域的特徴を読み取りました。

(1) 次の図は、出雲市の2010年と2020年の人口ピラミッドと、出雲市における外国人住民人口の推移です。これらから読み取れる内容として正しいものはどれですか。下のア～エより1つ選び、記号で答えなさい。

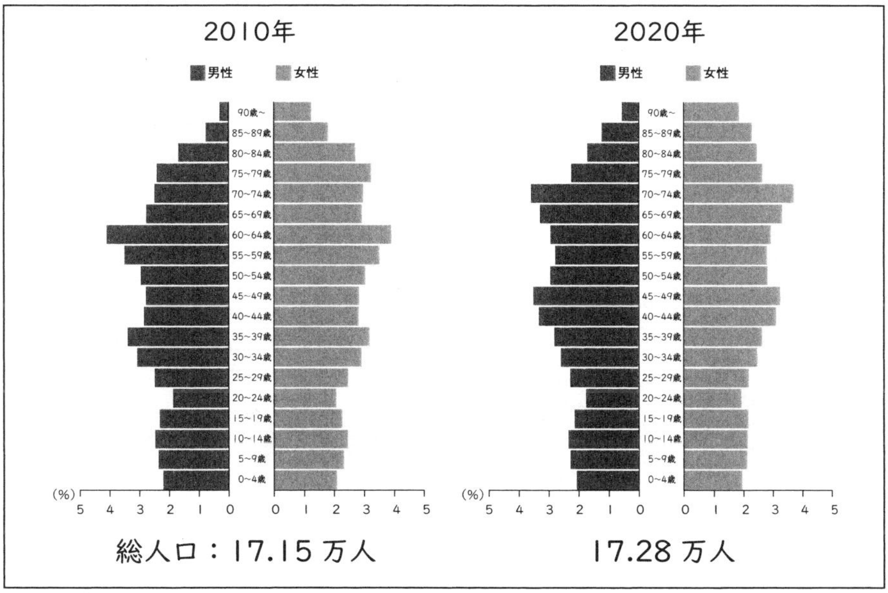

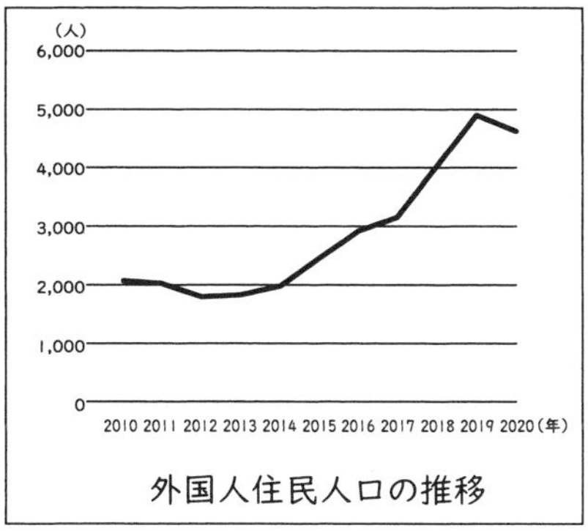

外国人住民人口の推移

(出典：出雲市HP)

ア　2010年と比べて、2020年は高齢化《こうれいか》が進んでいるよ。そのため、人口ピラミッドの形がつぼ型から富士山型に変わってきているね。

イ　2010年と比べて、2020年は少子化が進んでいるよ。新たに住民となった外国人は20歳以上に限られるんだね。

ウ　2010年と比べて、2020年は70～74歳の割合が高くなっているよ。外国人住民が増加した分だけ、この年代の割合も高まっているんだね。

エ　どちらの年も20～24歳の割合がその前後の年代より低いよ。大学進学や就職によって市外に転出する人が多いんだね。

（２）入間さんは、③＿＿＿＿＿においてある果樹の栽培《さいばい》が増えてきていることを知りました。また、出雲駅伝の走路の近くにその果樹の関連施設《しせつ》があることが分かりました。次の表はその果樹の収穫《しゅうかく》量が多い都道府県（2022 年度）、図は出雲駅伝の走路を示したものです。この果樹は何ですか。下のア～エより１つ選び、記号で答えなさい。

1	山梨	41
2	長野	29
3	岡山	15
4	山形	14

単位：千トン

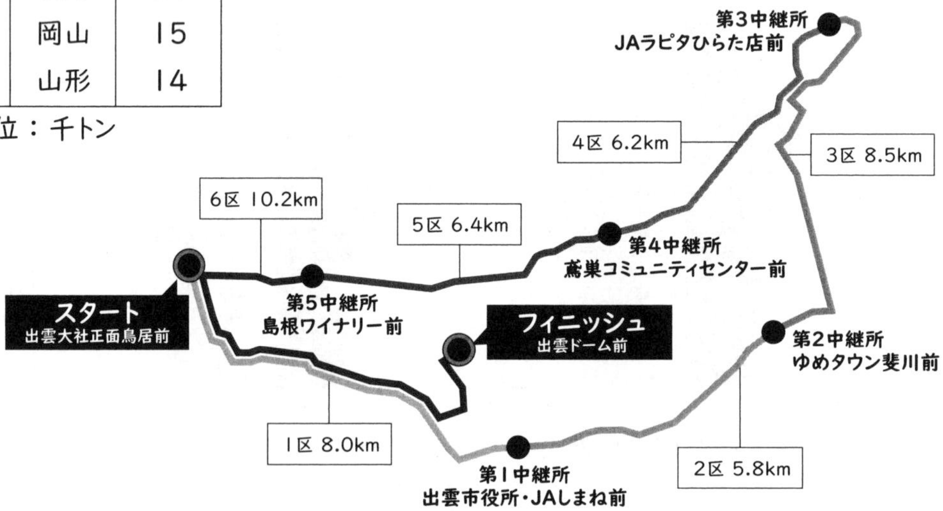

ア　ぶどう　　　イ　もも　　　ウ　柿《かき》　　　エ　りんご

問５　④＿＿＿＿には、海外から原油が運ばれます。次の図は、日本にある石油化学コンビナートの分布を示したものです。どのような特徴が見られますか。また、なぜそのような分布になっているのでしょうか。次の４つの語句のうち２つを用いて、45 字以内で説明しなさい。

【語句】　太平洋　　日本海　　西アジア　　オセアニア
※このうち２つを用いること

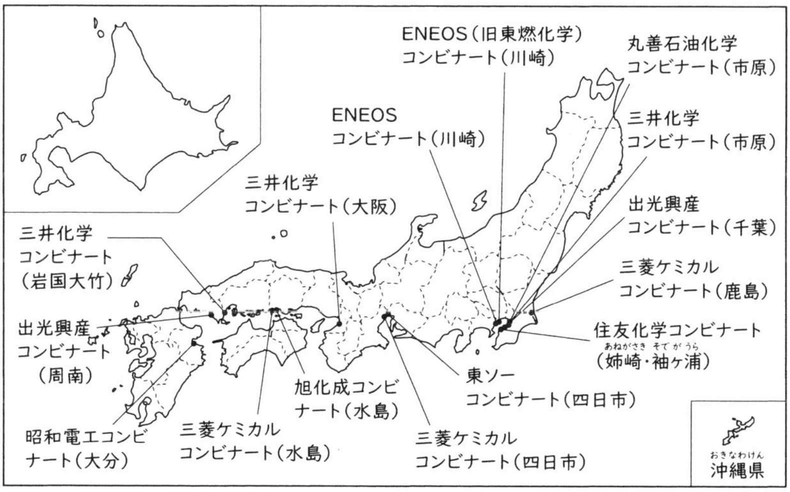

問６　⑤＿＿＿＿について、衛星からの信号を受け取って現在地を知るシステムを何といいますか。アルファベット３文字で答えなさい。

2 ドルトン東京学園に入学した中学1年生の憂助《ゆうすけ》さんは、社会科の授業で「2023年に節目を迎《むか》えた歴史上の出来事」をテーマにプレゼンテーションをすることになりました。そこで、ラーニングコモンズで「3」のつく年の出来事について調査し、以下のメモを作成しました。メモA～Fを読んで、あとの問いに答えなさい。

メモA　603年：冠位《かんい》十二階の制定

推古天皇は、聖徳太子らとともに天皇中心の政治体制を整備した。その後、蘇我氏の勢力が強くなったが①中大兄皇子らによって滅《ほろ》ぼされた。

メモB　743年：大仏造立の詔《みことのり》

聖武天皇は、世の中に広がる不安を仏教の力でしずめようと考えたのだが、この事業は②奈良《なら》時代の人々の生活をさらに苦しめるものとなってしまった。

メモC　1543年：鉄砲《てっぽう》伝来

1543年、ポルトガル人を乗せた船が日本に流れ着き、日本に鉄砲を伝えた。この6年後、日本に初めて③キリスト教が伝わった。

メモD　1853年：ペリーが浦賀《うらが》に来航

④アメリカのペリーが日本に来航し、開国をせまった。その後、大老の井伊《いい》直弼《なおすけ》は不平等条約を締結《ていけつ》し、江戸《えど》幕府は欧米《おうべい》各国との貿易を開始した。

メモE　1923年：［　X　］発生

1923年9月1日の昼頃《ひるごろ》、マグニチュード7.9の大きな揺《ゆ》れが発生。各地で木造住宅が火災の被害《ひがい》にあい、10万人以上が犠牲《ぎせい》となった。

メモF　1963年：部分的核《かく》実験禁止条約の調印

⑤1963年、大気圏《たいきけん》および水中における核実験を禁止する条約が⑥アメリカ・イギリス・ソ連の間で結ばれた。ただし、これは地下における核実験は認めるものであった。

問１　①＿＿＿＿について、次のⅠ・Ⅱの正誤の組み合わせとして正しいものはどれですか。下のア～エより１つ選び、記号で答えなさい。

Ⅰ：白村江《はくすきのえ》の戦いでは、倭国《わこく》は新羅《しらぎ》を助けるために唐《とう》・百済の連合軍と戦ったが敗北した。
Ⅱ：中大兄皇子の死後、弟の天武天皇は日本最古の貨幣《かへい》である和同開珎《わどうかいちん》を作った。

ア　Ⅰ：正　Ⅱ：正　　**イ**　Ⅰ：正　Ⅱ：誤
ウ　Ⅰ：誤　Ⅱ：正　　**エ**　Ⅰ：誤　Ⅱ：誤

問２　②＿＿＿＿について、憂助さんはラーニングコモンズで奈良時代の史料を探していると、次の写真のような「偽籍《ぎせき》」を見つけました。「偽籍」とは、戸籍《こせき》に偽《いつわ》った性別を登録することです。奈良時代の人々は、なぜ戸籍を登録するときに性別を偽っていたのでしょうか。40字以内で説明しなさい。

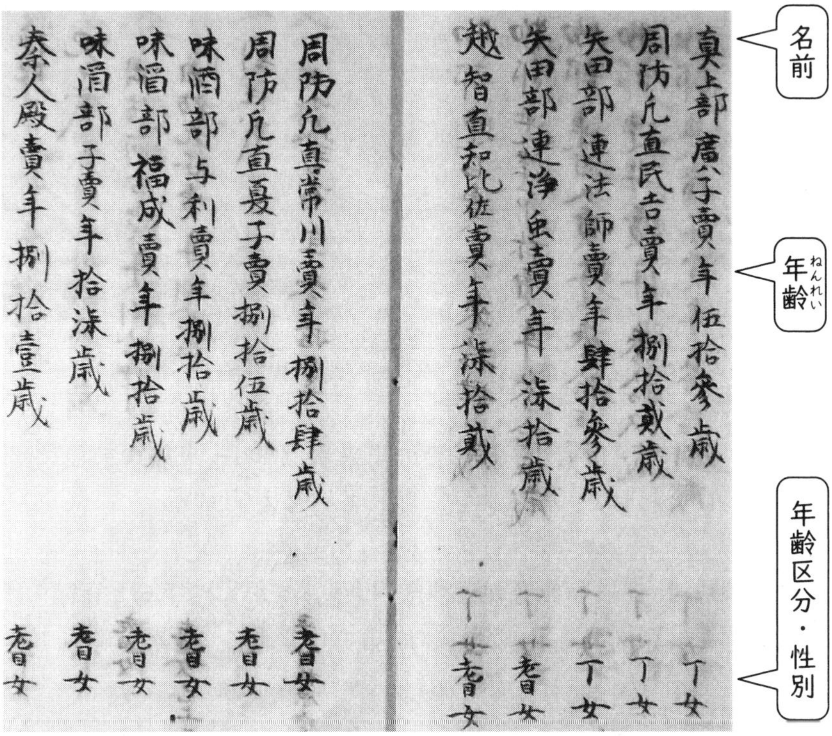

（出典：山口県文書館「アーカイブズガイド（学校教育編）」）

問３　③＿＿＿＿について、憂助さんはプレゼンテーションに使用する写真を探しています。日本におけるキリスト教の歴史と関わりのある史料として誤っているものはどれですか。次のア～エより１つ選び、記号で答えなさい。

ア

イ

ウ

エ

問４　④＿＿＿＿について、次のＡ～Ｄの出来事はペリー来航の前後に起きたものです。解答欄《らん》に合わせて、年代の古い順に並《なら》べ替《か》えなさい。

Ａ　江戸幕府は、日米和親条約《じょうやく》（神奈川条約）を結んで下田《しもだ》と箱館《はこだて》の港を開いた。

Ｂ　江戸幕府は、外国船が近づいたら直《ただ》ちに撃退《げきたい》させる異国船打払令《いこくせんうちはらいれい》（外国船《がいこくせん》打払令）を出した。

Ｃ　井伊直弼は、幕府を批判する大名や公家らを取《と》り締《し》まり、100名以上を処罰《しょばつ》した。

Ｄ　アヘンの輸入をめぐり清とイギリスの間で戦争が起こり、イギリスは圧倒的《あっとうてき》な軍事力で勝利した。

問５　メモＥの空欄Ｘに当てはまる出来事は何ですか。漢字で答えなさい。

問６　⑤について、次の写真は、1963年７月のある街の様子を写したものです。撮影《さつえい》された場所の府県名として正しいものはどれですか。下の**ア**～**エ**より１つ選び、記号で答えなさい。

（出典：撮影された府県の公文書館HP　＊黒《くろ》塗《ぬ》りは作問者による）

ア　広島県　　**イ**　長崎県《ながさきけん》　　**ウ**　京都府　　**エ**　沖縄県

問７　⑥について、アメリカ・イギリス・ソ連の３国すべてが参加しているものとして正しいものはどれですか。次の**ア**～**エ**より１つ選び、記号で答えなさい。

ア　ポツダム会談　　**イ**　サンフランシスコ講和会議
ウ　三国同盟　　**エ**　国際連盟

3 次の文章を読んで、あとの問いに答えなさい。

2022 年 11 月、国際連合は①世界人口が 80 億人を超《こ》えたと発表しました。今後も世界人口は増加すると予想されており、それにともない食糧《しょくりょう》危機や貧困層の増加など、様々な問題がおきることが心配されています。

一方、総務省の調査によると、2023 年 1 月の国内の日本人の人口は、②全ての都道府県で前年より減少しました。このように日本ではとても速いペースで人口減少が進んでいます。特に地方では人口減少によって後《あと》継《つ》ぎ問題や③空き家問題など様々な問題が発生しています。

また、ただ人口が減少するだけでなく、少子高齢化が大きな問題となっています。少子化については、2022 年の出生数が初めて 80 万人を下回ったと多くのニュースで取り上げられていました。この少子化問題に対し、2022 年の④育児・介護《かいご》休業法の改正や、2023 年に岸田総理大臣が打ち出した「こども未来戦略方針」など、⑤子育てやそれをとりまく環境に関する様々な対策が行われています。高齢化については、働き手となる若者が減り、高齢者の寿命がのびることで、2030 年には高齢者の割合が全体の 3 割に近づくと予測されています。これにより、⑥税金の額の減少や社会保障にかかる費用のさらなる増加などが心配されています。今後の社会の変化を見すえて、⑦職業の選択《せんたく》や生活の仕方などを考えていくことが大切になってくるでしょう。

問１　①＿＿＿＿について、次の表は2023年の世界人口ランキングを示したものです。Ⅰ～Ⅳにあてはまる国として正しい組み合わせはどれですか。下の**ア**～**エ**より１つ選び、記号で答えなさい。

	国名	人口
１位	Ⅰ	14億2,860万人
２位	Ⅱ	14億2,570万人
３位	Ⅲ	3億4,000万人
4位	インドネシア	2億7,750万人
5位	パキスタン	2億4,050万人
6位	ナイジェリア	2億2,380万人
7位	ブラジル	2億1,640万人
8位	バングラデシュ	1億7,300万人
9位	Ⅳ	1億4,440万人
10位	メキシコ	1億2,850万人

（出典：国際連合人口基金「世界人口白書 2023」）

ア　Ⅰ：中国　Ⅱ：インド　Ⅲ：アメリカ　Ⅳ：日本
イ　Ⅰ：中国　Ⅱ：インド　Ⅲ：ロシア　Ⅳ：アメリカ
ウ　Ⅰ：インド　Ⅱ：中国　Ⅲ：アメリカ　Ⅳ：ロシア
エ　Ⅰ：インド　Ⅱ：中国　Ⅲ：ロシア　Ⅳ：日本

問２　②＿＿＿＿について、前年の調査では、ある都県の人口が増加していました。次の文は、この都県の知事が2023年９月に出席した国連人権理事会での発言の一部です。この文の空欄Ⅰ・Ⅱにあてはまるものの組み合わせとして正しいものはどれですか。下の**ア**～**エ**より１つ選び、記号で答えなさい。

> 日本全体の国土面積の0.6％しかない［Ⅰ］には、在日米軍基地の約［Ⅱ］が集中している。

ア　Ⅰ：東京　Ⅱ：３割　　**イ**　Ⅰ：東京　Ⅱ：７割
ウ　Ⅰ：沖縄　Ⅱ：３割　　**エ**　Ⅰ：沖縄　Ⅱ：７割

問３　③＿＿＿＿について、次の写真は市街地の空き家のようすを示したものです。市街地の空き家を放置することで、近隣《きんりん》住民にとってどのような問題が生じると考えられますか。解答欄に合わせて、問題点を２つ説明しなさい。

問４　④＿＿＿＿について、法律の成立に関する説明として、誤っているものはどれですか。次のア～エより１つ選び、記号で答えなさい。

ア　法律案を本会議で審議《しんぎ》する前に、委員会で細かい審議を行う。
イ　法律案を先に審議するのは衆議院と参議院のどちらでもよい。
ウ　衆議院で否決された法律案が参議院で可決されると、再度衆議院で審議する。
エ　法律案は国会議員または内閣が提出でき、成立した法律は天皇が公布する。

問５　⑤＿＿＿＿について、2023年４月に発足した、子どもをとりまく社会問題への対策を進め、解決するために内閣府に設置された官庁を何といいますか。６文字で答えなさい。

問６　⑥＿＿＿＿について、次の表は国民が納める税金を種類別に分けたものです。Ⅰ～Ⅳには下のア～エが１つずつ入ります。Ⅱに入るものとして正しいものはどれですか。記号で答えなさい。

区分	直接税	間接税
国税	Ⅰ	Ⅱ
地方税	Ⅲ	Ⅳ

ア　消費税　　イ　入湯税　　ウ　自動車税　　エ　所得税

問7　⑦＿＿＿＿について、次の表は2013年と2023年の小学生を対象にした「大人になったらなりたいもの」というテーマのアンケート結果です。アンケート結果と現代の社会問題を関連づけて説明したものとして正しいものはどれですか。あとのア～エより1つ選び、記号で答えなさい。

【小学生男子】

2013年	
1位	サッカー選手
2位	野球選手
3位	警察官・刑事《けいじ》
4位	学者・博士
5位	電車・バス・車の運転士
6位	大工さん
7位	食べ物屋さん
8位	お医者さん
9位	パイロット
10位	宇宙飛行士
	料理人

2023年	
1位	会社員
2位	YouTuber/動画投稿《とうこう》者
3位	サッカー選手
4位	警察官
5位	ゲームクリエイター
6位	野球選手
	公務員
8位	ITエンジニア/プログラマー
9位	医師
10位	学者/研究者

【小学生女子】

2013年	
1位	食べ物屋さん
2位	保育園・幼稚園《ようちえん》の先生
3位	歌手・タレント・芸人
4位	学校の先生（習い事の先生）
	看護師さん
6位	お医者さん
7位	美容師さん
8位	お花屋さん
9位	デザイナー
9位	ピアノ・エレクトーンの先生・ピアニスト
	マンガ家

2023年	
1位	パティシエ
2位	漫画《まんが》家/イラストレーター
3位	会社員
4位	看護師
5位	YouTuber/動画投稿者
	幼稚園の先生/保育士
7位	教師/教員
8位	美容師/ヘアメイクアーティスト
9位	薬剤師《やくざいし》
10位	医師
	トリマー/ペットショップ店員

（出典：第一生命保険株式会社「大人になったらなりたいもの」アンケート）

ア　2023 年のランキングで YouTuber が上位であることから、幼少期からインターネットを使用している人が増えたと考えられる。一方、インターネットが使えない地方から都会に人が移り、地方の過疎化《かそか》が進むという問題も発生している。

イ　女子のランキングでは、2013 年、2023 年ともに看護師が上位の人気職業となっている。しかし、看護師は勤務形態が不規則であることに加え、業務量も多いなどの問題が指摘《してき》されている。

ウ　2023 年のランキングで男女ともに会社員が上位にランクインした。理由として、働き方改革が進んだことで近年はリストラもなく、同じ会社で定年まで働き続けられる終身雇用《こよう》が一般的《いっぱんてき》になったからだと考えられる。

エ　男子のランキングでは、2023 年はゲームクリエイターや IT エンジニアが上位にランクインしている。理由として、これらの職業が含《ふく》まれる第一次産業で働く人が減り、ライバルが少なくなったため、大きな利益を得られるからだと考えられる。

【理　科】〈２月１日午前試験〉（30分）〈満点：50点〉

1　地球で生まれる石について，次の文章を読んで，各問いに答えなさい。

図１は，新潟《にいがた》県糸魚川《いといがわ》市のヒスイ海岸で見られる石です。「水の惑星《わくせい》」とよばれる地球には色とりどりの石があり，実は「石の惑星」でもあるのです。この多様な石の見分け方を図２に示しました。例えば，「マグマから生まれた石」というのは，①地下のマグマが地表に噴出《ふんしゅつ》することによって火山が形成されるときにできたものです。玄武《げんぶ》岩は月にもありますが，花こう岩や安山岩は地球以外の天体ではめったに存在しない石だといわれています。どれもマグマから生まれた石なのに，どうして地球には花こう岩や安山岩があるのでしょうか。

「生まれて間もない熱い地球は，マグマの海でおおわれていた。やがてマグマが冷えて固まった黒っぽい玄武岩でおおわれるようになった。やがて地球に雨が降り，海ができたころ，地球の表面がいくつかのかたい岩盤《がんばん》（プレート）に分かれて動き出した。そして，②ある場所では水の影響《えいきょう》で低い温度でもマグマが生じるようになった。そのマグマには石英などの鉱物が多くふくまれ，玄武岩よりも白っぽい花こう岩や安山岩が生まれるもとになった。」

これが地球科学の１つの考えです。さらに，川に流されて小さくなった小石や砂や泥《どろ》が海でかたまってできた石も，地球だからこそ生まれた石です。そのほかにも海に生きていた生き物から生まれた石もあります。

図１　ヒスイ海岸で見られる色とりどりの石

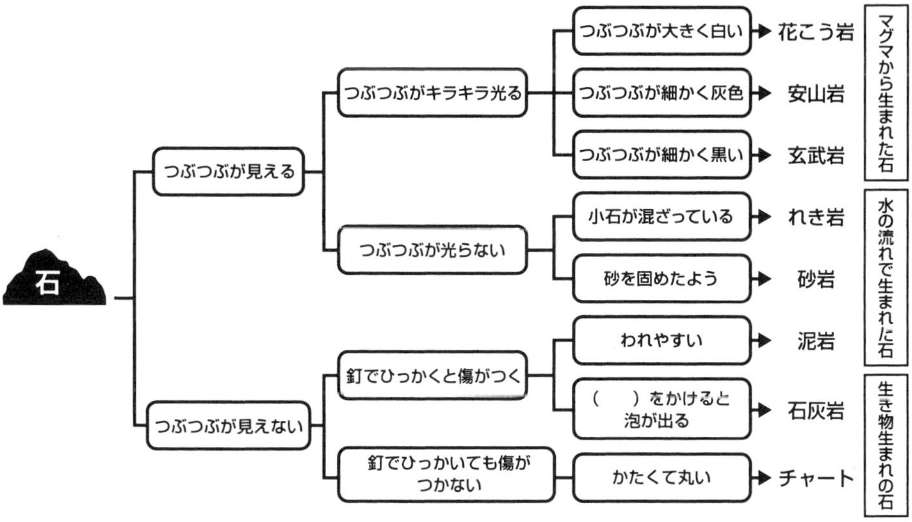

図２ 石の見分け方

西村寿雄，武田晋一著「石はなにからできている？」(2018)

問１　図１の石は，乾《かわ》いているときと濡《ぬ》れているときでは色の見え方がちがいます。この理由を説明した文章を読んで，下の問いに答えなさい。

光は鏡のような平らな面で反射するときは，ある方向に規則正しく反射する。一《いっ》般《ぱん》に乾いた物体の表面は凸凹《でこぼこ》しているので光はあちこちに反射する。このような反射を乱反射という。乱反射を起こした物体は白っぽく見える。つまり乾いた状態では，「その石の色」と乱反射による白色が合わさって見えることになる。しかし水に濡れた石の場合，［　　　　　　］ため「その石の色」が濃《こ》くなったように見える。

(１) 平らな面で反射するときの光が進む「方向」と「規則」がわかるように矢印や言葉を解答欄《らん》の図にかき入れ，説明しなさい。

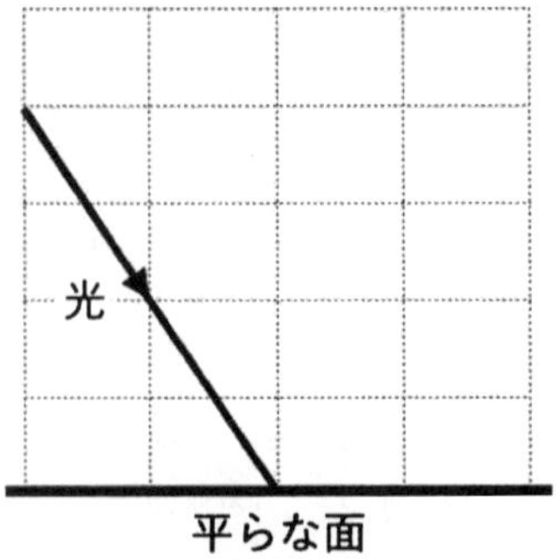

(２) 空欄［　　　　　　］について，適切な文章を入れ，説明文を完成させなさい。

問２　図２の空欄（　）に入る溶液《ようえき》と，そのときに発生する気体の組み合わせとして正しいものはどれですか。次の選択肢《せんたくし》から１つ選び，記号で答えなさい。

	空欄に入る溶液	発生する気体
ア	塩酸	酸素
イ	オキシドール	酸素
ウ	塩酸	二酸化炭素
エ	オキシドール	二酸化炭素

問３　文中の下線部①の例として，地球上にはホットスポットと呼ばれる場所があります。ここでは，マグマがプレート内部を貫《つらぬ》いて火山を形成します。ホットスポットとプレート運動によって火山の列ができる仕組みを図３に示しました。図４はある地点の火山の列です。火山Ａは現在活動しており，火山Ｈは最も古く，間にはさまれた火山はできた順に並んでいます。これらの火山は移動するプレート上にホットスポットがあったことによるものだとすると，このプレートの動く向きはどのように移り変わったと考えられますか。空欄（　1　）～（　3　）に入る方角を下の選択肢からそれぞれ記号で選び，プレートの移り変わりを完成させなさい。

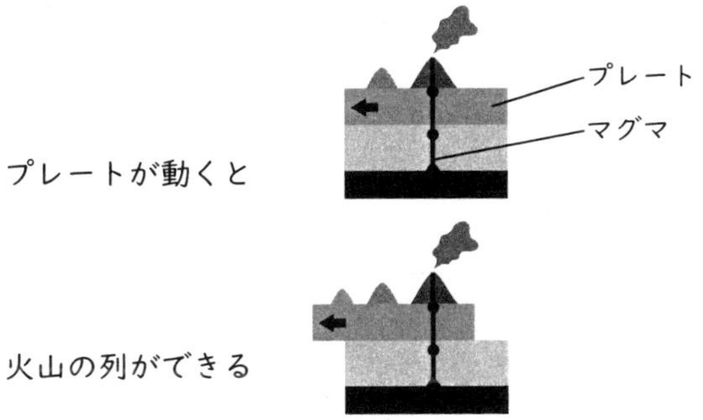

図３　ホットスポットとプレートの運動

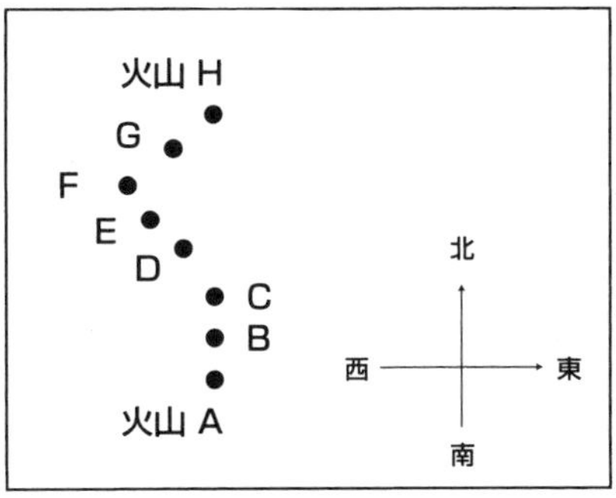

図４　ある地点での火山の列

プレートの動く向き　　（　1　）→（　2　）→（　3　）

ア　北　　イ　南　　ウ　東　　エ　西
オ　北東　カ　南東　キ　北西　ク　南西

問４　文中の下線部②のようなマグマが生じる場所はどこだと考えられますか。図５，６を参考にし，下の選択肢から１つ選び，記号で答えなさい。

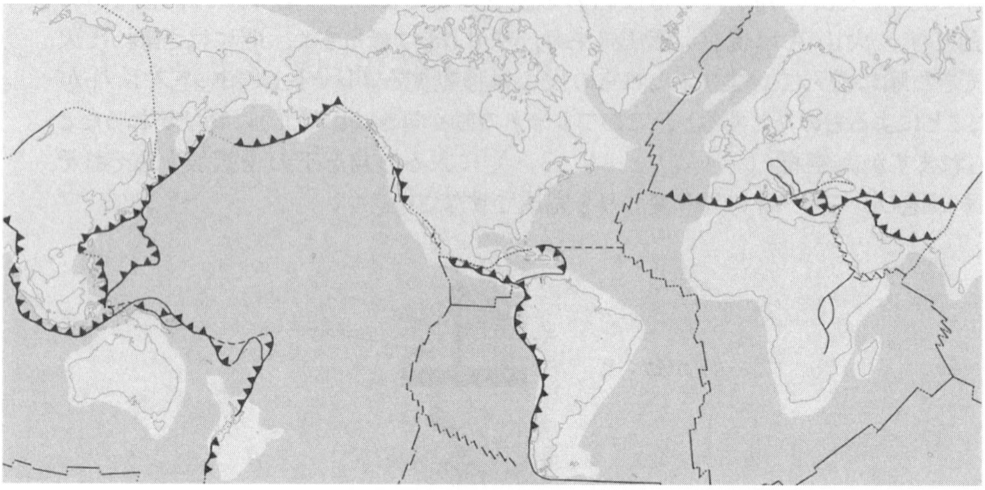

―――― プレート同士が遠ざかっている境界　------ 移動するが，生成も破壊《はかい》もされない境界
▲▲▲▲▲ プレート同士が接近している境界（多くの場合，片方がもう片方の下に沈《しず》み込んでいる）
- - - - 境界が明確に定義されていない領域

図５　地球をおおうプレート同士の境界

Encyclopedia Britannicaより改変

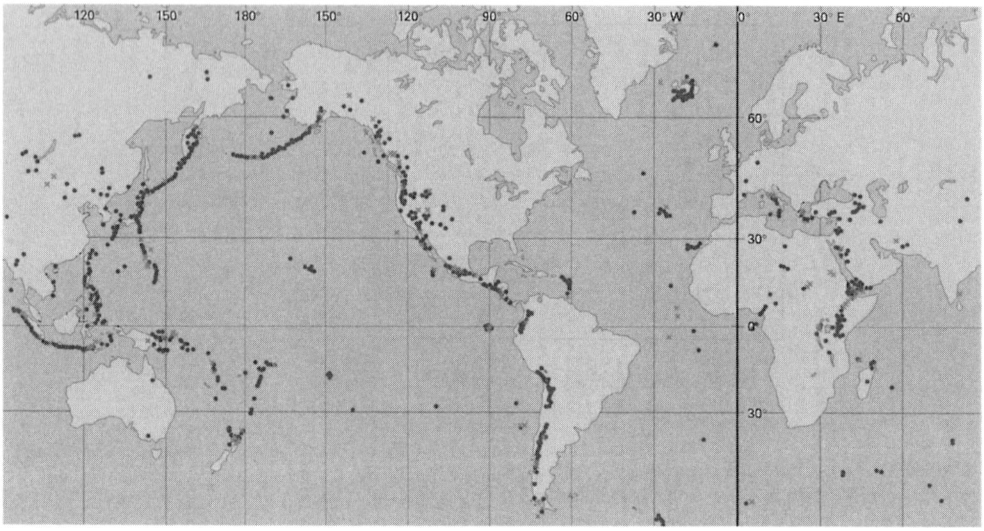

図６　火山の分布

Encyclopedia Britannicaより改変

ア　プレート同士が遠ざかっている境界になる場所

イ　プレート同士が接近している境界になる場所

ウ　プレートは移動するが，生成も破壊もされない境界になる場所

エ　プレートの境界になるすべての場所

2　流れる水のはたらきについて，次の文章を読んで，各問いに答えなさい。

流れる水のはたらきには，３つあります。流れる水が地面などをけずることを侵食《しんしょく》，流れる水がけずったものを押《お》し流すことを運搬《うんぱん》，流れる水がけずったものを積もらせることを堆積《たいせき》といいます。図１は，流れる水の速さ（流速）とけずったものの大きさ（直径）による，はたらきのちがいを示したグラフです。図２は，川によって運ばれてきた土砂が海底に堆積する様子を模式的に示したものです。

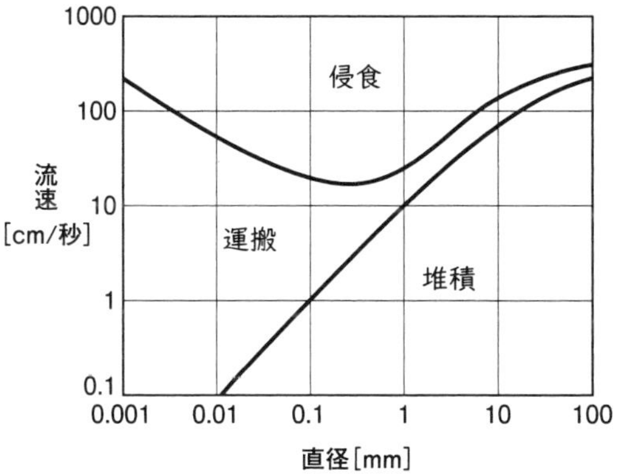

図１

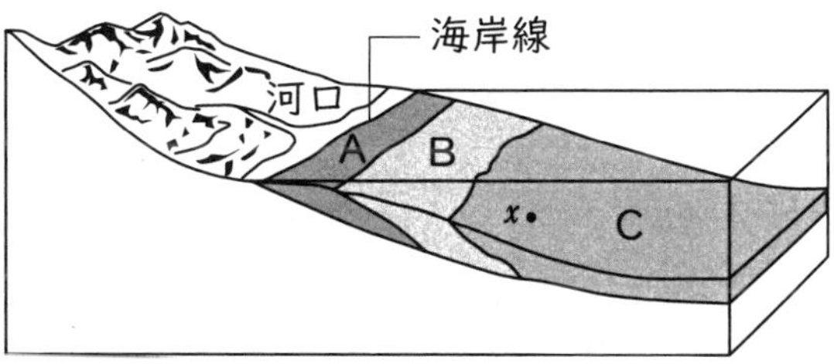

図２

問１　図１から読み取れることとして，適切なものを次の選択肢から２つ選び，記号で答えなさい。

ア　直径 0.01mm 以下の粒《つぶ》は侵食されない。

イ　直径 0.01mm 以下の粒は堆積しにくい。

ウ　直径１mm の粒は，流速が毎秒１cm よりも遅くなると，川底に沈みはじめる。

エ　直径 0.1mm の粒は，1mm の粒よりも，運搬速度が幅広《はばひろ》い。

オ　粒が大きくなるにつれて，だんだんと侵食されにくくなる。

問２　図２のＡ，Ｂ，Ｃ付近には，れき，砂，泥のどれがおもに堆積しますか。正しい組み合わせを次の選択肢から１つ選び，記号で答えなさい。また，そのような組み合わせになる理由を，図１を参考にして簡単に説明しなさい。

ア　Ａ：れき　Ｂ：砂　Ｃ：泥

イ　Ａ：砂　Ｂ：れき　Ｃ：泥

ウ　Ａ：泥　Ｂ：砂　Ｃ：れき

エ　Ａ：れき　Ｂ：泥　Ｃ：砂

問３　長い年月の間に，図２の海水面がしだいに下降したとすると，x 点の海底に重なっていく堆積物はどうなりますか。次の選択肢から１つ選び，記号で答えなさい。

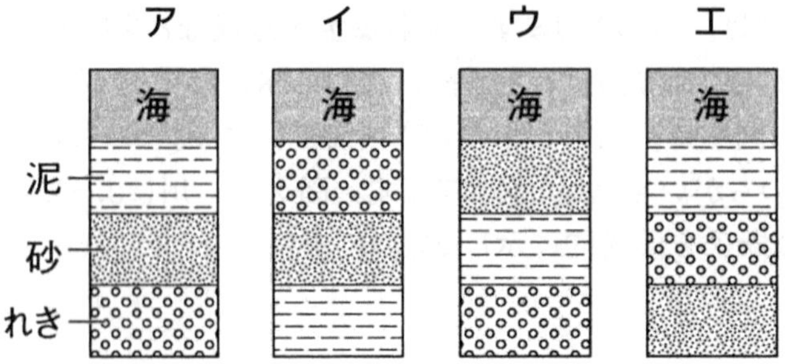

問４　問３のように，流れる水のはたらきなどによって地層が作られます。それぞれの地層からはその層が堆積した環境《かんきょう》を探ることができます。その例として正しいものを次の選択肢から１つ選び，記号で答えなさい。

ア　ブナの葉が見つかった場合，冷たく浅い海だったことがわかる。
イ　アンモナイトが見つかった場合，温帯のやや寒冷な場所だったことがわかる。
ウ　アサリが見つかった場合，暖かく深い海だったことがわかる。
エ　シジミが見つかった場合，河口付近や湖だったことがわかる。

問５　下図はある崖《がけ》から見た地層の断面図です。この場所で起きたできごとを，古い順に下の選択肢ア～オを並《なら》べなさい。ただし，この間に地層の逆転は起きなかったものとします。

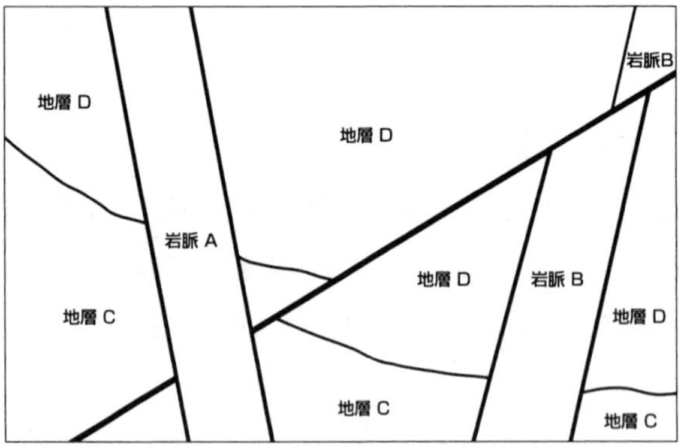

図３

ア　地層がずれた。
イ　マグマが入り込《こ》み，冷えて固まった岩脈 A ができた。
ウ　マグマが入り込み，冷えて固まった岩脈 B ができた。
エ　地層 D が堆積した。
オ　地層 C が堆積した。

問６　地層の年代特定は地層の中に含《ふく》まれる鉱物を科学的に分析《ぶんせき》する方法がよく利用されています。これについて次の文を読んで，あとの問いに答えなさい。

炭素には安定して存在できるものと，放射線を出しながら減っていくものがある。後者の炭素を「炭素 14」とよび，鉱物の中にどのくらい「炭素 14」が残っているかを調べることでその地層の年代を計算で出すことができる。炭素は糖や二酸化炭素にふくまれている。植物は光のエネルギーを利用しておこなう（ ① ）によって空気中の炭素を取《と》り込《こ》み，動物は植物を食べて体内に炭素を取り込む。また，生物は（ ② ）をおこなうため，体内の炭素を二酸化炭素として空気中に放出する。つまり，空気中の「炭素 14」と生体内にある「炭素 14」が循環《じゅんかん》し，その割合はほとんど同じ程度に保たれる。しかし，生物が死んだあとは空気中の「炭素 14」を取り込まなくなるため，「炭素 14」は時間が経つにつれ，だんだんと減っていくことになる。

(1) 空欄（ ① ），（ ② ）にあてはまる言葉をそれぞれ答えなさい。

(2)「炭素 14」は 5730 年ごとに半減します。調べた鉱物中の「炭素 14」が現代の 8 分の 1 に減っていたとすると，この地層は何年前に形成されたと考えられますか。

3 配布されたサンプルはそれぞれ，ガラス，石，プラスチックで，これらはどれも海辺で採取することができます。次の課題に対するあなたの考えを解答欄の指示にしたがって答えなさい。

〈編集部注：実際の試験問題では，**3**を解答するにあたってサンプルが配付されました。〉

課題

３つのサンプルはどれも地球上で作られ，流れる水のはたらきによって海辺に流れついたものであるにもかかわらず，なぜプラスチックは大きな問題となるのか？

図 長崎《ながさき》県の大村湾《おおむらわん》

2016 年に長崎県が水質改善のため，人工砂としてガラスを浜辺《はまべ》に敷《し》き詰《つ》めた。

Yahoo! JAPAN SDGs（2021）

【国　語】〈二月一日午前試験〉（五〇分）〈満点：一〇〇点〉

〔注意〕字数制限がある問いは、「、」や「。」やカギカッコなども字数に含《ふく》みます。

一　次の問いに答えなさい。

問一　①〜③のカタカナを漢字に直しなさい。また、送り仮名があるものは送り仮名を含《ふく》めて答えなさい。

①ジシャクのように引き寄せられる。

②この部屋のモヨウが気に入りました。

③川にソウように家が並んでいる。

問二　①〜③の――部の言葉を適切な尊敬語または謙譲《けんじょう》語に改め、解答欄《らん》に書きなさい。（「お……になる」「……れる、……られる」「お……する」以外の形に直すこと）

①先生、三者面談には母がうかがうとおっしゃっています。

②その手紙は先輩が私に差し上げたものだと友人から聞きました。

③久しぶりに会われるのを楽しみにしています。

二　以下の文を読んで、次の問いに答えなさい。

六時間目が終わりに近づいても、木島は絵の具を出す気配はなく、影《かげ》や色を灰色や黒のトーンで細かく描《か》きこんでいる。鉛筆《えんぴつ》の数は三本に増えた。

美術の大森先生はゆっくり巡回《じゅんかい》しながら、アドバイスをしていたが、木島の後ろで歩みを止めた。顔つきが［A］険しくなる。

「何をやってるの？」

三十半ばで、神経質そうな大森先生は男にしてはかん高い声でとげとげしく聞いた。

「デッサンをやれって誰《だれ》が言った？」

木島の鉛筆が静止した。

「どうして、君は、いつも、そういうことばかりするの？」

ここの六個の机の生徒たちは、みんな描くのをやめた。男の子たちは互《たが》いに顔を見合わせている。どうやら前科があるらしい。一年の時のことは、私は知らないけど。木島は自分の絵に目を落としたまま黙《だま》っていた。

大森先生はイライラした様子で片足のかかとを細かく踏《ふ》みならした。

「あのねえ、美大を受けるにしても、デッサンだけやればいいってもんじゃないよ。それにね、これは授業なんだから、ちゃんと言った通りにしてくれないと困るんだよ」

「受験とか、そんなんじゃないス」

木島はぼそりと答えた。

「じゃあ、なんだ？」

先生の声は低くなり、そのぶん、怒《いか》りが激しくなったのが感じられた。ほかのグループの生徒たちも、こちらを注目していた。

木島は細い目をいっそう細めた。視線は宙に泳ぎ、何もとらえていなかった。一瞬《いっしゅん》、何か鈍《にぶ》い悲しみや痛みのようなものが彼《かれ》の顔に浮《う》かんだ気がした。私ははっと胸を突《つ》かれたが、彼はまたすぐに目を伏《ふ》せてしまった。机に置いている両の拳《こぶし》に力がこもった。何かに耐《た》えているように、何かを激しく迷っているように。節のところが白く尖《とが》って見えた。

そして、彼は［B］口を開いた。

「鉛筆でちゃんと描けるようにならないと、色が使えないんです」

「だから、なんで？」

①先生の声には苛立《いらだ》ちのほかに強い侮蔑《ぶべつ》と圧力がこめられていた。

木島の顔からふっと表情が消えた。いつか見たことのある寒い顔になった。それからは何を聞かれても言われても一言も口をきかなくなり、ついに教室から出ていくように命じられた。

木島はスケッチブックとペンケースを持って、［C］出ていってしまった。描きかけの私の絵も出ていってしまった。

教室の中は、みんなが息を殺しているような堅《かた》い沈黙《ちんもく》がたちこめていた。私はしばらく茫然《ぼうぜん》としていた。何が起きたのかよく飲みこめなかった。わかるのは、この教室の中で最高の絵描きがいなくなってしまったこと、もっと見ていたかった絵が消えてしまったことだけだった。

私はいきなり立ち上がった。その唐突《とうとつ》な動作に、教室中の視線がいっせいに集まった。何かはっきりした覚悟《かくご》やモクロミがあったわけじゃなかった。ただ、あの絵がまだまるで未完成なこと、そして、木島が続きを描きたいんじゃないかと考えていたのだ。

廊下《ろうか》には、もう木島の姿はなかった。私はふと思いついて、美術の授業が始まる前に渡《わた》り廊下から見た、サッカー部の部室の前へ行ってみた。

教室を追い出された流浪《るろう》の絵描きは、別にたいして悲しそうでもなく、フェンスに向かってゆるやかに上っていく芝生《しばふ》の傾斜地《けいしゃち》に横向きにごろりと寝《ね》そべっていた。私に気づくと、ちょっと驚《おどろ》いたように目を見張ってみせた。こんなふうに追いかけてきたものの、いざとなると、なんて言ったらいいのか、ぜんぜんわからなくて、身体中の血液が顔に向かって逆流してくる気がした。木島は面白がってるみたいにじろじろ見ているだけで、何も言ってくれない。しょうがなくて、やっとの思いで言葉を口からしぼりだした。

「最後まで描く？」

すっげえマヌケに響《ひび》いた。

木島は切れ長の細い目の中に疑問符《ぎもんふ》を浮かべて、まだ口をきかない。

「絵だよ」

私はぶっきらぼうに説明した。

「見て描いたほうがいいんでしょ？」

木島は芝生の斜面《しゃめん》に片肘《かたひじ》をついて、ゆっくり上半身を起こした。

「さっきの？」

木島はたいした熱意もなく聞き返した。私はうなずきながら、②少しがっかりし、とても恥《は》ずかしい気持ちになった。のこのここんなとこまで来ちまって……。ここで何してるんだか。視線をどこに向けたらいいのか、わからなくなった。自分の足元を見たり、木島の頭の上のほうにある緑のフェンスを見たりしていた。

「③なんか、ちげえなァ」

しばらくして、つぶやくような木島の声がした。目が合った。また観察の目つきで不遠慮《ぶえんりょ》にじろじろ見ている。そして、脇《わき》に置いてあるスケッチブックを取り上げると、私を描いたページを開いて眺《なが》めた。首を傾《かし》げた。

「なんかな、ぜんっぜん違《ちが》うね？」

同意を求めるように言われて、私も木島の横に膝《ひざ》をついて身をかがめて絵をのぞきこんだ。それは描きかけでも人を惹《ひ》きつける力を持った美しい鉛筆画だった。大人の美術の先生がジェラシーを感じたとしても不思議はないような優れた技術だった。でも、木島は、たぶん、そんなことが聞きたいんじゃないんだ。

「自分の顔ってわかんないよ」

私は言った。

「でも、いつも描いてるラフなスケッチのほうが、いい。ああいう線のほうが、いい」

「何？　スケッチって？」

木島は横目で私を見た。それから、④鼻でフッと馬鹿《ばか》にしたように笑った。

「授業中に遊んでるヤツ？」

私は笑わずに重々しくうなずいた。

「マジで？」

私はもう一度重々しくうなずいた。

「なんで……」

木島は質問しかけて、気が変わったように、

「いつか、すげえ怒《おこ》ってたじゃん」

とぼつんと言った。

「怒るくらい……パワーがある」

私は答えた。

木島は何も言わずに、また私を見ていた。とても、とても長く見ていた。

「村田さんの似顔は描けねえかもな」

ようやく独り言のようにぼつっと言った。

「なんで？」

「すげえ、むずかしいんだよ。顔じゃなくてさ。なんか人間の感じがさ」

ドキリとした。

「くやしいなあ」

つぶやくように木島は言った。

ドキドキが止まらなかった。⑤すごくコワイことを言われたような気がした。

（佐藤多佳子『黄色い目の魚』による）

問一　［ A ］～［ C ］に入る言葉の組み合わせとして最もふさわしいものを次のア～エから一つ選び、記号で答えなさい。

ア　A―すっと　B―ゆっくりと　C―あっさりと
イ　A―ゆっくりと　B―すっと　C―あっさりと
ウ　A―すっと　B―ゆっくりと　C―やんわりと
エ　A―ゆっくりと　B―そっと　C―じっと

問二　――①「先生の声には苛立ちのほかに」とあるが、大森先生が木島に対して苛立ちを感じていることが動作によって表現されている部分をここより前の文中から二十字以内で抜《ぬ》き出して答えなさい。

問三　――②「少しがっかりし、とても恥ずかしい気持ちになった」とあるが、この時「私」がこのような心情になったのはなぜか。その理由として最もふさわしいものを次のア～エから一つ選び、記号で答えなさい。
ア　大森先生と馬が合わなくても教室に戻《もど》るべきだと考え連れ戻そうと立ち上がったが、木島を説得できなかったことに加えて、教室を抜け出したという点では、自分も木島と同じであると思えたから。
イ　木島が絵を完成させたいのではないかと思っていたが、実際には絵を描く熱意を失っており、絵の続きを描くためには自分が必要だろうと考え教室を飛び出してまでかけつけた自分が滑稽《こっけい》に思えたから。
ウ　落《お》ち込《こ》んでいるであろう木島を励《はげ》まそうと思ったが、予想に反して木島が気にしている様子ではなかったことに加え、追いかけてきたことで自分が木島に対して好意を抱《いだ》いていることに気付かれたのではないかと思ったから。
エ　大森先生に注意されても自分のやり方を貫《つらぬ》こうとしていた木島の姿を見て、絵を完成させてほしいと伝えようと追いかけたが、木島がすでに絵を描き続ける気持ちを失っていることに気付き、余計なことをしてしまったと思ったから。

問四　――③「なんか、ちげえなァ」とあるが、木島は何が違うと感じているのか。三十字以上四十字以内で答えなさい。

問五　――④「鼻でフッと馬鹿にしたように笑った」とあるが、この時の木島の心情として最もふさわしいものを次のア～エの中から一つ選び、記号で答えなさい。
ア　授業中に遊びで描いたスケッチの方がいいとは、冗談《じょうだん》ではないか。
イ　真剣《しんけん》に描いた絵よりも遊びで描いた絵の方がいいとは、労力に見合わない。
ウ　あんなにいい加減に描いているものが優れているとは、からかっているのか。
エ　真剣に描いた鉛筆画よりもラフなスケッチをほめるとは、あまりに見る目がない。

問六　――⑤「すごくコワイことを言われたような気がした」のはなぜか。その理由として最もふさわしいものを次のア～エの中から一つ選び、記号で答えなさい。
ア　木島は人の似顔を描く時に、その人の表面には見えない「人間の感じ」を見ていることがわかったから。

イ　木島は私の似顔を描くために、私の顔だけでなく私の「人間の感じ」を捉《とら》えようとしていたことがわかったから。

ウ　木島は、私の似顔を描く時に、「人間の感じ」を知るために顔以外の部分を隅々《すみずみ》まで見ていたことがわかったから。

エ　木島には、人によって似顔を描きやすい人と描きづらい人がいて、その違いは「人間の感じ」だということがわかったから。

問七　本文の表現上の特徴《とくちょう》を述べたものとして最もふさわしいものを次のア～エから一つ選び、記号で答えなさい。

ア　「影や色を灰色や黒のトーンで細かく描きこんでいる」のように、登場人物の暗い心情を絵の色により描写《びょうしゃ》している。

イ　「何？　スケッチって？」のように木島のセリフの多くを疑問形にすることにより、木島がなかなか本心を言えないことを表現している。

ウ　「いつか見たことのある寒い顔になった」のように登場人物の顔の様子や表情を描くことにより、微妙《びみょう》な感情の揺《ゆ》らぎをたくみに表現している。

エ　「覚悟やモクロミがあったわけじゃなかった」のようにあえてカタカナ表記を多用することで、十代の大人になりきれない繊細《せんさい》な心情を描いている。

三　以下の文を読んで、次の問いに答えなさい。

　ここで再び、「楽観」と「悲観」の基本的な傾向《けいこう》について、考察しようと思う。本書をここまで読んできてもなお、「でも、やっぱり悲観というのは、寂《さび》しいし、悲しいし、どうしても後ろ向きな気がする」と感じている方がいらっしゃるのでは、と考えたからだ。
「楽観」が前向きであり、「悲観」が後ろ向きだという印象は、どこから来るのだろうか？
　おそらく、考える対象が未来にあるか、それとも過去にあるか、という点が関係しているのではないか、と思われる。ここまで書いてきた「悲観」は、主として未来に対する悲観だが、一般《いっぱん》に、過去の出来事を振《ふ》り返って悲観する場合が多いようだ。
「あのときのあれは、やっぱりまずかったかな」といった感じのもの、すなわち後悔《こうかい》だ。そんな経験はないだろうか。過去を悲観して反省をするならば、未来に対してプラスになるが、ただ、「あれがいけなかった」と悔《く》やむばかりでは、落ち込むだけで、なんの利もない。この種の「悲観」がマイナスイメージとして、多くの人の心に染みついているように思われる。
　①過去を悲観することは、メリットが少ない。反省をすることで、未来に同じ過ちを犯さない対策を講じれば有効であるが、これはつまり、②未来への悲観にほかならない。過去のデータを未来に活かした行為《こうい》だ。
　過ぎてしまったことで、いつまでも悩《なや》んでいる人は少なくないように観察される。[A]、「考えなさい」と言われ、「考えよう」と思ったときに、大多数の人は過去を「思い出す」だけなのである。これは、考えていることにならない。考えるとは、やはり未来に向かった予測でなければならない。未知だからこそ、考えるのだ。

過去の事象の良い悪いをいくら評価しても、起こってしまったことは変わらない。[B]、死んだ人は生き返らない。壊《こわ》れたものは、今後の修復によって元どおりになるかもしれないが、壊れたという事実が消えるわけではない。人間は経験したことを意図的に忘れることができない。コンピュータのデータみたいに、綺麗《きれい》に一瞬で消去できれば楽だろうけれど。

選べるのは、未来の道だけである。過去の選択《せんたく》はできない。これはつまり、過去へ戻れないからだ。未来には行けるが、過去へは行けない。

過去の評価とは、結局は事象の「解釈《かいしゃく》」でしかない。ただし、たとえば「楽観」は、過去に対しては有効だ。

自分が経験したことをどう解釈するか、という場合、大いに「楽観」すれば良いだろう。「あれは良かった」「[X]」「あの判断は正解だった」などと、過去を楽観的に評価することは、精神安定上も良い。

「解釈」というのは、自分で勝手にすれば良いものだから、自己を肯定《こうてい》し、未来につなげる動機とすることは有意義だといえる。[C]、他者にこれを伝える必要はない。自分で自分を評価し、信じていれば良い。人に話すと、自慢《じまん》と取られるだけで、メリットはほとんどないだろう。

過去に対する評価は、他者によるものであっても、さほど意味があるものではない。人からなにかを褒《ほ》められる場合、それは過去のことだ。認められれば、気持ちが良いかもしれないが、実質的なメリットがあることは稀《まれ》である。稀な例外とは、報奨金《ほうしょうきん》のようなものを得たときくらいだ。仕事が認められて報酬《ほうしゅう》があるのは、契約《けいやく》なので、これには当たらない。想定外の大金がもらえることも稀にある。頻繁《ひんぱん》ではない。期待しない方がよろしい。

③過去の評価は、もともとその程度のものなので、自身については、せいぜい楽観しておけば良いだろう、ということである。

④最悪のパターンは、過去を悲観し、未来を楽観する姿勢だ。

過去を振り返って悩み、「[Y]」と意味もなく楽観している人が、意外に多いように見受けられる。この反対で、過去を楽観し、未来を悲観するのが、有意義な姿勢だといえる。

良いことも悪いことも、続けて起こる確率はたしかに低い。しかし、既《すで》に起こった事象がどちらであるかは、未来には影響《えいきょう》しない。悪いことがあったから、もう続かないだろう、と考える「楽観」には科学的根拠《こんきょ》がない。

厳密には、過去に悪い事象が発生した場合、未来に同じ事象が発生する確率は、多少変わる。これは、起こった事象によって、過去のデータが更新《こうしん》され、対策が取られるからだ。しかし「楽観」は禁物。トラブルが再発する可能性は、大いに「悲観」しておく必要がある。

★
特に、トラブルの原因が完全に究明できないようなときは、注意が必要だ。たとえば、機械類のトラブルであれば、不具合が再発する可能性は高い。故障に近い不具合が既にどこかに存在するから、トラブルが起きる。電気回路の接触《せっしょく》不良などは、見ただけでは判別できない場合が多く、また、そこがつながっているときはまったく問題なく作動する。ある条件が重なったときに、その接点が離《はな》れてトラブルになる。このような故障は、徹底的《てっていてき》に原因を調べるべきだ。初期のトラブルは一般に小さい。これが発生したことを、幸運と受け止めた方が良い。そこで早めに処理すれば、大きなトラブルは避《さ》けられる。

このように、過去の事象は、たとえ悪いことであったとしても、悲観して落ち込む必要はない。そのおかげで未来の危険が避けられる、と楽観的に解釈しておけば良いだろう（ただし、自分の解釈であって、人に話すと無責任だと非難されるから注意を）。

過去を考えすぎる人は、未来に思考を向けることを意識的にした方が良い。これから何があるのか、どんな可能性があるのか。もし、どちらかわからない場合には、そこで未来は分《ぶん》岐《き》し、別の道筋になるから、そのそれぞれについて考えれば良い。二手に分かれる分岐が三《さん》箇所《かしょ》あれば、未来は八通りになる。八通りをすべてきっちりと予測する必要はないが、絶対に起きないわけではないので、悪いことが重なる分岐については、考えておいた方が無難だ。

過去に起こったことは、考える対象が絞《しぼ》られる。同じ対象について、幾度《いくど》も同じように考えてしまう人がいるはず。しかし、未来に起こることは、対象が無限にある。いくらでも考えることができるはずだ。未来のことを考え始めると、過去のことなど考えている暇《ひま》はなくなるだろう。

（森博嗣『悲観する力』による）

問一 [A]～[C]に入る言葉として最もふさわしいものを次のア～オからそれぞれ一つ選び、記号で答えなさい。

ア そもそも　イ ただ　ウ たとえば　エ ところが　オ なぜなら

問二 ——①「過去を悲観する」、——②「未来への悲観」を言いかえた漢字二字の言葉を文中よりそれぞれ抜き出して答えなさい。

問三 [X]・[Y]に入る内容の組み合わせとして最もふさわしいものをア～エから一つ選び、記号で答えなさい。

ア X：「あのとき、あれをしておいたのが効いた」
　Y：「あんな酷いことはもうご免《めん》だ。これからはきっと良いことがある」
イ X：「あの判断は正解だった」
　Y：「あのとき、あれをしておいたのが効いた」
ウ X：「あんなことはもう二度と起こらないだろう」
　Y：「あの判断は正解だった」
エ X：「あんなことはもう二度と起こらないだろう」
　Y：「あんな酷いことはもうご免だ。これからはきっと良いことがある」

問四 ——③「過去の評価は、もともとその程度のもの」とあるが、どういうことか。その説明として最もふさわしいものを次のア～エから一つ選び、記号で答えなさい。

ア 過去を評価する際にはあらゆるプラスの感情やマイナスの感情が思い起こされ、未来の道の選択にも影響を及ぼす可能性がある以上、そもそも評価自体をすべきではないということ。

イ 過去に対する評価を楽観的な解釈にしておくことで、他者からも同じように認められてメリットを得られる以上、楽観的に評価することに実質的なメリットがあるといえるということ。

ウ　過去の評価というものは結局は事象の解釈にすぎず、他者にされても大した意味やメリットのあるものではない以上、自分勝手に楽観的に捉えて未来への動機とする方が有意義だということ。

エ　過去をどのように評価したところで起こってしまったことが変わるわけではなく、未来の道しか選択ができない以上、過去を悲観しようと楽観しようとどちらも無意味な行為であるということ。

問五　――④「最悪のパターンは、過去を悲観し、未来を楽観する姿勢だ」とあるがそれはなぜか。三十字以上四十字以内で説明しなさい。

問六　文中の★の部分（「特に、トラブルの原因が完全に究明できないようなときは」から始まる段落）は機械類のトラブルの例であるが、どのようなことを示すための例か。最もふさわしいものを次のア～エから一つ選び、記号で答えなさい。

ア　比喩《ゆ》的な表現で人間を機械類にたとえながら、人間が起こす様々なトラブルの原因や構図を説明しつつ適切な対処法を示すための例。

イ　小さなトラブルの発見を好機と捉えて、再発する可能性を考えて丁寧に対応することで未来の大きな危険が避けられることを示すための例。

ウ　過去に悪い事象が発生した場合に、未来に同じ事象が発生する確率が自動的に少し下がるという、直前の段落の内容を具体的に示すための例。

エ　大きなトラブルはある日突然発生するわけではなく、実はその前に手掛《が》かりとなるいくつもの小さなトラブルが発生していることを示すための例。

問七　本文における筆者の主張として最もふさわしいものを次のア～エから一つ選び、記号で答えなさい。

ア　未来は分岐するため、これからどんな分岐があるのかを予測し、全ての可能性に対応できるようにしらみつぶしに対策を練る方が無難である。

イ　過去の出来事を悲観的に解釈することも反省とみなすことができるので、対象が過去か未来かに関わらず、何をどのように悲観するかが重要である。

ウ　悲観という言葉にマイナスのイメージを持つ人も多いが、対象を未来へと向けることによって将来的なリスクをさけることができるため、悲観も有用である。

エ　一般に初期のトラブルは被害も小さいため、発生したことを幸運と捉えるのが適切であり、大きな被害が予防できてよかったと未来をも楽観するのが適切である。

問八　過去や未来について考えず、空に行く雲と川を流れる水のように何事にもこだわることなく自然体で行動する「行雲流水」という考え方もある。この考え方についてあなたはどう考えるか。具体例とともにメリットやデメリットを挙げ、二〇〇字以上三〇〇字以内で説明しなさい。（一マス目から書き始め、途中《とちゅう》で改行はしないこと）

2024年度

ドルトン東京学園中等部 ▶解説と解答

算 数 ＜２月１日午前試験＞（50分）＜満点：100点＞

解 答

1 (1) 14 (2) $5\frac{1}{3}$ (3) 95 (4) 64個 **2** (1) カ (2) 1600円 (3) $486cm^3$ (4) 11時18分 (5) 1 (6) 最大で30人，最少で14人 **3** (1) Ｅ (2) ① **あ** Ｅ **い** Ｆ **う** Ｄ ② **え** 4 **お** 3 (3) ① **か** 6 **き** 3 ② （例） Ｂから出ている線について左右反対にした形の場合。 **4** (1) ① イ ② カ (2) 54 (3) 9879 (4) 2024番目

解 説

1 四則計算，計算のくふう，場合の数

(1) $2\times25\div5+23-19=50\div5+23-19=10+23-19=14$

(2) $A\times B+A\times C=A\times(B+C)$となることを利用すると，$32\times\frac{1}{7}+5\frac{1}{3}\div7=32\times\frac{1}{7}+5\frac{1}{3}\times\frac{1}{7}=\left(32+5\frac{1}{3}\right)\times\frac{1}{7}=37\frac{1}{3}\times\frac{1}{7}=\frac{112}{3}\times\frac{1}{7}=\frac{16}{3}=5\frac{1}{3}$

(3) $(0.5+12\times4)\times2-1.6\times\left(3\frac{1}{4}-\frac{3}{4}\right)\div2=(0.5+48)\times2-1.6\times\left(\frac{13}{4}-\frac{3}{4}\right)\div2=48.5\times2-1.6\times\frac{10}{4}\div2=97-\frac{8}{5}\times\frac{5}{2}\times\frac{1}{2}=97-2=95$

(4) １けたの整数では｛1，2，4，5，6，8，9｝の７個ある。また，２けたの整数では，一の位には｛0，1，2，4，5，6，8，9｝の８通り，十の位にはここから０を除いた７通りの数字を使うことができるから，8×7＝56(個)ある。これらに100の１個を加えると，7＋56＋1＝64(個)となる。

2 表とグラフ，倍数算，比の性質，展開図，面積，体積，速さと比，約束記号，条件の整理

(1) 23試合の得点の合計は，1×1＋2×8＋3×3＋4×3＋5×1＋6×3＋8×2＋9×2＝95(点)だから，平均値は，95÷23＝4.1…(点)である。また，(23＋1)÷2＝12より，得点が低い方(または高い方)からかぞえて12番目の得点が中央値になるので，中央値は３点とわかる。さらに，最頻《さいひん》値《ち》(最も多い得点)は２点だから，小さい順に並べると，(最頻値)＜(中央値)＜(平均値)(…カ)となる。

(2) はじめの所持金と残金の差が買った品物の金額にあたるので，兄と弟のはじめの所持金をそれぞれ④，③とすると，(④−700)：(③−600)＝3：2という式を作ることができる。ここで，A：$B=C$：Dのとき，$B\times C=A\times D$となるから，(③−600)×3＝(④−700)×2，⑨−1800＝⑧−1400，⑨−⑧＝1800−1400より，①＝400(円)と求められる。よって，はじめの兄の所持金は，400×4＝1600(円)である。

(3) 下の図１で，イとエは合同だから，アとイの面積の比は２：５となり，アとイの横の長さの比も２：５となる。この比を用いると，同じ印をつけた辺の長さがそれぞれ等しいことから，図１の

図１

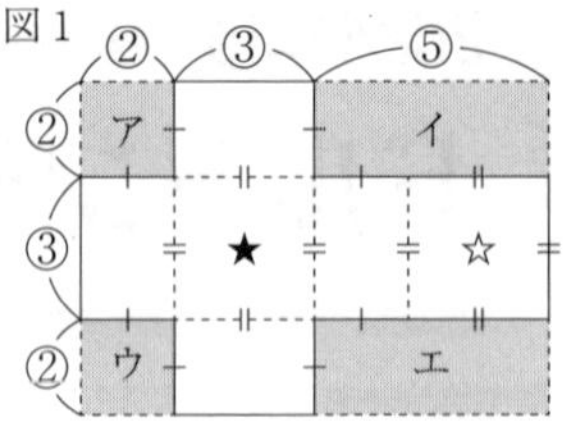

ように表すことができる。よって，もとの長方形のたてと横の長さの比は，（２＋３＋２）：（２＋３＋５）＝７：10だから，たての長さは（７×□）cm，横の長さは（10×□）cmと表すことができる。また，この長方形の面積が630cm^{2}なので，７×□×10×□＝630，□×□＝630÷70＝９より，□＝３とわかる。したがって，この箱は，底面の正方形の１辺の長さが，３×３＝９（cm），高さが，３×２＝６（cm）だから，体積は，９×９×６＝486（cm^3）である。

図２

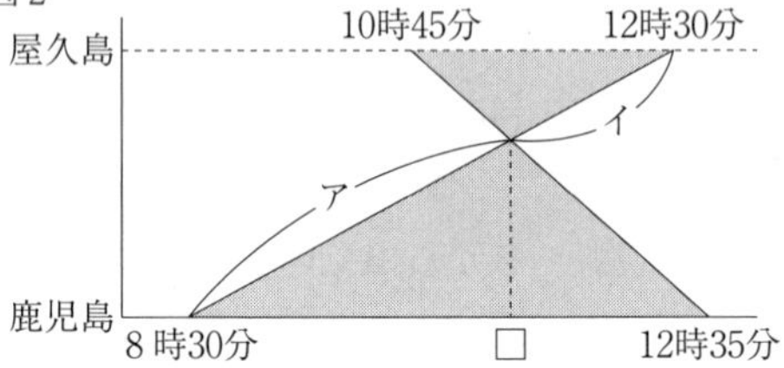

⑷　右の図２で，かげをつけた２つの三角形は相似であり，相似比は，（12時35分－８時30分）：（12時30分－10時45分）＝４時間５分：１時間45分＝245分：105分＝７：３なので，アとイの部分の時間の比も７：３となる。また，アとイの部分の時間の和は，12時30分－８時30分＝４時間だから，アの部分の時間は，$4\times\frac{7}{7+3}$＝2.8（時間）と求められる。60×0.8＝48（分）より，これは２時間48分となるので，□に入る時刻は，８時30分＋２時間48分＝11時18分とわかる。

⑸　約束にしたがって計算すると，$\begin{vmatrix} 5 & 2 \\ 4 & 3 \end{vmatrix}$＝５×３－２×４＝７，$\begin{vmatrix} 4 & 1 \\ 3 & 2 \end{vmatrix}$＝４×２－１×３＝５，$\begin{vmatrix} 26 & 9 \\ 25 & 10 \end{vmatrix}$＝26×10－９×25＝35となる。よって，$\begin{vmatrix} 5 & 2 \\ 4 & 3 \end{vmatrix}\times\begin{vmatrix} 4 & 1 \\ 3 & 2 \end{vmatrix}\div\begin{vmatrix} 26 & 9 \\ 25 & 10 \end{vmatrix}$＝７×５÷35＝１である。

図３

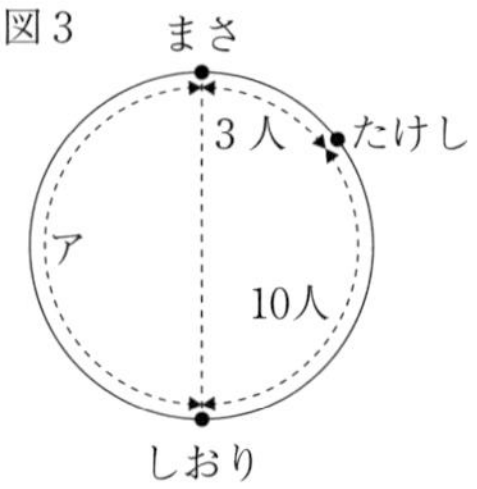

図４

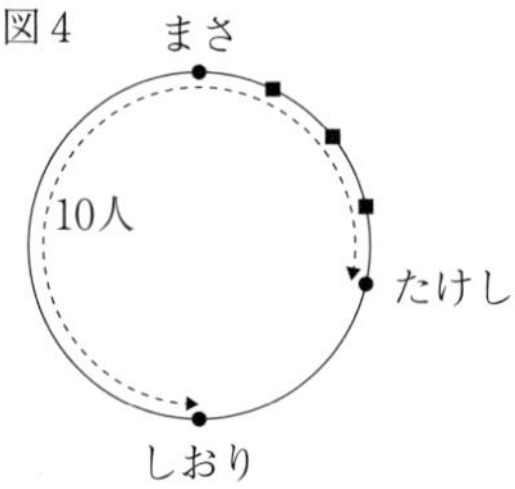

⑹　人数が最大になるのは右の図３の場合である。図３で，右半分にいる人数は，まさくん，しおりさんを除くと，10＋３＋１＝14（人）だから，左半分にいる人数も14人であり，これらの合計にまさくんとしおりさんを加えると，14×２＋２＝30（人）となる。また，最少になるのは右上の図４のような場合である。図４で，左半分にいる人数は，10－４＝６（人）だから，人数の合計は，６×２＋２＝14（人）とわかる。

３　条件の整理

図Ⅰ

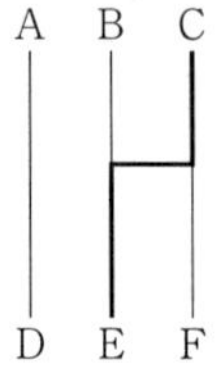

図Ⅱ

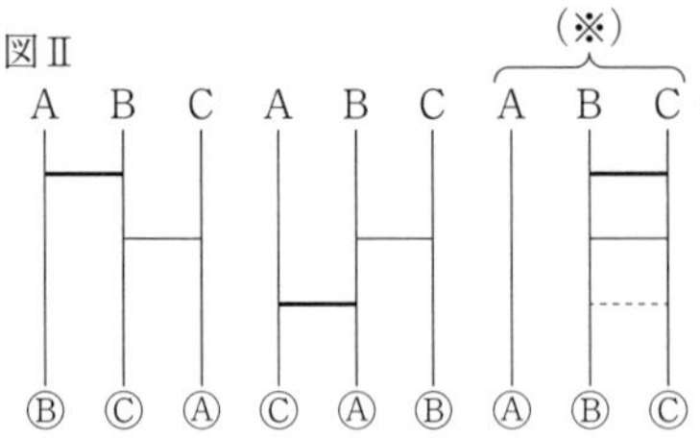

図Ⅲ

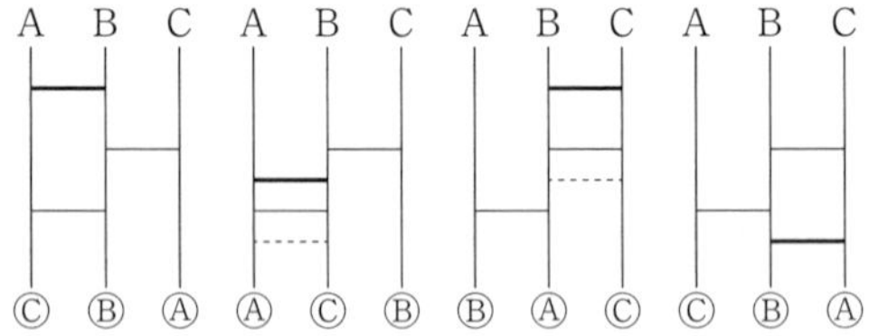

⑴　上の図Ⅰの太線のようにたどるから，終着点はＥである。

⑵　①　問題文中の図２の場合，Ａから出発するとＥ（…あ），Ｂから出発するとＦ（…い），Ｃから出発するとＤ（…う）につく。　②　新しいあみだくじは上の図Ⅱのような形が考えられる。図Ⅱの（※）のあみだくじで，太線を加える場合は新しく加えた線を先にたどり，点線を加える場合ははじめにあった線（問題文中の図１のアイ）を先にたどることから別のあみだくじと見なすと，全部で

４種類(…え)のあみだくじができる。また，それぞれのあみだくじでA，B，Cがつく場所をそれぞれⒶ，Ⓑ，Ⓒとすると図Ⅱのようになるので，対応表は３種類(…お)になる。

(3)　①　(2)の②と同様に考えると，上の図Ⅲのように６種類(…か)のあみだくじができ，対応表は３種類(…き)になる。　②　図Ⅲの４種類のあみだくじのうち，対応表が同じになるのは，左《ひだり》端《はし》と右端のあみだくじである。これらは，Bから出ている線について左右反対にした形になっている。

4 数列，計算のくふう

(1)　右の図Ⅰで，濃《こ》いかげの部分とうすいかげの部分に並ぶ碁石《ごいし》の個数を左上から順に数えると，２個，４個，６個，８個のように偶《ぐう》数《すう》が小さい順に並ぶ。また，これを右の図Ⅱのように太線で分けると，２＋４＋６＋８＝４＋４×４となることがわかる。つまり，２からはじまるa個の連続する偶数の和は，$a+a\times a$と表すことができる。次に，右上の図Ⅲで濃いかげの部分とうすいかげの部分に並ぶ碁石の個数を左上から順に数えると，１個，３個，５個，７個のように奇数《きすう》が小さい順に並ぶ。また，図Ⅲの碁石は１辺が４個の正方形の形に並んでいるから，１＋３＋５＋７＝４×４となることがわかる。つまり，１からはじまるb個の連続する奇数の和は，$b\times b$と表すことができる。よって，①にあてはまる式はイ，②にあてはまる式はカである。

図Ⅰ

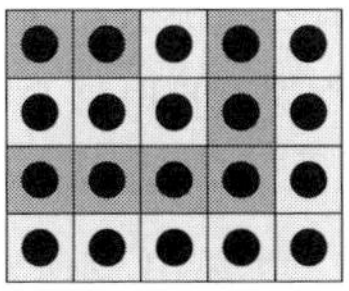

図Ⅱ

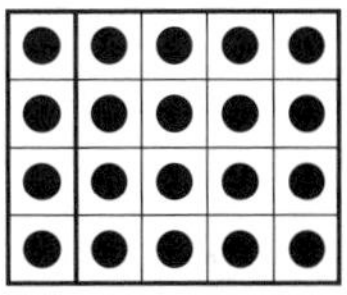

図Ⅲ

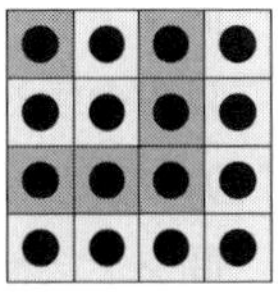

(2)　はじめに，$a+a\times a=756$にあてはまるaの値を求める。$a=27$とすると，27＋27×27＝756となるので，２からはじまる27個の連続する偶数の和が756になることがわかる。よって，求める偶数は，２×27＝54である。

(3)　199は１から数えて，(199＋１)÷２＝100(番目)の奇数だから，１＋３＋５＋…＋199＝100×100となる。また，問題文中の図３から，１＋２＋３＋２＋１＝３×３となることがわかるので，同様に考えると，１＋２＋３＋…＋10＋11＋10＋…＋３＋２＋１＝11×11となることがわかる。よって，この計算の答えは，100×100－11×11＝10000－121＝9879と求められる。

(4)　右の図Ⅳのように書き並べると，２段目には１回，３段目からは２回ずつ２が現れるから，(87－１)÷２＝43より，87回目の２が現れるのは，２＋43＝45(段目)の右から２番目とわかる。また，１段目には１個，２段目には３個，３段目には５個，…のように，各段に並ぶ整数の個数は１から連続する奇数になっているので，１段目から45段目までに並ぶ個数の合計は，45×45＝2025(個)と求められる。よって，45段目の右から２番目の数は，初めから数えると，2025－１＝2024(番目)である。

図Ⅳ

1	…１段目
1　2　1	…２段目
1　2　3　2　1	…３段目
1　2　3　4　3　2　1	…４段目

社 会 ＜２月１日午前試験＞（30分）＜満点：50点＞

解 答

1 **問1**　ア　**問2**　エ　**問3**　エ　**問4**　(1)　エ　(2)　ア　**問5**　(例)　太平洋側の海沿いに集中している。それは，原油を西アジアから船で輸送しやすいためである。　**問6**

GPS　**2**　**問１**　エ　**問２**　（例）税負担は男性のほうが重かったので，女性と偽って税負担から逃れたかったから。　**問３**　ウ　**問４**　B→D→A→C　**問５**　関東大震災　**問６**　エ　**問７**　ア(イ)　**3**　**問１**　ウ　**問２**　エ　**問３**　（例）放火などの犯罪を誘発する恐れがある。／地震や老朽化により倒壊する恐れがある。　**問４**　ウ　**問５**　こども家庭庁　**問６**　ア　**問７**　イ

解説

1 日本の都道府県や気候，地形図の読み取りなどについての問題

問１　アの兵庫県は，東で京都府と大阪府，西で鳥取県と岡山県に接している。なお，イの岐阜県はＤの愛知県とＥの三重県に，ウの奈良県はＥの三重県に，エの山梨県はＡの東京都とＢの神奈川県に接している。

問２　会話文の下の「※」から，戸塚中継《とつかちゅうけい》所が２区から３区への中継所であるとわかる。箱根駅伝の２区と３区は，東京都の大手町から神奈川県の箱根町へ向かうコースにあたり，図において選手は北から南へと走ることになる。また，等高線や標高を示す各地の数字から，図では等高線が10mおきに引かれており，50mおきに引かれる等高線が太い線で表されていることが読み取れる。ア～エの標高を見ると，エが最も高く標高50～60mほど，そこから下ってウが標高30～40mほど，さらに下ってイが標高20～30mほどとなっている。これらのことからから，選手たちはイ付近から「標高差30m以上の坂」を駆《か》け上がって，エの戸塚中継所に着くのだとわかる。なお，アは標高20～30mほどであり，コース上のやや手前に標高34.0mを示す水準点(⊡)があることから，「標高差30m以上の坂を駆け上がった先」に位置しないため，当てはまらないとわかる。

問３　瀬戸内地域は，夏の南東の季節風を四国山地に，冬の北西の季節風を中国山地にさえぎられるため，季節風の影響《えいきょう》が比較《ひかく》的少なく，１年を通じて降水量が少ない。また，比較的温暖な気候で，雪が降ることはそれほど多くない(エ…×)。なお，雪害対策を施《ほどこ》した道路や住居は，雪が多い日本海側の地域などで見られる。

問４　(1)　人口ピラミッドを比較すると，2010年，2020年とも，20～24歳の人口が少なくなっている。一般《いっぱん》的に，10代の終わりは大学進学，20代初めは就職の時期にあたり，この世代の人が地域から流出すると，20～24歳の人口がその前後の年代の人口より低くなる(エ…○)。なお，人口ピラミッドにおける富士山型とは，子どもが多く高齢者が少ない状態を表し，子どもは多いが死亡率が高く，平均寿命《じゅみょう》も短い発展途上国などで見られる(ア…×)。2010年と比べて2020年の15歳未満の人口の割合は大きく変わっていないため，少子化が進んでいるとはいえない。また，外国人住民人口のグラフからは年齢が読み取れないので，これと人口ピラミッドの年代を結びつけた考察はできない(イ…×)。2020年で70～74歳の人口の割合が最も高いのは，2010年で最も割合が高い60～64歳の層が大きい割合を保ったまま推移したためであり，外国人住民人口の増加が理由ではないと考えられる(ウ…×)。　(2)　図より，第５中継所は「島根ワイナリー前」にあり，ワイナリーはワインをつくる工場のことである。ワインはアのぶどうからつくられ，収穫《しゅうかく》量は山梨県が全国第１位，長野県が第２位となっている。なお，イ～エの収穫量について，イのももは山梨県が全国第１位，福島県が第２位，ウの柿は和歌山県が全国第１位，奈良県が第２位，エのりんごは青森県が全国第１位，長野県が第２位である(2022年)。

問５　語句と図を合わせて見ると，石油化学コンビナートは太平洋側の沿岸部に多く，日本海側の

沿岸部にはないとわかる。日本は原油の多くを，サウジアラビアやアラブ首長国連邦といった西アジアの国々からの輸入にたよっている。また，原油はタンカーという大きな船で運ばれ，西アジアからの船は日本の南方から来る。そのため，太平洋側の沿岸部に石油化学コンビナートをつくったほうが，原油の輸入に便利だという利点がある。

問６　人工衛星からの信号を受け取って現在地を知るシステムは，英語の「グローバル・ポジショニング・システム」の頭文字をとってGPSと呼ばれる。アメリカの人工衛星を利用したシステムで，カーナビゲーションやスマートフォンなどに搭載《とうさい》されている。

2　各時代の歴史的なことがらについての問題

問１　660年，唐(中国)と新羅《しらぎ》の連合軍によって，倭《わ》国(日本)と同盟関係にあった朝鮮半島南部の百済《くだら》が滅《ほろ》ぼされた。その後，中大兄《なかのおおえの》皇子は百済の人々を助けるために朝鮮半島に兵を派遣したが，663年の白村江《はくすきのえ》の戦いで唐と新羅の連合軍に大敗した(Ⅰ…誤)。また，中大兄皇子は668年に天智《てんじ》天皇として即位《そくい》し，671年に亡くなった。皇位をめぐって672年に起こった壬申《じんしん》の乱に勝利し，跡《あと》を継《つ》いだのは天智天皇の弟の天武天皇で，天武天皇のとき，日本最古の貨幣《かへい》ともいわれる富本銭がつくられた。和同開珎《かいちん》は708年，元明天皇のときにつくられた貨幣である(Ⅱ…誤)。

問２　奈良時代には，律令制度にもとづいた税制が実施《じっし》されていた。税負担には男女や年齢で差がつけられており，成年男子の負担が最も重かった。そのため，男性が生まれても女性と偽《いつわ》って登録することで，税負担を軽くしようとする人々が現れるようになった。史料のような，世帯に不自然に女性が多い戸籍は，これを示すものといえる。

問３　ウは，江戸時代に行われた大名行列の様子を描《えが》いた浮世絵《うきよえ》で，日本におけるキリスト教の歴史と直接の関係はない。なお，アは『南蛮屏風《なんばんびょうぶ》』という屏風絵で，南蛮船と呼ばれたポルトガル船やスペイン船が入港する様子が描かれている。戦国時代には，こうした船で来日した宣教師によって，キリスト教の布教が行われた。イは，キリスト教を信じることが禁止された江戸時代に，キリスト教信者を見つけ出すために行われた絵踏《えふみ》の様子を描いたものである。エは出島を描いたもので，江戸幕府がキリスト教禁止を徹底《てってい》するため，ポルトガル人を収容する目的で長崎港内に建設した。ポルトガル船の来航が禁止された後，1641年に平戸のオランダ商館が出島に移され，オランダとの貿易の窓口となった。

問４　Ａは1854年(日米和親条約の締結《ていけつ》)，Ｂは1825年(異国船打払《うちはらい》令が出される)，Ｃは1858～59年(安政の大獄《たいごく》)，Ｄは1840～42年(アヘン戦争)の出来事なので，年代の古い順にＢ→Ｄ→Ａ→Ｃとなる。

問５　1923年９月１日，関東地方をマグニチュード7.9の巨大地震《きょだいじしん》が襲《おそ》った。ちょうど昼食どきで火を使っていた家庭が多かったこと，当時は木造住宅が多かったこと，その日は台風の影響で強い風が吹《ふ》いていたことなどが重なり，各地で火事が発生して燃え広がった。これにより，東京や横浜を中心に各地で大きな被害《ひがい》が出た。この一連の災害を，関東大震災という。

問６　日本では車は左側通行だが，写真では車が右側通行になっている。これは，1963年当時の沖縄がアメリカの占領《せんりょう》下に置かれていたためである。沖縄は太平洋戦争(1941～45年)後にアメリカの占領下に置かれたが，1972年に日本に返還《へんかん》され，その６年後の1978年には車が左側通行へと変更された。

問７　1945年７～８月，ドイツのベルリン郊外《こうがい》にあるポツダムで，アメリカ・イギリス・ソ連の首脳が参加してポツダム会談が開かれた。このときソ連は日本と日ソ中立条約を結んでいたため，この会談でまとめられたポツダム宣言は，アメリカ・イギリス・中国(中華民国)の名で発表された(ア…○)。1951年に開かれたサンフランシスコ講和会議は，日本と，アメリカ・イギリス・ソ連を含《ふく》む連合国51か国が参加したが，参加国のうちソ連など３か国は講和条約に署名しなかった(イ…○)。なお，エの国際連盟はアメリカが不参加であった。また，ウの三国同盟と呼ばれる同盟関係は歴史上いくつかあるが，いずれにもアメリカとソ連は参加していない。

3　現代の社会や政治の仕組みなどについての問題

問１　国連人口基金(UNFPA)は，2023年半ばまでにインドの人口が中国の人口を上回り世界第１位になる推計であると発表した。表はこの推計値によるもので，第１位がインド，第２位が中国であり，アメリカがこれに次ぐ。日本の人口は約１億2330万人で，上位10か国には含まれず，第９位にはロシアが当てはまる(ウ…○)。

問２　沖縄県は太平洋戦争後にアメリカの占領下に置かれ，このとき多くの米軍(アメリカ軍)基地やその関連施設がつくられた。その影響から，現在でも，日本全土の国土面積の約0.6％しかない沖縄県に，全国の米軍専用施設面積の約７割が集中している。

問３　放置された空き家は，不法侵入《しんにゅう》や放火などの犯罪を招く恐《おそ》れがある。また，手入れがされないため，ゴミが不法投棄《とうき》されたり，害虫が発生したりするといった衛生上の問題が発生することも考えられる。さらに，放置されたまま時間がたつと建物が老朽《ろうきゅう》化(古くなってもろくなること)し，台風や地震のさいに倒壊《とうかい》する可能性も高まる。

問４　日本国憲法第59条２項《こう》は，「衆議院で可決し，参議院でこれと異なった議決をした法律案は，衆議院で出席議員の３分の２以上の多数で再び可決したときは，法律となる」と定めている。衆議院が否決した場合について規定していないが，仮に，衆議院で過半数の賛成を得られなかった法律案が参議院で可決され，衆議院で再度の議決を行ったとしても，再び否決されることになるため，一度衆議院で否決された時点で，その法律案は廃案《はいあん》となる。

問５　2023年４月，政府における子ども政策全体のリーダーを果たす省庁として，内閣府の外局にこども家庭庁が設置された。こども家庭庁は，子どもを対象とする政策のほか，子育て支援《しえん》や少子化対策なども担当する。

問６　税は，国に納める国税と，地方公共団体に納める地方税，税を負担する人と納める人が同一の直接税と，税を負担する人と納める人が異なる間接税に分類される。直接税で国税のⅠには所得税(エ)や法人税などが，間接税で国税のⅡには消費税(ア)や酒税，関税などが当てはまる。また，直接税で地方税のⅢには自動車税(ウ)や固定資産税，事業税などが，間接税で地方税のⅣには入湯税(イ)などが当てはまる。なお，消費税は間接税で国税に分類されるが，一定の割合が地方消費税として地方税にふり分けられている。

問７　女子のランキングでは，看護師が2013年，2023年とも第４位と，いずれも上位に入る人気の職業になっている。しかし，看護師は，勤め先の病院によっては深夜や早朝の勤務があるなど生活が不規則になることや，業務量が多いことなどが問題として指摘《してき》されている(イ…○)。なお，地方の過疎《かそ》化の主な原因としては，高齢化や，就職・進学による若い世代の転出などが挙げられる。また，過疎化をおさえるためにインターネットを活用する取り組みもある(ア…×)。現代の企業《きぎょう》では，かつて一般的だった終身雇用《こよう》ではなく，能力や成果に応じて従業員を評価する仕組みを取り入れるところが多くなっている(ウ…×)。第一次産業は，農林水産業にあたる。ゲームクリエイターやITエンジニアは，第三次産業に含まれる(エ…×)。

理 科 ＜２月１日午前試験＞（30分）＜満点：50点＞

解 答

1 **問１** (1) 解説を参照のこと。 (2) (例) 表面がなめらかになって乱反射が減る **問２** ウ **問３** １ オ ２ キ ３ ア **問４** イ
2 **問１** イ，エ **問２** 記号…ア 理由…(例) 粒の直径が大きいものほど堆積しやすいから。 **問３** イ **問４** エ **問５** オ→エ→ウ→ア→イ **問６** (1) ① 光合成 ② 呼吸 (2) 17190年前
3 解説を参照のこと。

解 説

1 石をテーマにした小問集合

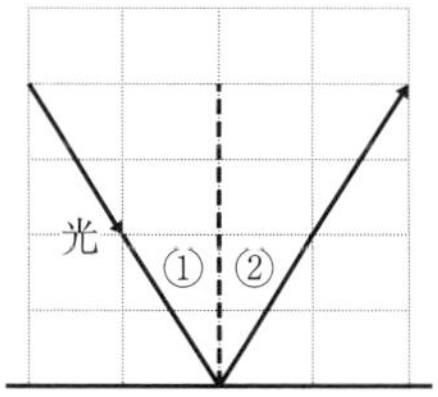

問１ (1) 右の図で，平らな面で光が反射するとき，入射したときの角度(①)と反射したときの角度(②)が同じ大きさになるように進む。したがって，反射する光は矢印のようになる。 (2) 乾《かわ》いた石の表面は凸凹《でこぼこ》しているため，光の乱反射によって白っぽく見える。ところが，水に濡《ぬ》れた石の場合，表面の凸凹に水が入り，表面がなめらかになって乱反射が少なくなる。このため，石の色が濃《こ》くなったように見える。

問２ 石灰岩のおもな成分は炭酸カルシウムで，石灰岩に塩酸をかけると炭酸カルシウムがとけて二酸化炭素の泡《あわ》が出る。

問３ マグマがふき出している場所は変わらないので，プレートが動く向きと，古い火山から見て次の新しい火山ができる向きは逆になる。火山の列は，火山Ｈから見て火山Ｆまでは南西→火山Ｆから見て火山Ｃまでは南東→火山Ｃから見て火山Ａまでは南の向きに連なっているので，プレートの動く向きは，北東→北西→北に移り変わったと考えられる。

問４ 図５のプレート同士が接近している境界と，図６の火山の分布がほぼ一致《いっち》していることから，下線部②のようなマグマが生じる場所は，プレート同士が接近している境界になる場所とわかる。

2 地層のでき方についての問題

問１ 図１より，直径0.01mm以下の粒《つぶ》でも流速が速くなると侵食《しんしょく》されることが読み取れるので，アは正しくない。直径１mmの粒は，流速が毎秒10cmより遅《おそ》くなると川底に沈《しず》みはじめるため，ウは誤り。粒の直径が約0.1～１mmのときに最も侵食されやすく，それより大きくても小さくても侵食されにくくなるので，オも誤りである。

問２ 図１より，粒の直径が大きいものほど堆積《たいせき》しやすく，小さいものほど堆積しにくいことがわかる。よって，河口に近いＡ付近にはおもに粒の大きいれきが堆積し，河口から最もはなれているＣ付近には粒が最も小さい泥《どろ》が堆積する。

問３ 海水面がしだいに下降すると，x点の海底はしだいに浅くなって，河口から近くなるため，直径がより大きい粒が堆積するようになる。したがって，堆積物はイのようになる。

問４　シジミは河口付近のように海水と淡水《たんすい》が混じり合うところや，湖などの淡水域に生息している。したがって，ある層からシジミが見つかった場合，その層が堆積した地域は河口付近や湖だったと考えられる。このように，地層が堆積した当時の環境《かんきょう》を知る手がかりになる化石を示相化石という。なお，ブナの葉が見つかった場合，温帯のやや寒冷な場所だったことがわかり，アサリが見つかった場合，浅い海だったことがわかる。一方，地層が堆積した時代を知る手がかりになる化石を示準化石といい，アンモナイトが見つかった場合，その地層が堆積したのは中生代とわかる。
問５　地層はふつう下の層ほど古く，地層が断層や岩脈によって切られている場合，切られている地層の方が古い。岩脈Ａは地層のずれである断層や地層Ｃ，地層Ｄに入り込《こ》み，岩脈Ｂは断層によって切られていることから，まず地層Ｃ，地層Ｄの順に堆積したあと岩脈Ｂができ，断層によって地層がずれたあと，岩脈Ａができたと考えられる。
問６　(1)　①　植物は光のエネルギーを利用して，水と二酸化炭素からでんぷんなどの栄養分と酸素をつくり出す。植物のこのようなはたらきを光合成という。　②　生物は栄養分と酸素から生活のためのエネルギーをつくり出し，このとき二酸化炭素と水ができる。生物のこのようなはたらきを呼吸という。　(2)　$\frac{1}{8}=\frac{1}{2}\times\frac{1}{2}\times\frac{1}{2}$より，炭素14は地層が形成されてから３回半減したことがわかる。したがって，この地層は少なくとも，5730×３＝17190(年)前に形成されたと考えられる。

3　プラスチックの問題についての問題

プラスチックが石やガラスとちがう点として，軽い，やわらかい，曲げやすいことなどがあげられる。プラスチックが大きな問題となることの１つとして，プラスチックは軽くて浮《う》きやすいため，海上で発見されやすく，海鳥がえさとまちがえて食べてしまう回数が増えているということがある。そのほかにも，プラスチックには自然の中では分解されにくく，表面に化学物質が付着しやすい特徴《とくちょう》があり，海に流れこんだ細かいプラスチックが水中を長い時間ただようことで，海洋生物がプラスチックとともの有害な化学物質を食べてしまい，生体に悪影響《えいきょう》をおよぼすことなどが心配されている。

国　語　＜２月１日午前試験＞（50分）＜満点：100点＞

解　答

一　**問１**　下記を参照のこと。　**問２**　①　申しています　②　くださった　③　お目にかかる　二　**問１**　ア　**問２**　片足のかかとを細かく踏みならした　**問３**　イ　**問４**　（例）　自分が描いた鉛筆画の村田と，目の前の村田に違いがあると感じている。　**問５**　ア　**問６**　イ　**問７**　ウ　三　**問１**　Ａ　ア　Ｂ　ウ　Ｃ　イ　**問２**　①　後悔　②　反省　**問３**　ア　**問４**　ウ　**問５**　（例）　過去を悲観しても未来に影響はなく，未来への楽観には科学的根拠がないから。　**問６**　イ　**問７**　ウ　**問８**　（例）　私は「行雲流水」という考え方を自分の生き方にあてはめようとは思いません。どのようなことにもこだわらない生き方は，自分らしく生きるという意味では良いかもしれませんし，昔なら良かったかもしれません。でも今はデータを分析し，それを活用することによって，さまざまに自分の未来を設計していくことができます。何事にもとらわれないということは，周囲の状況を見極めたりできず，データを無視するということにもなるので，回避できるリスクに遭遇したり，せっかく巡ってきたチャンスにも気づけなかったりすることにつながります。私は自分自身の力でしっかりと未来を予測し，最善の道を選んで生きていきたいと考えます。

●漢字の書き取り

一 問１ ① 磁石　② 模様　③ 沿う

解　説

一 漢字の書き取り，敬語の知識

問１　①　鉄を引きつける性質を持つもの。　②　ものの表面をかざる図形や色の組み合わせ。　③　音読みは「エン」で，「沿岸」などの熟語がある。

問２　①　身内である「母」の動作なので，「言う」の謙譲《けんじょう》表現である「申す」を用い，「申しています」とする。「申しております」でもよい。　②　目上の「先輩《せんぱい》」の動作なので，「くれる」の尊敬表現である「くださる」を用い，「くださった」とする。　③「楽しみ」にしているのは，自分だと考えられるので，「会う」の謙譲表現である「お目にかかる」とする。

二 出典：佐藤多佳子《さとうたかこ》『黄色い目の魚』。美術の授業中，絵のモデルとなっていた「私」（村田）は，教室からの退室を命じられた木島を追いかけて話をする。

問１　A　大森先生が，「何をやってるの？」と「かん高い声でとげとげしく」聞いていることから，木島のデッサンを見た先生の「顔つき」が，すぐに「険しく」なったと想像できる。　B　問いつめられた木島は，「何かに耐《た》えているように，何かを激しく迷っているよう」に「両の拳《こぶし》」に力をこめてから，口をゆっくりと開いたと考えられる。　C「教室から出ていくように命じられた」後，木島は言い訳などすることもなく「出ていってしまった」ので，「あっさりと」が合う。

問２　大森先生の「イライラした様子」は，「片足のかかとを細かく踏《ふ》みならした」という表現から読みとることができる。

問３「私」は，木島が「私の絵」の「続きを描《か》きたいんじゃないか」と思ったので，わざわざ教室を飛び出して木島を追いかけ，「最後まで描く？」と聞いている。しかし，木島が「熱意もなく」聞き返してきたので，「私」は，がっかりするのと同時に，自分のしたことに恥《は》ずかしさを感じたのである。この内容にイが合う。

問４　木島が，「私」のことを「観察の目つきで不遠慮《ぶえんりょ》にじろじろ見て」から，スケッチブックの「私」が描かれているページを見たうえで「ぜんっぜん違《ちが》うね？」と言ったことから，木島は，実際の「私」と描かれた「私の絵」が違うと感じていることがわかる。

問５　自分が真剣《しんけん》に描いた鉛筆画《えんぴつが》よりも，「ラフなスケッチのほうが，いい」という「私」の言葉が信じられなかったので，木島は「馬鹿《ばか》にしたように笑った」後で，「マジで？」と聞き返したと考えられる。

問６　木島は，「私」の「人間の感じ」がむずかしいので「村田さんの似顔は描けねえかもな」と言っている。「私」は，木島が自分の「人間の感じ」まで見ていると知り，おどろいたのである。

問７「何か鈍《にぶ》い悲しみや痛みのようなものが彼《かれ》の顔に浮《う》かんだ」や「いつか見たことのある寒い顔になった」など，登場人物の表情を描写《びょうしゃ》することにより，その折々の感情が読者に伝わるようになっている。

三 **出典：森博嗣《もりひろし》『悲観する力』**。過去に体験したことをどのように未来につなげていくかということについて，筆者は「悲観」を取り上げつつ説明している。

問１　**Ａ**「過ぎてしまったことで，いつまでも悩《なや》んでいる人は少なくない」ということを説明するために，「考えよう」と思っても大多数の人は過去のことを「思い出す」だけだから「考えていることにならない」という根本的な理由が述べられている。よって，物事の根本に立ち返って論じるときに用いる「そもそも」が合う。　**Ｂ**「過去の事象の良い悪いをいくら評価しても，起こってしまったことは変わらない」ということを説明するために，「死んだ人は生き返らない」という具体的な例があげられているので，「たとえば」が入る。　**Ｃ**　過去を楽観的に「解釈《かいしゃく》」することは，「自己を肯定《こうてい》し，未来につなげる動機」となるという点で「有意義だ」と述べた後で，「他者にこれを伝える必要はない」という条件をつけている。よって，前に述べたことがらに補足的な説明や条件をつけるときに用いる「ただ」が合う。

問２　①「あのときのあれは，やっぱりまずかったかな」などと「過去を悲観」することは，「後《こう》悔《かい》」していることと同じである。　②「未来への悲観」とは，過去を「反省」することで，「未来に同じ過《あやま》ちを犯《おか》さない対策」を講じることである。

問３　Ｘ，Ｙ　空らんＸには，前後にある「あれは良かった」「あの判断は正解だった」と同じように，「過去を楽観的に評価」する肯定《こうてい》的な言葉が入ると考えられる。空らんＹ直後の「意味もなく楽観している人」は，何の根拠《こんきょ》もなく，「悪いことがあったから，もう続かないだろう」などと考える人である。つまり，これからはきっと良いことがある，などの楽観的な言葉が合うため，アの組み合わせがふさわしい。

問４　過去にしたことで何かを褒《ほ》められたとしても「実質的なメリット」はほとんどないので，「過去に対する評価」は，「さほど意味があるものではない」し，単なる事象の「解釈」でしかないともいえる。だから，「過去の評価」など気にせず，自分の経験したことを楽観的にとらえて，未来に向けて活用することが大切なのである。

問５「既《すで》に起こった事象」が，良いことと悪いことのどちらであったにしても，「未来には影響《えいきょう》しない」し，未来を楽観することに「科学的根拠」はない。したがって，過去を振《ふ》り返って悩み，未来を楽観するだけの姿勢は，「最悪のパターン」だといえる。

問６　機械類にトラブルがあった場合，「不具合が再発する可能性」は高い。だから，「一般《いっぱん》に小さい」といわれている「初期のトラブル」の段階で「早めに処理すれば，大きなトラブルは避《さ》けられる」と述べられている。この内容にイが合う。

問７「悲観」という言葉に対して「後ろ向きだという印象」を持つ人は多いが，過去のできごとを「反省」し，「未来に同じ過ちを犯さない対策」を講じることに活用すれば「悲観」も有意義なものとなると筆者は主張しているため，ウがふさわしい。

問８　まず，何事にもこだわらずに自然体で行動するという「行雲流水」という考えについて，自分の意見を明確にする。このような生き方をすることのメリットやデメリットを考え，具体例とともにわかりやすく説明する。書き終えたら，指定されたことがきちんと書かれているかどうかを確《かく》認《にん》したうえで，誤字や脱字《だつじ》がないか見直すようにする。

2024
年度

ドルトン東京学園中等部

【算　数】〈２月１日午後特待試験〉（50分）〈満点：100点〉

〔注意〕１．三角定規やコンパス，分度器は使用できません。
２．分数は最後まで約分して答えてください。
３．比は最も簡単《かんたん》な整数で答えてください。
４．円周率は3.14とします。

1　次の問いに答えなさい。

(1)　$9+99+999+9999+99999+999999+7$ を計算しなさい。

(2)　$\frac{1}{2}+\frac{1}{6}+\frac{1}{12}+\frac{1}{20}+\frac{1}{30}+\frac{1}{42}$ を計算しなさい。

(3)　次の図は，2013 年から 2022 年までの東京都区部における 1 リットルあたりのガソリンの年平均価格（円）を棒グラフで，1 バレルあたりのドバイ原油価格（ドル）を折れ線グラフで表したものです。ドバイ原油価格は，アラブ首長国連邦《れんぽう》のドバイで算出される原油の価格で，アジアの原油相場の指標とされています。

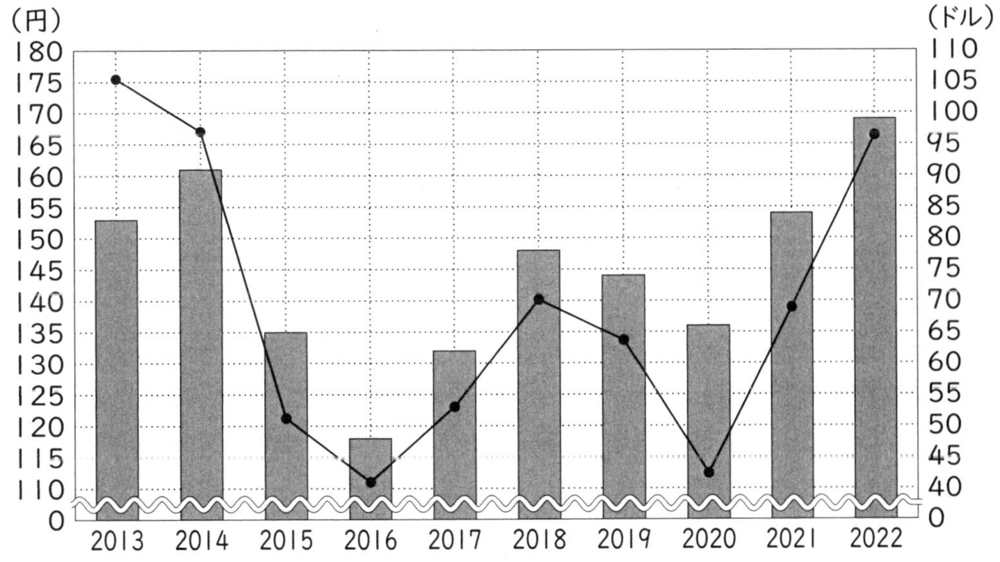

（Energy Institute「Statistical Review of World Energy」，
e-Stat「小売物価統計調査」をもとに作成）

次の①～③について，前のページのグラフから読み取れるものには○，読み取れないものには×を書きなさい。

① 2014 年以降 2022 年まで，前年に比べてドバイ原油価格が上がった年はガソリンの年平均価格も上がっている。
② 2021 年から 2022 年でドバイ原油価格が上昇《じょうしょう》したのは，ドバイの原油生産量が減少したことが原因だ。
③ 2022 年のガソリンの年平均価格は，2016 年に比べておよそ 1.4 倍になった。

⑷ ある仕事をAが 1 人で作業すると 150 日，Bが 1 人で作業すると 120 日，Cが 1 人で作業すると 60 日かかります。また，Aは 1 日あたり 8000 円，Bは 1 日あたり 10000 円，Cは 1 日あたり 25000 円の賃金を支《し》払《はら》わなくてはなりません。この仕事を 40 日で終わらせるために支払うべき賃金は，最低いくらでしょうか。

⑸ 1 辺が 30cm である正方形の紙の四隅《よすみ》を図のように切り取り，箱を作ります。
① 底面（図の斜線《しゃせん》部）の縦と横の長さの比を，最も簡単な整数で表しなさい。
② 底面積が 288cm^2 であるとき，箱の体積を求めなさい。

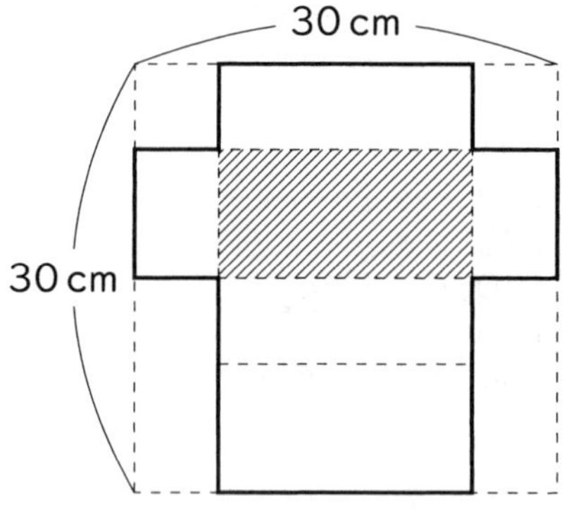

⑹ 高速道路で同じ方向に向かっている左右 2 つの車線について考えます。右側の車線を，2 台の車A，Bが距離《きょり》を 100m 空けて，どちらも時速 100km で走っています。左側の車線を走っている車Cを，Aが追いぬいてから 20.8 秒後にBが追い抜きました。Cは時速何 km で走っていますか。ただし，車の長さはすべて 4m とします。

(7)　３つの整数 a，b，c があります。a を b で割ると商が 21 で余りが 6，c を b で割ると商が 27 で余りが 8 でした。b と c の和の２倍に a を足すと 2024 でした。このとき，b を求めなさい。

(8)　次の足し算のひっ算に使われているアルファベットには０から９までの整数があてはまります。ただし，同じアルファベットには同じ数，違《ちが》うアルファベットには違う数をあてはめます。このとき，D，L，T，O，N にあてはまる整数を答えなさい。
ただし，A には５があてはまります。

$$\begin{array}{r} \mathrm{H\ A\ P\ P\ Y} \\ +\quad \mathrm{H\ A\ P\ P\ Y} \\ \hline \mathrm{D\ A\ L\ T\ O\ N} \end{array}$$

2　図１は，立方体の手前の面から，正方形の形に反対側までまっすぐくりぬき，穴をあけたものです。次のりこさんとはなさんの会話を読んで，後の問いに答えなさい。

りこ　はなさん，この図（図１），見て！

はな　なにこれ～！穴があいてる立方体があって，そこに串《くし》が刺《さ》さっている感じ？なんか不思議～！

りこ　そうだよね。これって実際にできると思う？

はな　うーんどうなんだろう？串だから，曲線であるはずはないよね。直線だよね。

りこ　もちろんそうだね。串を折ったり曲げたりするのはなし。立体も曲げるのはなし。串を刺して，斜《なな》めから見たときにこの図のように見えれば OK ってこと。

はな　なるほど…うーん。

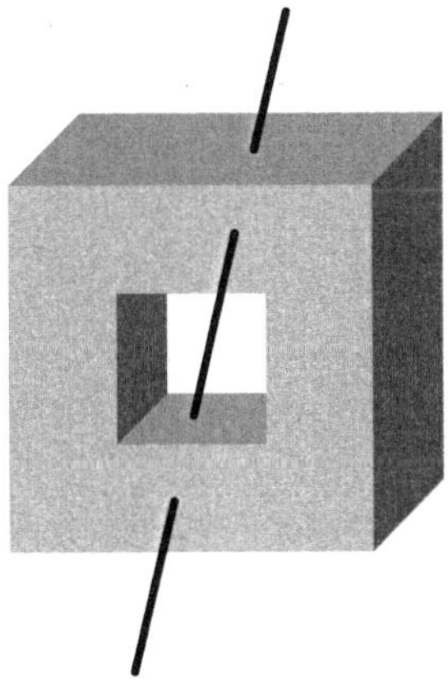

図１　りこさんが持ってきた図

⑴　図１のようにして，実際に串を刺すことはできるだろうか。解答用紙のできる，できないのどちらかを丸で囲み，その理由を説明しなさい。必要であれば，図をかいて説明してもよい。

⑵　次の**ア**～**オ**は，図１の直線に新たに直線を付け加えたり，直線の一部を消したりしてできた図形です。**ア**～**オ**のうち，実際に図のように串を刺すことができるものには○，できないものには×を書きなさい。

ア

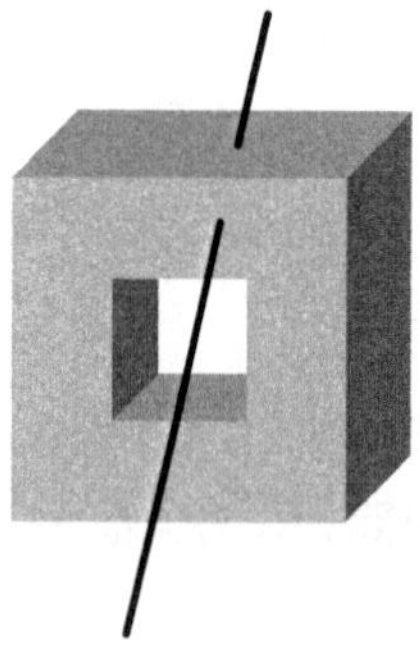

イ

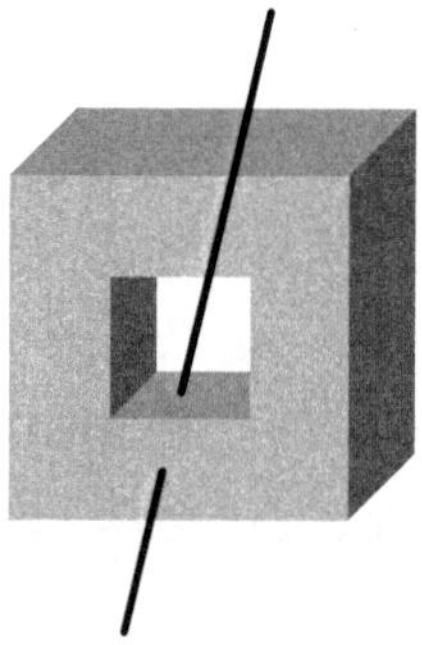

ウ

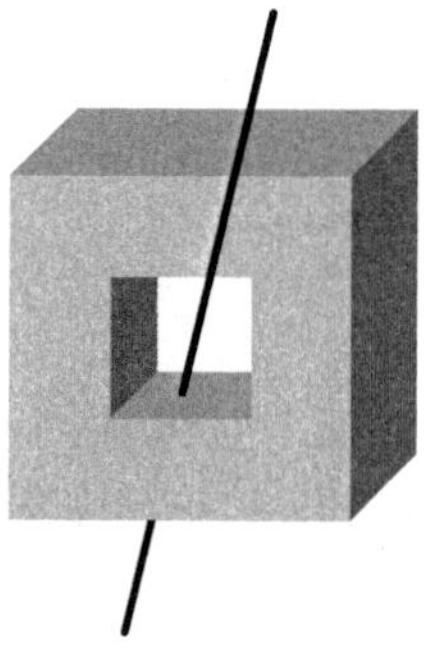

エ

オ

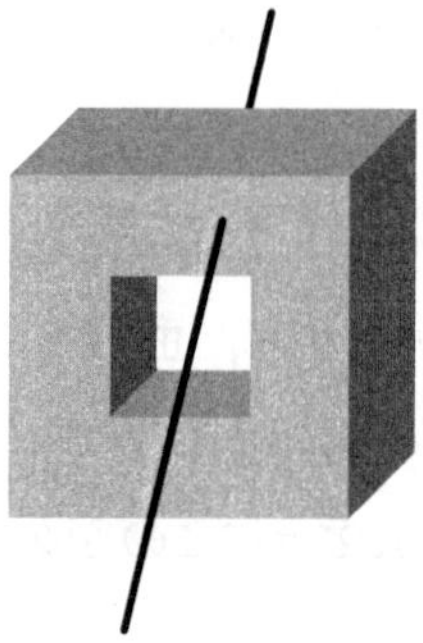

3　下の図２は，図１と同じ大きさの正八角形の紙を８枚重ねて，辺の長さが 1.5 倍の正八角形を作り，上から見たものです。正八角形の紙の色は何種類かあります。

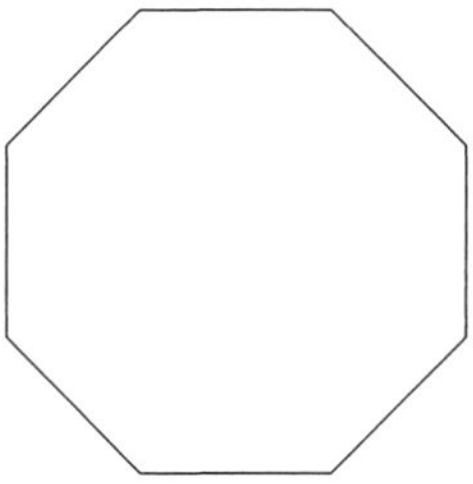

図１

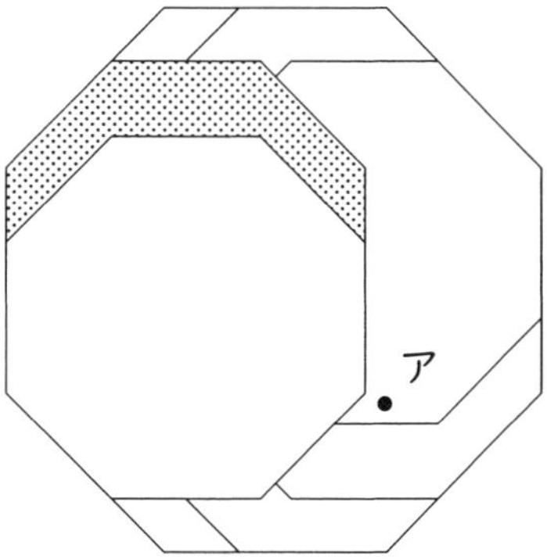

図２

(1)　図２において，隣《とな》り合う色が異なるように紙を重ねるとき，紙の色は最低何種類必要になりますか。

(2)　点アのところには紙が何枚重なっていますか。

⑶　図１の正八角形を下の図のように分けるとき，①と②の面積をＡとＢを用いて式で表しなさい。

例）Ａ２つ分とＢ３つ分の面積ならばＡ×２＋Ｂ×３と表す。

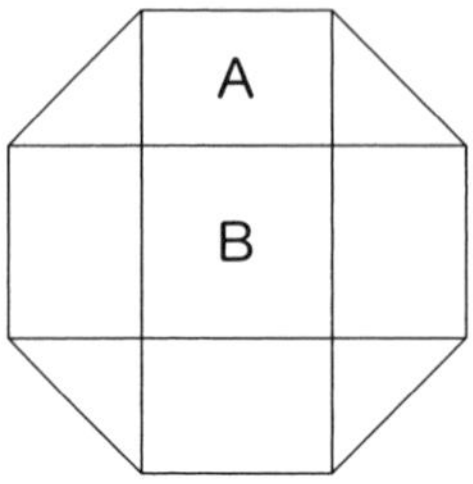

①　図２の網《あみ》かけ部分の面積

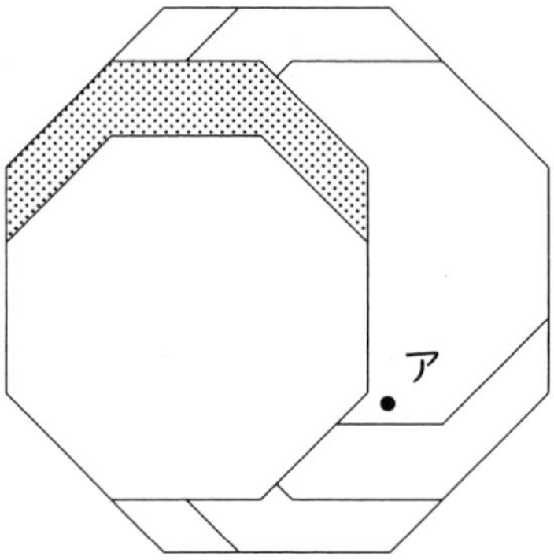

②　図２で，紙が１枚しかない（他の紙が重なっていない）部分の面積の合計

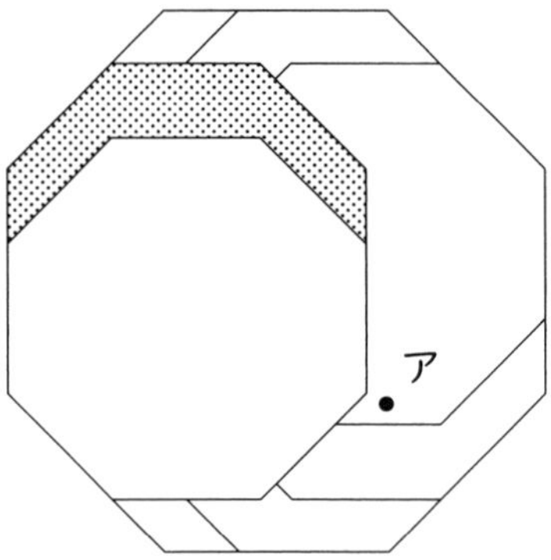

4　赤，青，黄の３色のライトが点灯するイルミネーションがあります。赤色のライトは１秒間点灯すると１秒間消え，青色のライトは１秒間点灯すると２秒間消え，黄色のライトは２秒間点灯すると３秒間消えます。３色のライトが午後６時ちょうどからイルミネーションの点灯をはじめ，午後６時０分１秒まで３色のライトが同時に１秒間点灯しました。

(1)　次に３色のライトが同時に１秒間点灯するのは６時何分何秒からですか。

(2)　午後６時ちょうどから午後６時30分０秒の間に３色のライトが同時に１秒間点灯するのは何回ですか。

(3)　午後６時ちょうどから午後７時ちょうどの間にすべてのライトが消えている時間は合計で何秒間ですか。

(4)　３秒間点灯すると４秒間消える緑色のライトを加えて，赤，青，黄，緑の４色のライトが点灯するイルミネーションを作りました。４色のライトが午後７時ちょうどから１秒間点灯しました。午後７時ちょうどから午後８時10分０秒の間に４色のライトが同時に１秒間点灯するのは何回ですか。

【国　語】〈二月一日午後特待試験〉（五〇分）〈満点：一〇〇点〉

〔注意〕字数制限がある問いは、「、」や「。」やカギカッコなどを字数に含《ふく》みます。

一　次の問いに答えなさい。

問一　①～③のカタカナを漢字に直しなさい。また、送り仮名があるものは送り仮名を含めて答えなさい。

①毎朝テンコをとります。

②コクモツを使った朝食だ。

③いらない本をステル。

問二　次の①～⑤の各組の（　　）にはそれぞれア～カの共通の言葉が入る。使わなかった記号を一つ答えなさい。

①・子どもたちがけがをしないように公園内では（　　）を配ることが大切だ。
・この絵に注目するなんて、さすが美術部の部長は（　　）が高い。

②・言葉は通じなかったがスポーツを通じて（　　）を通わすことができた。
・子猫《こねこ》が昼寝《ひるね》をする姿に（　　）が奪《うば》われて約束に遅《おく》れてしまいそうになった。

③・話の（　　）を折らないように相手の話を聞きながら上手に質問をする。
・キャプテンは（　　）が強い人なので少々のことではくじけない。

④・勉強とピアノを両立すると（　　）を決め、どちらも手を抜《ぬ》かずに取り組んでいる。
・（　　）が立つことがあっても決して周囲に当たらず一度冷静になることが大切だ。

⑤・新作のお菓子《かし》が気になるが自分の好みと合うかわからず二の（　　）をふむ。
・運動をしようと二駅分歩いてみるが思いのほか遠く（　　）が棒になった。

ア　腹　　イ　目　　ウ　頭　　エ　心　　オ　足　　カ　腰《こし》

問三　次の①と②の文の（　　）にあてはまる言葉を答え、慣用句を完成させなさい。

①明日は姉の誕生日なのでケーキ作りに腕《うで》を（　　）つもりだ。

②コーチでさえ舌を（　　）ほどの集中力でグラウンドを走り続けている。

二　以下の文を読んで、次の問いに答えなさい。

歯が痛くなると、人は自然に痛がる。「いや、俺《おれ》は我慢《がまん》する」という奴《やつ》もいるが、一般《いっぱん》には我慢出来るものを歯痛とは言わない。どうにも我慢出来ないのが歯痛なのである。従って歯が痛くなった場合、人はその痛みをそのまま痛がればいいわけであって、この意味では正しい痛がり方も、間違《まちが》った痛がり方もないように思えるが、実はそうではない。人は既《すで》に「自然に何かをする」ことなど出来なくなっているのであり、自然にやっているように見えるものもよく観察してみると前人のやったことを踏襲《とうしゅう》しようとしているのであり、しかもそれを少しずつ間違えているのである。つまりこの点をきちんと確かめておかないと、①そのうちに我々は、自然に痛がっているように見えてその実、痛がってなんかいないということにもなりかねない。これは由々しきことである。

［　A　］、こう言うと多くの人々が、「正しい痛がり方をすると、いくらかでも痛みが薄《うす》れるのか」とか、もっと図々しいものは「痛くなくなるのか」とか質問してくる。最近の学問はすべて、現世的な利益に結びつけてその力を誇示《こじ》するきらいがあるから、どうしてもそうなるのであろう。とんでもない話である。「正しい痛がり方」というのはあくまでも、それが「正しい」という点に価値があるのであって、②痛みそれ自体は「間違った痛がり方」をした場合よりも、むしろ痛烈《つうれつ》なものとなる。痛くなければ「正しい痛がり方」も出来ないわけであるから、それは当然であろう。

［　B　］、事態がここまで明らかになると、せっかく「正しい痛がり方」を会得《えとく》しようとして参集した、進取の気性に富んだものが「それじゃ、やめる」と言い出す。「痛みがなくなる」とか、せめて「痛みが薄れる」とかいうのでない限り、どうしてそれが「正しい」のかということが、理解出来ないというのである。③悲しむべきことと言わねばならないであろう。「正しい」ということは、もしそれが本当に「正しい」のであれば、あらゆる利害を超《こ》えて「正しい」のでなければならないはずではないか。ここで我々が問題にしようとしているのは、単に歯痛に関する対処法のことではない。④人間を人間たらしめる、尊厳に関わることなのである。

［　C　］、「間違った痛がり方」をしてもいいから、いくらかでも歯痛の苦痛から逃《のが》れたいと希望する人間は、これ以上これを読み進める必要はない。その苦痛が、更《さら》に苛烈《かれつ》なものになろうとも、「正しい痛がり方」を逸脱《いつだつ》することなく、人間としての尊厳を維持《いじ》したいと希望する人間だけが、読めばいいのである。それが如何《いか》に数少なくとも、私はいささかも残念だとは思わない。何故なら、私は知っているからである。「間違った痛がり方」をした人間は、それによって多少その痛みをやわらげることが出来たとしても、「それでもやはり痛い」という意味において、そのことに満足することが出来ないが、「正しい痛がり方」をした人間は、それによって更に手酷《てひど》い痛みを引き受けることになったとしても、「それでもやはり正しかったのだ」という意味において、心からの満足を得ることが出来るのだ。しかもこの満足は、ほとんど「天上的な至福」にも比すべきものであり、我々は遂《つい》に「歯痛になってよかった」とすら、考えはじめるほどのものなのである。

⑤そこで、「正しい痛がり方」である。何よりも大切なのは、自分から「痛い」と言ってはならない、ということであろう。「歯痛は孤《こ》ならず」と言われているように、歯痛には必

ず同情者がいるのであり（いなければ見つけることだ）、そいつの前でうめいてみせ、「歯が痛いのかい」と言わせる。以後、こちらの苦痛はすべてその同情者が、「どこが痛むんだい」「どんな風に痛いんだい」「うずくのかい」「やり切れないほどかい」と、言葉にしてくれる。そのようにして我々は、純粋《じゅんすい》に痛みだけを体験出来るのである。従って、誰《だれ》を同情者にするかについては、いささかの配慮《はいりょ》が必要であろう。一度も歯痛を体験したことのない奴、などはやめた方がいい。何度かそれを体験したことのある、誠実で、思いやりがあり、責任感の強い人間が、同情者としてはもっともふさわしい。

　こうした同情者の前で苦痛に耐《た》えている時我々は、「正しい痛がり方」をしているということを、最も強く実感することが出来る。そして、言うまでもないことだが、あらゆる薬、あらゆる医学治療《ちりょう》、あらゆる民間伝承による治療を、我々はことごとく拒絶《きょぜつ》しなければならない。「そんなことはやりたくない」と言うのである。どんな同情者だって、そのことにそれほど深入りしたくないと考えているから、「こうしてみたらどうだい」というようなことを、必ずひとつやふたつ提案してくる。それを受入れて、同情者に責任逃れをさせてはならないのだ。

　そして更に苦しみ、その苦しみがどのようなものか、同情者に説明させる。この段階になると、どんなに誠実な同情者も、すきを見て逃《に》げ出すことを考えはじめるから、「まさか君、俺を見捨ててゆくつもりじゃないだろうな」というようなことを言って、あらかじめこの種の希望を打《う》ち砕《くだ》いておく必要があるであろう。ともかく「正しい痛がり方」というものは、同情者が同情者としての立場を維持し続けることによってのみ確かめられるものであるから、これを手離《てばな》してはならない。これの関心を失わせてもならない。もしそんなことになったら、その時我々は「正しい痛がり方」をしていない、ということになるのである。

　もし我々が同情者に、「お前は何故痛くないんだ」と、その不当をなじり、「申しわけない」と、同情者の方が反省したら、その時この関係は完璧《かんぺき》である。我々は、「正しい痛がり方」をしているのだ。

（別役実『日々の暮し方』による）

問一　A ～ C に入る言葉として最もふさわしいものを次のア～オからそれぞれ一つ選び、記号で答えなさい。

ア　従って　　イ　例えば　　ウ　ところで　　エ　なぜなら　　オ　もちろん

問二　――①「そのうちに我々は、自然に痛がっているように見えてその実、痛がってなんかいないということにもなりかねない」とは、どういうことか。その説明として、最もふさわしいものを次のア～エから一つ選び、記号で答えなさい。

ア　歯痛の苦痛から逃れたいと希望する人間は、利害関係を越《こ》えようとしてもなお心からの満足を得ることはできないことから、痛みを恐《おそ》れるあまり余計に痛がってしまう可能性があるということ。

イ　歯痛には痛みを和らげるのに適切な対処法があり、さらに自他を問わず積み上げられた経験や治療法があることから、適応してしまった人間が多少の痛みには反応しなくなる可能性があるということ。

ウ　自然に痛がっているように見えたとしても、実際には前人をなぞっているに過ぎないものであり、さらに少しずつズレが生じていることから、そのうち全くの別物になってしまう可能性があるということ。

エ　痛がっている人間の痛がり方と、実際に感じている痛みの程度に差があり、さらに本人以外には体験できないことから、実際の痛みにふさわしい痛がり方がわからなくなってしまう可能性があるということ。

問三　――②「痛みそれ自体は『間違った痛がり方』をした場合よりも、むしろ痛烈なものとなる」とあるがそれはなぜか。「～から。」に続く形になるように、本文中から十五字以内で抜き出して答えなさい。

問四　――③「悲しむべきことと言わねばならないであろう」とあるが、筆者がこのように考える理由として、最もふさわしいものを次のア～エから一つ選び、記号で答えなさい。

ア　正しい痛がり方を会得しようする進取の気性に富んだ人間でさえ、歯痛の苦しみから逃れたい一心で痛みを和らげる対処法を知りたがっているから。

イ　正しい痛がり方をすることでより痛烈な痛みを味わうことになると知っただけで、恐れから正しさを放棄《ほうき》する程度の覚悟《かくご》しかないことが嘆《なげ》かわしいから。

ウ　現世的な利益に結びつけて権威《けんい》を誇示する現代の学問に親しんでいるために、利害関係を越えた絶対的な正しさが存在することを理解できなくなっているから。

エ　そもそも歯痛というのは我慢できないほどの痛みのことをいうのであって、激しい痛みをそのまま痛がればいい以上、痛がり方に正解も不正解も存在しないから。

問五　――④「人間を人間たらしめる、尊厳に関わることなのである」とあるが、なぜか。理由を三十字以上四十字以内で答えなさい。

問六 ——⑤「そこで、『正しい痛がり方』である」とあるが、筆者の述べる「正しい痛がり方」として<u>あてはまらないもの</u>を次のア～エから一つ選び、記号で答えなさい。

ア 思いやりがある同情者を用意してその立場を維持し続けるように仕向ける。

イ 責任感の強い同情者に自分の代わりに痛みの程度を言葉で説明してもらう。

ウ 誠実な同情者の提案するあらゆる治療を拒絶して責任逃れできないようにする。

エ 歯痛の経験がある同情者に自分が感じている痛みと同等の苦しみを味わわせる。

問七 本文における筆者の主張として最もふさわしいものを次のア～エから一つ選び、記号で答えなさい。

ア 痛みを和らげる薬や医学治療は、我々を正しい痛がり方から遠ざけるという点で警戒《けいかい》すべき学問である。

イ 現世的な利益に結びついて力を誇示する現代の学問は、人間を間違った痛がり方に誘導《ゆうどう》してしまう存在である。

ウ 人間が尊厳を失って久しい現代において、正しい痛がり方を習得することこそが、尊厳を取り戻《もど》す第一歩である。

エ 正しい痛がり方をすることは、痛みを和らげることよりも優先されてしかるべき、人間の尊厳にかかわる問題である。

三 以下の文を読んで、次の問いに答えなさい。

大きな木が好きだ。知らない町を歩いている時など、大きな木が見えると、できるだけその木へ寄り道をする。まずこずえを見上げ、深呼吸を一つする。それから幹に触《ふ》れる。てのひらで幹に触れていると、安心感のようなものがなぜか心身に拡《ひろ》がる。

時々、木がなぜ安心感をもたらすかを考えてみるが、うまく答えはみつからない。今でも大木や古木は神の依代《よりしろ》として祀《まつ》られているが、樹木に対するそんなアニミズム（すべての自然物には霊魂《れいこん》が宿るという考え方。宗教の原始形態とされている）を、私なども無意識のうちに受けついでいるのだろうか。

そういえば、少年時代、家の裏手の斜面《しゃめん》に大きな木があった。ほぼ毎日、庭からその木をながめた。春の芽吹《めぶ》きの時期には、うすみどり色を空で溶《と》いているようなようすに［ A ］した。台風にゆさゆさと揺《ゆ》れるさまは、自分もまたそんなふうでありたい頑丈《がんじょう》な男のようだった。葉を落とした冬の木は、その枝のようすが緊迫《きんぱく》した木の意志そのもののようで、見ているだけで［ B ］した。

高校を卒業して故郷を離《はな》れてから十数年後、久しぶりに帰郷したところ、そのなじみの大木は姿を消していた。木のあった斜面はコンクリートで固められ、景観が一変していた。

①<u>母が話してくれたその木をめぐるいきさつ</u>は以下のようだった。

幹の根元に空洞《くうどう》ができていた大きな木（実は私たちはずっとその木を〈大きな木〉と呼んでいた。②<u>〈大きな木〉がその木の固有名詞だった</u>）は、ある時の台風で枝が折れた。その木の直下に位置する家の人が不安がり、木を除去してくれるように地主に頼《たの》んだ。次の台風で木が倒《たお》れ、家を直撃《ちょくげき》することを恐《おそ》れたのだ。なにしろ、台風銀座と言われている土地だから、その不安を人々はわからないわけではなかった。

　地主、つまり、木の所有者も、その不安に理解を示したが、なにしろ〈大きな木〉は神木としてあがめられていた。幹の空洞にいつからか小さな祠《ほこら》が設けられていたのだ。そのために、木を切ってよいのかどうかが、地区全体の話題になったが、結局、直下の家の危険を回避《かいひ》するために切り倒されてしまった。

　次の台風の時期、なんとその木の立っていた斜面が崩《くず》れ、直下の家が埋《う》もれてしまった。「木のたたりよ」と母は言った。私はかつて、

　　帰るのはそこ③晩秋の大きな木

という俳句を作ったが、発想の核《かく》になったのは、今は姿を消したその〈大きな木〉であった。

　ところで、現在の私は建て売りの小さな家に住んでいるが、ここには残念ながら大きな木はない。大きな木が育つだけの庭がないのだ。それでも庭の端《はし》に樫《かし》が、私の部屋の前に金木犀《きんもくせい》が一本ある。

　二階よりも高い金木犀は、日をさえぎり、私の部屋は昼間でも電灯をつけなければならない。それでも、窓を開け放すことの多い春から秋にかけては、部屋にすわっていると、青々としたこずえに包まれている気分になる。天気のよい日などには、窓を覆《おお》った葉がうすみどりに透《す》けて、［　C　］するのだ。それで一度、「ここにすわっていると森林浴をしているみたいだよ」とカミさんに言ったら、カミさんはあわてて、「そんなおおげさなこと、大きな声で言わないでよ。外に聞こえると笑われるわよ」と注意した。なにしろすぐ前が道路なのだ。

　先年、猫《ねこ》の額ほどの庭をつぶし、少し家を拡張しようか、という話になった。拡張するためには金木犀を切らねばならない。それで家族の間でちょっともめた。家が広いにこしたことはないが、さて、金木犀を除去してよいかどうかになると、だれもが躊躇《ちゅうちょ》したのである。工事の見積はすでにできていたが、結局、金木犀を残すことになった。狭《せま》くても一本でも木のある家の方がよい。それが家族の選択《せんたく》だった。

　私が大きな木へ寄り道をするようになったのは、そんな金木犀騒動《そうどう》の後からである。そして次のような俳句を作った。

　　★少年がもたれ［　X　］の桜の木
　　遠方にけやきのみどり日曜日
　　猫もいる六月の木の見る夢に
　　炎天《えんてん》のわれも一樹となっている
　　あの木ですアメリカ牡丹雪《ぼたんゆき》協会

　一本の金木犀を選択したために、いつのまにか④私の心の中に木が存在するようになった。いや、時には私自身が一本の木でもあるようになったのだ。他愛ないことだが、しかし、木に寄り道をするようになって私はかなり変わった。

　たとえば、生活の基本は簡素、簡潔でよいのだと考えるようになった。余分のものを何も

持たない木のたたずまいに教えられたのだ。もっとも、木には苔《こけ》が生えたり、宿り木ができたりして、余分のものが自然にふえる。そうすると、木の寿命《じゅみょう》がやがて尽《つ》きるが、⑤人間の老いというものも、もしかしたら、そんな木のようすと同じなのではないだろうか。

さて、正岡子規《まさおかしき》に私の大好きな言葉がある。

草花の一枝を枕元《まくらもと》に置いて、それを正直に写生して居ると、造化の秘密が段々分かつて来るやうな気がする。

（『病牀六尺《びょうしょうろくしゃく》』明治35年）

寝《ね》たきりの重病人だった子規は、枕に頭をつけたままで草花の写生をした。モルヒネで痛みを抑《おさ》えたつかの間のそれが楽しみだった。「造化の秘密」とは宇宙の仕組み。子規はいわば瀕死《ひんし》の床《とこ》で、草花の一枝に壮大《そうだい》な宇宙のさまを感受して心をときめかした。葉の色やかたち、葉脈の具合などに、宇宙の拡がりと神秘を感じたのだろう。次のようにも言える。足腰《あしこし》が立たない子規は枕元の草花の一枝へ［Y］した、と。

（坪内稔典『子規のココア・漱石のカステラ』による）

問一　［A］～［C］に入る言葉の組み合わせとして最もふさわしいものを次のア～エから一つ選び、記号で答えなさい。

ア　A―心がしゃんと　B―心が広々と　C―深い森にいる気さえ
イ　A―心がしゃんと　B―深い森にいる気さえ　C―心が広々と
ウ　A―心が広々と　B―心がしゃんと　C―深い森にいる気さえ
エ　A―心が広々と　B―深い森にいる気さえ　C―心がしゃんと

問二　――①「母が話してくれたその木をめぐるいきさつ」とあるが、「いきさつ」が書かれているのはどこまでか。最後にあたる部分を十字で抜き出して答えなさい。

問三　――②「〈大きな木〉がその木の固有名詞だった」とあるが、どういうことか。四十字以内で答えなさい。

問四　――③「晩秋」の「晩」と異なる意味で使われる「晩」を次のア～オからすべて選び、記号で答えなさい。

ア　晩年
イ　晩飯
ウ　一晩中
エ　晩餐会《ばんさんかい》
オ　大器晩成

問五　——④「私の心の中に木が存在するようになった」とあるが、どういうことか。その説明として最もふさわしいものを次のア～エから一つ選び、記号で答えなさい。

ア　常に金木犀の存在を意識するようになった、ということ。

イ　木のように生活しようと考えるようになった、ということ。

ウ　一本でも多くの木を守るために行動するようになった、ということ。

エ　木を思い浮《う》かべることで安心感を得られるようになった、ということ。

問六　——⑤「人間の老いというものも、もしかしたら、そんな木のようすと同じなのではないだろうか」とあるが、どういうことか。その説明として最もふさわしいものを次のア～エから一つ選び、記号で答えなさい。

ア　たとえば体をむしばむ病気のように、人間の寿命を短くするものには木における苔や宿り木と類似性があるということ。

イ　たとえばしわや脂肪《しぼう》のように、一定の年齢を過ぎると自分の意志とは無関係に身についてしまうものがあるということ。

ウ　たとえば宿題や仕事のように、年齢《ねんれい》があがっていくにつれやらなければいけないことがどんどんたまっていくということ。

エ　たとえば人と人とのしがらみのように、生きて歳《とし》を重ねていると人間にも本当は必要ないかもしれないものが増えていくということ。

問七　[Y]に入る言葉を文中から五字以内で抜き出して答えなさい。

問八　★の俳句「少年がもたれ[X]の桜の木」の[X]には、「一月」から「十二月」までのどれかが入る。

「何月」が入ると思うかをあなたなりに考えて答え、その月を入れて完成した俳句の意味や解釈《かいしゃく》を、二〇〇字以上三〇〇字以内で書きなさい。なお、[X]に入る月は、もとの句に入っていた月を正解とするわけではないので、あなたなりに自由に考えてよい。(一マス目から書き始め、途中《とちゅう》で改行はしないこと)

2024年度 ドルトン東京学園中等部 ▶解説と解答

算　数　＜２月１日午後特待試験＞（50分）＜満点：100点＞

解　答

1 (1)　1111111　(2)　$\frac{6}{7}$　(3)　①　○　②　×　③　○　(4)　1320000円　(5)　①　1：2　②　864cm^3　(6)　時速82km　(7)　26　(8)　***D***　1　***L***　0　***T***　8　***O***　9　***N***　2　**2** (1)　刺すことはできない／**理由**…(例)　解説を参照のこと。　(2)　**ア**　○　**イ**　×　**ウ**　○　**エ**　×　**オ**　○　**3** (1)　３種類　(2)　４枚　(3)　①　A×１＋B×$\frac{1}{2}$　②　A×２　**4** (1)　６時０分６秒　(2)　120回　(3)　720秒間　(4)　120回

解　説

1　四則計算，計算のくふう，表とグラフ，仕事算，展開図，体積，通過算，文字式，条件の整理

(1)　９＋99＋999＋9999＋99999＋999999＋７＝(10－１)＋(100－１)＋(1000－１)＋(10000－１)＋(100000－１)＋(1000000－１)＋７＝10＋100＋1000＋10000＋100000＋1000000－６＋７＝1111110＋１＝1111111

(2)　$\frac{1}{N\times(N+1)}=\frac{1}{N}-\frac{1}{N+1}$となることを利用すると，$\frac{1}{2}+\frac{1}{6}+\frac{1}{12}+\frac{1}{20}+\frac{1}{30}+\frac{1}{42}=\frac{1}{1\times2}+\frac{1}{2\times3}+\frac{1}{3\times4}+\frac{1}{4\times5}+\frac{1}{5\times6}+\frac{1}{6\times7}=\frac{1}{1}-\frac{1}{2}+\frac{1}{2}-\frac{1}{3}+\frac{1}{3}-\frac{1}{4}+\frac{1}{4}-\frac{1}{5}+\frac{1}{5}-\frac{1}{6}+\frac{1}{6}-\frac{1}{7}=\frac{1}{1}-\frac{1}{7}=\frac{7}{7}-\frac{1}{7}=\frac{6}{7}$

(3)　前年に比べてドバイ原油価格が上がったのは，2017年，2018年，2021年，2022年の４回ある。この４回はすべてガソリンの年平均価格も上がっているから，①は読み取ることができる。また，このグラフからは価格が変化する原因を知ることはできないので，②は読み取ることはできない。さらに，ガソリンの年平均価格は，2016年はおよそ118円，2022年はおよそ169円である。よって，2022年は2016年のおよそ，169÷118＝1.43…(倍)だから，③は読み取ることができる。

(4)　仕事全体の量を，150，120，60の最小公倍数の600とすると，Aが１日にする仕事の量は，600÷150＝４，Bが１日にする仕事の量は，600÷120＝５，Cが１日にする仕事の量は，600÷60＝10となる。ここで，１日あたりの賃金は，A＜B＜Cの順に高くなるから，支払《しはら》う賃金を安くするためには，A，B，Cの順番で優先的に仕事をすればよい。そこで，Aが40日仕事をすると残りの仕事の量は，600－４×40＝440になる。次に，Bが40日仕事をすると残りの仕事の量は，440－５×40＝240になる。これをCがすると，240÷10＝24(日)かかるので，Aは40日，Bは40日，Cは24日仕事をすればよい。したがって，このときに支払う賃金は，8000×40＋10000×40＋25000×24＝1320000(円)と求められる。

(5)　①　下の図１のように，箱の３つの辺の長さをア，イ，ウとすると，もとの紙が正方形だから，ア×２＋イ×２＝ア×２＋ウと表すことができる。ここで，＿＿の部分は共通なので，……の部分は等し

くなる。つまり，イ×２＝ウより，イ：ウ＝$\frac{1}{2}$：$\frac{1}{1}$＝１：２とわかるので，底面の縦と横の長さの比は１：２である。　② イ＝１×□(cm)，ウ＝２×□(cm)と表すことができるから，１×□×２×□＝288，□×□＝288÷２＝144より，□＝12とわかる。よって，ウ＝２×12＝24(cm)なので，ア＝(30－24)÷２＝３(cm)と求められる。したがって，この箱の体積は，288×３＝864(cm^3)である。

図１

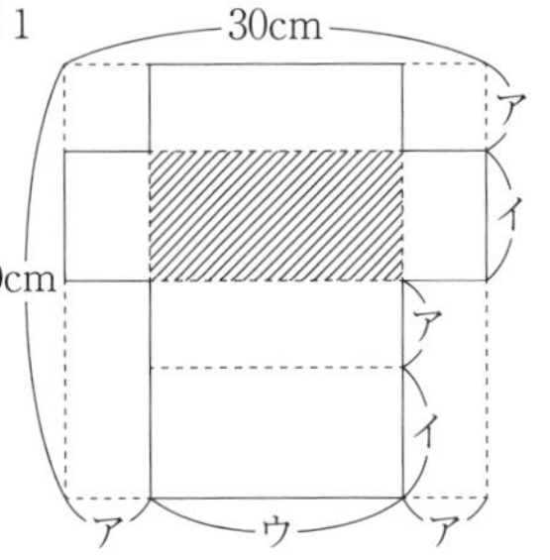

⑹　右の図２のように表すことができる。図２で，Ｂの最後尾《さいこうび》とＣの先頭が20.8秒で走った距離《きょり》の差は，100＋４＝104(m)である。よって，ＢとＣの速さの差は秒速，104÷20.8＝５(m)であり，これを時速に直すと，５×60×60÷1000＝18(km)になる。したがって，Ｃの速さは時速，100－18＝82(km)と求められる。

図２

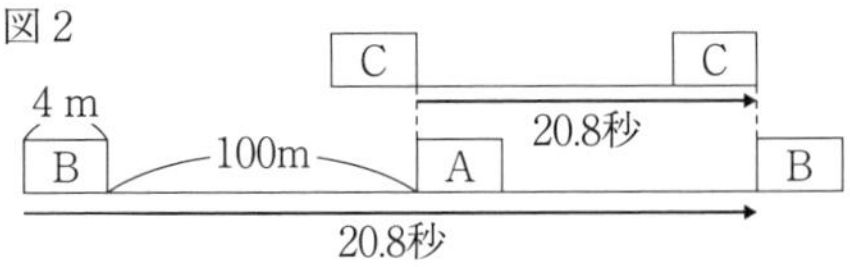

⑺　$A\div B=C$余りDのとき，$A=B\times C+D$となるから，右の図３のように表すことができる。よって，bとcの和は，$b+(b\times27+8)=b\times28+8$となり，その２倍は，$(b\times28+8)\times2=b\times56+16$となる。さらに，これに$a$を足すと，$(b\times56+16)+(b\times21+6)=b\times77+22$となる。したがって，$b\times77+22=2024$より，$b=(2024-22)\div77=26$と求められる。

図３

$a\div b=21$余り６→$a=b\times21+6$
$c\div b=27$余り８→$c=b\times27+8$

⑻　５けたの整数どうしの和が200000以上になることはないので，$D=1$である。また，和の一万の位が５になるのはHが７の場合だけだから，下の図４のようになる。図４で，千の位から一万の位にはくり上がりがあるが，もし百の位から千の位にもくり上がりがあったとすると，$L=1$となる。ところが１はすでに使われているので，百の位から千の位へのくり上がりはなく，下の図５のようになる。このとき，残りの数字は｛2，3，4，6，8，9｝だから，考えられるPの値は｛2，3，4｝であり，下の図６～図８のようになる。さらに，十の位と百の位の和が異なるので，一の位から十の位へのくり上がりが必要になる。つまり，一の位の和は，６＋６＝12，８＋８＝16，９＋９＝18のいずれかになる。このうち条件に合うのは，図８の一の位を，６＋６＝12とする場合であり，下の図９のようになる。よって，$D=1$，$L=0$，$T=8$，$O=9$，$N=2$とわかる。

図４	図５	図６	図７	図８	図９
75PPY	75PPY	7522Y	7533Y	7544Y	75446
＋ 75PPY	＋ 75PPY	＋ 7522Y	＋ 7533Y	＋ 7544Y	＋ 75446
15$LTON$	150TON	150TON	150TON	150TON	150892

2 立体図形―構成

⑴　真横から見ると下の図①のようになる。図①のように，立体の上面に刺《さ》さった串《くし》が手前の面から抜《ぬ》けた後，立体の真ん中に刺さっているが，これは１本の串では不可能である。よって，このように刺すことはできない。

⑵　真横から見ると，それぞれ下の図②のようになるから，ア(○)，イ(×)，ウ(○)，エ(×)，オ(○)である。

図①　図②

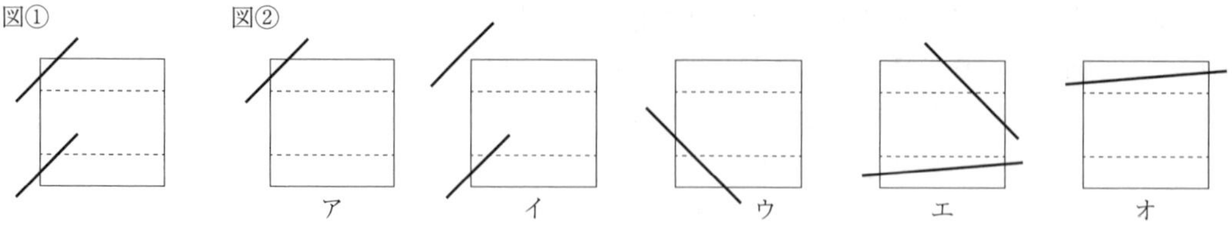

3 場合の数，構成，面積

⑴　下の図Ⅰのように，少なくともＰ，Ｑ，Ｒの３種類の色が必要になる。

⑵　下の図Ⅱのように，網《あみ》かけ部分の４枚の紙が重なっている。

⑶　①　下の図Ⅲのように，正八角形の１辺の長さを２，対角線の長さが２の正方形の１辺の長さを□とすると，Ａの面積は(２×□)，Ｂの面積は，２×２＝４となる。また，下の図Ⅳの網かけ部分は，底辺が１で高さが□の平行四辺形２個と，たての長さが１で横の長さが２の長方形１個に分けることができる。よって，網かけ部分の面積は，１×□×２＋１×２＝２×□＋２と表すことができる。これはＡ１つ分とＢの半分を合わせたものだから，Ａ×１＋Ｂ×$\frac{1}{2}$となる。

図Ⅰ

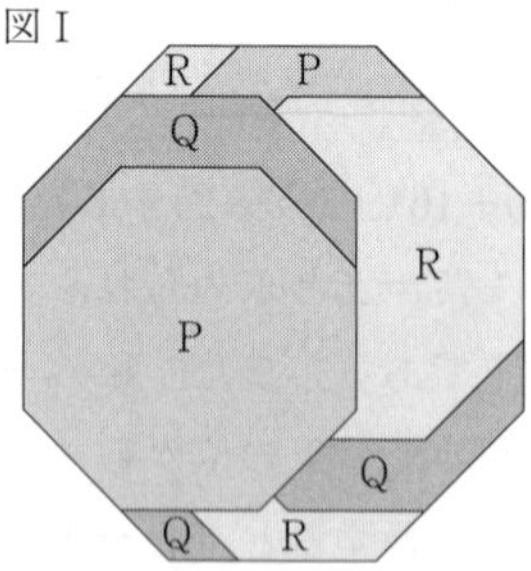

図Ⅱ

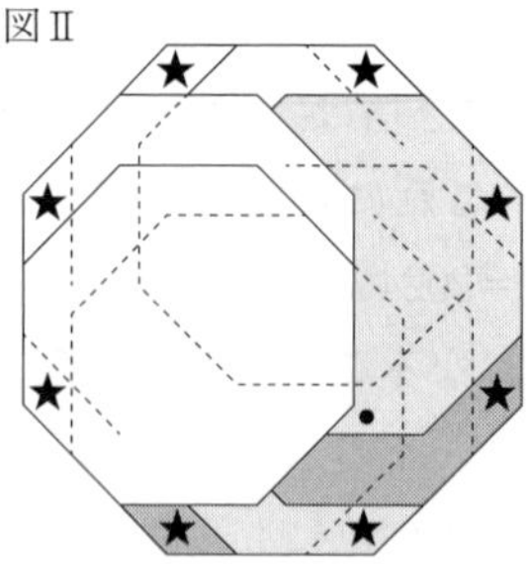

図Ⅲ

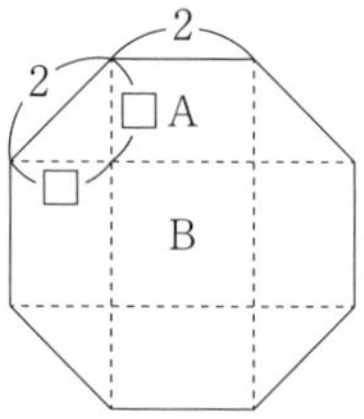

図Ⅳ

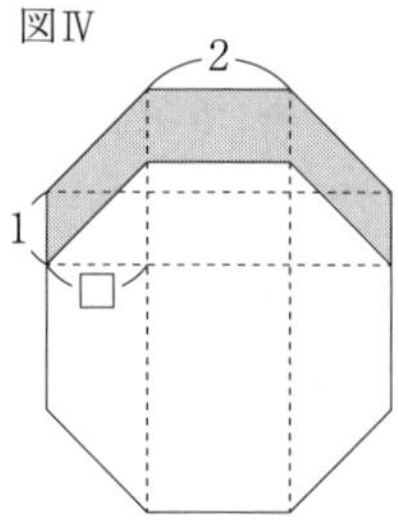

②　紙が１枚しかないのは，図Ⅱの★印をつけた８か所である。ここで，★印をつけた部分は１辺の長さが１のひし形であるが，右の図Ⅴのように，底辺が１で高さが$\frac{\square}{2}$の平行四辺形と見ることもできる。よって，紙が１枚しかない部分の面積は，１×$\frac{\square}{2}$×８＝４×□と表すことができる。これはＡ２つ分にあたるから，Ａ×２となる。

図Ⅴ

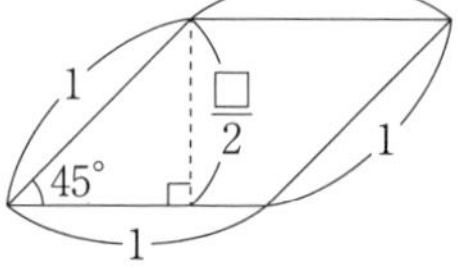

4 整数の性質，周期算

⑴　赤色は，１＋１＝２(秒)ごと，青色は，１＋２＝３(秒)ごと，黄色は，２＋３＝５(秒)ごとに同じ点灯をくり返す。また，２と３と５の最小公倍数は30だから，３色を合わせると30秒ごとに同じ点灯をくり返す。そこで，はじめの30秒間についてまとめると下の図１のようになる。図１から，次に３色が同時に１秒間点灯するのは６時０分６秒からの１秒間とわかる。

図１

赤色	○	×	○	×	○	×	○	×	○	×	○	×	○	×	○	×	○	×	○	×	○	×	○	×	○	×	○	×	○	×
青色	○	×	×	○	×	×	○	×	×	○	×	×	○	×	×	○	×	×	○	×	×	○	×	×	○	×	×	○	×	×
黄色	○	○	×	×	×	○	○	×	×	×	○	○	×	×	×	○	○	×	×	×	○	○	×	×	×	○	○	×	×	×
	⇧						⇧	⬆						⬆				⬆		⬆				⬆						⬆

⑵　６時ちょうどから６時30分までは，60×30＝1800(秒)あるので，この間に図１の点灯が，1800÷30＝60(回)くり返される。また，図１の30秒間の中で３色が同時に１秒間点灯するのは⇧の２回あるから，６時ちょうどから６時30分までには，２×60＝120(回)ある。

⑶　６時ちょうどから７時ちょうどまでは，60×60＝3600(秒)あるので，この間に図１の点灯が，

3600÷30＝120(回)くり返される。また，図１の30秒間の中で３色とも消えている時間は⬆の６回あるから，６時ちょうどから７時ちょうどまでの間で３色とも消えている時間の合計は，６×120＝720(秒間)とわかる。

(4)　緑色は，３＋４＝７(秒)ごとに同じ点灯をくり返す。また，30と７の最小公倍数は210なので，４色を合わせると210秒ごとに同じ点灯をくり返す。そこで，210秒間の中で４色とも点灯している時間を求める。赤色，青色，黄色の３色については｛0秒後，６秒後｝が30秒ごとにくり返されるから，右上の図２のようになる。このうち緑色が点灯するのは，「７で割った余りが０，１，２になる時間」なので，かげをつけた６回ある。次に，７時ちょうどから８時10分までは，60×(60＋10)＝4200(秒)あるので，この間に同じ点灯が，4200÷210＝20(回)くり返される。よって，７時ちょうどから８時10分までに４色とも点灯している１秒間は，６×20＝120(回)ある。

図２

0	30	60	90	120	150	180
6	36	66	96	126	156	186

国　語　＜２月１日午後特待試験＞（50分）＜満点：100点＞

解　答

一 **問１**　下記を参照のこと。　**問２**　ウ　**問３**　①　ふるう　②　まく　**二** **問１**　**A**　オ　**B**　ウ　**C**　ア　**問２**　ウ　**問３**　純粋に痛みだけを体験出来る(から。)　**問４**　ウ　**問５**　(例)「正しい」痛がり方をすることで，人間としての尊厳が維持できるから。　**問６**　エ　**問７**　エ　**三** **問１**　ウ　**問２**　が埋もれてしまった。　**問３**　(例)　私たちの中で＜大きな木＞といえばその木のことだけを指していたということ。　**問４**　イ，ウ，エ　**問５**　イ　**問６**　エ　**問７**　寄り道　**問８**　(例)　私は「二月」が入ると考えました。二月の桜の木には，花はもちろん，葉もありません。その木にもたれている少年は，卒業式を間近にひかえた中学生です。寂しい光景のようにも思われますが，少年は，それまで過ごしてきた中学校での三年間を思い返し，高校へ進学する四月のことを思い浮かべています。開花した桜は，日本では一つの区切りを象徴するものです。それだけに，身近にある桜に対する気持ちは，人それぞれに特別なものがあると思います。苦しかったことや楽しかったこと，そしてこれから訪れる未来への思いなど，二月の桜だからこそ，その区切りの一歩手前にいる少年の微妙な心理を表せるのだと，私は考えました。

●漢字の書き取り

一 **問１**　①　点呼　②　穀物　③　捨てる

解　説

一　漢字の書き取り，慣用句の完成

問１　①　全員がそろっているかどうか一人ひとりの名前を呼んで確かめること。　②　人間が主食とする，米や麦や豆などの農作物。　③　音読みは「シャ」で，「取捨」などの熟語がある。

問２　①　「目」が入る。「目を配る」は，注意してさまざまなところを見ること。「目が高い」は，価値を見極める力が高いこと。　②　「心」が入る。「心を通わす」は，互《たが》いに心を通じ合わせること。「心が奪《うば》われる」は，心が強く引きつけられること。　③　「腰《こし》」が入る。「腰を折る」は，話などをとちゅうでじゃますること。「腰が強い」は，気が強くてねばり強いこと。　④「腹」が入る。「腹を決める」は，覚ごを決めること。「腹が立つ」は，いかりの感情がわくこと。　⑤「足」が入る。「二の足をふむ」は，思い切れずにためらうこと。「足が棒になる」は，長く歩くなどして疲《つか》れ果てること。　ウの「頭」が，①～⑤のいずれにも用いられていない。

問３　①「腕《うで》をふるう」は，能力や技術を十分に発揮すること。　②「舌をまく」は，おどろいたり感心したりして言葉を失うこと。

二　**出典：別役《べつやく》 実《みのる》『日々の暮《くら》し方』**。歯痛のときの「正しい痛がり方」について，筆者の考えが述べられている。

問１　**A**「痛がり方」には，「正しい痛がり方」と「間違《まちが》った痛がり方」があると言うと，当然のことながら，「多くの人々」が「正しい痛がり方をすると，いくらかでも痛みが薄《うす》れるのか」などと質問してくる，というのである。よって，「もちろん」が合う。　**B**「正しい痛がり方」というものがあるという内容から，「正しい痛がり方」がなぜ大切なのかという内容に話題が展開しているので，話題を変えるときに用いる「ところで」が入る。　**C**「正しい痛がり方」は，「人間を人間たらしめる，尊厳に関わる」大切なことなので，「間違った痛がり方」をしてもいいから「歯痛の苦痛から逃《のが》れたい」と希望する人はこの文章を読み進める必要はない，という文脈になる。よって，前に述べたことを理由として，後にその結果をつなげるときに用いる「従って」が入る。

問２　自然に痛がっているように見えても，「よく観察してみると前人のやったことを踏襲《とうしゅう》しようとしている」だけであり，しかもそのやり方を「少しずつ間違えている」とぼう線①の前にある。これまでの人のやり方を受けついで，その通りにやっているつもりでも，少しずつ違ったことをして全く別物になってしまうという意味なので，ウが合う。

問３　ぼう線⑤の段落に注目する。自分の苦痛に「同情」してくれる人を見つけ，その人にさまざまに声を掛《か》けさせるという「正しい痛がり方」をすると，「純粋《じゅんすい》に痛みだけを体験出来る」ので，痛みは「痛烈《つうれつ》なもの」となる。

問４　「痛みがなくなる」のでない限り「正しい痛がり方」がどうして「正しい」か理解できないということを，筆者は「悲しむべきこと」と述べている。つまり，最近の学問は「現世的な利益に結びつけてその力を誇示《こじ》する」という傾向《けいこう》があるために，「あらゆる利害」を超《こ》えて「正しい」ということの大切さを理解できなくなっていると，筆者は指てきしているのである。

問５　「正しい痛がり方」をした人は，「手酷《てひど》い痛み」を感じたとしても，「それでもやはり正しかったのだ」という「心からの満足」を得ることができるので，「人間としての尊厳を維持《いじ》」したことになると筆者は述べている。

問６　「正しい痛がり方」とは，歯痛を体験したことがあり，「思いやり」の気持ちや「責任感」が強い「同情者」に，痛みの程度などを言葉で説明させることで，「純粋に痛みだけを体験」することだとされているので，イは正しい。また，同情者による「薬」や「治療《ちりょう》」の提案を拒絶《きょぜつ》することで，「責任逃れ」をさせないようにするとあるので，ウも合う。さらに，「その苦しみがどのようなものか」を同情者に説明させ，「同情者としての立場を維持」させるとあるため，アも正しい。同情者に同じ苦しみを味わわせるとの記述はないためエはあてはまらない。

問７　「正しい痛がり方」をすると，痛みは「痛烈なものとなる」が，その「正しい痛がり方」を逸脱《いつだつ》することなく行えば，「人間としての尊厳を維持」することができると主張しているため，エが合う。

三 **出典：坪内稔典《つぼうちとしのり》『子規《しき》のココア・漱石《そうせき》のカステラ』**。大きな木をめぐる筆者の思いが，回想をまじえて述べられている。

問１　Ａ「うすみどり色」に色づいた「大きな木」が空に溶《と》けこんでいる，広大なようすに対する思いなので，「心が広々と」が合う。　Ｂ　葉を落とした冬の「大きな木」の枝のようすについて，「緊迫《きんぱく》した木の意志そのもののよう」と感じているところなので，姿勢や態度がしっかりしているさまを表す「心がしゃんと」が入る。　Ｃ　金木犀《きんもくせい》の葉が窓を覆《おお》いつくし，一面が「うすみどり」に透《す》けて見えるので，「私」は「深い森にいる気」になったと考えられる。

問２　続く部分で，「大きな木」をめぐるいきさつが説明されている。あるときの台風で枝の折れた「大きな木」を見て，不安がったその「直下に位置する家の人」は，地主に木を除去《じょきょ》するよう頼《たの》んだものの，それは「神木」としてあがめられていたものであったため，果たして「切ってよいものかどうか」一時「地区全体の話題」となった。結局，「大きな木」は切り倒《たお》されてしまったが，次の台風の時期，なんとその木の立っていた斜面《しゃめん》が崩《くず》れ，直下の家が埋《う》もれてしまった，というのである。ここまでが，「大きな木」にまつわる「たたり」のような一連のできごとにあたる。

問３　固有名詞は，他の事物と区別するためにそれだけに与えられた名前のこと。「私たち」にとって，「大きな木」といえば，「その木」のことだけを指し示していたのである。

問４　「晩秋」「晩年」「大器晩成」の「晩」は，“時期が遅《おそ》い”という意味。「晩飯」「一晩中」「晩《ばん》餐会《さんかい》」の「晩」は，“日が暮れた後の夜”という意味。

問５　一本の金木犀を残すという選択《せんたく》をしたことによって，「余分のものを何も持たない木のたたずまい」から，「生活の基本は簡素，簡潔でよいのだ」ということを「私」は教えられた。つまり，木のように生活しようと考えるようになったので，イが合う。

問６　木は，時間の経過とともに「苔《こけ》」や「宿り木」などの「余分のもの」が自然にふえ，やがては寿命《じゅみょう》が尽《つ》きる。それと同じように，人間も年を重ねていくうちに，少しずつ必要のないものが増えていくものだと筆者は思っているのである。

問７　「私」は，「大きな木が見えると，できるだけその木へ寄り道」をし，その幹に触《ふ》れることで「安心感」のようなものが「心身に拡《ひろ》がる」と本文のはじめで述べている。また，「私」は，病床《びょうしょう》についていた正岡子規《まさおかしき》について，草花の写生をすることで「葉の色やかたち，葉脈の具合などに，宇宙の拡がりと神秘を感じたのだろう」と想像している。つまり，子規も「枕元《まくらもと》の草花の一枝」に「寄り道」をしていたということができる。

問８　まず，「桜の木」にもたれている少年を思い浮《う》かべ，折々にどのような情景になるかを想像してみる。四月なら満開の時期であり，五月なら青々とした葉をつけた桜になる。また，二月の桜なら花も葉もないが，開花を心待ちにする少年の姿が想像できる。一つの月を入れた俳句が完成したら，その意味や解釈《かいしゃく》をわかりやすいように記述する。書き終えたら，誤字や脱字《だつじ》がないか，主語と述語のねじれはないかといったことを見直すのも大切である。

2024年度 ドルトン東京学園中等部

【算　数】〈２月２日午後理数特待試験〉（50分）〈満点：100点〉

〔注意〕１．三角定規やコンパス，分度器は使用できません。
２．分数は最後まで約分して答えてください。
３．比は最も簡単《かんたん》な整数で答えてください。
４．円周率は3.14とします。

1　次の問いに答えなさい。

(1)　2024 × 2023 − 2022 × 2021 を計算しなさい。

(2)　次の□にあてはまる数を答えなさい。

$$0.225 \div \left(2\frac{4}{5} - 2.2\right) = \frac{\square - 15}{\square}$$

(3)　次の表は，近鉄電車の２つの駅の間の道のりと大人１人の運賃を表したものです。この表から，例えば大和八木駅と大和西大寺駅の間は 20.5km で大人１人の運賃は 490 円であることがわかります。ただし，駅の間の道のりを表す表の一部の数値は抜《ぬ》けています。

	（単位：km）			
近鉄名古屋	66.5			
1210	津《つ》		106.9	
2430	1530	大和八木	20.5	55.1
2710	1740	490	大和西大寺	
3130	2310	1070	680	京　都
（単位：円）				

また，下の図は，乗車した道のりと大人１人の特急料金を表したものです。近鉄特急の料金は，運賃と特急料金の合計です。例えば，大人１人で大和八木駅から京都駅まで 55.1km なので，近鉄特急に乗車した場合，料金は 1070+920=1990 円です。

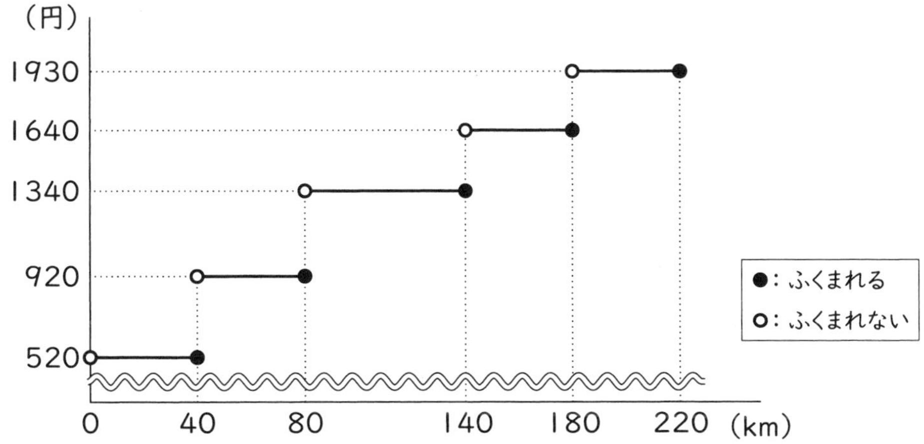

（近畿《きんき》日本鉄道「旅客運賃表・営業キロ程表」をもとに作成）

大人１人で近鉄名古屋から京都へ行くとき，近鉄特急に乗車すると，いくらかかりますか。

⑷　現在，ある２人の兄弟の年齢《ねんれい》の和は 33 歳《さい》です。弟の年齢が現在の３倍になるとき，この２人の年齢の和は 77 歳になります。現在の兄の年齢は何歳でしょうか。

⑸　下の図は，１辺の長さが 18cm の正方形を，１つの頂点が向かい側の辺に重なるように折ったものです。重なっている部分の面積を求めなさい。

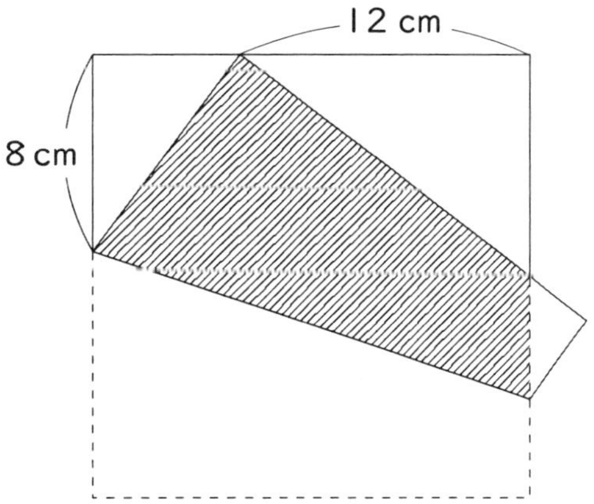

(6)　時計の短針・長針・秒針が０時ちょうどに３つ重なった後，最初に「短針と長針が重なり，さらに秒針がちょうど０秒のところを指す」状態になるのは何時何分ですか。

(7)　２つの数 a，b について，a ＊ b は最大公約数を表し，a ○ b は最小公倍数を表すこととします。（1980 ＊ □）○（210 ＊ 90）＝180 のとき，□ にあてはまる数のうち，２けたで最も大きい数を求めなさい。

(8)　さきえさん，ようすけさん，よしともさん，としゆきさんの４人は岩手県への旅行でわんこそば屋さんに寄り，大食いチャレンジをしました。次の会話は帰りの新幹線の車中で行われたものです。

よしとも　「わたしが４人の中で最も多くそばを食べました。」

ようすけ　「よしともさんは私のちょうど２倍のそばを食べました。」

としゆき　「ようすけさんは 60 杯《はい》のそばを食べました。」

さ き え　「としゆきさんとよしともさんの食べたそばの差は２杯でした。」

としゆき　「ようすけさんはよしともさんより多くのそばを食べていました。」

よしとも　「さきえさんが食べたそばは 28 杯です。」

ようすけ　「さきえさんが食べたそばは，わたしの半分より少なかったです。」

あとでレシートを見返すと，としゆきさんの発言に間違いが１回あることがわかりました。4人は合計何杯のそばを食べましたか。

2　5×5を計算すると25になります。25のように同じ整数を2回かけてできる数を平方数といいます。たかしさんとかおりさんの会話を読み，下の問いに答えなさい。

かおり　たかしくん，次の問題を考えてみてください。

【問題】次の正方形の面積を求めなさい。ただし，となり合う点同士の間の距離《きょり》は1cmであるとします。

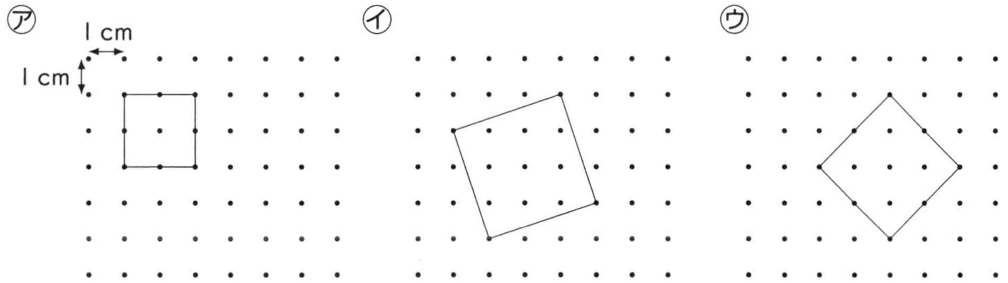

たかし　問題㋐はそれほど難しくはないね。一方で，問題㋑は斜《なな》めにかかれているので苦労したよ。なにか面積を計算するいい方法はあるのかな。

かおり　気になりますよね。それを調べるために，次のように条件を整理していくつかの正方形をかいてみることにしました。

条件1：辺が斜めにならないように点を結んでできる正方形である。
条件2：辺が斜めになるように点を結んでできる正方形で，対角線が斜めになる。
条件3：辺が斜めになるように点を結んでできる正方形で，対角線が斜めにならない。

たかし　問題㋑は条件2の正方形で，問題㋒は条件3の正方形だね。なるほど，いくつか試してみるとなにか規則に気付けるかもしれないね。

かおり　私もそう思いました。すると，条件2の正方形はその内部には条件1の正方形をかけることがわかりました。このとき，外部の正方形の2本の対角線の交わる点が内部の正方形の2本の対角線の交わる点に重なるようにかきます。また，内部の正方形を除いた残りの部分の面積が小さくなるように，内部の正方形はできるだけ大きいものにしました。

たかし　条件1の正方形は面積を簡単に求めることができるから，残りの部分の面積がうまく求まればよいね。…あ！よく見ると残りの部分は合同な4つの図形に分けることができるね。

かおり　その１つ分の面積を求めて４倍したものと，内部の正方形の面積を足せばよいのです。

たかし　問題㋑の場合は内部の正方形の面積が［　ア　］cm^2，残りの部分は１つ分の面積が［　イ　］cm^2の４つの直角三角形に分けることができるね。

かおり　そうなんです。

たかし　こんな風に考えてみるのはどうでしょう。A4つの直角三角形のうち２つを図形の向きが変わらないように移動すると，内部の正方形と，新しくできた２つの長方形を合わせた図形になります。この図形の面積は，内部の正方形の１辺の長さをa，長方形の短い辺の長さをbとして，次の式で表すことができます。

$$\{(a+b)\times b\}\times 2+a\times a$$

かおり　この図形は内部の正方形とは異なる２つの正方形を合わせた図形と見なすこともできますね。すると次のような式★で面積を表すことができます。

［　ウ　］×［　エ　］＋{(［　オ　］＋［　カ　］)×(［　オ　］＋［　カ　］)}……★

かおり　この式は面積を２つの平方数を使って表しています。

たかし　これで，斜めにかかれた正方形の面積も簡単に計算できそうです。

かおり　少し待ってください。条件３の場合は，さっきと同じように４つのうち２つの合同な図形を向きが変わらないように移動しても，内部の正方形と２つの長方形を合わせた図形にはなりませんね。

たかし　たしかに…。ということはすべての場合で面積を平方数どうしの計算で表わすことはできないのでしょうか。

かおり　うーん。…あ！そもそも，条件３の場合は内部の正方形を作らずに，２本の対角線で４つの合同な図形に分ければよいのではないでしょうか。

たかし　本当だ！ということは，４つのうち２つの合同な図形を向きが変わらないように移動すれば，［　キ　］の長さをcとすると，次の式で面積を表すことができますね。

$$c\times c+c\times c$$

かおり　すごい！aやb，cにいろんな数をあてはめて平方数の計算を考えることで，面積が平方数でない正方形も簡単にかけそうです。

(1) ［ア］，［イ］にあてはまる数を答えなさい。

(2) 下線部Ａについて，解答用紙の図は内部の正方形を表しています。周りに２つの長方形をかき足して，下線部Ａが表す図形を完成させなさい。

(3) 式★の［ウ］～［カ］にあてはまる文字，a または b を答えなさい。

(4) ［キ］にあてはまる語句を答えなさい。

(5) かおりさんが出した【問題】の㋐～㋒に答えなさい。

3　２辺の長さが１cmと３cmの長方形を底面とする高さ１cmの直方体の積み木がたくさんあります。これらの積み木を図１のように３本ずつ積み上げた状態を「タワー」と呼びます。図１は９本の積み木で作った３段のタワーです。

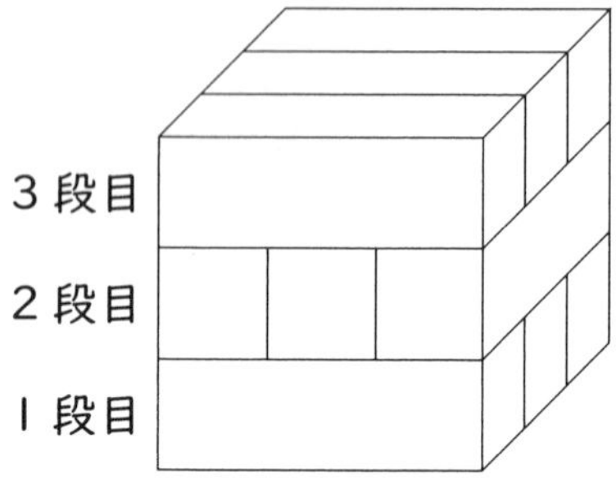

図１

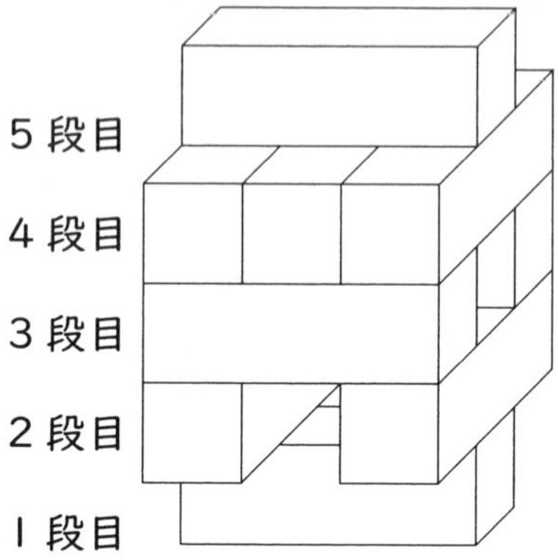

図２

次の条件で２段以上のタワーから積み木を１本ずつ抜《ぬ》き取り，底面を下にして積み上げる操作を繰《く》り返します。図２のようにどの積み木も抜き取ることができない状態になったタワーを「完成タワー」と呼びます。図２は３段のタワーから操作を繰り返してできた５段の完成タワーです。ただし，途中《とちゅう》の操作に関係なく，各段の積み木の本数がすべて等しい完成タワーは同じものと考えます。

【条件】

1．積み木は一番上の段から抜き取ってはいけない。

2．一番上の段に３本そろっていないとき，そのすぐ下の段から積み木を抜き取ってはいけない。

3．一番上の段の積み木が３本そろうまでは，その上に積むことはできない。

4．各段の積み木３本のうち，両端《りょうたん》の２本が残るか，または真ん中の１本が残るように抜き取る。

(1)　３段のタワーから操作を繰り返してできる完成タワーは何種類ありますか。

⑵ 次の［　　］にあてはまる数を答えなさい。

条件から，完成タワーの上から2段目の積み木は［ ① ］本で，一番上の段または上から3段目のいずれかの積み木は必ず［ ② ］本になります。

⑶ 4段のタワーから操作を繰り返してできる完成タワーのうち，最も高いタワーの高さを答えなさい。

4 2023年は東京のサクラの開花日が3月14日と，統計を取り始めて最も早くなりました。ドルトンさんは，東京のサクラの開花日は「2月1日からの毎日の平均気温を足した合計が400℃を超《こ》える頃《ころ》に開花する」という『400℃の法則』を使って予測できると耳にして，2023年も正しく予測できていたのか確認してみることにしました。

⑴ 下の表1は2023年1月30日から4月2日までの東京の日ごとの平均気温と，その週ごとの平均です。『400℃の法則』を利用すると，2023年の東京のサクラの開花は何月何日と予測されますか。

表1

日付	気温（℃） 日平均	週平均	日付	気温（℃） 日平均	週平均	日付	気温（℃） 日平均	週平均
1月30日	4.2		2月20日	9.7		3月13日	13.9	
31日	4.6		21日	4.7		14日	10.0	
2月1日	6.8		22日	5.5		15日	12.3	
2日	6.4	5.7	23日	8.5	7.3	16日	14.5	11.6
3日	4.8		24日	8.9		17日	12.5	
4日	6.5		25日	7.5		18日	8.1	
5日	6.8		26日	6.0		19日	10.0	
6日	7.8		27日	8.7		20日	13.1	
7日	10.5		28日	11.6		21日	14.7	
8日	8.7		3月1日	13.8		22日	17.2	
9日	6.2	7.8	2日	12.8	10.7	23日	16.5	14.6
10日	1.9		3日	7.8		24日	18.1	
11日	8.7		4日	10.5		25日	11.0	
12日	11.0		5日	9.5		26日	11.4	
13日	7.7		6日	9.9		27日	13.4	
14日	5.6		7日	12.1		28日	10.2	
15日	3.5		8日	14.0		29日	12.6	
16日	4.1	6.8	9日	15.9	14.1	30日	14.1	13.6
17日	5.7		10日	17.3		31日	15.0	
18日	8.9		11日	14.7		4月1日	16.0	
19日	11.8		12日	14.5		2日	14.1	

（気象庁「過去の気象データ」をもとに作成）

ドルトンさんが調べたところ，サクラは以下の流れで花芽《かが》（発達して花になる芽）を作り，開花することが分かりました。

> ①　前年の夏に花芽ができ，休眠《きゅうみん》する。
> ②　秋から冬の間に，2 ～ 9℃の低温に一定時間（800 ～ 1000 時間程度）さらされることで花芽が休眠から覚める。これを「休眠打破」という。
> ③　休眠から覚めた後，春の気温の上昇《じょうしょう》とともに花芽が育ち，その後開花する。

(2)　『400℃の法則』は，なぜ 2 月 1 日からの平均気温を合計しているのでしょうか。以下のどの過程が 2 月 1 日頃に行われると考えられているのか，最も適当なものを選びなさい。

ア　花芽が形成される
イ　花芽が休眠を始める
ウ　花芽が休眠から覚める
エ　花芽が開花する

(3)　ドルトンさんは，『400℃の法則』を使って 2023 年の鹿児島のサクラの開花日も予測できるか考えてみました。
□のグラフを見ると，鹿児島の方が東京よりも日平均気温の合計が 400℃になるのが早いことが分かるため，東京より早く開花すると思われましたが，実際の開花データを見ると東京より 10 日遅《おそ》い 3 月 24 日に開花していることが分かりました。

①　上の□に入るグラフを次のページの**ア**～**オ**から選び，記号で答えなさい。

②　なぜ，鹿児島では『400℃の法則』があてはまらなかったと考えられますか。根拠《こんきょ》として最もふさわしいグラフを次のページの**ア**～**オ**から選び記号で答え，それを用いて説明しなさい。

ア

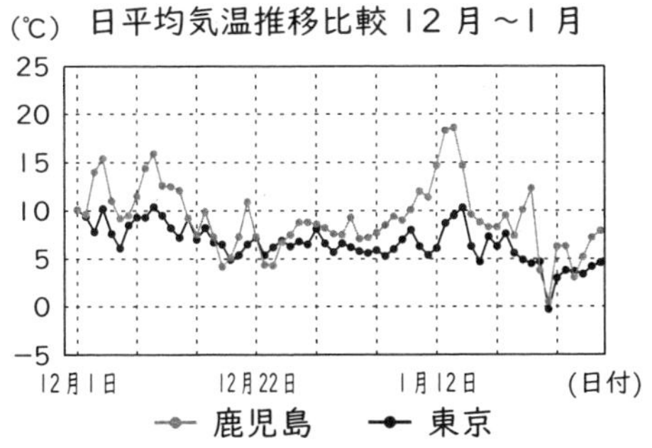

イ

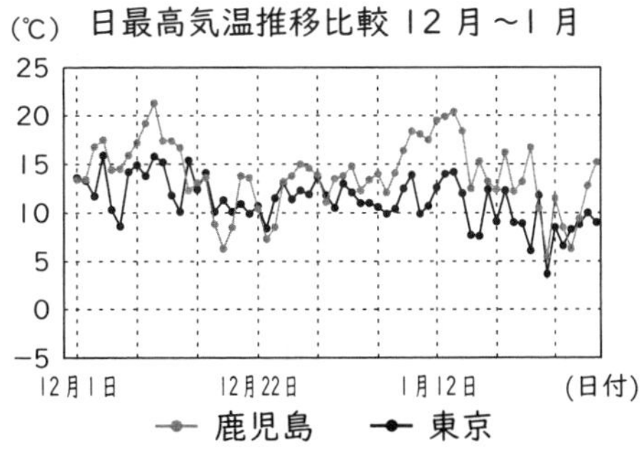

ウ

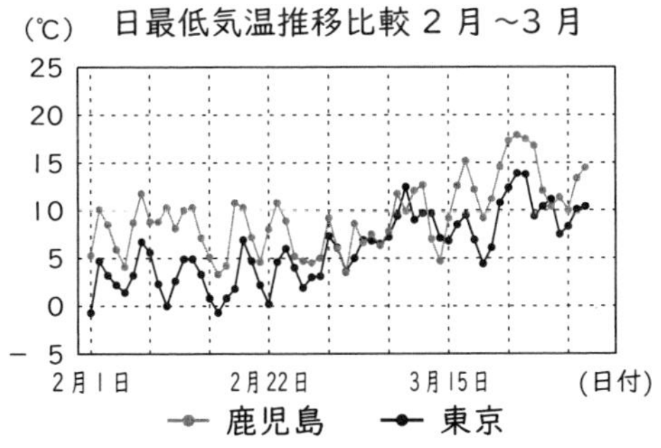

エ

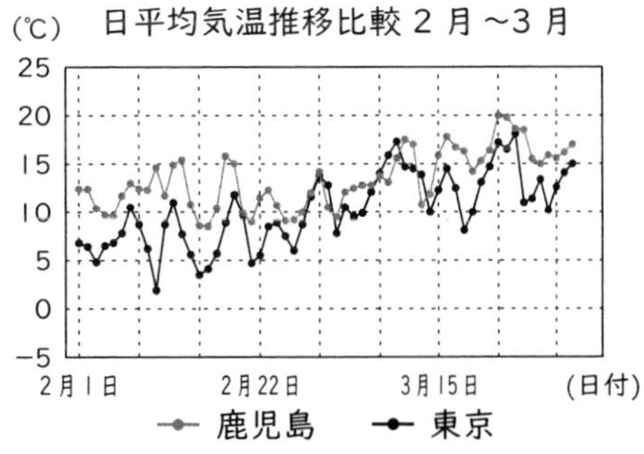

オ

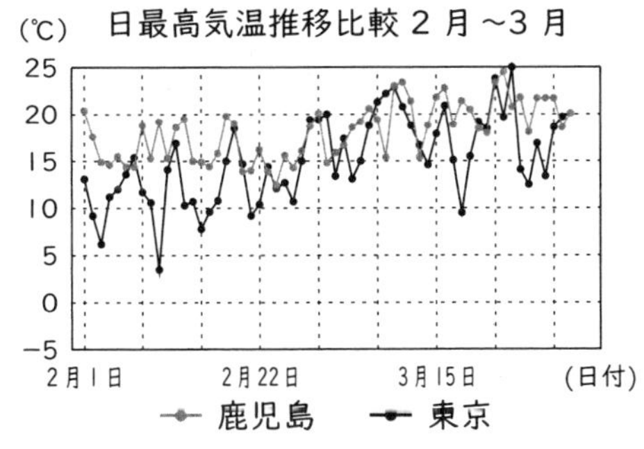

(気象庁「過去の気象データ」をもとに作成)

【理　科】〈２月２日午後理数特待試験〉(50分)〈満点：100点〉

1 船に関する次の会話文を読んで，各問いに答えなさい。ただし，水の重さは1cm^3あたり1gとします。

海くん：夏休みに，オーストラリアに船で行ってきたんだけど，あんなに大きい船が浮《う》いているのが不思議だったよ。

洋くん：船が浮くのは①浮力《ふりょく》が関係しているね。「②液体中にある物体は，その物体が押《お》しのける液体の重さに等しい大きさの浮力を受ける」というアルキメデスの原理が知られているようだよ。

海くん：なるほど。じゃあ，夏休みの自由研究で浮力や船について調べてみようかな。

――実験を行う――

海くん：家で同じ重さの粘土《ねんど》を形を変えて水に浮かせてみたんだけど，こんな結果になったよ。

粘土の形	結 果
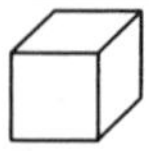	沈《しず》む
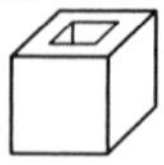	浮く

洋くん：なるほど，この結果を見ると，(　　　ア　　　) ということなんだね。

海くん：じゃあ，船の形について実験１～４で考えてみたいと思うよ。

洋くん：一緒《いっしょ》にやってみよう。

――実験を行う――

海くん：洋くん，船には安全な航行と効率的に荷物や人を運ぶための工夫がなされていたんだね。協力してくれてありがとう。

洋くん：本当だね。ただ，船が安全な航行をするためには「③バラスト水」の環境《かんきょう》への問題が心配されているようだよ。

海くん：聞いたことがあるよ。日本の企業《きぎょう》は早い段階から解決策を実行しているらしいね。

実験１

船の重さと浮力の関係を調べるため，図１のように１辺が 5cm の立方体をしている物体Ａを水に浮かべた。すると，物体Ａは下面が水面下 2.5cm のところで浮いていた。

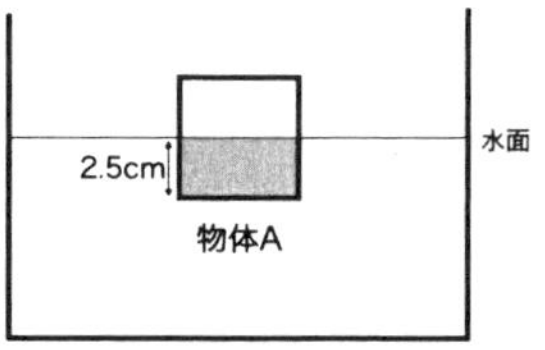

図１

実験２

船にどの程度の重さの物体が載《の》せられるかを調べるため，図２のようにおもりを載せた。

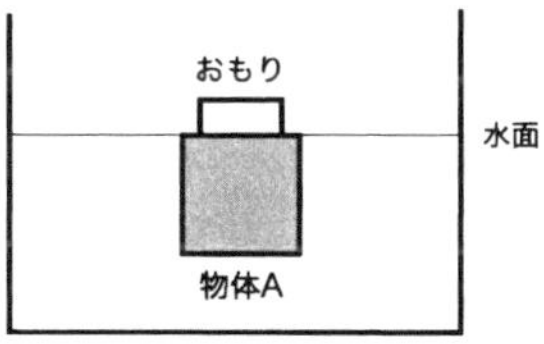

図２

実験３

船の形を変えたときの，浮力の変化を調べるため，図３のように物体Ａから１辺 3cm の立方体をくり抜《ぬ》いて，物体Ｂを作製し，くり抜いた面を上にして水に浮かべた（図４）。

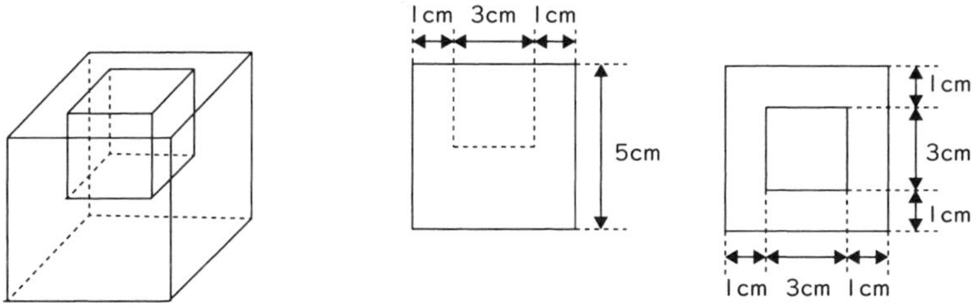

物体B　真横から見た図　真上から見た図

図３

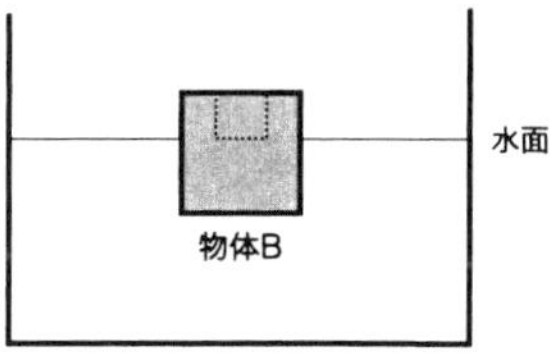

図４

実験４

船の形を変えた場合にどの程度の重さの物体が載せられるかを調べるため，図５のように物体Ｂにおもりを載せた。

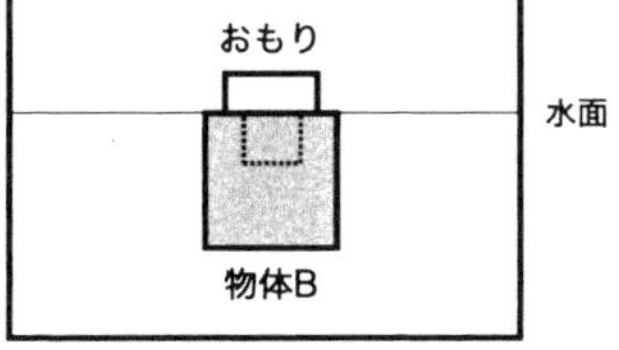

図５

問１　下線部①の浮力について，同じ体積の物体（１）～（３）をそれぞれ同じ大きさの容器に同じ量の水を入れて沈めたところ図６のようになりました。物体(１)～(３)にかかるそれぞれの浮力の大きさの関係として正しいものはどれですか。次の選択肢から１つ選び，記号で答えなさい。

ア　(１) = (２) = (３)

イ　(１) = (２) > (３)

ウ　(１) = (３) < (２)

エ　(１) < (２) = (３)

オ　(１) < (３) < (２)

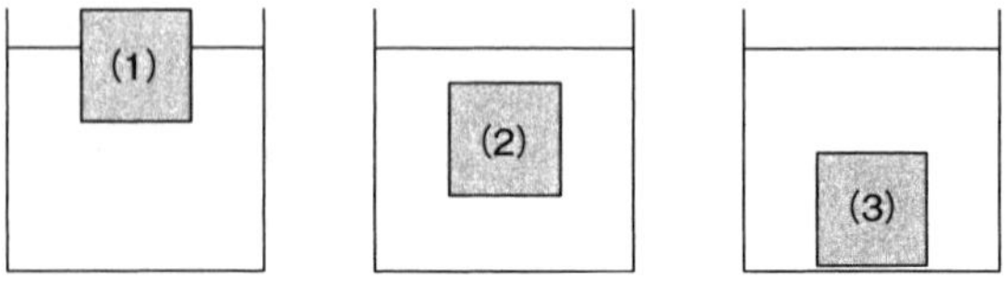

図６

問２　下線部②について，図７で示されている物体の重さを答えなさい。

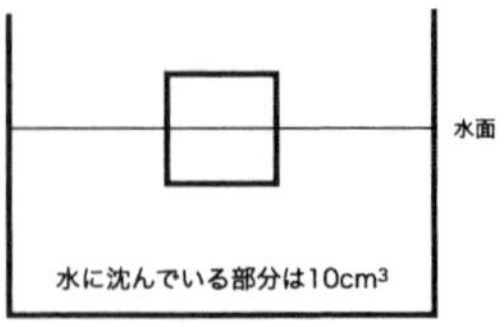

図７

問３　会話文中の（　ア　）に当てはまる文章を答えなさい。

問４　実験１の物体Ａにかかる浮力は何ｇですか。

問５　実験２の物体Ａの上面が水面と重なる位置で静止したとき，おもりの重さは何ｇですか。

問６　実験３でつくった物体Ｂを水に浮かべたとき，物体Ｂは下面が水面下何 cm のところで浮いていますか。

問７　実験４で，物体Ｂの上面が水面と重なる位置で静止したとき，おもりの重さは何ｇですか。

問８　実験１～４の結果から，一般的な船の形にはどのような利点があるか答えなさい。

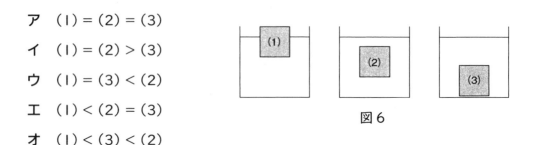

問９　下線部③について，図８のように船に荷物を載せていないときは荷物を載せているときと浮力を同じにして安定した航行を行うために，船内に海水（バラスト水という）を取り入れています。しかし，このバラスト水は取り込まれる港と放出される港が異なるため，自然生態系に大きな影響《えいきょう》を与《あた》えているとされています。自然生態系にどのような影響があり，その問題を解決するためにはどのような解決策が考えられますか，答えなさい。

図８

2 月に関する次の会話文を読んで，各問いに答えなさい。

海くん：オーストラリアに着いたのは夜だったんだけど，①月や星の見え方が少し違《ちが》うように感じたよ。

洋くん：南半球にあることが関係しているのかもしれないね。

海くん：なるほど，②こう考えれば日本で見る月の見え方との違いがよくわかるね！

洋くん：同じように考えて，③月の満ち欠けの様子も違ったんじゃないかな？

海くん：確かに，毎日ホテルから夜空を見上げていたけど，少し違った気がするなぁ。

洋くん：そうなると，④太陽の動きも違ってくるね。

海くん：全部が違っていて，なんだか混乱するよ～。

問1　月について正しく書かれている文を，次の選択肢からすべて選び，記号で答えなさい。

ア　直径はおよそ140万kmである。
イ　地球の周りを回っている。
ウ　自身で光を放っている。
エ　東から昇《のぼ》って，西に沈《しず》む。
オ　直径は地球のおよそ4分の1の大きさである。

問2　下線部①について，日本での月の見え方を図1とすると，オーストラリアでの月の見え方を下の選択肢から1つ選び，記号で答えなさい。

図1

ア

イ

ウ

エ

問3　下線部②について，問2で答えた理由を，解答欄の図に必要な情報を書き込んで文章で説明しなさい。

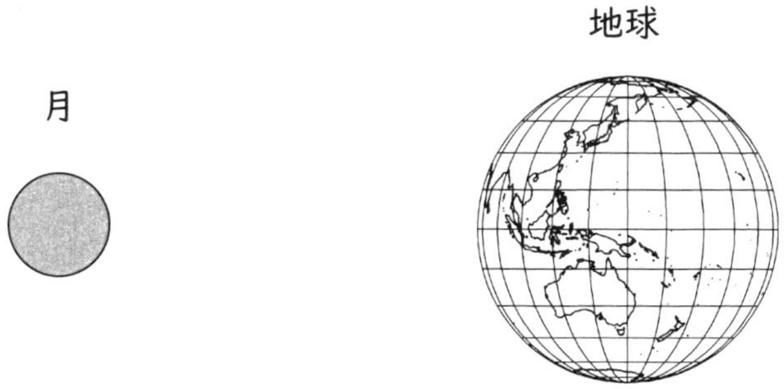

問4　下線部③について，日本における月の満ち欠けを考えます。図2は，地球，月，太陽の，北極側から見た位置関係を示したものです。月がA，Bの位置にあるとき，日本から見た月の満ち欠けの様子を下の選択肢からそれぞれ1つずつ選び，記号で答えなさい。また，月がAの位置にあるとき，最も高く見える時刻を，例を参考に答えなさい。

例）午前1時

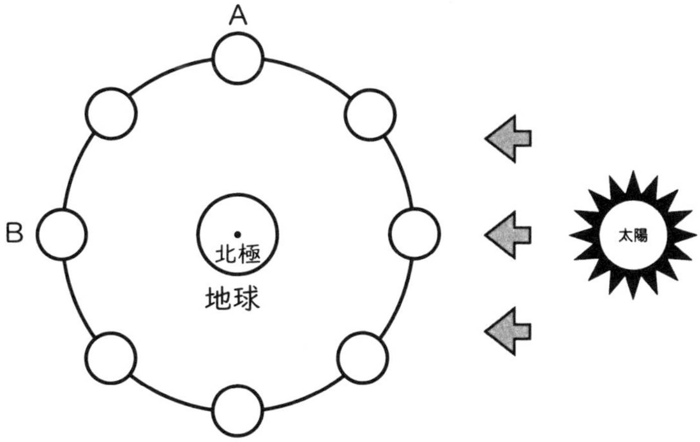

図2

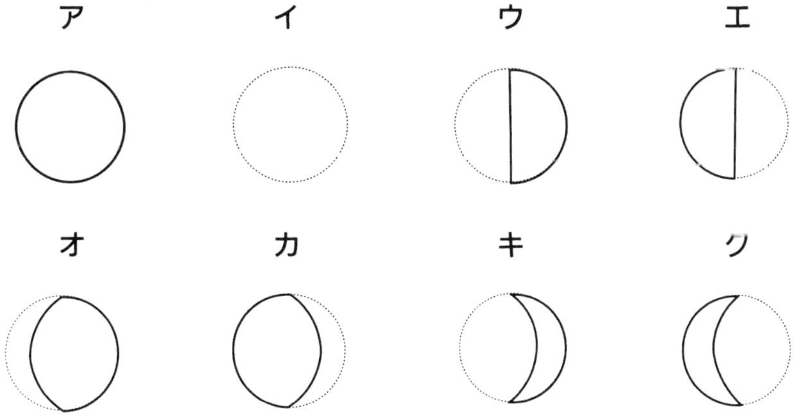

問５　下線部③について，オーストラリアでの月の満ち欠けに関する次の文と図を見て，文中の（1）～（3）の選択肢《せんたくし》から正しいものをそれぞれ１つ選びなさい。

オーストラリアは南半球なので，図３のように南極側から見て考えます。すると地球は $_{(1)}$（東・西・南・北）から $_{(2)}$（東・西・南・北）へと自転しているので，地球の自転を表す矢印は $_{(3)}$（a・b）になる。

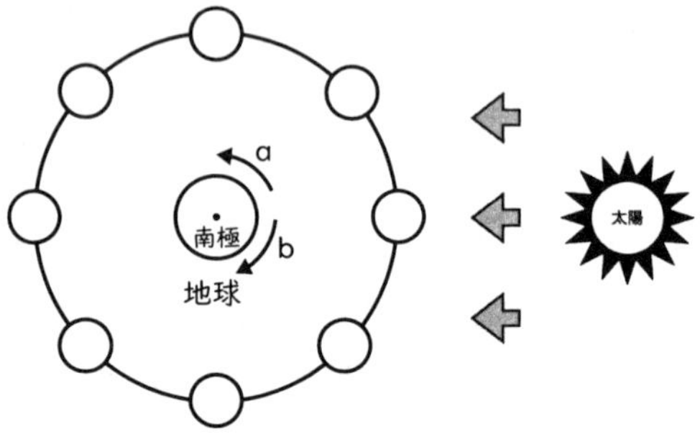

図３

問６　下線部③について，オーストラリアにおける月の満ち欠けを考えます。月が南極側から見てＣとＤの位置にあるとき（図４），オーストラリアから見た月の満ち欠けの様子を下の選択肢からそれぞれ１つずつ選び，記号で答えなさい。また，月がＣの位置にあるとき，最も高く見える時刻を，例を参考にして答えなさい。
例）午前１時

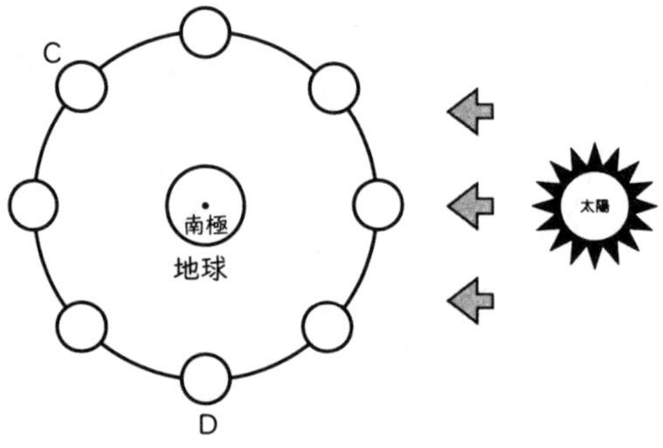

図４

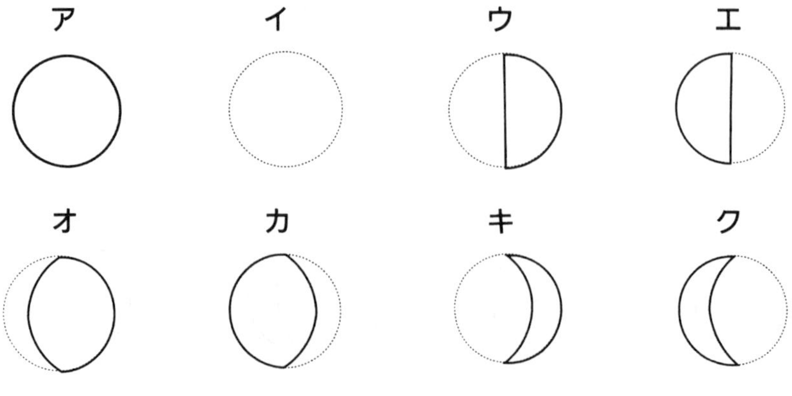

問７　下線部④について，図５は日本での春分・秋分の日の太陽の動き方を示したものです。オーストラリアでの春分・秋分の日の太陽の動き方を図５を参考にして解答欄の図にかき入れなさい。

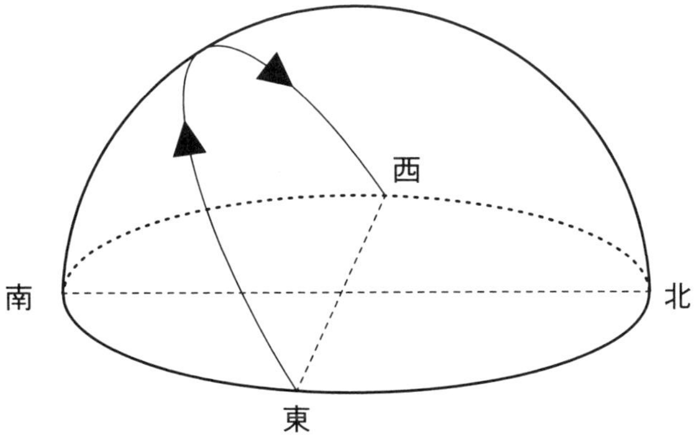

図５

3　サンゴと褐虫藻《かっちゅうそう》に関する次の会話文を読んで，各問いに答えなさい。

洋くん：オーストラリアで一番楽しかったことは何？

海くん：やっぱりシュノーケリングかな。グレートバリアリーフの珊瑚礁《さんごしょう》は素晴らしかったよ。

洋くん：うらやましいな。いつか僕も行ってみよう。

海くん：でもね。サンゴの白化が問題になっているって聞いたよ。実際に，北部と南部で比較すると北部のサンゴは白いものが多かったんだ。

洋くん：ちょっとサンゴに関する資料１～６を見てみよう。

海くん：①なるほど，それでオーストラリアのサンゴは白化して死んでしまっていたんだね。

洋くん：サンゴは白化してしまっても体内に脂肪《しぼう》が残っている間は生き延びられるそうなんだ。そして，その間はサンゴは緑色の蛍光《けいこう》をからだから放っているんだよ。

海くん：②なんでサンゴは緑色の蛍光をからだから放っているの？

洋くん：その理由は資料４と５を見てみるとわかるよ。

海くん：サンゴは地球上の二酸化炭素濃度《のうど》の調節に大きく関わっているようだから，二酸化炭素を減らしながらも，サンゴを守ることも意識していかなければならないね。

洋くん：どうやら，③サンゴに褐虫藻が共生するときに，海洋プラスチックが共生を妨《さまた》げることも知られているようだよ。

海くん：なんと！海洋プラスチックもサンゴの白化につながっていたんだ！

資料1　サンゴの一生

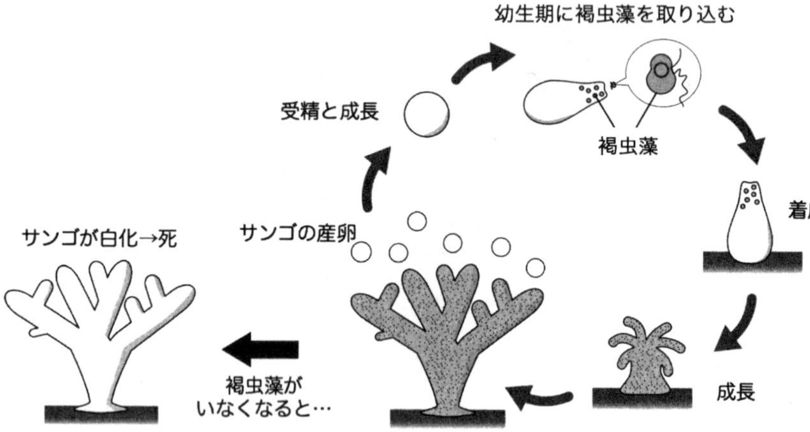

沖縄科学技術大学院大学（2013）

資料2　褐虫藻とサンゴの共生関係

一緒に生活することで，お互いに影響を及ぼし合うことを共生といいます。褐虫藻はひとりで生活していると，他の動物に食べられてしまう危険があります。また環境中の栄養分をやがて使い果たしてしまったり，成長の際に作られる生産物がたまってくると褐虫藻自身にとって有害になったりします。サンゴの中に共生していれば安全です。褐虫藻が必要とするミネラルはサンゴからもらえます。また褐虫藻にとって有害な生産物もサンゴにとっては栄養になるので，サンゴが引き受けて取り除いてくれます。こうしていつでも褐虫藻にとって良い環境が保たれます。

一方，サンゴはひとりで生活していると，食べ物を自分で見つけないといけませんが，植物である褐虫藻と共生していると，褐虫藻が光エネルギー（青緑色の光と赤色の光）を用いて作った栄養分を分けてもらえます。

Coastal Biogeochemistry（2019）一部改変

資料３　水温を変化させたときのサンゴからの褐虫藻放出量の変化
（＊はサンゴの種類，棒グラフは放出される褐虫藻の数，折れ線グラフは水温を示す）

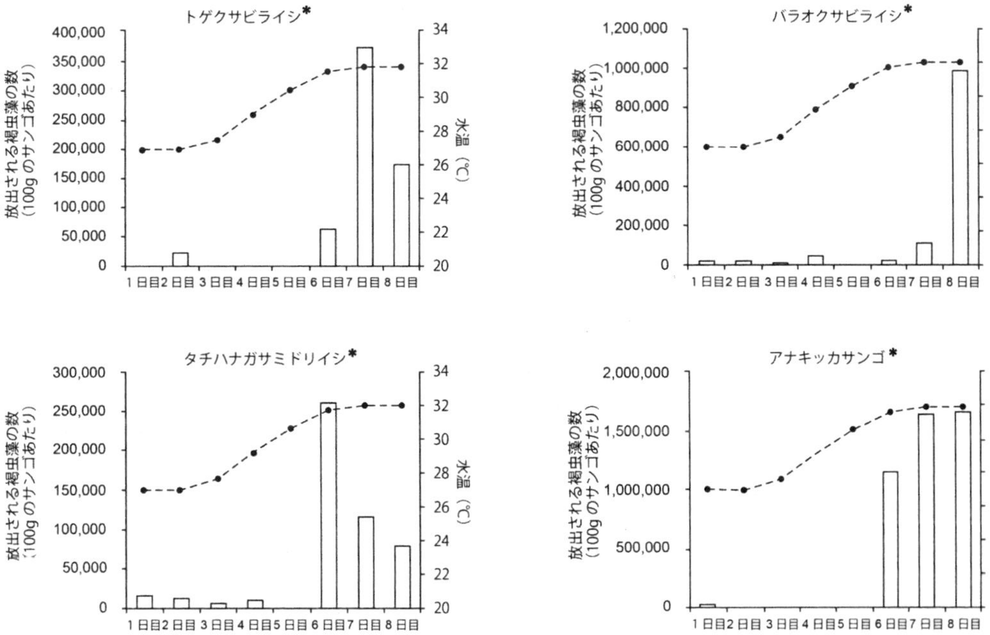

小池（2015）一部改変

資料４　サンゴの発光と褐虫藻の関係に関する実験

褐虫藻を含む海水の入った容器の中に，死んだサンゴの骨格片と生きたサンゴ片を１つずつ置き，青色光・緑色光・赤色光・暗闇《くらやみ》の条件下で褐虫藻の様子をそれぞれ観察した。ただし，生きたサンゴ片は青色光を当てると緑色の蛍光を発することが知られている。

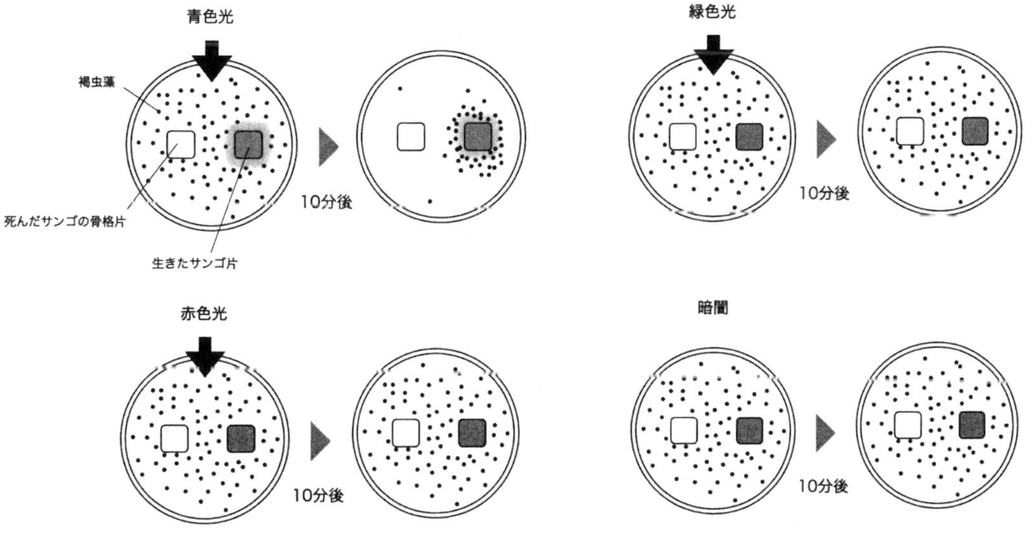

Aihara. Y. *et al.*（2019）一部改変

資料５　褐虫藻が好む光

太陽のような白色光にはすべての色の光が含まれている。その中で，褐虫藻が必要としている光は青緑色と赤色である。赤色は褐虫藻の体の中にある色素によって補われるため，あまり必要ではない。ただし，強い青色や紫色の光は嫌《きら》う傾向《けいこう》がある。

Aihara. Y. *et al.* (2019)

資料６　サンゴと褐虫藻が共生するためのサイズ

褐虫藻はいくつもの種（タイプ）が存在します。

サンゴと褐虫藻の共生には，褐虫藻の「細胞《さいぼう》サイズ」とサンゴの「受け入れられる褐虫藻サイズ」で決まっていることが明らかとなりました。これは，細胞サイズの小さな褐虫藻はより多くのサンゴ種と共生関係を結べることを意味します。また，受け入れられる褐虫藻サイズの大きなサンゴ種はより多くの褐虫藻種と共生関係を結べることを意味します。この発見により，共生パートナーの好みが何で決まっているのか，また共生パートナーの好みの広さが何で決まっているかが 明らかになってきました。

琉球大学（2018）一部改変

問１　資料２から，褐虫藻が光エネルギーを用いて栄養分を作るはたらきの名称を答えなさい。

問２　下線部①について，サンゴが白化して死んでしまうしくみを，資料１～３をもとにして説明しなさい。

問３　下線部①について，資料３で「褐虫藻放出量」とありますが，褐虫藻が出ていくのではなく，褐虫藻が放出されることを証明するためには，どのような実験を行い，どのような結果になるとよいですか。実験方法と結果を答えなさい。

問４　下線部②について，サンゴが緑色の蛍光を発することでサンゴと褐虫藻にはそれぞれどのような利点がありますか。資料４と５から考えられることを答えなさい。ただし，海洋中の褐虫藻の数は非常に少なく，海水面に当たる太陽光はすべての色の光が当たっているものとします。

問５　下線部③について，資料６から，海洋プラスチックが褐虫藻とサンゴの共生を妨げる理由を考え，答えなさい。ただし，海洋プラスチックとは，プラスチック製品が侵食《しんしょく》の作用を受けて小さく削《けず》られて海洋中に放出されたものを指します。

2024年度
ドルトン東京学園中等部 ▶解説と解答

算　数　＜２月２日午後理数特待試験＞（50分）＜満点：100点＞

解　答

1 (1) 8090　(2) 24　(3) 5060円　(4) 22歳　(5) 120cm^2　(6) 12時０分　(7) 72　(8) 326杯　**2** (1) **ア** 4　**イ** 1.5　(2)（例）解説の図２を参照のこと。(3) **ウ** b　**エ** b　**オ**，**カ** a，b　(4)（例）対角線の半分　(5) ㋐ 4 cm^2　㋑ 10cm^2　㋒ 8 cm^2　**3** (1) 8種類　(2) ① 3　② 2　(3) 9 cm　**4** (1) 3月16日　(2) ウ　(3) ① エ　② **記号**…ア，**説明**…（例）解説を参照のこと。

解　説

1 **四則計算，計算のくふう，表とグラフ，年齢《ねんれい》算，相似，面積，時計算，整数の性質，推理**

(1) 右の図１のかげをつけた部分の面積を求めればよい。アの部分の面積は，(2024－2022)×2021＝２×2021＝4042，イの部分の面積は，2024×(2023－2021)＝2024×２＝4048だから，4042＋4048＝8090となる。

図１

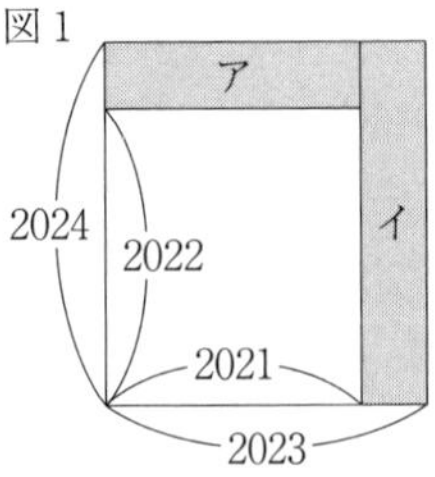

(2) $0.225\div\left(2\frac{4}{5}-2.2\right)=0.225\div(2.8-2.2)=0.225\div0.6=\frac{0.225}{0.6}=\frac{225}{600}=\frac{3}{8}$となる。この分数の分母と分子の差が15にあたるので，15÷（８－３）＝３より，$\frac{3\times3}{8\times3}=\frac{9}{24}$とわかる。よって，□にあてはまる数は24である。

(3) 近鉄名古屋から京都までの運賃は3130円である。また，距離《きょり》をまとめると右の図２のようになる。図２で，アの距離は，55.1－20.5＝34.6(km)だから，近鉄名古屋から京都までの距離は，66.5＋106.9＋34.6＝208(km)とわかる。よって，特急料金は1930円なので，全部で，3130＋1930＝5060(円)と求められる。

図２

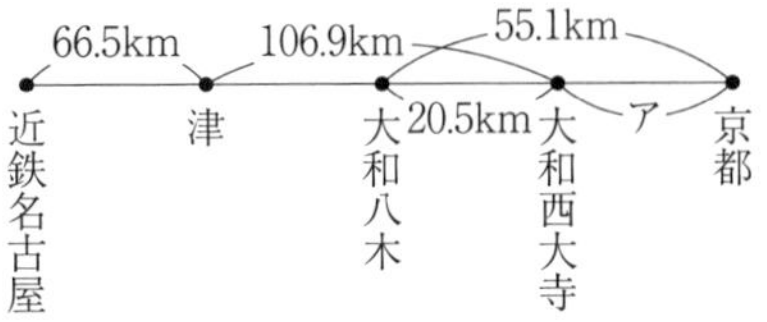

(4) ２人の年齢の和は１年間に２歳《さい》増えるから，年齢の和が33歳から77歳になるまでにかかる年数は，(77－33)÷２＝22(年)である。よって，現在と22年後の弟の年齢の比が１：３となる。この比の１にあたる年齢は，22÷（３－１）＝11(歳)なので，現在の弟の年齢は，11×１＝11(歳)となり，現在の兄の年齢は，33－11＝22(歳)と求められる。

(5) 各部分の長さは右の図３のようになる。また，図３で同じ印をつけた角の大きさはそれぞれ等しいから，３つの三角形AEG，DGI，HFIは相似である。よって，これらの三角形の３つの辺の長さの比はすべて，AG：AE：EG＝６：８：10＝３：４：５になるので，GI＝12×$\frac{5}{4}$＝15(cm)，IH＝18－15＝３(cm)，FH＝３×$\frac{4}{3}$＝４(cm)と求められる。したがって，台形FHGEの面積は，（４＋10)×18÷２＝126(cm^2)，三角形HFIの面積は，３×

図３

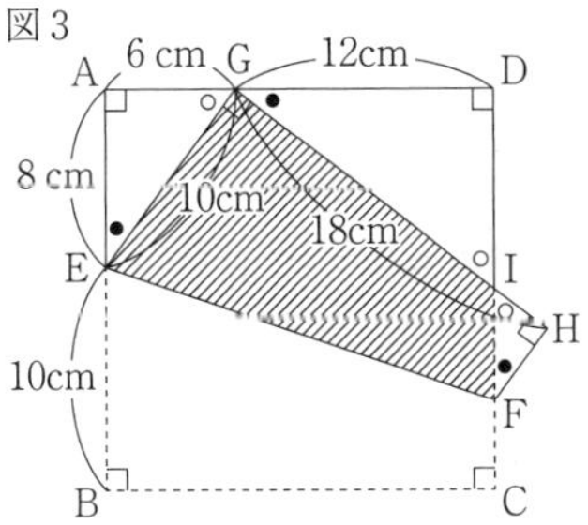

4÷2＝6(cm^2)だから，重なっている部分の面積は，126－6＝120(cm^2)とわかる。

(6)　長針は1分間に，360÷60＝6(度)，短針は1分間に，360÷12÷60＝0.5(度)動くので，長針は短針よりも1分間に，6－0.5＝5.5(度)多く動く。また，長針と短針が重なるのは長針が短針よりも360度多く動いたときだから，360÷5.5＝$\frac{720}{11}$(分)ごととわかる。よって，長針と短針が重なる時刻は0時ちょうどの，$\frac{720}{11}$×□(分後)（□は整数)と表すことができる。さらに，秒針が0秒を指すのはこの値《あたい》が整数になるときなので，最も小さいのは，$\frac{720}{11}$×11＝720(分後)と求められる。これは，720÷60＝12(時間後)だから，条件に合う時刻は12時0分である。

(7)　右の図4から，210と90の最大公約数は，2×3×5＝30とわかるので，1980＊□＝Xとすると，X○30＝180と表すことができる。つまり，Xと30の最小公倍数が180だから，Xは右の図5のように表すことができる(△は1または5)。さらに，1980と□の最大公約数がXなので，□は右上の図6，図7のように表すことができる(▽は5と11以外，◎は11以外)。よって，□にあてはまる2けたで最も大きい数は，図6で▽を2とした場合であり，2×2×3×3×2＝72と求められる。

図4

210＝2×3×5×7
90＝2×3×3×5
2×3×5

図5

X＝2×2×3×3×△
30＝2×3×5
180＝2×2×3×3×5

図6(△＝1の場合)

1980＝2×2×3×3×5×11
□＝2×2×3×3×▽
X＝2×2×3×3

図7(△＝5の場合)

1980＝2×2×3×3×5×11
□＝2×2×3×3×5×◎
X＝2×2×3×3×5

(8)　としゆきさん以外の発言は正しいから，ようすけさんが食べた数を①とすると，右の図8のようになる。よって，としゆきさんの「ようすけさんはよしともさんより多い」という発言が間違《まちが》いなので，としゆきさんのもう1つの発言は正しくなり，①＝60とわかる。したがって，よしともさんが食べた数は，60×2＝120(杯)，としゆきさんが食べた数は，120－2＝118(杯)だから，4人の合計は，28＋60＋120＋118＝326(杯)と求められる。

図8

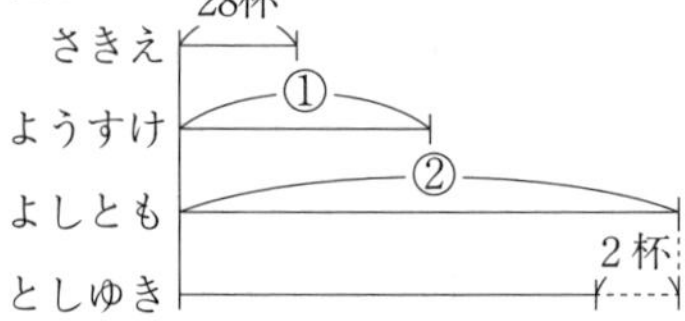

2 平面図形―面積

(1)　下の図1のように分けると，内部の正方形の面積は，2×2＝4(cm^2)（…ア)となる。また，残りの部分は4つの直角三角形であり，1つ分の面積は，3×1÷2＝1.5(cm^2)（…イ)とわかる。

(2)　図1の▲の三角形と△の三角形を向きを変えずに移動すると，下の図2のように，内部の正方形と2つの長方形を合わせた図形になる。なお，図2のように，内部の正方形の1辺の長さをa，長方形の短い辺の長さをbとすると，この図形の面積は，$\{(a+b)\times b\}\times 2+a\times a$と表すことができる。

(3)　図2の図形を下の図3のように太線で分けると，2つの正方形を合わせた図形とみなすこともできる。すると，この図形の面積は，$b\times b+\{(a+b)\times(a+b)\}$と表すこともできる。つまり，ウとエはともに$b$であり，オとカは一方が$a$，もう一方が$b$である。

(4)　下の図4で，◆の三角形と◇の三角形を向きを変えずに移動すると，下の図5のように，1辺の長さがcの正方形を2つ合わせた図形になる。よって，この図形の面積は，$c\times c+c\times c$と表すことができる。このcの値は，もとの正方形の対角線の半分にあたる長さである。

(5)　㋐は1辺の長さが2cmの正方形だから，2×2＝4(cm^2)である。㋑は(3)の＿で，a＝2，b＝1とすることにより，1×1＋{(2＋1)×(2＋1)}＝10(cm^2)と求められる。同様に，㋒は(4)

の＿で，$c=2$とすることにより，$2\times2+2\times2=8\ (\mathrm{cm}^2)$とわかる。

図１

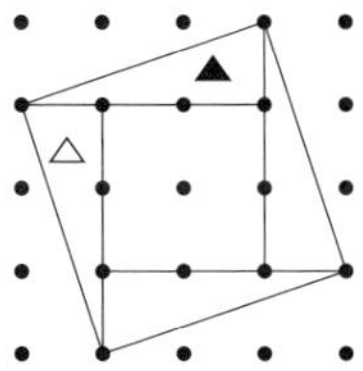

図２

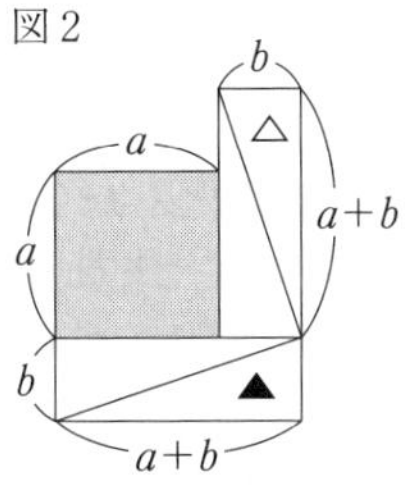

図３

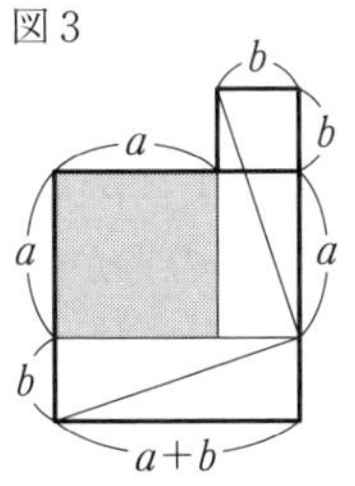

図４

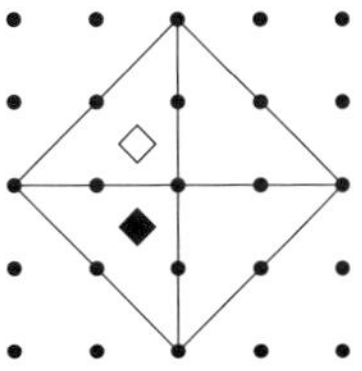

図５

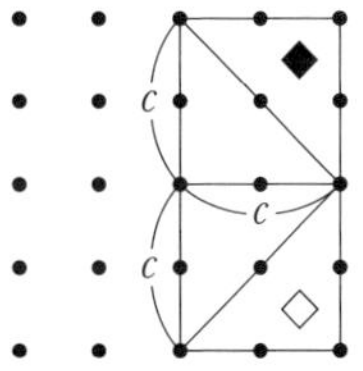

3 条件の整理

(1)　上から２段目を除くと，その段の本数が３本の場合は必ず抜《ぬ》き取ることができ，その段の本数が１本の場合は抜き取ることができない。また，その段の本数が２本の場合は，抜き取ることができる場合とできない場合がある。そこで，２本の場合について，抜き取ることができる場合とできない場合に分けて調べる。すると，すべて抜き取ることができる場合は，下の図１のように６段の完成タワーになる。また，すべて抜き取ることができない場合，下の図２のようの４段の完成タワーになる。それ以外の場合も調べると，下の図３のように８種類の完成タワーができることがわかる。

図１

６段目								1	2
５段目					1	2	3	3	3
４段目		1	2	3	3	3	3	2	1
３段目	3	3	3	3	3	2	1	1	1
２段目	3	3	3	2	1	1	1	1	1
１段目	3	2	1	1	1	1	1	1	1

図２

６段目			
５段目			
４段目		1	2
３段目	3	3	3
２段目	3	3	2
１段目	3	2	2

図３

６段目	2	1						
５段目	3	3	2	2	1	1	2	
４段目	1	2	3	3	3	3	3	2
３段目	1	1	1	1	2	2	2	3
２段目	1	1	2	1	2	1	1	2
１段目	1	1	1	2	1	2	1	2

(2)　条件から，上から２段目の積み木は必ず３本(…①)であり，上から１段目と３段目は１本または２本であることがわかる。ただし，上から３段目が１本だとすると，３段目から１段目に２本移しているはずだから，上から１段目は２本になる。つまり，上から１段目と３段目がともに１本になることはないので，上から１段目と２段目のいずれかは必ず２本(…②)になる。

(3)　４段のタワーには積み木が全部で，$3\times4=12$(本)ある。また，高さが最も高くなるのは，上の３段が(２本，３本，１本)または(１本，３本，２本)で，それ以外がすべて１本の場合である。このとき，上の３段を除いた本数は，$12-(1+3+2)=6$ (本)なので，上の３段を除いた高さは，$6\div1=6$ (cm)となり，最も高いタワーの高さは，$6+3=9$ (cm)と求められる。

4 表とグラフ

(1)　１月30日から２月５日までの１週間の合計は，$5.7\times7=39.9$(℃)だから，そこから１月30日と１月31日を除くと，２月１日から２月５日までの合計は，$39.9-4.2-4.6=31.1$(℃)となる。また，その後の１週間ごとの合計を求めると右の表のようになるので，累計《るいけい》が400℃を超《こ》えるのは３月13日から３月19日の週とわかる。そこで，３月13日から順に調べると，$358+13.9=371.9$(℃)（…13日まで)，$371.9+10=381.9$(℃)（…14日まで)，$381.9+12.3=394.2$(℃)（…15日まで)，$394.2+14.5=408.7$(℃)（…16日まで)より，400℃を超えるのは３月16日とわかる。

期間	合計	累計
２／１～２／５	31.1℃	31.1℃
２／６～２／12	54.6℃	85.7℃
２／13～２／19	47.6℃	133.3℃
２／20～２／26	51.1℃	184.4℃
２／27～３／５	74.9℃	259.3℃
３／６～３／12	98.7℃	358.0℃
３／13～３／19	81.2℃	439.2℃

(2)　花芽ができ，休眠するのは前年の夏だから，ア，イは適切でない。また，花芽が開花するのは春に気温が上昇《じょうしょう》してからであるが，２月１日は冬なので，エも適切でない。ウは，秋から冬の間に花芽が休眠から覚めると書かれているので，適切と考えられる。

(3)　①　400℃の法則に必要なデータは「２月１日からの日平均気温」だから，考えられるのはエである。　②　アのグラフを見ると，鹿児島の方が東京よりも12～１月の平均気温が高く，休眠打破に必要な一定の低温期間を２月１日までに確保できていないと考えられるため。

理　科　＜２月２日午後理数特待試験＞（50分）＜満点：100点＞

解　答

1　**問１**　エ　**問２**　10g　**問３**　（例）　同じ重さの船でも形がちがえば，沈むことも浮くこともある　**問４**　62.5g　**問５**　62.5g　**問６**　1.96cm　**問７**　76g　**問８**　（例）　船の形を変えることで，浮力を大きくすることができ，より多くの人や荷物をのせることができる。　**問９**　**影響**…（例）　ちがう土地の生物が海に放出されることで，その土地の海の生態系のバランスがこわされる。　**解決策**…（例）　バラスト水を殺菌処理する。　**2**　**問１**　イ，エ，オ　**問２**　エ　**問３**　（例）　**図**…解説の図①を参照のこと。　**説明**…オーストラリアでは北の方の空に見えるため，日本と比べると，見え方はさかさまになる。　**問４**　**A**　ウ　**B**　ア　**Aの時刻**…午後６時　**問５**　(1)　西　(2)　東　(3)　b　**問６**　**C**　オ　**D**　エ　**Cの時刻**…午前３時　**問７**　解説の図③を参照のこと。　**3**　**問１**　光合成　**問２**　（例）　水温が上がると，サンゴから褐虫藻が放出され，それが進むとサンゴが白化する。　**問３**　（例）　**実験方法**…褐虫藻がサンゴから出るとき，褐虫藻がサンゴのきらう物質を出しているかどうかを調べる。　**結果**…褐虫藻がサンゴのきらう物質を出していれば，サンゴが褐虫藻を放出している可能性が高まる。　**問４**　**サンゴにとっての利点**…（例）　海水中にいる数少ない褐虫藻を呼び寄せて，効率よく栄養分を取り入れられる。　**褐虫藻にとっての利点**…（例）　サンゴから発せられる緑色の光を光合成に用いることができる。　**問５**　（例）　海洋プラスチックが褐虫藻のかわりにサンゴの細胞内に取り込まれると，褐虫藻を取り込みづらくなる可能性がある。

解　説

1　**浮力《ふりょく》についての問題**

問１　浮力の大きさは物体が押《お》しのける液体の重さに等しいから，(1)～(3)のうち物体にかかる浮力の大きさが最も小さいのは，水に沈《しず》んでいる部分の体積が最も小さい(1)となる。(2)と(3)はどちらも物体がすべて水中に沈んでいるので，物体にかかる浮力の大きさは等しい。

問２　物体が液体に浮《う》くとき，物体にかかる浮力の大きさと物体の重さは等しくなっている。水の重さは１cm^3あたり１gとするため，図７の物体が押しのけた水10cm^3の重さは，$1 \times 10 = 10$(g)である。したがって，この物体にかかる浮力の大きさは10gで，物体の重さも10gである。

問３　同じ重さであるのに一方は浮き，もう一方は沈んだことから，同じ重さの船でも形がちがえば浮くことも沈むこともあると考えられる。

問４　物体Ａが押しのけた水の体積は，５×５×2.5＝62.5(cm^3)だから，物体Ａが受ける浮力の大きさは，１×62.5＝62.5(g)となる。

問５　物体Ａが押しのけた水の体積は，５×５×５＝125(cm^3)なので，物体Ａが受ける浮力の大きさは，１×125＝125(g)となる。おもりの重さは，実験１よりも大きくなった浮力の大きさと等しいため，125−62.5＝62.5(g)である。

問６　物体Ｂの体積は，５×５×５−３×３×３＝98(cm^3)である。よって，物体Ｂの重さは，$62.5\times\frac{98}{125}=49$(g)である。これより，物体Ｂにかかる浮力の大きさも49gだから，押しのけた水の体積は，49÷１＝49(cm^3)となる。よって，物体Ｂの下面から水面までの長さは，49÷(５×５)＝1.96(cm)になる。

問７　物体Ｂにかかる浮力は125gなので，おもりの重さは，125−49＝76(g)と求められる。

問８　船の形を変えることで浮力を大きくすることができ，その分，より多くの人や荷物をのせることができるという利点がある。

問９　海水(バラスト水)が取り込《こ》まれる港と放出される港が異なると，海水に含《ふく》まれている生物が移動することになり，ほかの海域の海水が放出された海の生態系のバランスがくずれるおそれがある。この問題を解決するために，バラスト水を取り込むときにフィルターによって大きな生物や不純物を取り除き，その後，薬剤《やくざい》や紫《し》外線などによって殺菌《さっきん》処理をするなどの対策がとられている。

2　**日本とオーストラリアにおける月や太陽の見え方についての問題**

問１　月の直径は地球の直径のおよそ４分の１の約3500kmである。月は地球の周りを公転している衛星で，自ら光を放っているのではなく，太陽の光を反射して光って見える。地球が西から東に向かって自転しているため，月は東から昇《のぼ》って西に沈むように見える。

問２，問３　右の図①のように，オーストラリアでは月は北の方の空に見えるため，北の空で最も高く見えるときの月の模様は，日本で南中したときと比べて上下左右がさかさまになる。

図①

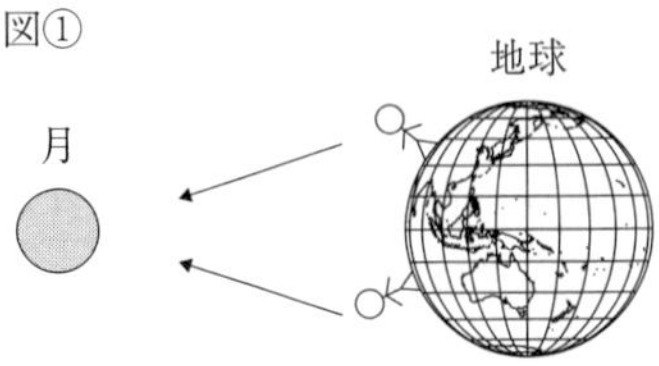

問４　図２で，月がＡの位置にあるとき，ウのような右側半分が光って見える上弦《じょうげん》の月が見える。この月は午後６時ごろ南の空に最も高く見える。また，月がＢの位置にあるとき，アのような満月が見える。

問５　地球は西から東に向かって自転しているので，図３のように，南極側から見たときの自転の向きはｂの向き，つまり時計回りになる。

問６　右の図②は，南極上空から見た図で，地球上での時刻とそれぞれの位置における月への光の当たり方，見える月の形を表している。これより，オーストラリアにおける月の満ち欠けのようすは日本と逆になり，イ→ク→エ→カ→ア→オ→ウ→キ→イとなる。よって，月がＣの位置のあるときの形はオ，Ｄの位置にあるときの形はエとなる。また，月がＣの位置にあるとき，北の空に最も高く見える時刻は，午前０時と午前６時の真ん中の午前３時ごろである。

図②

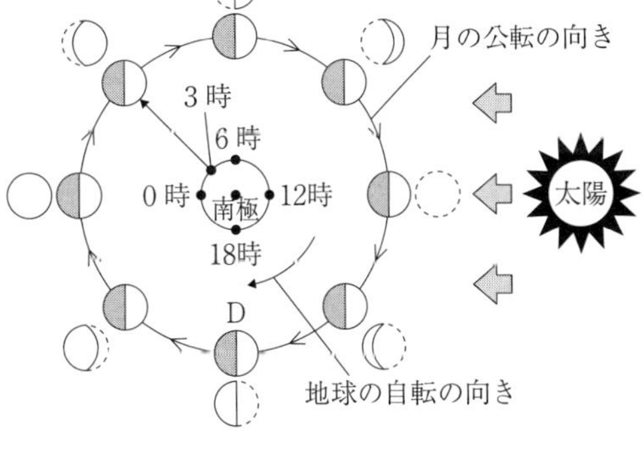

問７　オーストラリアでの春分・秋分の日の太陽は，真東から昇り，北の空を通り真西に沈む。したがって，太陽の動き方は右の図③のようになる。

図③

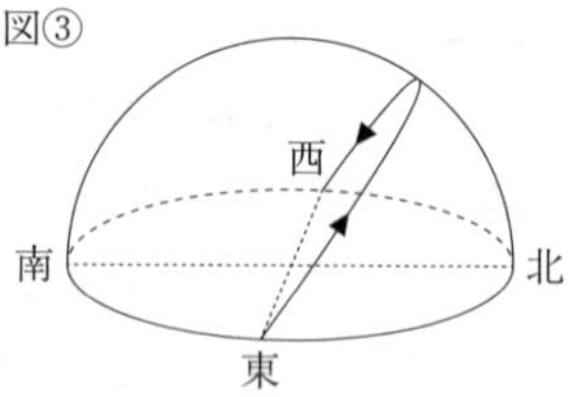

3 サンゴと褐虫藻《かっちゅうそう》の共生関係についての問題

問１　褐虫藻のように葉緑体を持つ生物は光エネルギーを利用して，水と二酸化炭素からでんぷんなどの栄養分と酸素をつくり出す。生物のこのようなはたらきを光合成という。

問２　資料３から，水温が高くなるとサンゴからの褐虫藻放出量が多くなること，資料２から，サンゴは褐虫藻がつくった栄養分を分けてもらっていること，資料１から，サンゴから褐虫藻がいなくなるとサンゴが白化して死ぬことがわかる。

問３　かりに，褐虫藻がサンゴから放出されているとすれば，褐虫藻がサンゴにとって資料２にあるようなつごうのよい生物でなくなったことになる。もし，褐虫藻がサンゴから出るときにサンゴのきらう物質を出していれば，サンゴにとって褐虫藻はつごうのよい生物ではなくなるため，サンゴが褐虫藻を放出すると考えられる。解答例はこれを確かめる実験方法と，のぞむ結果である。

問４　資料４では，青色の光を当てたときだけ生きたサンゴ片の周りに褐虫藻が集まっている。これは，資料５から，褐虫藻は特に青緑色の光を必要とするため，青色の光を当てると緑色の蛍光を発する生きたサンゴに集まるからだと考えられる。このとき，赤色の光を当てても生きたサンゴは蛍光を発せず，緑色の光を当てるとサンゴの周り以外にも緑色の光があるのでサンゴに集まることはない。このことから，サンゴにとっては緑色の蛍光を発することで海水中にいる非常に数少ない褐虫藻を呼び寄せて，褐虫藻がつくった栄養分を効率よく取り入れられるという利点があると考えられる。また，褐虫藻にとってはサンゴが発する緑色の光を光合成に利用することができるという利点がある。

問５　資料１から，サンゴが幼生期に褐虫藻を取り込むことがわかる。このときに褐虫藻のかわりに海洋プラスチックがサンゴの細胞《さいぼう》内へ入り込むと，資料６より，サンゴの受け入れられる褐虫藻のサイズが小さくなり，褐虫藻を取り込みづらくなると考えられる。

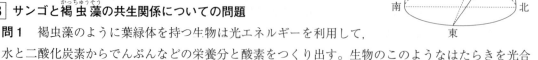

2023
年度

ドルトン東京学園中等部

【算　数】〈2月1日午前試験〉（50分）〈満点：100点〉

〔注意〕1．三角定規やコンパス，分度器は使用できません。
2．分数は最後まで約分して答えてください。
3．比は最も簡単《かんたん》な整数で答えてください。
4．円周率は3.14とします。

1 次の□にあてはまる数を答えなさい。

(1) $\frac{2}{13} \times (7+9) \div \frac{8}{65} - 4 = \square$

(2) $3\frac{1}{2} \div 4\frac{1}{5} + \frac{1}{6} = \square$

(3) $0.2 \div (1.3 - 1.5 \times 0.6) \div 1\frac{1}{2} \div (4-1) = \square$

(4) ある割り算を右のような筆算で計算しました。
このとき，割られる数は□です。

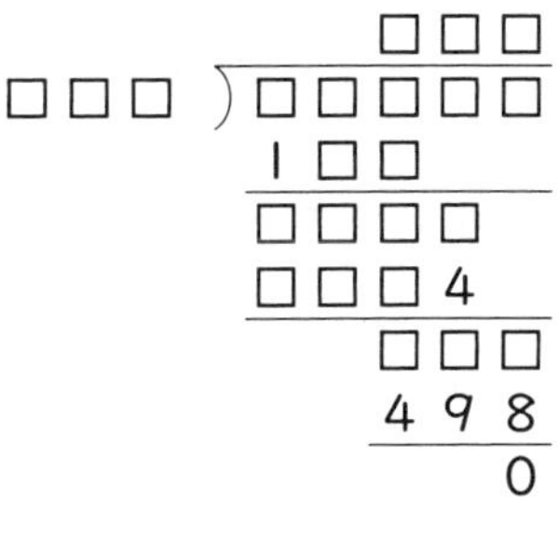

2 次の問いに答えなさい。

(1) 次の柱状グラフは2021年6月と2022年6月の30日間の東京の最高気温を表したものです。最高気温が35℃以上の日を猛暑《もうしょ》日，30℃以上の日を真夏日，25℃以上の日を夏日といいます。

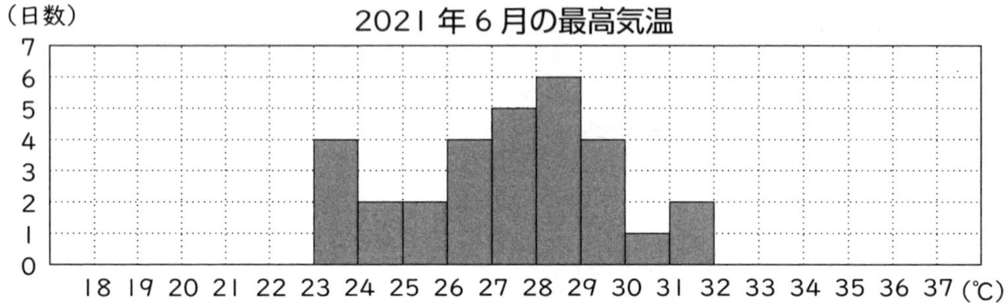

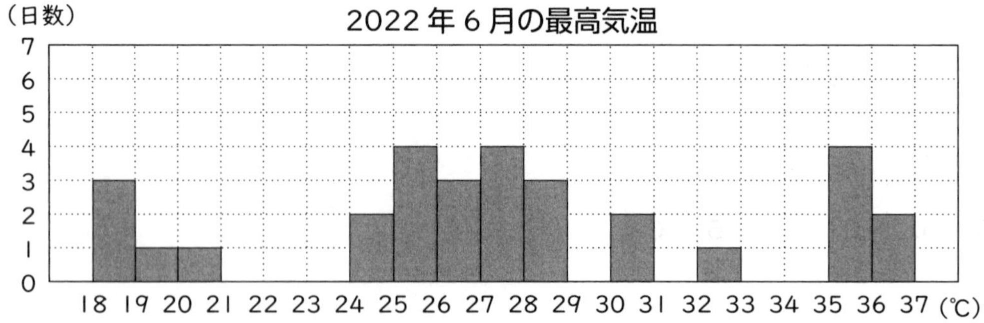

(気象庁「過去の気象データ」をもとに作成)

次の①～③について，上のグラフから読み取れるものには○，読み取れないものには×をつけるとき，その組み合わせとして，下の**ア**～**ク**のうちから最も適切なものを1つ選び，記号で答えなさい。

① 夏日の割合は，2022年6月よりも2021年6月の方が大きいが，猛暑日の割合は，2021年6月よりも2022年6月の方が大きい。

② 2022年6月は猛暑日もあったが，最高気温が20℃以下の涼《すず》しい日もあったことがわかる。

③ 真夏日の割合は，2021年6月が10%，2022年6月が40%であることがわかり，2021年6月よりも2022年6月の方が暑かったといえる。

ア ①○ ②○ ③○　**イ** ①○ ②○ ③×　**ウ** ①○ ②× ③○
エ ①× ②○ ③○　**オ** ①○ ②× ③×　**カ** ①× ②○ ③×
キ ①× ②× ③○　**ク** ①× ②× ③×

(2) あるプリントにかかれた図形をコピー機で 122% の大きさにしようとコピーしました。しかし，まちがえて 141% の大きさにしてしまいました。この 141% の図形をもう一度コピーしてもとの図形の 122% の大きさにするためにはコピー機の倍率を何%に設定すればよいですか。小数第 1 位を四捨五入して整数で答えなさい。

(3) 次の図は，四角形 ABCD の内側に，各頂点を中心とし，半径 x cm の円の一部分をかいたものです。かげの部分のまわりの長さが 32.84cm のとき，x の値を求めなさい。

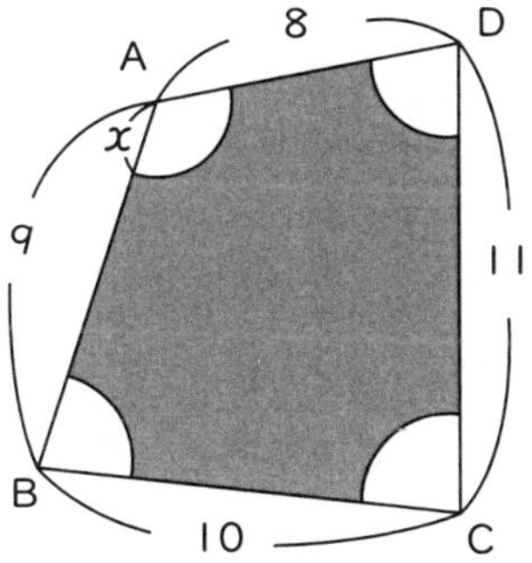

(4) 太郎君の家の近くのふみ切りは，ふみ切りの幅《はば》（しゃ断機の幅）が 8m あります。このふみ切りをよく観察していると，しゃ断機が下りて，電車の先頭がふみ切りへ到《とう》達《たつ》するまで 20 秒かかりました。また，電車の最後尾《び》がふみ切りを通過してからしゃ断機が上がるまで 5 秒かかることがわかりました。今，長さ 280m の電車がこのふみ切りを通過するとき，しゃ断機が下りている時間を計測すると，43 秒間でした。この電車の速さは，秒速何 m か求めなさい。

(5) 整数がある規則にしたがって，次のように並んでいます。

1，2，2，3，3，3，4，4，4，4，…

初めて 9 の数が現れるのは左から数えて何番目ですか。

(6) あるクラスで，お兄さんやお姉さんがいるかどうかを調べました。その結果，お兄さんがいる人は 11 人，お兄さんとお姉さんの両方ともいる人は 7 人でした。お兄さんもお姉さんもいない人は 17 人でした。このクラスの人数は 35 人です。お姉さんがいる人は何人ですか。

3　プラスチックに係る資源循環《じゅんかん》の促進《そくしん》等に関する法律が 2022 年 4 月に施行《しこう》されました。えみさんとこうたさんは，プラスチックごみに関する記事を調べています。以下の会話を読み，問いに答えなさい。

え　み　環境《かんきょう》を守るために，「プラスチックを，選んで，へらして，リサイクル」することが大切だとかいてあるね。2020 年には，プラスチック製買い物袋《ぶくろ》（以下，レジ袋）が有料化して，レジ袋の削減《さくげん》を促す取り組みも始まったね。私も買い物には，マイバッグを持っていくようになったよ。

こうた　私もつねにマイバッグを持ち歩いているよ。あれっ，この記事によると，マイバッグ製造でも二酸化炭素（以下，CO2）が排出《はいしゅつ》されるんだね。マイバッグも何回か使わないとレジ袋よりかえって CO2 を排出してしまい，エコにならないということか。

え　み　数回使っただけでマイバッグを捨ててしまうと，エコにならないもんね。何回以上くり返し使えば，レジ袋よりもマイバッグを使用する方がエコになるのか計算してみよう。インターネットで調べると，CO2 の排出量がまとめてある資料（図 1）があったよ。

		工程	1g あたりの CO2 排出量（g）
レジ袋	製造	レジ袋の原料製造（天然資源の採掘《さいくつ》から原料〈樹脂《じゅし》〉の製造まで）	1.33
		レジ袋の製造（原料〈樹脂〉の投入からレジ袋の製造まで）	0.33
	廃棄《はいき》	レジ袋の焼却《しょうきゃく》（廃棄から燃焼まで）	3.18
マイバッグ	製造	マイバッグの製造（天然資源の採掘からマイバッグの製造まで）	22.0
	廃棄	マイバッグの焼却（マイバッグの廃棄から燃焼まで）	2.31

ただし，レジ袋は，1 枚当たりの重さ 7.22g，容積 12L のものとし，マイバッグは，1 枚当たりの重さ 32.2g，容積 12L のものとする。

図 1

（西島亜佐子・中谷隼「自治体の廃棄物施策による波及《はきゅう》的影響《えいきょう》の差異を考慮《こうりょ》したレジ袋削減のライフサイクル評価」をもとに作成）

こうた　レジ袋１枚を製造して廃棄するまでに，CO2 排出量は［ア］gと計算できるね。マイバッグの場合だと１枚当たりの CO2 排出量は［イ］gとなるね。

え　み　毎回の買い物でレジ袋を１枚使って捨てるよりも，マイバッグを［ウ］回以上くり返し使ってから捨てる方がエコになるね。

(1)　ア，イにあてはまる数を小数第１位を四捨五入して整数で求めなさい。

(2)　ウにあてはまる数を以下の①～④から選び，番号で答えなさい。

①13　　②23　　③33　　④43

こうた　ところで，容積が 12L のレジ袋を使って，マイバッグと比較《ひかく》したけど，このレジ袋はどのくらいの大きさなのかな。

え　み　調べてみると，関東地方では 30 号という規格のレジ袋みたいだね。下図のように『タテ（高さ）：48cm，ヨコ：26cm，マチ幅（奥行《おくゆき》）：14cm』となっているよ。タテは持ち手の部分までが 48cm なんだね。物を入れてふくらんだときのレジ袋の形を直方体として考えると，容積が 12L だから，高さ［エ］cm，ヨコ 26cm，奥行 14cm となるね。

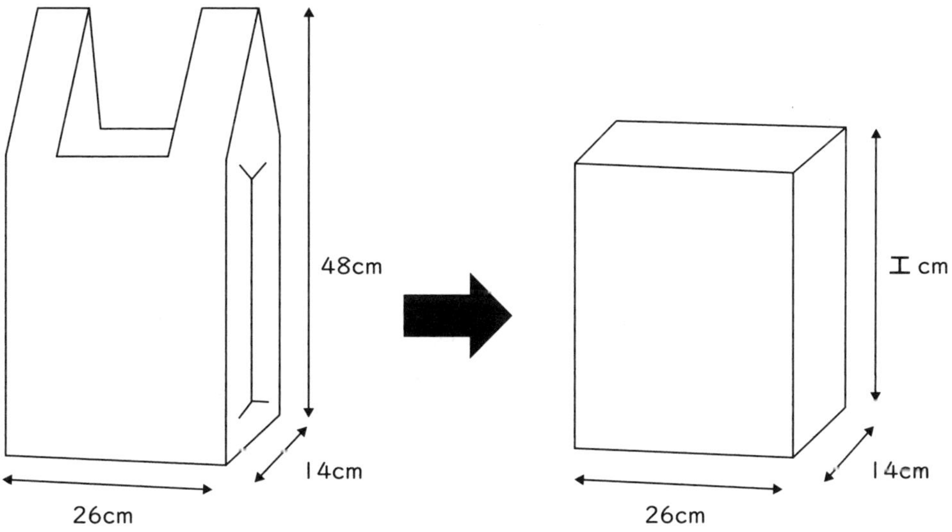

(3)　エにあてはまる数を小数第１位を四捨五入して整数で求めなさい。

こうた　容積が 12L のレジ袋は意外と大きいんだね。そういえば，ぼくの家に 2L のペットボトルが６本入っている段ボールがあったな。その形も直方体で，タテ，ヨコ，高さをそれぞれものさしで測って，cm の単位で表すと全て整数で表せたよ。底面の形は正方形で見た目は立方体に近かったなあ。

⑷　こうたくんの家にある段ボールを容積 12L の直方体と見立てたとき，その直方体のタテ，ヨコ，高さの辺の長さの組み合わせはいくつか考えられます。

その中で，高さがもっとも低い直方体の表面積を求めなさい。

4　ある町の道路は，図のように１辺の長さが 480m の正方形を組み合わせた碁盤《ごばん》の目状になっています。道路が交わっている点は交差点を表します。交差点の名前は，交わっている道路の名前を東西の道路，南北の道路の順に合わせて呼びます。例えば，三条通と千本通が交わっている交差点Ａの名前は三条千本と呼びます。下の図では 64 か所の交差点の名前を表すことができます。

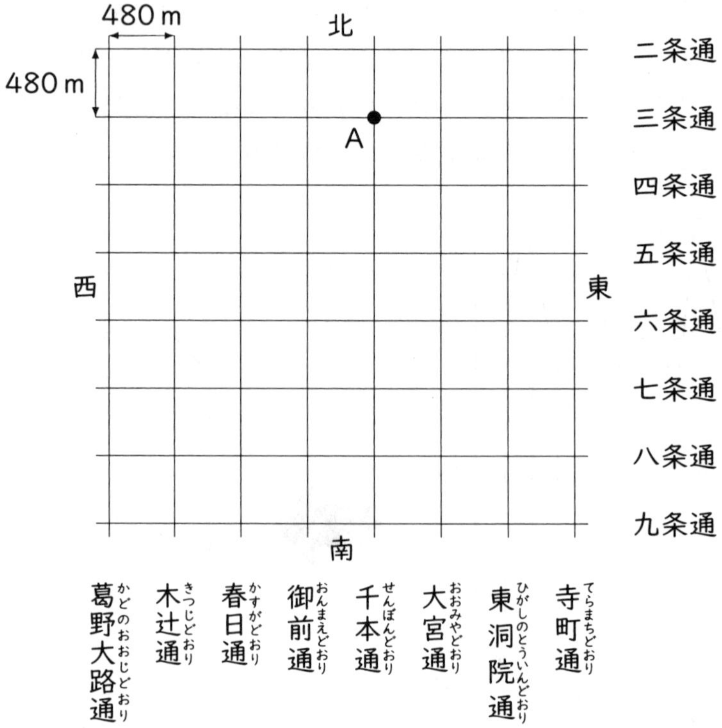

交差点から交差点への移動を考えます。ただし，同じ道は二度通ってはいけないものとし，道の幅《はば》は考えないものとします。

(1)　64か所の交差点のうち三条千本からの最短距離《きょり》が960mの交差点は何か所ありますか。

(2)　二条御前からの最短距離が1920m，三条千本からの最短距離が960m，五条御前からの最短距離が1440mである交差点の名前を答えなさい。

(3)　つむぎさんとはるとさんは待ち合わせのために，電話で次のような会話をしました。

つむぎ　今どこにいるの？

はると　八条木辻にいるよ。

つむぎ　私は□にいるから，中間地点の五条春日か六条御前で待ち合わせにしようか。

はると　ありがとう。でも，自転車で向かうから待ち合わせ場所は三条春日でいいよ。

つむぎ　わかった。私は徒歩で向かうね。

はると　じゃあ，また後でね。

つむぎさんとはるとさんは電話を切った後，同じ時刻に出発し三条春日へ向かいました。つむぎさんは分速60mで歩き，はるとさんは分速240mで自転車をこぐものとします。

電話を切って，十数分後に二人は三条春日で会いました。

つむぎ　お待たせ。待たせてしまったかな？

はると　4分前に着いたよ。

つむぎ　やっぱり自転車は速いね。

このとき，□にあてはまる交差点を**ア～ク**のうちから**すべて**選び，記号で答えなさい。式や考え方も書きなさい。

ア　二条千本　　**イ**　二条御前　　**ウ**　三条大宮　　**エ**　三条千本

オ　四条東洞院　　**カ**　四条大宮　　**キ**　五条寺町　　**ク**　五条東洞院

【社　会】〈２月１日午前試験〉（30分）〈満点：50点〉

〔注意〕漢字を用いるよう指定されているところは漢字で答えてください。

1　次の写真と説明文について、あとの問いに答えなさい。

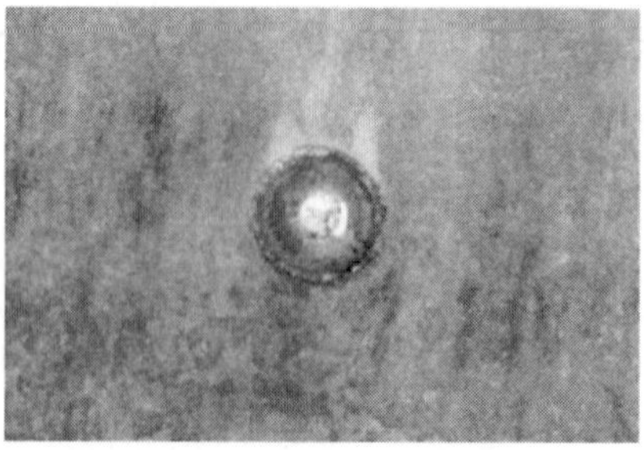

A

B

C

D

Ⅰ：①日本の最南端《さいなんたん》にある島。潮が満ちると島のほとんどが海に沈《しず》んでしまうため、②島が消えてしまわないように工事が行われ、丸く補強されています。

Ⅱ：日本で最も背の高い大仏である牛久大仏。全長は 120 ｍにも達します。この大仏のある県は農業が盛んで、③農業産出額は国内第３位（2020年）です。

Ⅲ：自動運転の④交通システム「ゆりかもめ」の線路。レインボーブリッジに差《さ》し掛《か》かるとき、⑤ぐるっと一周するカーブがあります。

Ⅳ：オリックス・バファローズの本拠地《ほんきょち》である⑥京セラドーム。周辺は鉄鋼、物流関係の事業所が多く、⑦ある工業地帯の一部として栄えています。

問１　写真と説明文の組み合わせとして正しいものはどれですか。次の**ア**～**カ**より１つ選び、記号で答えなさい。

ア　A－Ⅰ　B－Ⅲ　C－Ⅱ　D－Ⅳ
イ　A－Ⅰ　B－Ⅳ　C－Ⅱ　D－Ⅲ
ウ　A－Ⅱ　B－Ⅲ　C－Ⅰ　D－Ⅳ
エ　A－Ⅱ　B－Ⅳ　C－Ⅰ　D－Ⅲ
オ　A－Ⅳ　B－Ⅱ　C－Ⅰ　D－Ⅲ
カ　A－Ⅳ　B－Ⅲ　C－Ⅰ　D－Ⅱ

問２　①＿＿＿＿について、この島の名前を何といいますか。次の**ア**～**エ**より１つ選び、記号で答えなさい。

ア　択捉《えとろふ》島　**イ**　与那国《よなぐに》島　**ウ**　南鳥島　**エ**　沖ノ鳥島

問３　②＿＿＿＿について、この島を補強する理由として、排他的《はいたてき》経済水域が関係しています。排他的経済水域についての説明として正しいものはどれですか。次の**ア**～**エ**より１つ選び、記号で答えなさい。

ア　排他的経済水域とは干潮時の海岸線から100海里までの範囲《はんい》を指す。
イ　自国の排他的経済水域内にある海底資源や水産資源はその国だけが利用できる。
ウ　領海と排他的経済水域の外側の海を外海といい、すべての国の船が行き来できる。
エ　日本の排他的経済水域は国土面積の10倍以上もあり、世界で１位の広さである。

問４　③＿＿＿＿について、この都道府県は大都市の周辺にあり、都市向けの野菜などをおもに露地《ろじ》栽培《さいばい》で行っています。このような農業を何といいますか。漢字４文字で答えなさい。

問５　④＿＿＿＿について、2022年９月23日に新しく佐賀県と長崎県をまたぐ九州新幹線長崎ルート（西九州新幹線）が開業しました。次のＡ～Ｄの写真は、佐賀県または長崎県に関連する写真です。これらのうち、佐賀県に関連する写真の組み合わせとして正しいものはどれですか。下の**ア～カ**より１つ選び、記号で答えなさい。

Ａ

Ｂ

Ｃ

Ｄ

ア　ＡとＢ　　**イ**　ＡとＣ　　**ウ**　ＡとＤ
エ　ＢとＣ　　**オ**　ＢとＤ　　**カ**　ＣとＤ

問６　⑤＿＿＿＿について、わざわざ線路を一周させる必要があるのはなぜですか。
その理由として正しいものを次の**ア**～**エ**より１つ選び、記号で答えなさい。

ア　潮の流れが速いので、線路を一周させ、より頑丈《がんじょう》にするため。
イ　橋につながる線路の傾斜《けいしゃ》をゆるやかにして、安全に走行するため。
ウ　カーブ内で発生する車体とレールの摩擦《まさつ》熱を電力に変換《へんかん》するため。
エ　陸上の建物から離《はな》れた海の上を通ることで、騒音《そうおん》を抑《おさ》えるため。

問７　⑥＿＿＿＿について、次の地図は京セラドームがある地域の1950年ごろの地図と1975年ごろの地図です。２つの地図を比べると、約25年間のうちに水路が埋《う》め立てられているのが分かります。水路が埋め立てられたのはなぜですか。下のグラフを参考にして、その理由を30文字程度で説明しなさい。

1950年ごろ

1975年ごろ

乗用車・バイク・自転車の世帯普及率の推移

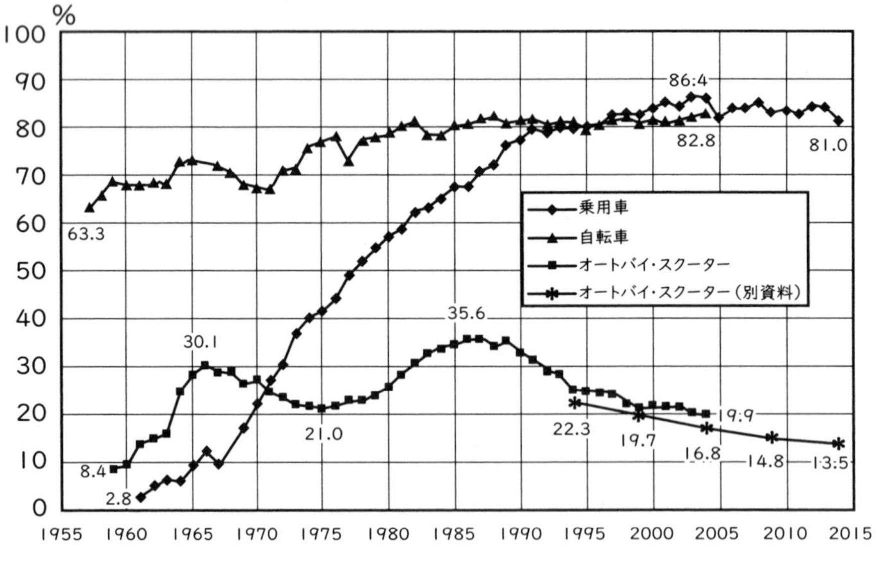

（注）単身世帯以外の一般世帯が対象（別資料では二人以上の世帯）。1957年は9月調査、58～77年は2月調査、78年以降は3月調査。2005年以降、オートバイ・スクーター、自転車は調査対象外となる。
（資料）内閣府「消費動向調査」（別資料は総務省統計局「全国消費実態調査」）

問８　⑦＿＿＿＿について、この工業地帯の説明として正しいものはどれですか。次のア～エより１つ選び、記号で答えなさい。

ア　重化学工業のほか、印刷業が特にさかんである。
イ　自動車を中心とした機械工業がさかんである。
ウ　さまざまな工業が発達しており、繊維《せんい》工業もさかんである。
エ　鉄鋼業を中心に発達したが、近年は集積回路工場が増加している。

2　日本の政治と女性に関する次の文章を読んで、あとの問いに答えなさい。

古代の中国の歴史書に、卑弥呼《ひみこ》の名が出てきます。①卑弥呼が女王として邪馬台国《やまたいこく》を治めていたころの日本のようすは、遺跡《いせき》や発掘《はっくつ》品からも知ることができます。

飛鳥～奈良時代には、女性の天皇が何度か登場します。②聖徳太子を摂政《せっしょう》とした推《すい》古《こ》天皇、天智《てんじ》天皇の娘《むすめ》でもある持統《じとう》天皇、といった方々です。

平安時代になると男性の天皇が続き、女性の名が政治の表舞台《ぶたい》に出ることは少なくなりましたが、③清少納言《せいしょうなごん》や紫式部《むらさきしきぶ》のように、深い教養を持つ女性が藤原氏《ふじわらし》の娘に仕えることで④摂関《せっかん》政治を支えていた、と見ることもできます。

⑤承久の乱に際して御家人《ごけにん》たちをまとめ上げた「尼将軍《あましょうぐん》」北条政子、室町幕府第８代将軍足利義政の妻である日野富子、徳川家光が⑥江戸幕府第３代将軍となることを助けた春日局など、武士の時代にも政治の世界で活躍《かつやく》した女性がいました。

明治～大正時代、1890年に衆議院議員の選挙が始まり、1925年には⑦普通《ふつう》選挙法が制定されましたが、女性にはまだ選挙権はありませんでした。そのような時代にも、⑧新婦人協会を設立した市川房枝《ふさえ》たちのように、女性の社会的・政治的な権利の拡大をめざして活動する人がいました。

問１　①＿＿＿＿について、卑弥呼の時代の日本のようすとして正しいものはどれですか。次のア～エより１つ選び、記号で答えなさい。

ア　磨製《ませい》石器や複雑なかざりのついた土器、骨角器をつくって使用した。
イ　小国どうしが争うことが多く、守りに適した環濠《かんごう》集落がつくられた。
ウ　中・小型の野生動物、魚や貝、木の実や果物を主な食料とする生活だった。
エ　中国や朝鮮《ちょうせん》から渡《わた》ってきた人々から、製鉄の技術や漢字、仏教が伝わった。

問２　②＿＿＿＿＿について、聖徳太子に最も関係の深い建造物はどれですか。次のア～エより１つ選び、記号で答えなさい。

ア

イ

ウ

エ

問３　③＿＿＿＿＿について、清少納言が日常生活や自分の思うことなどをつづった随《ずい》筆《ひつ》は何ですか。次のア～エより１つ選び、記号で答えなさい。

ア　枕草子《まくらのそうし》　　イ　土佐《とさ》日記　　ウ　徒然草《つれづれぐさ》　　エ　更級《さらしな》日記

問４　④＿＿＿＿＿について、藤原氏はどのような方法で摂政や関白の地位を手に入れましたか。次の３つの語句を必ず使って、わかりやすく説明しなさい。

天皇の后　　皇子　　天皇

問５　⑤＿＿＿＿について、承久の乱の結果として正しいものはどれですか。次のア～エより１つ選び、記号で答えなさい。

ア　平氏を滅《ほろ》ぼし、朝廷から鎌倉幕府の設立を認められた。
イ　外敵の襲来《しゅうらい》に備えて、博多湾《はかたわん》に石の防壁《ぼうへき》をつくった。
ウ　後鳥羽上皇の側についた貴族や御家人の領地を没収《ぼっしゅう》した。
エ　京都に京都所司代が置かれ、朝廷《ちょうてい》や西国の御家人を監視《かんし》した。

問６　⑥＿＿＿＿について、関ヶ原の戦い以前から徳川家に仕えた大名を何といいますか。次のア～エより１つ選び、記号で答えなさい。

ア　親藩《しんぱん》　　イ　外様　　ウ　譜代《ふだい》　　エ　旗本

問７　⑦＿＿＿＿について、普通選挙法が制定された1925年に、社会主義の活動を取りしまる目的で制定された法律を何といいますか。漢字５文字で書きなさい。

問８　⑧＿＿＿＿について、新婦人協会の設立や雑誌『青鞜《せいとう》』の創刊に関わり、「元始、女性は太陽であった」という言葉で知られる作家は誰《だれ》ですか。次のア～エより１人選び、記号で答えなさい。

ア　平塚《ひらつか》らいてう　　イ　金子みすゞ　　ウ　樋口一葉　　エ　与謝野晶子

3 中学生のミヅキさんは、社会科の授業で「ロシアによるウクライナへの軍事侵攻《しんこう》」について調べ、発表することになりました。次の文章は、ミヅキさんが考えた発表原稿《げんこう》です。これを読み、あとの問いに答えなさい。

> 2022年2月24日、ロシアの　A　大統領は緊急《きんきゅう》演説を行い、①ウクライナで「特別軍事作戦」を行うことを表明しました。その直後からロシア軍はウクライナ各地への軍事侵攻を開始し、首都キーウにもせまりました。これに対して、ウクライナの　B　大統領は２月25日、SNSで「私たちはここにいる。独立を守る」と宣言し、国民に徹底抗戦《てっていこうせん》を呼びかけました。ロシアは「ウクライナ東部で集団殺害が行われている」などと明確な根拠《こんきょ》のない理由で侵攻を進め、軍事施設《しせつ》だけでなく非戦闘《ひせんとう》員や学校、病院など民間施設に対しても攻撃《こうげき》を行っています。
>
> ３月２日、②国際連合の緊急特別総会は、ロシアに対してすぐに撤退《てったい》することを求める決議を141か国の賛成多数で採択《さいたく》しました。４月５日には、安全保障理事会（安保理）の緊急会合でウクライナの　B　大統領がオンライン演説し、常任理事国がもつ③拒否権《きょひけん》のために身動きがとれない状態にある安保理の改革を強く訴《うった》えました。４月下旬《げじゅん》の国連総会では、安保理の常任理事国が拒否権を使った場合は総会で説明することを求める決議が採択されましたが、ロシアはそれに反発しました。また、４月下旬に、国連の　C　事務総長が停戦をうながすためにロシアとウクライナを訪問して仲裁に乗り出しましたが、④和平や停戦への道筋をつけることはできませんでした。このように、ロシアによるウクライナへの軍事侵攻が長期化するなかで、国連が十分に機能していないという問題が指摘《してき》されています。
>
> この間、⑤アメリカや⑥ヨーロッパ諸国、日本などの西側諸国は、ロシアに対する経済制裁を行いました。具体的には、ロシアとの間の貿易を制限したり、国境を越えたお金のやりとりに必要な通信ネットワークからロシアの大手銀行を排除したりしました。一方、ウクライナに対しては、アメリカなど【　X　】（北大西洋条約機構）の加盟国を中心に、武器の提供といった軍事支援や、避難民に対する人道支援などを行っています。

問１　調べ学習をするなかで、ミヅキさんは３人の人物について興味を持つようになりました。文章中の空欄《くうらん》［　A　］～［　C　］にあてはまる人名の組み合わせとして正しいものはどれですか。次の**ア**～**カ**より１つ選び、記号で答えなさい。

ア　A＝グテーレス　　B＝プーチン　　C＝ゼレンスキー
イ　A＝グテーレス　　B＝ゼレンスキー　　C＝プーチン
ウ　A＝プーチン　　B＝グテーレス　　C＝ゼレンスキー
エ　A＝プーチン　　B＝ゼレンスキー　　C＝グテーレス
オ　A＝ゼレンスキー　　B＝グテーレス　　C＝プーチン
カ　A＝ゼレンスキー　　B＝プーチン　　C＝グテーレス

問２　以前、ミヅキさんたちは社会科の授業で、アメリカを中心とする西側諸国と、ソ連を中心とする東側諸国が対立した「冷戦（冷たい戦争）」について学んだことがありました。文章中の空欄【　X　】には、冷戦時代に作られたアメリカを中心とする軍事同盟があてはまります。この軍事同盟を何といいますか。アルファベット４文字で答えなさい。

問３　社会科の授業で、先生は地理的な条件に注目して国際政治を分析《ぶんせき》する「地政学」について説明してくれたことがありました。文章中の①＿＿＿＿について、ウクライナの位置はどこですか。次の地図中の**ア**～**エ**より１つ選び、記号で答えなさい。

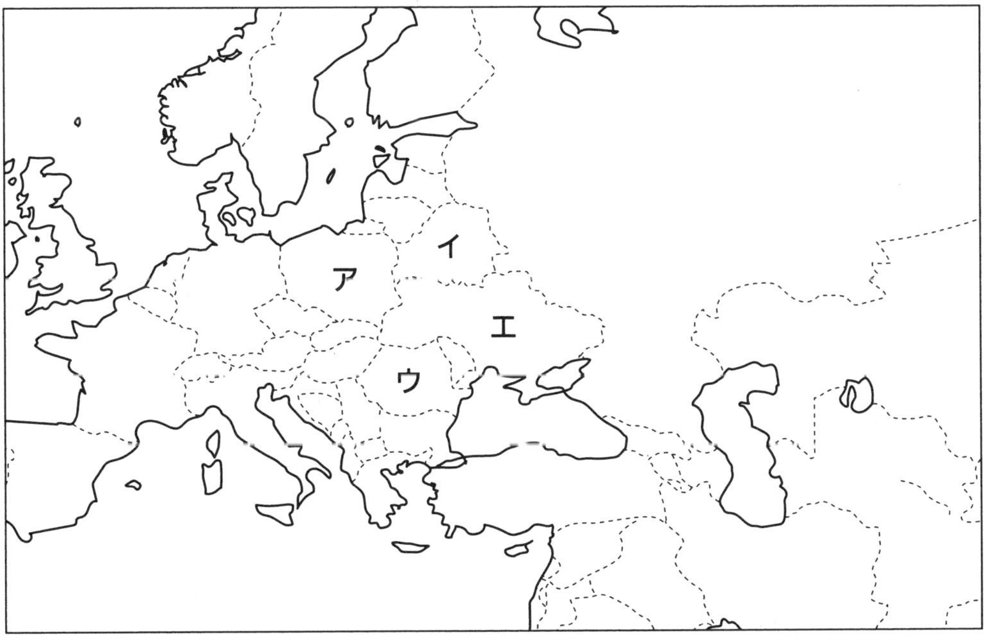

問4　国際政治に関心のあるミヅキさんは、将来は国際連合の職員になり、世界平和に貢献《こうけん》したいと考えるようになりました。文章中の②＿＿＿＿について、国際連合に関する説明として正しいものはどれですか。次のア～エより1つ選び、記号で答えなさい。

ア　国際連合は第二次世界大戦後に設立され、スイスのジュネーブに本部がある。
イ　国際連合の原加盟国は51か国で、日本は国際連合の設立当初から加盟している。
ウ　国際連合の総会は全加盟国で構成され、議決を行う場合は1国1票の投票権がある。
エ　国際連合の予算のうち、日本の分担割合はアメリカと中国に次いで3番目に多い。

問5　ミヅキさんが発表したあと、アオイさんが拒否権の内容について質問しました。文章中の③＿＿＿＿について、拒否権とはどのような権限のことですか。次の2つの語句を必ず用いて、40文字以内で分かりやすく説明しなさい。

常任理事国　　議案

問6　文章中の④＿＿＿＿について、国際連合は停戦状態にある紛争《ふんそう》地域の平和を維持するために、「平和維持《いじ》活動」を行っています。平和維持活動の略称《りゃくしょう》を何といいますか。次のア～エより1つ選び、記号で答えなさい。

ア　WTO　　イ　PKO　　ウ　WHO　　エ　ILO

問7　マドカさんは2020年のアメリカ大統領選挙でトランプ氏が敗れ、2021年にバイデン政権が誕生して以来、アメリカの政治に興味を持つようになりました。文章中の⑤＿＿＿＿について、冷戦末期の1987年にアメリカとソ連（現ロシア）との間で結ばれた核《かく》軍縮のための条約が、トランプ政権下の2019年に失効しました。この条約を何といいますか。次のア～エより1つ選び、記号で答えなさい。

ア　核拡散防止条約（NPT）　　イ　中距離《きょり》核戦力（INF）全廃《ぜんぱい》条約
ウ　包括的《ほうかつてき》核実験禁止条約（CTBT）　　エ　核兵器禁止条約

問８　発表を終えたミヅキさんは、いつかヨーロッパを旅行してみたいと考えるようになりました。文章中の⑥＿＿＿＿について、次のグラフはＧ７各国の難民受け入れ数を示しており、［Ⅰ］～［Ⅳ］にはヨーロッパの国があてはまります。このうち、［Ⅰ］にあてはまる国はどこですか。下の**ア**～**エ**より１つ選び、記号で答えなさい。

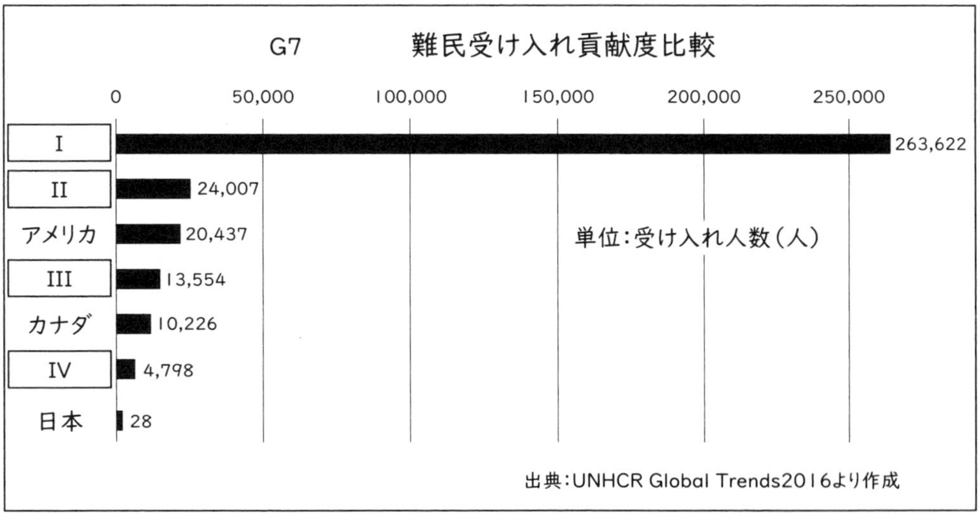

ア　ドイツ　　**イ**　フランス　　**ウ**　イギリス　　**エ**　イタリア

【理　科】〈２月１日午前試験〉（30分）〈満点：50点〉

1　ドルトン家のある日の夕食は，ごはん，豆腐《とうふ》とわかめのみそ汁，肉じゃが，温泉卵でした。次の文はこれらの作り方の一部を示したものです。これを読み，下の問いに答えなさい。

【みそ汁】

1．鍋《なべ》に水を入れて沸騰《ふっとう》させ，かつおぶしをひとつかみ入れる。２分ほど①煮《に》出し，火を止める。

2．２分ほど待ってからかつおぶしを取りのぞき，豆腐とわかめを加えて再び火にかける。

3．沸騰したら火を止め，みそを溶《と》かす。

【肉じゃが】

1．肉，玉ねぎ，にんじん，じゃがいもを食べやすい大きさに切り，油を入れて熱した鍋で炒《いた》める。

2．肉の色が変わったら，材料が浸《ひた》るくらいの水を加え，火にかける。

3．沸騰したらあくを取り，②砂糖，みりんを加え，落とし蓋《ぶた》をして 10 分ほど煮る。

4．酒，③しょうゆを加え，さらに５分ほど煮る。

5．材料がやわらかくなったら火を消し，10 分ほど蒸らす。

【温泉卵】

1．卵を冷蔵庫から出し，常温に戻《もど》しておく。

2．鍋に水を入れて火にかけ，沸騰したら冷水を加えて【 ④ 】℃程度にする。

3．卵を殻《から》のまま２．の鍋に入れ，湯の温度を【 ④ 】℃程度に保ちながら 25 ～ 30 分間放置する。この間，十分にかくはんする。

4．３．を冷水で冷やす。

問１　下線部①と同じ調理方法で作られるものとして，最も適切なものはどれですか。次の**ア**～**オ**から１つ選び，記号で答えなさい。

ア：オレンジジュース　　**イ**：炭酸水　　**ウ**：乳酸菌《きん》飲料

エ：麦茶　　**オ**：スポーツドリンク

問２　下線部②と③の調味料を加える順番を逆にすると，できあがった肉じゃがは甘味《あまみ》があまり染《し》み込《こ》んでおらず，塩辛《しおから》く感じられました。この理由の１つとして，砂糖と塩の粒《つぶ》の大きさの違《ちが》いが考えられます。図１はしょうゆを先に入れたときと砂糖を先に入れたときの粒のようすを表しています。図１を参考にして，しょうゆを先に入れると甘味が染み込みにくい理由を説明しなさい。

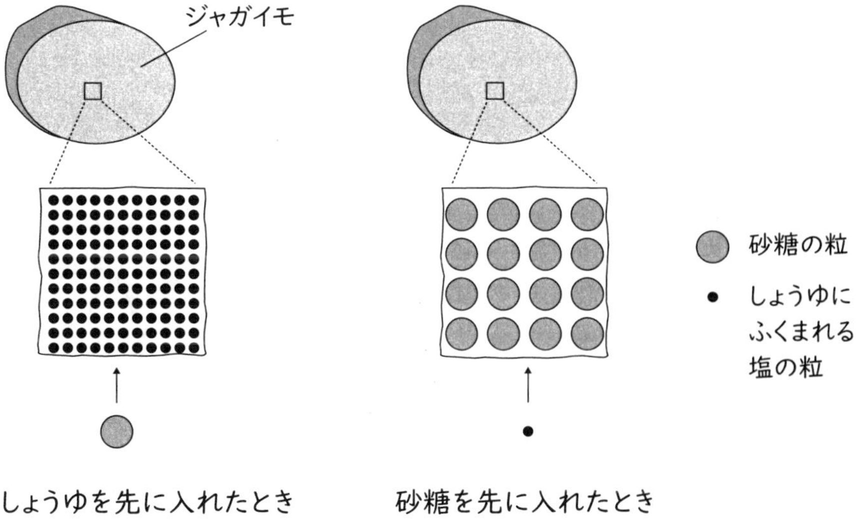

図１

問３　表１は，鶏卵《けいらん》に含《ふく》まれるおもなタンパク質とそのタンパク質が固まる温度をまとめたものです。黄身・白身がともに完全に固まっていない温泉卵を作るためには，【 ④ 】の温度を約何℃にすればよいですか。整数で答えなさい。また，その理由を説明しなさい。

表１　鶏卵に含まれるタンパク質とその固まる温度

所在	タンパク質の種類	含有率《がんゆう》	固まる温度
卵白（白身）	オボアルブミン	卵白の 54%	75 ～ 78℃
	オボトランスフェリン	卵白の 12%	60 ～ 65℃
	リゾチーム	卵白の 3.4%	70℃
	オボムチン	卵白の 3.5%	80℃
卵黄（黄身）	リポタンパク質	卵黄の約 80%	65 ～ 70℃

問４　「焼く」調理法では食材が焦《こ》げることがありますが，「煮る」調理法では煮汁がある限り焦げることはありません。それはなぜですか。理由を説明しなさい。

2 次の文と会話文を読み，下の問いに答えなさい。

　ドルトンさんとヘレンさんは「浮沈子《ふちんし》」という装置を本で知りました。水を満たしたペットボトルに入れた魚形の容器が，浮《う》いたり沈《しず》んだりすると書いてあります。二人は「浮沈子」を作って，容器がなぜ浮いたり沈んだりするかを調べることにしましたが，本を見て作ってみたところ（図１），浮いたり沈んだりしないので，原因を探っているようです。

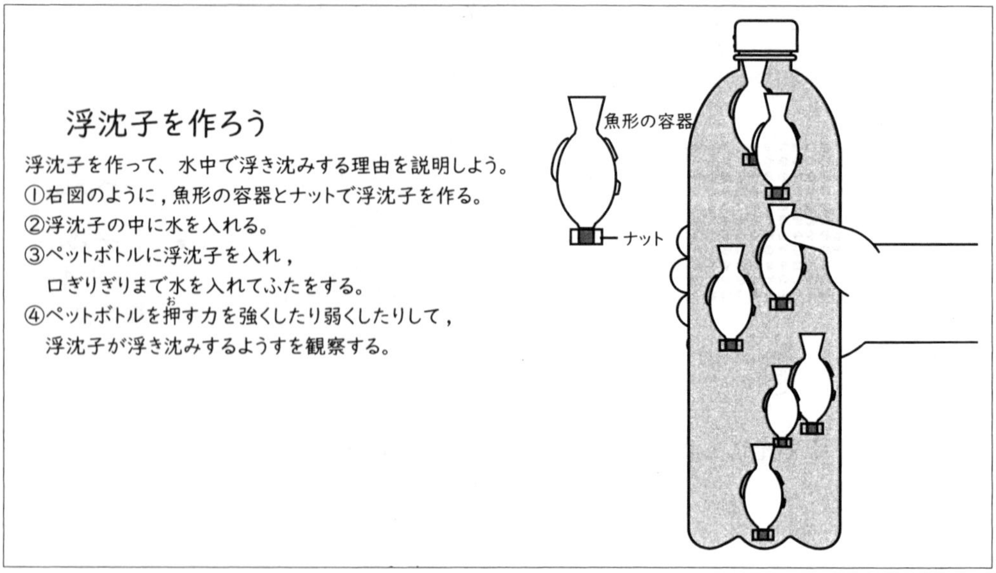
浮沈子を作ろう
浮沈子を作って、水中で浮き沈みする理由を説明しよう。
①右図のように，魚形の容器とナットで浮沈子を作る。
②浮沈子の中に水を入れる。
③ペットボトルに浮沈子を入れ，
口ぎりぎりまで水を入れてふたをする。
④ペットボトルを押《お》す力を強くしたり弱くしたりして，
浮沈子が浮き沈みするようすを観察する。
魚形の容器
ナット

図１

東京書籍《しょせき》『新しい科学１』より一部改変

ドルトンさん：「本のようにペットボトルに水を入れて，魚形の容器にふたをして，口の部分にナットもつけたんだけど，浮きっぱなしで沈まないよ。」（図２）

ヘレンさん　：「浮くってことは，浮力《ふりょく》が大きいってことかな。容器に水を入れて重くしてみたらどう？」

ドルトンさん：「やってみるね。」

（作り直したのち）

ヘレンさん　：「あれ，今度はずっと沈んだままで浮いてこないな。」（図３）

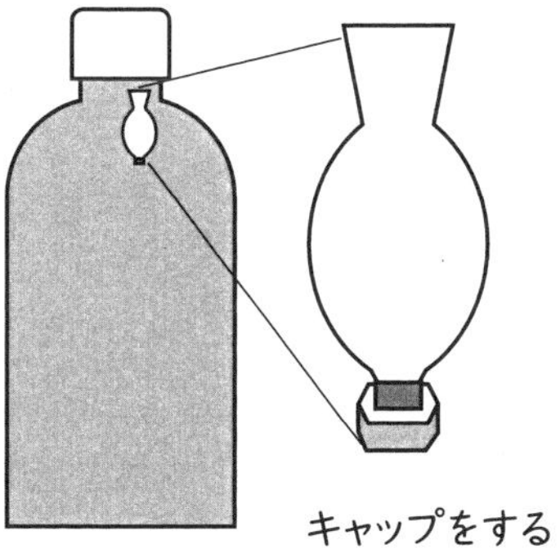

図２

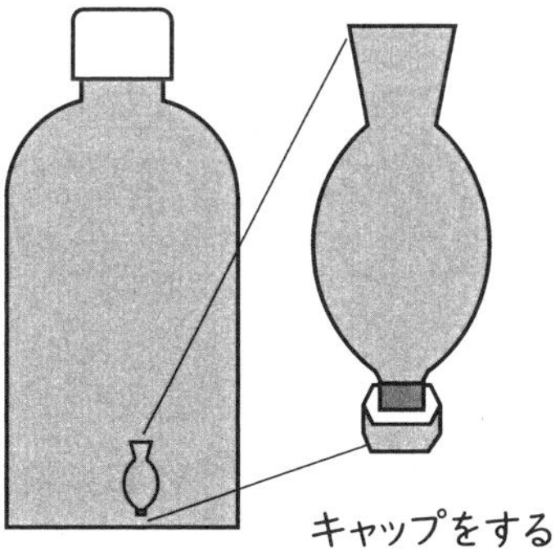

図３

ドルトンさん：「水の量を調整したら？」
ヘレンさん　：「(いろいろ試して) 浮いたままか，沈んだままになっちゃうな。うーん。」
ドルトンさん：「本をよく見たら，容器にキャップはついてないよ。そして，容器の中に水を入れる，と書いてあるよ。」
ヘレンさん　：「本当だ。」
（作り直したのち）
ヘレンさん　：「今度は，浮いて止まったね。」
ドルトンさん：「ペットボトルを押したら沈むんじゃない？」
ヘレンさん　：「(ちょっと押してみて) …沈まないなあ。
(強く押してみて) あ，沈んだ！手を離《はな》したら浮くよ！」(図４)
ヘレンさん　：「①押しているときは容器の中の水面が少し上がっているね！」

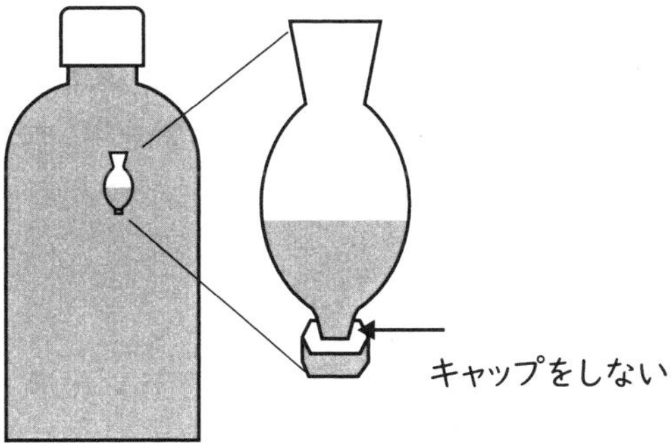

図４

ドルトンさん：「なんで水が入るんだろう？」
ヘレンさん　：「②空気と水では，力を加えたときの縮みやすさが違うからじゃない？」
ドルトンさん：「空気が縮められているんだね。」
ヘレンさん　：「③容器を工夫すれば沈むために必要な力を調整できそうだね！」

問１　図２と図３において，魚形容器にはたらく浮力と重力の大小関係として最も適切なものはどれですか。次の**ア**～**エ**から１つ選び，記号で答えなさい。

	図２	図３
ア	（浮力）＜（重力）	（浮力）＜（重力）
イ	（浮力）＜（重力）	（浮力）＞（重力）
ウ	（浮力）＞（重力）	（浮力）＜（重力）
エ	（浮力）＞（重力）	（浮力）＞（重力）

問２　図４において，手でペットボトルを押したときと手を離したときで，大きく変化するものは次のどれですか。最も適切なものを次の**ア**～**カ**から１つ選び，記号で答えなさい。

ア：　魚形容器内の空気の重さ　　**イ**：　魚形容器内の水の密度
ウ：　魚形容器内の水の重さ　　**エ**：　ペットボトル内の水の重さ
オ：　ペットボトル内の水の密度　　**カ**：　ペットボトル内の空気の重さ

問３　図４において，手でペットボトルを押したときに魚形容器が沈むしくみについて，「魚形容器全体の重さ」「魚形容器にはたらく浮力」という言葉を用いて，説明しなさい。

問４　下線部③とありますが，沈むために必要な力を小さくするにはどのようにしたらよいですか。次の**ア**～**エ**から２つ選び，記号で答えなさい。

ア：魚形容器に元々入っている水の量を増やす
イ：魚形容器に元々入っている水の量を減らす
ウ：ナットを軽いものに変える
エ：ナットを重いものに変える

ものが水に浮くか沈むかは，ものの密度が水の密度より小さいかどうかで決まります。密度は１ cm^3 あたりの重さを示す数値で，水は約１ g/cm^3 です。後日二人は使用したものの重さと体積を計測し，表１にまとめました。

表１ 使用したものの重さと体積

	重さ［g］	体積［cm^3］
魚形容器（本体）	0.8	1.9
魚形容器のキャップ	0.3	0.1
ナット	0.7	0.09

ドルトンさん：「密度で考えると，魚形容器に水が入ってきて全体の密度が水の密度を超えると沈む，ということだね。」
ヘレンさん　：「キャップをしたままの容器が浮いたり沈んだりしないってことがわかったよ。でも，容器の中に水が入らないような浮沈子ができないかなあ。」
ドルトンさん：「うーん？そうだなあ。」

―二人は，違うしくみの浮沈子について考え始めたようです。―

問５　水の入っていない魚形容器（キャップなし）にナットをつけたものの密度を求めるときの式として正しいものはどれですか。次の**ア**～**エ**から２つ選び，記号で答えなさい。ただし，容器内の空気の重さや，ナットをつけたことによる容器の変形は無視できるものとします。

ア $\frac{1.5}{1.99}$　　**イ** $\frac{1.99}{1.5}$　　**ウ** $1.5 \div 1.99$　　**エ** $1.99 \div 1.5$

問６　下線部①において，魚形容器が沈み始めたときに水面が上がったとありますが，少なくとも何 cm^3 の水が容器内に入ったと考えられますか。表１をもとにして答えなさい。

問７　水や空気を作っている粒（分子）のようすをモデルで表したとき，水と空気を表したものとして正しいものはどれですか。下線部②を手がかりとして，次の**ア**～**ウ**からそれぞれ１つずつ選び，記号で答えなさい。

ア　粒の位置は変わらない

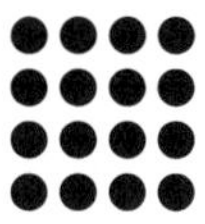

イ　粒は位置を変えることができる

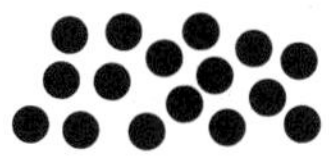

ウ　粒は飛び回っている

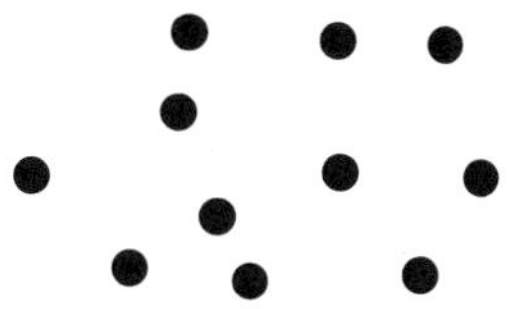

3 ドルトンさんは，次のような手順で物質の水への溶《と》け方《かた》を調べる実験を行いました。これについて，下の問いに答えなさい。

【手順】

1．5.0g の水を６本の試験管にとり，加熱して 80℃にした。

2．６本の試験管に 2.0g，3.0g，4.0g，5.0g，6.0g，7.0g の硝酸《しょうさん》カリウムを入れてふり混ぜ，完全に溶けたことを確認した。

3．６本の試験管に温度計を入れて，試験管立てに置き，放置冷却《れいきゃく》してようすを観察した。

4．試験管内に結晶《けっしょう》ができ始めた温度を記録した。

問１ 次の表１は，ドルトンさんがこの実験結果を記録したものです。以下の「グラフのかき方」に従って，グラフに表しなさい。横軸《じく》は結晶が生じた温度［℃］，縦軸は水 5.0g に溶かした硝酸カリウムの重さ［g］とする。

表１ 溶かした硝酸カリウムの重さと結晶が生じた温度

溶かした硝酸カリウムの重さ［g］	結晶が生じた温度［℃］
2.0	23.3
3.0	35.8
4.0	46.5
5.0	55.9
6.0	63.3
7.0	70.4

「グラフのかき方」

・なるべく大きなグラフになるように最大目盛りをふる。

・軸の目盛りを等間隔《とうかんかく》に付け，目盛り線を方眼の内側に書く。

・縦軸と横軸に軸のタイトルと単位を明記する。

・データの点は折れ線で結ばずに，なめらかな線でつなぐ。

問２ 水 5.0g に硝酸カリウム 1.5g を溶かしたとき，結晶ができ始める水溶液の温度は何℃だと考えられますか。作成したグラフをもとに整数で答えなさい。また，そう考えた理由を説明しなさい。

問３

(1) 55.9℃の水 100g に溶かすことができる硝酸カリウムは最大で何 g ですか。小数第１位を四捨五入して整数で答えなさい。

(2) 55.9℃の水 100g に（1）で求めた重さの硝酸カリウムを溶かして得られる水溶液の濃さは何%ですか。小数第１位を四捨五入して整数で答えなさい。

問五　――④「ベネフィット」について、これと同じ意味を持つ言葉を文中から三字で抜《ぬ》き出しなさい。

問六　――⑤「現在進行形の例を挙げれば、自動車の問題もある」とあるが、自動車の例はどのようなことを説明するために挙げられているか。「リスク」という言葉を用いて三十字以上四十字以内で説明しなさい。

問七　本文の内容に合うものとして最もふさわしいものを次の**ア**～**エ**から一つ選び、記号で答えなさい。

ア　自分たちに見えない「闇」の中にこそ技術革新の種があるので、人類はみな勇敢に挑戦をするべきである。

イ　人類という種の存続を考えると、リスクを恐《おそ》れない勇敢な遺伝子を持っている人ができるだけ多い方が良い。

ウ　ＡＩには不安や恐怖心といったものがないため、より人間の知能に近づけるには恐怖心をプログラムする必要がある。

エ　人間社会においてはリスクをゼロにすることがしばしば求められるが、過剰《かじょう》な対策にはそれ相応のコストがかかってしまう。

問八　ＡＩ技術を使って人助けをするならばあなたは何をしますか。そのように考えた理由や体験とともに二〇〇字以上三〇〇字以内で書きなさい。（一マス目から書き始め、途《と》中《ちゅう》で改行はしないこと）

問三　――②「人は見えない『闇』の中にリスクを見てしまう」とはどういうことか。その説明として最もふさわしいものを次の**ア**～**エ**から一つ選び、記号で答えなさい。

ア　起こるかどうか分からない不確実な未来の存在を想像し、そこに危険性があると判断してしまうこと。

イ　経験から来る恐怖が人間のＤＮＡに刻《きざ》み込まれているので、むやみに先に進むことができないということ。

ウ　ＡＩは全ての可能性をしらみつぶしに読んでいるため、恐怖心というものがめばえることはないということ。

エ　人間はあらゆる可能性を検討することができるので、起こり得る危険性についても感じ取ってしまい、おそれるということ。

問四　――③「何かの社会合意を形成しようとすれば……必要がでてくる」とはどういうことか。その説明として最もふさわしいものを次の**ア**～**エ**から一つ選び、記号で答えなさい。

ア　個人の感性によってどの程度のリスクを考えるかが異なるため、人々はしばしば争いを起こしてしまうということ。

イ　勇敢《ゆうかん》な遺伝子だけではなく、リスクに敏感《びんかん》なビビり遺伝子も人間社会には必要であるため、どちらの案を採用してもよいということ。

ウ　人類には勇敢な人もいれば臆病《おくびょう》な人もいるが、リスクは少なければ少ないほどよいのでみんなで臆病な人に意見を合わせる必要があるということ。

エ　人間社会においては、人によってリスクに対する考え方は様々なので、どの程度のリスク回避《かいひ》をするかについて意見を合わせなければならないということ。

いかと思う。それはＡＩとは違い、「闇」の存在を知る我々生き物に、リスクとともに生き続けなければならない我々生き物に、幾億《いくおく》の時を越え、ずっと受け継がれてきた貴《とうと》い知恵《ちえ》ではないのだろうか。

（中屋《なかや》敷均《しきひとし》『科学と非科学』による）

問一 ——①「面白い」とあるが、「ＡＩには恐怖心がない」ということがなぜ「面白い」のか。その理由として最もふさわしいものを次の**ア**～**エ**から一つ選び、記号で答えなさい。

ア ＡＩの指す将棋《しょうぎ》は恐怖心が感じられず、見ていてわくわくするような挑戦《ちょうせん》的な手が多いから。

イ 普段《ふだん》から真面目で、面白いことなどめったに言わない羽生善治十九世名人がユーモアを込《こ》めて話したことだから。

ウ ＡＩに心がないことは明白なので恐怖心もないことは分かりきっているが、ことさらにそのことに言及《げんきゅう》しているから。

エ ＡＩは感情を持たないようにプログラムされているので、恐怖心というものがないという認識はだれもが持っているから。

問二 ［Ａ］に入る言葉として最もふさわしいものを次の**ア**～**エ**から一つ選び、記号で答えなさい。

ア 世界は全部自分の手の中にある

イ 自分に見えることが世界のすべて

ウ 将棋や囲碁のようなゲームは単純だ

エ 感情という不明確なものは必要ない

クはゼロにできない」という認識《にんしき》と覚悟《かくご》であり、それを踏《ふ》まえた上での選択なのである。その「ゼロにできないリスク」を前に、勇敢な遺伝子を持つ人たちは、怯《おび》えて立ち止まるより、④ベネフィットが期待できるのなら、とりあえずやってみるという選択をしてきた。人類の歴史を振《ふ》り返《かえ》れば、我々の祖先によるそういった様々な〝挑戦《ちょうせん》〟により、科学も社会も発展を遂《と》げてきたことが分かる。空を目指したオットー・リリエンタールがそうなら、天然痘《てんねんとう》ワクチンを開発したエドワード・ジェンナーや、初めて納豆《なっとう》を食べた人だってその一人だろう。また、もっと身近で、⑤現在進行形の例を挙げれば、自動車の問題もある。

実は我々の身近にあるリスクの中で最大のものは、飛行機事故でも、地震《じしん》・台風でもなく、交通事故である。実際これはかなり深刻なもので、直近の50年間で日本において約50万人もの方が交通事故により亡《な》くなっている。この累積《るいせき》数で大雑把《おおざっぱ》に計算すれば、この50年を生きた日本人のおよそ２００人に一人は車の事故で亡くなっていることになる。驚くべき高いリスク率だ。人類が自動車という技術に手を出さなければ、この50万人もの人は亡くならずに済んだはずだが、車の持つ利便性、つまりベネフィットを利用することを我々は選んだのだ。そして、数々の悲劇を経験しながらも、少しずつ車の性能向上や交通ルールの改正といったリスク対策を重ねた結果、交通事故による年間死亡者数は１９７０年の１万６７６５人をピークとして、近年では４０００人程度にまで減少してきている。今後、自動車の自動運転などの技術が進歩すれば、この数はさらに減っていく可能性もあるだろう。リスクを前に立ち止まるのではなく、とりあえずやってみて、失敗から学び修正を加えて改善していくというのは、生物進化の様式にも似て、人類社会が新しい技術を取り入れるやり方として、優れたものであったことは間違いない。

「恐れ」が過剰《かじょう》な対策や無駄《むだ》なコストを招いているとか、リスクを恐れず踏《ふ》み込《こ》まなければ、何かを成《な》し遂《と》げることなどできないといった指摘《してき》は真実だろう。確かに生物はそうやって進化してきたのだ。しかし、その生物の進化の中でどうして「恐れ」のようなものが受《う》け継《つ》がれ続けてきたのか、少し立ち止まって考える必要のある問題も、また存在するのではな生物はその長い進化の歴史の中で、生き残る確率をより高めるために、見えないリスク、つまり潜在的《せんざいてき》な危険を避《さ》ける習性を身に付けてきたのだろう。それは恐《おそ》らく生物のＤＮＡに深く刻まれており、人の恐怖心の根源となっているように思う。②人は見えない「闇」の中にリスクを見てしまうのだ。そして、本当は何も見えないその「闇」に、何を見るかは個人の感性や経験に大きく依存《いぞん》している。

この「闇」の中にリスクを見てしまうこと、そしてそれが個人の感性によって大きく違うこと自体は、生物の特性として優《すぐ》れたものである。たとえば森の中で新しいキノコを見つけたとしよう。それを食べる人がいなければ、新しい食材は集団にもたらされないし、みんなが食べてしまえば集団ごと絶滅《ぜつめつ》してしまうかもしれない。だから、人類には勇敢《ゆうかん》な遺伝子も必要なら、リスクに敏感《びんかん》なビビり遺伝子も必要なのである。ただ、人間社会において、それが少し厄介《やっかい》な問題を引き起こすのは、③何かの社会合意を形成しようとすれば、こういった多様な感性を持つ人々の間にある、不確定なリスクに対する異なった感性をすり合わせる必要がでてくることだ。

一般的《いっぱんてき》に言えば、用心に越《こ》したことはない。リスクは少なければ少ないほど良いし、真面目《まじめ》な人が真面目に言っていることに、「それはめんどうだから、いい加減でよくないですか？」とは、なかなか言い出しにくい。しかも、言えば、大体怒《おこ》られる。つまりリスク対策は候補のうちの最大値が採用されることになってしまいがちである。しかし、必要以上のリスク対策は、将棋のようなゲームでは間違いなく弱点となるし、実社会でもしばしば問題となる。それはリスク対策には相応のコストがかかるからだ。

（中略）

ここからくる結論は一つ。「リスクはゼロにできない」ということである。当たり前と言えば当たり前だが、結局のところ、私たちは「リスクとともに生きる」、言葉を変えれば、「運が悪ければ死ぬ」という道しか選択肢《せんたくし》がない。良いも悪いもなく、我々に必要なのは「リス

三　以下の文を読んで、次の問いに答えなさい。

最近、将棋《しょうぎ》や囲碁《いご》などの複雑な知能ゲームで、人工知能（ＡＩ）が次々とトップのプロ棋士《きし》たちを打ち破ったことが話題となった。このＡＩの棋風《きふう》について、将棋の羽生善治《はぶよしはる》十九世名人が①面白《おもしろ》いことを言っている。それは「ＡＩには恐怖心《きょうふしん》がない」ということだ。人間同士の対局では、先を完全には読み通せない不安と、その中で自分の読みをどこまで信じられるかという心の強さ、そういった恐怖心との闘《たたか》いがしばしばドラマを生む。しかし、ＡＩの指す将棋には、当たり前だがそういった人の持つ心理の綾《あや》のようなものがない。詰《つ》みがある局面では瞬時《しゅんじ》に指して詰ましにくるし、こちらの強手にも動揺《どうよう》することなく淡々《たんたん》と指してくる。人間は詰みがあると思っても間違《まちが》いがないか何度も確認《かくにん》してしまうし、自分の陣形《じんけい》が乱れることや、王様が露出《ろしゅつ》することなどには、どことなく不安を覚えて躊躇《ちゅうちょ》する傾《けい》向《こう》があるが、ＡＩはどんな怖《こわ》い手でも平気である。

なぜ、ＡＩの指し手には恐怖心が感じられないのだろうか？　その根底には、ＡＩにとっては「　Ａ　」ということがあるように思う。ＡＩは「自分が想定していない危険」や「自分が間違いを犯《おか》す」といった、自分に〝見えないリスク〟があることを考慮《こうりょ》に入れるシステムになっていない。また、局面によっては実際すべての可能性をしらみつぶしに読んでいる。そういった、言うならば「闇《やみ》」の存在を知ることのないＡＩの特性が、恐怖心のない指し手につながっているのではないかと思う。

一方、人は「闇」の存在を知っている。自分に見えない「闇」の中に、時にリスクがひそんでいることを知っているのだ。王様が安全地帯にいれば、多少の読み落としがあっても勝負は先が長いが、王様が露出した局面で、自分に見えていない相手の好手があれば、ゲームセットである。だから王様が露出することには恐怖心が伴《ともな》う。そして過去に読み落として負けたことがあれば、「またやるのではないか」という、経験から来る恐怖もそれに上乗せされる。

ウ　自分が信じて描き続けてきた「青」の絵を、二人から認めてもらえたことが嬉《うれ》しかったから。

エ　自分の価値観にとらわれていることを指摘《してき》してもらい、新たな一歩を踏《ふ》み出せた気がしたから。

問五　［　　］に入れるのに最もふさわしい言葉を次のア～エから一つ選び、記号で答えなさい。

ア　目を細めて

イ　目を輝《かがや》かせて

ウ　目を見張って

エ　目の色を変えて

問六　――⑤「PAINT　IT　BLUE」（青く塗りつぶせ）とあるが、ここでの「青」はミナミにとってどのような意味を表す色か。三十字以内で説明しなさい。

問七　本文の特徴《とくちょう》を述べたものとして最もふさわしいものを次のア～エから一つ選び、記号で答えなさい。

ア　「何?」「えっ」のように、短い会話の応酬《おうしゅう》によって物語にテンポを生み出し、急速に進展する二人の関係に拍車《はくしゃ》をかけている。

イ　「白」「ピンク」のように、景色だけでなく、登場人物の感情や動作に至るまでを、様々な色を用いた描写《びょうしゃ》で多彩《たさい》に描き出している。

ウ　「そんなの……」「だけど……」のように、登場人物の複雑な心情から生まれる会話の間《ま》を、「……」の記号を用いて的確に表現している。

エ　「ヘッダー」「Paint　it，Black」のように、カタカナや外来語を多用することで、海外にあこがれる島の少年たちの青春時代を表現している。

問二　――②「それ」が指す内容としてあてはまらないものを次のア〜エから一つ選び、記号で答えなさい。

ア　島に対して自分がどう思っているのか。
イ　島を出ていきたいのか、残りたいのか。
ウ　島や海が好きなのか、それとも嫌《きら》いなのか。
エ　島や海を描《えが》きたいのか、描きたくないのか。

問三　――③「いいかけた言葉を、ミナミがさえぎった」とあるが、ミナミが「当たり前だ」という発言をさえぎった理由として、最もふさわしいものを次のア〜エから一つ選び、記号で答えなさい。

ア　大人の常識や島の常識から解放されるには、「当たり前」という言葉を廃止《はいし》すべきだと考えているから。
イ　「当たり前」であることを疑わず、無意識のうちに大人の常識に縛《しば》られているセイの姿を見たくなかったから。
ウ　「当たり前だ」という言葉は、大人の価値観や島の常識に縛られている言葉であることに、注意を向けたかったから。
エ　島の常識の中で生まれ育ったセイの口から「当たり前だ」という言葉を聞くと、自分が否定されているような気持ちになるから。

問四　――④「安堵の表情を浮かべた」とあるが、それはなぜか。その理由として最もふさわしいものを次のア〜エから一つ選び、記号で答えなさい。

ア　自分では失敗だと思っていた絵を、ユズルだけではなくセイからも認めてもらえたから。
イ　やっと認めてもらえる絵を描くことができ、他のことに取りかかれるようになったから。

絵とTシャツの言葉が、頭の中でぽんとつながった。

「よし、これで決まりだ。おれは大急ぎでブログを立ち上げるから、このスケッチブック借りてくよ」

「えっ」

「早くしないと、夏が終わっちゃうからね。じゃ、キミたちはデートの続きにもどっていいから。セイ、がんばって！」

ユズルは、そういってこぶしを前につきだした。そして、スクーターのエンジンをふかし、あっという間に立ち去った。

(いや、デートって……)

ぼくはききとれなかったふりをして、ユズルを見送った。太陽は西に大きく傾《かたむ》いていたが、港の景色は、いつもと何も変わっていなかった。

「セイくん、わたし、そろそろ帰るから……」

ミナミはそういうと、布のカバンを肩《かた》にかけた。

「うん、ぼくも……」

ぼくたちは肩を並べながらも、いつもより一歩だけ離《はな》れて芝生《しばふ》の上を歩いた。

(阿部夏丸《あべなつまる》『青く塗りつぶせ』による)

注 *ユズル … タクミの兄

問一 ——①「どうぞ、ご自由に」とあるが、この時のミナミの気持ちとして最もふさわしいものを次の**ア**～**エ**から一つ選び、記号で答えなさい。

ア いまさら隠《かく》すものはないという半《なか》ば諦《あきら》めた気持ち。

イ 前回よりもいい作品ができたのを自慢《じまん》したい気持ち。

ウ 以前スケッチブックをのぞかれたことに対して憤《いきどお》る気持ち。

エ 断ったところでどうせ見られるのだというなげやりな気持ち。

「……」
「セイ、この絵、いいよなぁ」
「うん。いいと思う」
とっさにそうこたえたが、心からそう思っていた。
「それでいいなら……」
ミナミが、④安堵《あんど》の表情を浮《う》かべた。
「あとは、ショップの名前だな。ミナミちゃん、やっぱり、イメージは青？」
「青にはこだわりたいけど、いい言葉が見つけられなくて……」
ミナミは、困っているようだった。そして、何が気になったのか、ユズルのＴ《ティー》シャツを見ていった。
「ねえ、ユズルさん。そのＴシャツに描いてあるロゴって？」
ユズルが、うれしそうにＴシャツを引っ張った。
「これはね、イギリスの伝説のロックバンド、ザ・ローリング・ストーンズの曲のタイトル。〝Paint it《ペインティット》, Black《ブラック》〟。五十年以上も前の古いロックなんだけどさ、洋楽ファンなら知らない人はいないぜ。カッコいいだろ」
「これって、どんな意味なの？」
「直訳すると、黒く塗りつぶせ……かな」
ミナミは黙《だま》ったまま、しばらく目を閉じた。そして、大きくうなずくと［　　］こういった。
「これこれ、これがいい！」
「これって？」
「ショップの名前！　⑤PAINT IT BLUE《ペインティットブルー》。どうかな？」
「青く塗りつぶせかぁ。うん、いいぞ。セイはどう？」
「うん。よくわからないけど、いい。島のイメージにぴったりだ」
ぼくは正直にそうこたえた。絵の話もロックの話も、てんでわからなかったが、ミナミのむずかしい話にぼくの頭はこんがらがった。しかし、島を憎《にく》んできたミナミが今、島を愛しはじめていることだけは、なんとなくわかった。

そのとき、ブーンと音がして、ピンクのスクーターがやってきた。

「あっ、*ユズルさんだ」

ユズルは、ぼくたちの目の前までやってきてスクーターを停《と》めた。

「ちーす。あっ、ミナミちゃん、絵を描いてたんだ。ちょっと見せてよ」

ユズルは、ひざの上に置いてあったミナミのスケッチブックをひょいと手にとった。ユズルが無言のまま、一枚《まい》一枚ページをめくる。その顔を、緊張《きんちょう》した顔でミナミは見ていた。

絵を見終えると、ユズルはいった。

「へー、いいじゃん。青がきれいだ」

「でも、同じような絵ばっかりで……」

「ううん、それぞれ違《ちが》っていい絵だ。青はさ、パンチのある色なんだけど、他の色と重ねると、いろんな表情を見せるから、面白いよな。ブログのヘッダーもこんな感じかい？」

「イラストにしたいと思ったんだけど、まだ描けなくて……」

するとユズルが、さらっといった。

「いいじゃん、これで。どれがいいかな……」

ユズルは、何度もスケッチブックを見直し、今日の一枚に視線《しせん》を留《と》めた。

「これ、これがいい。これにしちゃいなよ。青の下にうっすらと見える灯台がいい感じだよ」

「だけど、それ失敗作だから……。気に入らなくて、塗《ぬ》りつぶした絵だよ」

「いや、失敗かどうかはキミだけの問題で、絵を見る人の問題じゃない」

「だけど……」

「失敗が成功になることもあるし、欠点が魅力《みりょく》になることもある」

「でも……」

「ミナミちゃんのやりたい会社は、世間の価値観にとらわれない会社なんだろ。だったら、自分の価値観にとらわれちゃダメダメ。うん、これがいい、これに決めようぜ」

「②それをたしかめたくて、描いてるとか？」

「そんな、カッコいいもんじゃないわよ。人のことも自分のことも、わからないことばっかりよ。本当にわからないことばっかり。でもね、こうして絵を描いてて、一つだけわかったことがあるの」

「何？」

「あのね、ここで絵を描くと青ばかりがなくなるの」

「青ばかりがなくなる？」

「そう。空も青、海も青。この島からの景色は青ばかり。だから、青い絵の具ばっかりがなくなるの」

「そんなの……」

「待って！」

③いいかけた言葉を、ミナミがさえぎった。「今、当たり前っていおうと思ったでしょ」

「………」

図星だった。ぼくは当たり前だといおうとした。ミナミはやさしい口調《くちょう》で話し続けた。

「この前さ、ウミボタルを捕《と》りにいく前、わたしいったでしょ。大人の価値観《かちかん》が常識《じょうしき》になって、それに縛《しば》られるのがいやだって」

「………」

おぼえていた。たしかにミナミは、そういって怒《おこ》っていた。

「当たり前はさ、わたしたちを縛りつける呪文《じゅもん》だと思うの。たぶん、わたしは、島の常識と当たり前をぶち壊《こわ》したくて、会社を作ろうなんていいだしたんだと思う。だからね、青い絵の具ばかりがなくなることも、当たり前とはいいたくないの。……最近になって、やっと気がついたんだよ」

「気がついたって？」

「青い絵の具ばかりがなくなっちゃうなんて、強烈《きょうれつ》な個性《こせい》だなぁって。この島にいなきゃ、こんなことはおこらないよ」

二　以下の文を読んで、次の問いに答えなさい。

その日の夕方、港の見える公園で、また、ミナミの姿《すがた》を見つけた。いつものベンチで、いつものように絵を描《か》いている。
「あれっ。セイくん、今日は一人なの？」
「さっきまで、タクミとカイトの三人で遊んでた」
「へーっ、カイトくんも」
ミナミは少し驚《おどろ》いたようすだったが、それ以上はきかず、ふたたび絵筆を動かした。スケッチブックには青い海と、白い灯台が描《えが》かれていた。
「見ていてもいい？」
「①どうぞ、ご自由に」
「あれ、隠《かく》さないのか？」
「この前、たちの悪い男子にのぞかれちゃったからね。もう、隠すもんなんてなくなっちゃったよ」
ぼくのことだ。
「根に持ってる？」
「うん、一生忘《わす》れない。ふふふふっ」
ミナミ流のジョークだった。それからミナミは、太い筆に絵の具をたっぷりとふくませ、白い灯台を消しだした。
「せっかく描いたのに消しちゃうのか？」
「うん、気に入らないから、ためらわずに消すのだ」
白い灯台がみるみるうちに青く染《そ》まっていく。そのようすが面白《おもしろ》かった。学校でのことを思いだし、ミナミにきいてみた。
「この前は驚いたよ。島に残りたいなんて。島も海も、嫌《きら》いだったんじゃないのか？」
「まあね、でも、本当に嫌いだったら、描いたりしないでしょ」

2023年度

ドルトン東京学園中等部

【国　語】〈二月一日午前試験〉（五〇分）〈満点：一〇〇点〉

〔注意〕字数制限がある問いは、「、」や「。」やカギカッコなどを字数に含《ふく》みます。

一　次の問いに答えなさい。

問一　①～③のカタカナを漢字に直しなさい。

①宿題の提出期限をノばす。

②むだをハブく。

③政治家としてのセキムを果たす。

問二　①～③のそれぞれにおいて、明らかに意味が異なるものをア～エから一つずつ選び、記号で答えなさい。

①
ア　一意専心
イ　一所懸命《いっしょけんめい》
ウ　無我夢中
エ　唯我独尊《ゆいがどくそん》

②
ア　継続《けいぞく》は力なり
イ　石の上にも三年
ウ　老いては子に従え
エ　桃栗《ももくり》三年、柿《かき》八年

③
ア　馬の耳に念仏
イ　河童《かっぱ》の川流れ
ウ　弘法《こうぼう》も筆の誤り
エ　猿《さる》も木から落ちる

2023年度

ドルトン東京学園中等部 ▶解説と解答

算 数 ＜２月１日午前試験＞（50分）＜満点：100点＞

解 答

1 (1) 16 (2) 1 (3) $\frac{1}{9}$ (4) 32038 2 (1) イ (2) 87% (3) 3 (4) 秒速16m (5) 37番目 (6) 14人 3 (1) ア 35 イ 783 (2) ② (3) 33 (4) 3200cm^2 4 (1) 7か所 (2) 四条大宮 (3) イ，エ

解 説

1 四則計算，条件の整理

(1) $\frac{2}{13}\times(7+9)\div\frac{8}{65}-4=\frac{2}{13}\times16\times\frac{65}{8}-4=20-4=16$

(2) $3\frac{1}{2}\div4\frac{1}{5}+\frac{1}{6}=\frac{7}{2}\div\frac{21}{5}+\frac{1}{6}=\frac{7}{2}\times\frac{5}{21}+\frac{1}{6}=\frac{5}{6}+\frac{1}{6}=\frac{6}{6}=1$

(3) $0.2\div(1.3-1.5\times0.6)\div1\frac{1}{2}\div(4-1)=0.2\div(1.3-0.9)\div\frac{3}{2}\div3=0.2\div0.4\div\frac{3}{2}\div3=0.5\div\frac{3}{2}\div3=\frac{1}{2}\times\frac{2}{3}\times\frac{1}{3}=\frac{1}{9}$

(4) 右の計算で，カキク×ケ＝1シスとなるから，ケ＝カ＝1と決まる。また，カキク×サ＝498なので，カキクは498の約数で百の位が1の数とわかる。さらに，498＝2×3×83だから，カキク＝2×83＝166，サ＝498÷166＝3となる。次に，166×コは4けたの数で一の位が4になるので，コ＝9である。よって，割る数は166，商は193だから，割られる数は，166×193＝32038と求められる。

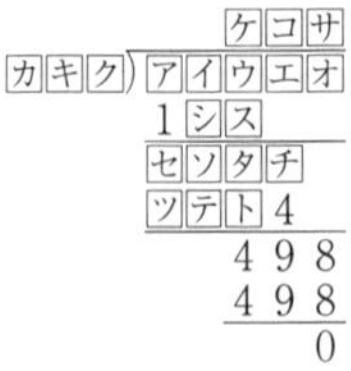

2 グラフ，割合，長さ，通過算，数列，集まり

(1) それぞれの日数をまとめると右の図1のようになるから，①，②は○である。また，真夏日の割合は，2021年が，3÷30×100＝10(%)，2022年が，9÷30×100＝30(%)なので，③は×となる。よって，正しい組み合わせはイである。

図1

	2021年	2022年
猛暑日	0日	6日
真夏日	3日	9日
夏日	24日	23日
20℃以下	0日	4日

(2) もとの大きさを1とすると，122%の大きさは1.22，141%の大きさは1.41となる。よって，1.41を1.22に縮小すればよいから，1.22÷1.41×100＝86.5…(%)より，87%に設定すればよい。

(3) 四角形ABCDの内角の和は360度なので，4つのおうぎ形を集めると半径が$x$cmの円になる。よって，かげの部分のまわりのうち曲線部分の長さの合計は，$x\times2\times3.14=x\times6.28$(cm)と表すことができる。また，四角形ABCDのまわりの長さは，9＋10＋11＋8＝38(cm)だから，かげの部分のまわりのうち直線部分の長さの合計は，$38-x\times2\times4=38-x\times8$(cm)と表すことができる。したがって，かげの部分のまわりの長さは，$x\times6.28+38-x\times8=38-x\times1.72$(cm)となる。これが32.84cmなので，$38-x\times1.72=32.84$より，$x=(38-32.84)\div1.72=3$(cm)と求められる。

(4) 図に表すと下の図2のようになる。図2から，この電車が，8＋280＝288(m)走るのにかかる

時間が，43－(20＋５)＝18(秒)とわかるから，この電車の速さは秒速，288÷18＝16(m)である。

図２

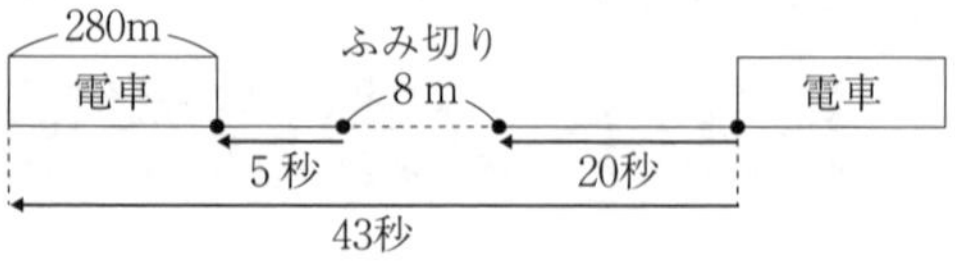

⑸　１が１個，２が２個，３が３個，…と並んでいるので，最後の８までの個数の合計は，１＋２＋３＋…＋８＝(１＋８)×８÷２＝36(個)とわかる。よって，初めて９が現れるのは左から数えて，36＋１＝37(番目)である。

⑹　図に表すと右の図３のようになる。図３で，アの部分の人数は，35－(11+17)＝７(人)だから，お姉さんがいる人の数は，７＋７＝14(人)と求められる。

図３

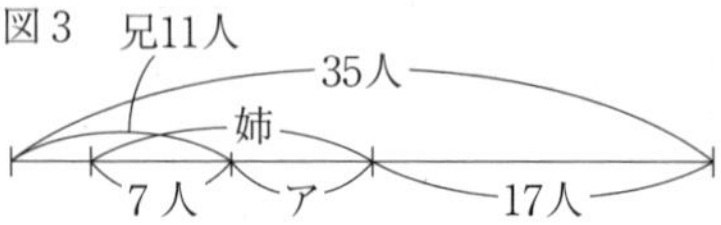

3　正比例と反比例，体積，表面積

⑴　レジ袋《ぶくろ》を製造してから廃棄《はいき》するまでに，１ｇあたり，1.33＋0.33＋3.18＝4.84(g)のCO_2を排《はい》出《しゅつ》する。また，レジ袋１枚あたりの重さは7.22ｇなので，レジ袋を１枚製造してから廃棄するまでに，4.84×7.22＝34.9448(g)のCO_2を排出することがわかる。これは，小数第１位を四捨五入すると35ｇ(…ア)になる。同様に，マイバッグを製造してから廃棄するまでに，１ｇあたり，22.0＋2.31＝24.31(g)のCO_2を排出する。また，マイバッグ１枚あたりの重さは32.2ｇだから，マイバッグを１枚製造してから廃棄するまでに，24.31×32.2＝782.782(g)のCO_2を排出することになる。これは，小数第１位を四捨五入すると783ｇ(…イ)になる。

⑵　⑴で求めた値を用いると，783÷35＝22.3…より，マイバッグを23回以上使ってから捨てると，レジ袋を使うよりもエコになることがわかる。よって，あてはまるのは②である。

⑶　底面積が，26×14＝364(cm^2)であり，容積が12L(＝12000cm^3)の直方体と考えられるので，高さは，12000÷364＝32.9…(cm)と求められる。これは，小数第１位を四捨五入すると33cmになる。

⑷　右の計算から，12000＝２×２×２×２×２×３×５×５×５となることがわかる。ここで，高さがもっとも低い直方体にするから，底面ができるだけ大きい正方形になるようにすればよい。よって，(２×２×５)×(２×２×５)×(２×３×５)＝20×20×30より，たてが20cm，横が20cm，高さが30cmの直方体とわかる。この直方体の表面積は，(20×20＋20×30＋30×20)×２＝3200(cm^2)と求められる。

2) 12000
2) 6000
2) 3000
2) 1500
2) 750
3) 375
5) 125
5) 25
5

4　条件の整理

⑴　碁盤《ごばん》の目の１目《め》盛《も》りにあたる部分を「区間」と呼ぶことにする。右の図１で，Ａから，960÷480＝２(区間)離《はな》れた交差点だから，■印をつけた７か所ある。

⑵　図１で■印をつけた７か所のうち，Ｂ(二条御前《おんまえ》)から，1920÷480＝４(区間)，Ｃ(五条御前)から，1440÷480＝３(区間)離れた交差点である。よって，○印をつけた交差

図１

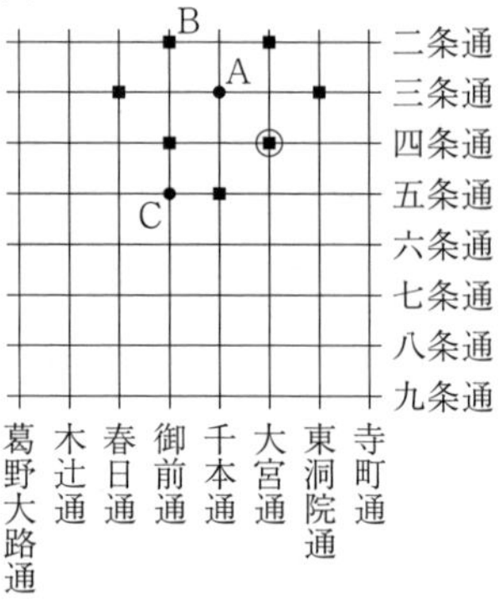

図２

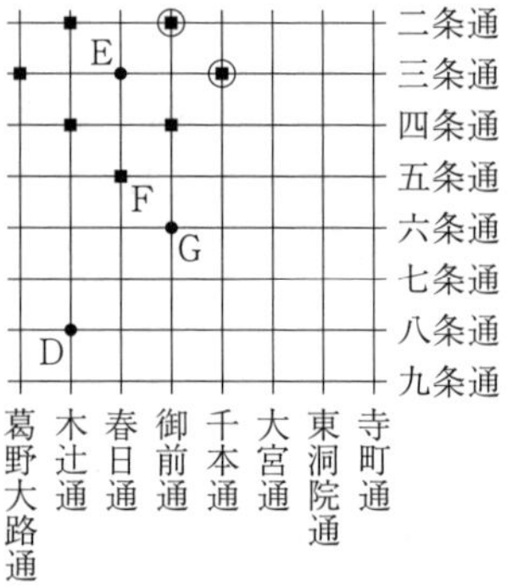

点(四条大宮)とわかる。

(3)　上の図２で，初めにはるとさんがいた交差点はＤ(八条木辻《きつじ》)，待ち合わせた交差点はＥ(三条春日《かすが》)である。ＤからＥまでは６区間あるので，はるとさんが自転車で走った時間は，480×６÷240＝12(分)，つむぎさんが歩いた時間は，12＋４＝16(分)とわかる。すると，つむぎさんが歩いたのは，60×16÷480＝２(区間)だから，初めにつむぎさんがいた交差点として考えられるのは■印をつけた７か所になる。このうち，初めにはるとさんがいた交差点(Ｄ)との中間地点が五条春日(Ｆ)か六条御前(Ｇ)になるのは，○印をつけた２か所の交差点である。よって，二条御前(…イ)と三条千本(…エ)となる。

社　会　＜2月1日午前試験＞（30分）＜満点：50点＞

解　答

1　**問１**　イ　**問２**　エ　**問３**　イ　**問４**　近郊農業　**問５**　オ　**問６**　イ　**問７**　(例)　乗用車の普及率が上がったので，混雑をさけるために道路をひろげたから。　**問８**　ウ
2　**問１**　イ　**問２**　イ　**問３**　ア　**問４**　(例)　自分の娘を天皇の后にし，生まれた皇子を次の天皇にして，その摂政や関白になった。　**問５**　ウ　**問６**　ウ　**問７**　治安維持法　**問８**　ア　**3**　**問１**　エ　**問２**　NATO　**問３**　エ　**問４**　ウ(エ)　**問５**　(例)　常任理事国５か国のうち，１か国でも反対すると議案が成立しないという権限のこと。　**問６**　イ　**問７**　イ　**問８**　ア

解　説

1　**日本の自然と産業などについての問題**

問１　Ａは島の周囲を護岸工事で補強していることからⅠ，Ｂは町の中にドームが立地していることからⅣ，Ｃは中央に大仏が見られることからⅡ，Ｄは中央に「ぐるっと一周するカーブ」があることからⅢと判断できる。

問２　日本最南端にあるＡの島は，東京都に属するエの沖ノ鳥島である。なお，アの択捉《えとろふ》島(北海道)は日本最北端，イの与那国《よなぐに》島(沖縄県)は日本最西端，ウの南鳥島(東京都)は日本最東端の島。

問３　ア　排他的経済水域(EEZ)は，領海の外側で干潮時の海岸線から200海里までの範囲《はんい》で設定される水域であるので誤り。　イ　排他的経済水域内では海底資源や水産資源を利用する権利が沿岸国に認められるので正しい。　ウ　領海と排他的経済水域の外側の海は外海ではなく公海とよばれるので誤り。　エ　日本は国土面積に比べて排他的経済水域の面積は約12倍と大きいが，排他的経済水域の面積としてはアメリカ合衆国やオーストラリアなどのほうが大きく，世界第６位なので誤り。

問４　大都市の周辺で都市向けの野菜などを栽培《さいばい》・出荷する農業を近郊農業といい，輸送時間があまりかからないことから新鮮《しんせん》な状態で届けることができるなどの利点がある。

問５　Ａは長崎県にある軍艦《ぐんかん》島ともよばれる端《は》島，Ｂは佐賀県にある吉野ヶ里遺跡，Ｃは長崎県にある平和祈念像，Ｄは佐賀県でつくられている有田焼の写真である。

問６　「ゆりかもめ」がレインボーブリッジの手前で線路を一周させているのは，高い位置にある

レインボーブリッジとつながる線路の傾斜《けいしゃ》をゆるやかにすることで安全に走行するためなので，イが正しい。

問７　グラフより，1960年代から乗用車の普及《ふきゅう》率が大幅《おおはば》に増えていることが読み取れる。また，1975年ごろの地図を見ると，水路が埋《う》め立てられた部分に道路があることがわかる。よって，水路が埋め立てられたのは，乗用車の普及率が上がったことによって，混雑をさけるために道路をひろげたからと考えられる。

問８　オリックス・バファローズは大阪市にある京セラドームを本拠《ほんきょ》地としており，大阪府は阪神工業地帯に位置している。阪神工業地帯はさまざまな工業が発達しており，繊維《せんい》工業も比較《ひかく》的さかんである。なお，アは京浜工業地帯，イは中京工業地帯，エは北九州工業地帯(域)の説明。

２　各時代の歴史的なことがらについての問題

問１　卑弥呼《ひみこ》は弥生時代の人物である。農耕が広まった弥生時代には，収穫《しゅうかく》物や水利をめぐって小国どうしの争いが起こったため，争いにそなえて環濠《かんごう》集落がつくられた。なお，アとウは縄文時代，エは古墳時代のようす。

問２　アは大阪府堺《さかい》市にある前方後円墳の大仙《だいせん》(大山)古墳，イが聖徳太子の建立《こんりゅう》した法隆寺，ウは青森県にある縄文時代の遺跡である三内丸山遺跡，エは京都府宇治市にある平安時代に藤原頼通《よりみち》が建立した平等院鳳凰《ほうおう》堂。

問３　清少納言が日常生活や自分の思うことなどをつづった随筆は，アの『枕草子』である。なお，イの『土佐日記』は紀貫之《つらゆき》の作品，ウの『徒然草』は吉田兼好《けんこう》(兼好法師)の随筆，エの『更級《さらしな》日記』は菅原孝標女《たかすえのむすめ》の作品。

問４　藤原氏は，娘を天皇の后《きさき》とし，生まれた皇子を次の天皇とすることで天皇の外せき(母方の親せき)となり，天皇が幼いときは摂政，天皇の成人後は関白の地位につき，政治の実権を握《にぎ》った。

問５　1221年，源氏将軍家が３代でとだえた後，後鳥羽上皇が政権を取り戻そうとして承久の乱を起こしたが，上皇に味方するものは少なく，幕府軍に敗れた。承久の乱後には，幕府は後鳥羽上皇の側についた貴族や御家人の領地を没収《ぼっしゅう》し，新たに地頭を任命しているので，ウが正しい。なお，アの平氏が滅《ほろ》んだのは1185年の壇ノ浦の戦いである。イの博多湾に石の防壁《ぼうへき》をつくったのは，1274年の文永の役の後である。エについて，京都に京都所司代が置かれたのは江戸時代のことである。

問６　関ヶ原の戦い以前から徳川家に仕えた大名は，譜代とよばれる。なお，アの親藩は徳川家の一族の大名，イの外様《とざま》は関ヶ原の戦い以降に徳川家に従った大名，エの旗本は徳川家の家臣のうち１万石未満で将軍にお目見えできる者。

問７　1925年には納税額による制限をなくし，25歳以上の男子に選挙権を与《あた》える普通選挙法が制定された。選挙権を持つ国民が増えることで社会主義が広まることを恐れた政府は，社会主義の活動を取りしまる目的で，同年に治安維持法を定めた。

問８　新婦人協会の設立や，雑誌『青鞜《せいとう》』の創刊に際して，「元始，女性は太陽であった」という言葉を載《の》せたのは，アの平塚らいてうである。なお，イの金子みすゞは童謡《どうよう》詩人，ウの樋口一葉は『たけくらべ』などを著した作家，エの与謝野晶子は『みだれ髪《がみ》』などを著した歌人である。

３　ロシアのウクライナへの軍事侵攻《しんこう》を題材とした問題

問１　2022年におけるロシア大統領はプーチン，ウクライナ大統領はゼレンスキーである。また，2022年における国際連合(国連)事務総長はグテーレスである。

問２　冷戦時代の1949年に西側陣営によってつくられた，アメリカを中心とする軍事同盟を，NATO（北大西洋条約機構）という。

問３　ウクライナは黒海に面しており，ロシアと接していることから，エとわかる。なお，アはポーランド，イはベラルーシ，ウはルーマニアを示している。

問４　ア　国際連合は第二次世界大戦後に設立され，本部はアメリカのニューヨークに置かれている。　イ　1945年に国際連合が設立されたときの原加盟国は51か国であるが，日本が国際連合に加盟したのは1956年である。　ウ　国際連合の総会は全加盟国で構成され，議決を行う場合は１国１票の投票権があるので，正しい。　エ　国際連合の予算の国別分担率は，2019年から2021年，2022年から2024年のいずれの期間も日本はアメリカ，中国に次いで３番目に多いので，正しい。

問５　安全保障理事会における拒否権は，アメリカ・イギリス・フランス・中国・ロシアの５か国の常任理事国が持つ権限で，常任理事国５か国のうち１か国でも反対すると議案が成立しないというものである。

問６　国際連合の「平和維持活動」の略称は，PKOである。なお，アのWTOは世界貿易機関，ウのWHOは世界保健機関，エのILOは国際労働機関の略称。

問７　1987年にアメリカとソ連の間で結ばれた核軍縮のための条約は，中距離核戦力（INF）全廃条約で2019年に失効している。なお，アの核拡散防止条約（NPT）は1968年に調印され，ウの包括的核実験禁止条約（CTBT）は1996年に採択《さいたく》され，エの核兵器禁止条約は2017年に採択されている。

問８　G７の中でも難民の受け入れが特に多いⅠはアのドイツである。なお，Ⅱはフランス，Ⅲはイギリス，Ⅳはイタリア。

理　科　＜２月１日午前試験＞（30分）＜満点：50点＞

解　答

1　**問１**　エ　**問２**　（例）　しょうゆを先に入れると，粒の小さな塩がすきまなく入り込んでいて，粒の大きい砂糖は入り込むことができないため。　**問３**　**温度**…約65℃　**理由**…（例）　65℃であれば黄身・白身のどちらも部分的にしか固まらないから。　**問４**　（例）　水が沸騰している限り，温度が100℃を大きく上回ることがないため。　**2**　**問１**　ウ　**問２**　ウ　**問３**　（例）　魚形容器の中に水が入ることで，魚形容器全体の重さが魚形容器にはたらく浮力より大きくなるため。　**問４**　ア，エ　**問５**　ア，ウ　**問６**　$0.49cm^3$　**問７**　**水**…イ　**空気**…ウ　**3**　**問１**　解説の図１を参照のこと。　**問２**　**温度**…15℃　**理由**…（例）　グラフをのばして，硝酸カリウム1.5gを溶かしたときの温度を読み取ると15℃になるため。　**問３**　⑴　100g　⑵　50％

解　説

1　**食材についての問題**

問１　麦茶は，水を沸騰《ふっとう》させて麦茶の粒《つぶ》を入れ，中の成分の一部を煮《に》出して作る。

問２　図１より，しょうゆに含《ふく》まれる塩の粒の方が砂糖の粒より小さいとわかる。このため，しょうゆを先に入れると，小さな塩の粒が食材にすきまなく入り込《こ》み，後から入れる大きい砂糖の粒が入り込みにくくなる。よって，甘味《あまみ》が染《し》み込みにくくなり，塩辛《から》く感じられる。

問３　卵白に含まれるタンパク質のうち，固まる温度が最も低いのはオボトランスフェリンで，その温度は60～65℃である。また，卵黄に含まれるタンパク質が固まる温度は65～70℃だから，湯の温度を65℃程度に保つと，卵白・卵黄がともに完全には固まっていない温泉卵を作ることができる。

問４　煮汁《にじる》の成分の多くは水である。水が沸騰している間の温度は約100℃に保たれ，100℃以上になることはない。このため，「煮る」という調理法では，煮汁がある限り焦《こ》げる温度に達することはない。

2　浮沈子《ふちんし》についての問題

問１　魚形容器にはたらく浮力と重力で，浮力の方が重力より大きいと魚形容器は浮《う》き，重力の方が浮力より大きいと魚形容器は沈《しず》む。したがって，図２では浮力の方が大きく，図３では重力の方が大きい。

問２　力を加えたときの縮み方は，空気の方が水よりはるかに大きい。図４で，手でペットボトルを押《お》すと，その力が水を通して全体に伝わり，魚形容器の中の空気が縮められて，魚形容器全体が縮む。すると，その縮んだ分だけ魚形容器中の空気の体積が減って，魚形容器の中の水面が少し上がる。つまり，魚形容器の中の水の量が増え，魚形容器内の重さが重くなったことがわかる。

問３　問２より，手でペットボトルを押すと，魚形容器全体の重さが魚形容器にはたらく浮力より大きくなるため，魚形容器は沈む。

問４　元の魚形容器全体の重さを重くすればするほど，沈むときに容器内に入る水の重さが小さくすむ。したがって，沈むために必要な力を小さくするには，魚形容器に元々入っている水の量を増やしたり，ナットを重いものに変えたりすればよい。

問５　魚形容器(本体)とナットの重さの合計は，0.8＋0.7＝1.5(g)，魚形容器(本体)とナットの体積の合計は，1.9＋0.09＝1.99(cm^3)だから，魚形容器の密度は，$1.5 \div 1.99 = \frac{1.5}{1.99}$と表される。

問６　魚形容器にはたらく浮力は，魚形容器とナットが押しのけた水の重さに等しい。よって，水の密度は約１g/cm^3だから，魚形容器にはたらく浮力は，１×1.99＝1.99(g)である。したがって，魚形容器にはたらく重力が浮力より大きくなると，魚形容器は沈み始めるから，そのときに容器内に入っていた水の重さは，1.99－1.5＝0.49(g)となり，その体積は，0.49÷１＝0.49(cm^3)と求められる。

問７　水は形を変えることができるから，その粒は位置を変えることができる状態だと考えられる。また，空気は気体なので，その粒どうしのすき間が大きく，飛び回っている状態だと考えられる。なお，アは固体の粒の状態である。

3　ものの溶《と》け方についての問題

問１　まず，縦軸《じく》と横軸が表すものを書き，目盛りはそれぞれの最大値より少し大きい値をグラフいっぱいに記す。次に，グラフ上にそれぞれの結果を●で記し，できるだけなめらかな線でつなぐと，下の図１のようになる。

問２　図１のグラフを，なめらかに左下にのばすと，下の図２のように，水5.0gに溶かした硝酸《しょうさん》カリウムの重さが1.5gのときの結晶《けっしょう》が生じた温度は15℃と読み取れる。

問３　(1)　55.9℃の水5.0gに溶かすことができる硝酸カリウムの最大の重さは5.0gなので，55.9℃の水100gに溶かすことができる硝酸カリウム最大の重さは，$5.0 \times \frac{100}{5.0} = 100$(g)である。　(2)

硝酸カリウム水溶液の濃《こ》さは，$\dfrac{100}{100+100}\times100=50$(%)と求められる。

図1

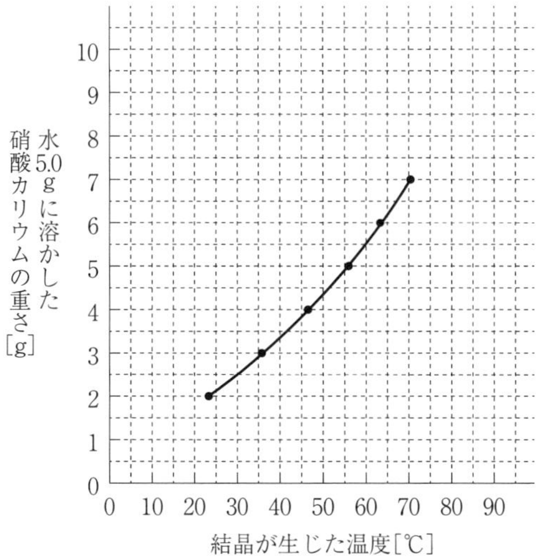

図2

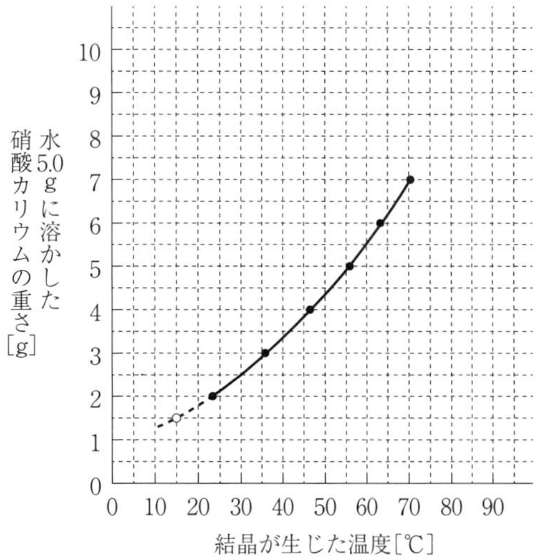

国語 ＜2月1日午前試験＞（50分）＜満点：100点＞

解答

一 **問1** 下記を参照のこと。 **問2** ① エ ② ウ ③ ア 二 **問1** ア **問2** エ **問3** ウ **問4** ア **問5** イ **問6** （例） 世間や自分の価値観にとらわれない強烈な個性を持つ色。 **問7** ウ 三 **問1** ウ **問2** イ **問3** ア **問4** エ **問5** 利便性 **問6** （例） リスクを恐れず挑戦し続けることで人類の技術は発展してきたということ。 **問7** エ **問8** （例） ぼくは，災害の救助にAI技術を利用すればよいと考えました。最近のAIは，ディープラーニングという技術の開発が進められており，すでに一部では実用化されているそうです。ディープラーニングは，人間が指示しなくても，AI自身が大量のデータを分析していく技術です。恐怖心のないことがAIの特徴でもあるので，AIで操作する救助ロボットを災害現場に配置し，救助活動をしながら，その場所のデータを集積していけば，短時間で最適な救助方法を導き出すことも可能だと思います。災害の状況はさまざまだと思うので，集められたデータを多くの場所で共有できれば，AIはさらに広い分野で活用できるようになるとも考えます。

●漢字の書き取り

一 **問1** ① 延(ばす) ② 省(く) ③ 責務

解説

一 漢字の書き取り，四字熟語・慣用句の知識

問1 ① 音読みは「エン」で，「延長」などの熟語がある。 ② 音読みは「ショウ」「セイ」で，「省略」「反省」などの熟語がある。 ③ 責任と義務。

問2 ① 「一意専心」「一所懸命《いっしょけんめい》」「無我夢中」は，ほかのことに心をうばわれないで集中する，という意味で通じている。「唯我独尊《ゆいがどくそん》」は，この世界で自分ほど尊いものはないということ。
② 「継続《けいぞく》は力なり」「石の上にも三年」「桃栗《ももくり》三年，柿《かき》八年」は，どのようなことも結実させるには時間がかかるものだから続けることが大切だ，という意味で通じている。「老いては子に従え」は，年をとったら意地を張ったり出しゃばったりせずに，どのようなことも子どもに従っていくほうがよいということ。　③ 「河童《かっぱ》の川流れ」「弘法《こうぼう》も筆の誤り」「猿《さる》も木から落ちる」は，その道の名人と呼ばれるような人であっても時には失敗をすることがある，という意味で通じている。「馬の耳に念仏」は，いくら意見や忠告をしても全く効き目のないこと。

二 出典は阿部夏丸《あべなつまる》の『青く塗《ぬ》りつぶせ』による。「ぼく」（セイ）は，青の絵の具をたくさん使って絵を描《か》くミナミと話すうちに，以前は島を憎《にく》んでいたミナミが，今は島を愛しはじめているということに気づく。

問１　ミナミは，「ぼく」のことを「たちの悪い男子」と表現し，以前に「のぞかれちゃった」ことを皮肉まじりに軽く非難している。ただし，「もう，隠《かく》すもんなんてなくなっちゃったよ」とあきらめたような感じで言っているので，アが合う。

問２　「ぼく」は，ミナミが「島も海も，嫌《きら》いだ」ろうと思っていたので，ミナミから「島に残りたい」と聞かされて驚《おどろ》いたと話している。「ぼく」は，島についてどう思っているのかを，ミナミが自分自身に確かめるために絵を描き続けているのか，ということを質問したと考えられる。「ぼく」の質問は，島に対するミナミの気持ちについてのものなので，アとイとウは，「それ」の指す内容にあてはまる。ミナミは島の「個性」に気づき，島から見える景色の絵を積極的に描いているので，エはあてはまらない。

問３　「当たり前」だという言葉をさえぎられた「ぼく」は，ミナミから，以前「大人の価値観《かちかん》が常識《じょうしき》になって，それに縛《しば》られるのがいやだ」と話しただろうと言われ，確かにそう言って「怒《おこ》っていた」ことを思い出した。ミナミは，「当たり前」という「呪文《じゅもん》」のような言葉によって，「島の常識」や「大人の価値観」に「縛られる」ことが嫌だという気持ちを，あらためて「ぼく」に伝えるために，「当たり前だ」という言葉をさえぎったと考えられる。よって，ウが合う。

問４　ユズルの選んだ今日の一枚は，ミナミが「白い灯台」を青く塗りつぶそうとしたもので，ミナミ自身は「失敗作」だと思っていた。しかし，ユズルは「自分の価値観にとらわれちゃダメダメ」と言い，「失敗かどうか」は，ミナミだけの問題で，「絵を見る人の問題」ではないと言ってくれた。その言葉は，一つの価値観に縛られたくないと思うミナミの思いと同じであり，失敗だと思いこんでいたその作品を，ユズルだけではなく，「ぼく」にも認めてもらえたので，ミナミは「安《あん》堵《ど》」したのだとわかる。

問５　大きくうなずいたあとのミナミは，「これこれ，これがいい！」と勢いよく言ってから，「PAINT IT《ペインティット》 BLUE《ブルー》」という名前を思いついたことを，「ぼく」とユズルに告げている。ミナミは，自分の思いつきがとてもよいと思ったので，気持ちが高ぶっていると考えられる。よって，喜びや期待で興奮しているさまを表す「目を輝《かがや》かせて」が合う。

問６　ミナミは，絵を描いていて「青い絵の具ばかりがなくなっちゃう」ことを，島の「強烈《きょうれつ》な個性《こせい》」だと感じており，さらにユズルの「世間の価値観にとらわれない会社」をつくるためには「自分の価値観にとらわれちゃダメダメ」という言葉にも共感している。そのショップの名前に取り入れる「青」は，世間や自分の価値観にとらわれない，強い「個性」を表す色だとミナミが思っていることが読み取れる。

問７　「それでいいなら……」や「うん，ぼくも……」など，多くのところに用いられている会話部分での「……」は，すぐには返答できない複雑な心情などを表していると考えられる。読者は，「……」によって，登場人物のこまやかな心の動きを感じとることができるので，ウがふさわしい。

三　**出典は中屋敷《なかやしき》 均《ひとし》の『科学と非科学―その正体を探《さぐ》る』による。**恐怖心《きょうふしん》を感じないAIと，リスクを恐《おそ》れる人間との対比を通して，人類がこれから向き合うべき問題について説明されている。

問１　「AIの指す将棋《しょうぎ》」には，「人間同士の対局」にあるような「不安」や「恐怖心」といったものがないことを，羽生善治《はぶよしはる》十九世名人は，「AIの棋風《きふう》」として指摘《してき》している。機械であるAIに「恐怖心がない」という「当たり前」のことを，あえて話題にしているところが興味深いといえる。

問２　AIは，「自分が想定していない危険」や「自分が間違《まちが》いを犯《おか》す」という，自分には「見えないリスク」を考慮《こうりょ》していない。つまり，自分に見えていることだけを世界のすべてだと考えているので，AIの指し手には「恐怖心が感じられない」と筆者は考察している。

問３　人間は，「長い進化の歴史の中」で，生き残る確率を高めるため，「見えないリスク」を避《さ》ける習性を身につけ，「恐怖心」を持つようになった。人類は，これから起こる未来のできごとについて，危険があるかもしれないと想像するようになったのである。

問４　ぼう線③の前では，人類が集団として生き残っていくためには，リスクを回避《かいひ》する「ビビり遺伝子」だけではなく，「勇敢《ゆうかん》な遺伝子」も必要だと説明されている。個人によってリスクに対する「感性」は大きく違ってくるので，「社会合意を形成」するときは，異なる感性を持つ人どうしが，どの程度のリスクを回避するのかといったことについて，意見の「すり合わせ」をする必要があるといえる。

問５　次の段落では，「利便性」を「つまりベネフィット」と言いかえている。

問６　人類が「自動車という技術」に手を出さなければ，交通事故という深刻な問題は引き起こされることはなかったが，人類は，「車の持つ利便性」を選択《せんたく》し，交通事故という「悲劇を経験」しながらも，「車の性能向上や交通ルールの改正」などの「リスク対策」を積み重ねて，交通事故を減らしてきた。つまり，「リスクとともに生きる」という「認識《にんしき》と覚悟《かくご》」を持って挑戦《ちょうせん》し続けることで，人類は発展を遂《と》げてきたのである。

問７　人類は，進化の過程において「闇《やみ》」の存在を知り，「恐怖」を感じるようになったが，その一方で，恐怖を恐れずに挑戦し続けたことで技術を発展させてきた。つまり，「リスクに敏感《びんかん》なビビり遺伝子」と「勇敢な遺伝子」の両方の「感性」があることによって人類は発展してきたので，「勇敢な遺伝子」だけをよいものとしているアとイは正しくない。また，恐怖心がないのがAIの利点であり，人間の知能に近づけるために恐怖心が必要であるという内容も本文には書かれていないので，ウも正しくない。エは，最後の段落で「恐れ」が「過剰《かじょう》な対策や無駄《むだ》なコストを招いている」という指摘について「真実」だと述べられているので，正しい内容である。

問８　人助けをするためのAIの活用法について書くので，まずどのような場面で人間が助けを必要としているのかといったことについて考える。地震や火災などの災害の現場をはじめとして，気候問題や食料問題でも，助けを必要としている人はいる。次は，そのような場面において，AIがどのように役立つのか，具体的な活用方法を考える。解答用紙に書くときは，指定事項を意識し，書き終えたら誤字や脱字がないかといったことを見直すようにする。

2023年度 ドルトン東京学園中等部

【算　数】〈２月１日午後特待試験〉（50分）〈満点：100点〉

〔注意〕１．三角定規やコンパス，分度器は使用できません。
２．分数は最後まで約分して答えてください。
３．比は最も簡単《かんたん》な整数で答えてください。
４．円周率は3.14とします。

1　次の $\boxed{}$ にあてはまる数を答えなさい。

(1)　$5+4\div0.5\times2=\boxed{}$

(2)　$\left(\frac{3}{5}-0.5\right)\div\frac{1}{3}+0.75=\boxed{}$

(3)　$202\times365-101\times130=\boxed{}$

(4)　次のア，イに　＋，　－，　×，　÷　のいずれかを入れて計算した値のうち，最大の数は $\boxed{}$ です。

$5\,\boxed{\text{ア}}\,\frac{2}{3}\,\boxed{\text{イ}}\,2$

2 次の問いに答えなさい。

(1) 次の表は，阪神《はんしん》電車の２つの駅の間の道のりと大人１人の運賃を表したものです。この表から，例えば神戸《こうべ》三宮《さんのみや》駅と大阪梅田《おおさかうめだ》駅の間は 31.2km で大人１人の運賃は 320 円であることがわかります。ただし，表の一部の数値は抜《ぬ》けています。また，下の図は，乗車した道のりと大人１人の運賃を表したものです。子ども１人の運賃は大人１人の運賃の半額ですが，10 円未満の端数《はすう》（はしたの数）がある場合は 10 円に切り上げて 10 円単位の金額が子ども１人の運賃になります。

（単位：km）

神戸三宮	11.0			31.2
240	芦屋《あしや》		11.3	
		甲子園《こうしえん》		14.1
	240		尼崎《あまがさき》	8.9
320		270	240	大阪梅田

（単位：円）

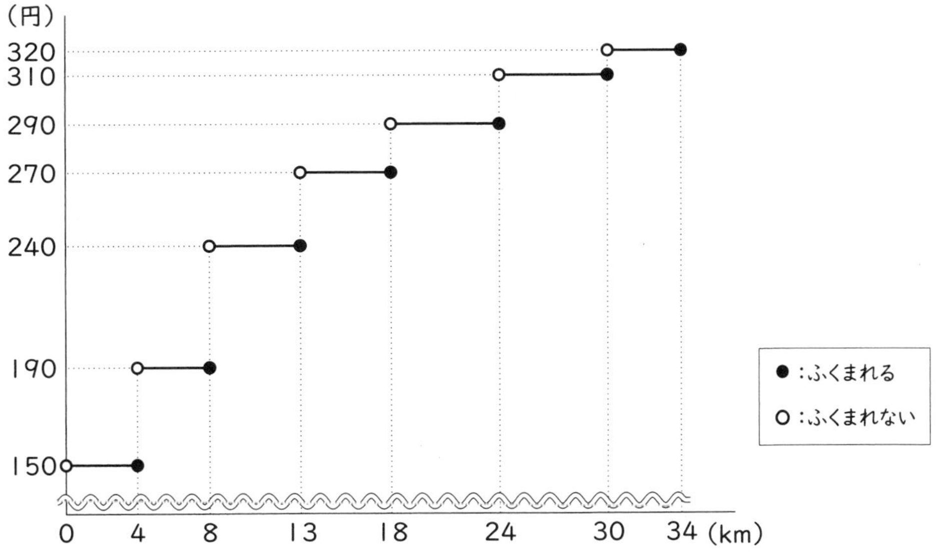

（阪神電気鉄道株式会社『2021 ハンドブック阪神』営業キロ程表・大人普通《ふつう》旅客運賃表をもとに作成）

この電車に大人２人と子ども２人の４人家族が神戸三宮駅から甲子園駅まで乗り，甲子園駅近くの野球場で野球観戦をした後，甲子園駅から尼崎駅まで乗りました。このとき，４人家族が神戸三宮駅から尼崎駅まで途中《とちゅう》で降りずに乗った場合と比べて４人家族全員分の運賃は何円多くかかりましたか。

(2) 打率は，打者の打数あたりの安打の割合で，

安打÷打数

を計算した値の小数第4位を四捨五入して小数第3位までの値で表します。

打者 A は 602 打数で打率 0.359，打者 B は 453 打数で打率 0.389 でした。このとき，どちらの打者が何安打多いですか。

(3) 次の図を点線で折って組み立て，12 個の正五角形の面でかこまれた立体を作ります。組み立てたときにアの面と向かい合う面はどれですか。①～⑪から 1 つ選びなさい。

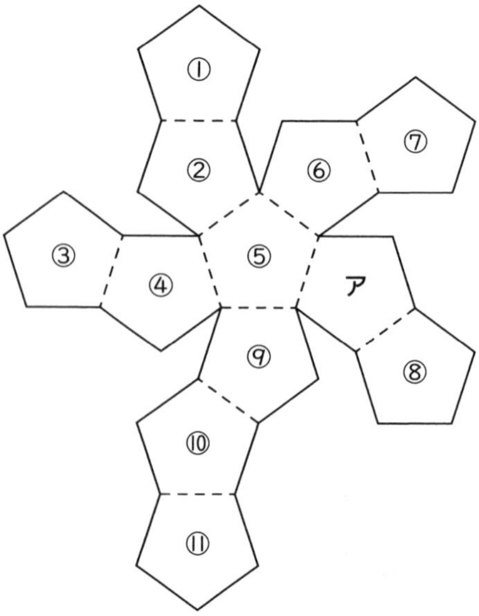

(4) ある池のまわりに，ウォーキングコースが設置されており，このコースを姉と妹が歩きます。姉の歩く速さは分速 90m，妹の歩く速さは分速 60m です。姉と妹が同じ地点から同時に出発し，反対方向に歩くとすると，2 人は出発してから 8 分後に初めて出会います。姉と妹が同じ地点から同時に出発し，同じ方向に歩くとき，姉が妹に初めて追いつくのは，出発してから何分後か求めなさい。

(5) 3 を 2023 回かけたときの一の位の数字を答えなさい。

(6)　A，B，C，D，Eの５人が卓球《たっきゅう》の試合をしました。どの１人も他の４人と１試合ずつ当たる総当たり戦を行います。以下は全試合終了後の５人の感想です。このとき，Eは何勝しましたか。ただし，引き分けはないものとします。

A：負けた試合の方が多く，くやしいです。
B：ミスもあったが，なんとか全勝することができました。
C：勝率が５割でした。
D：全敗でしたが，たくさんの経験を積むことができました。
E：ライバルのCに勝つことができてうれしかったです。

3　図１のように，10個の同じ大きさのさいころを，テーブルの上にすき間なく積み重ねました。ただし，さいころの向かい合う面の数の合計は７で，どのさいころも目の付き方は図２のようになっています。

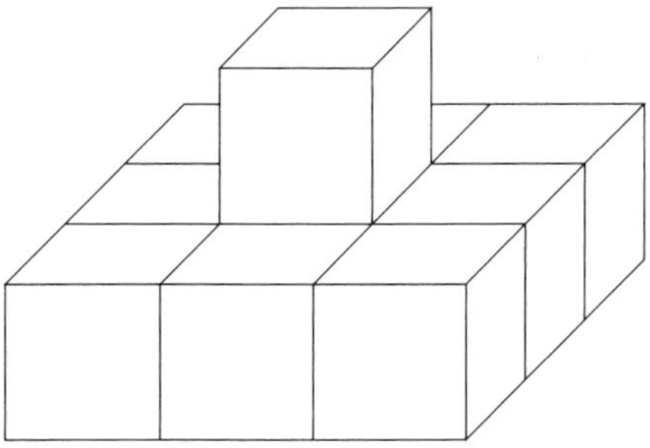

図１

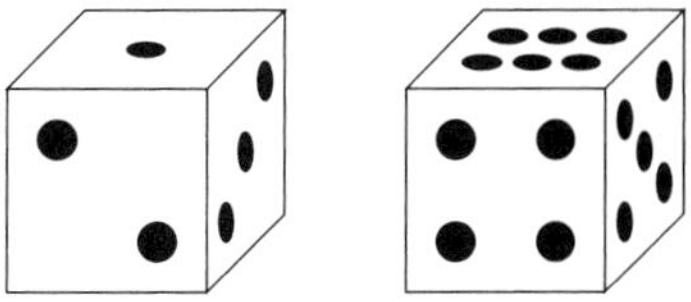

図２

(1)　図１を真上から見たとき，図３のようになっていました。まわりから見える面の目の合計が最も大きいとき，その合計を求めなさい。

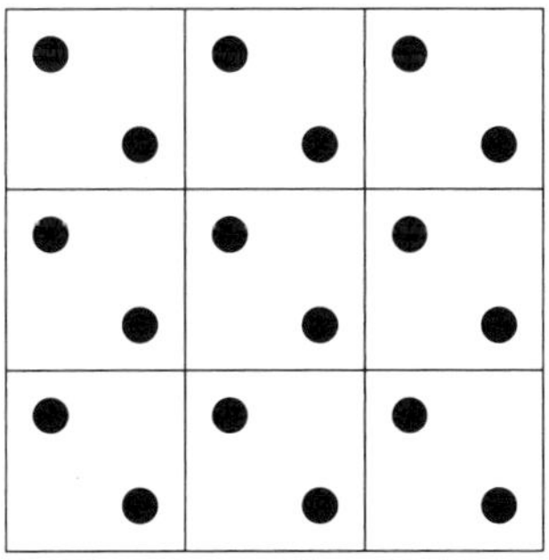

図３

⑵　図１を真上から見たとき，図４のようになりました。まわりから見える面の目の合計が最も小さいとき，その合計を求めなさい。

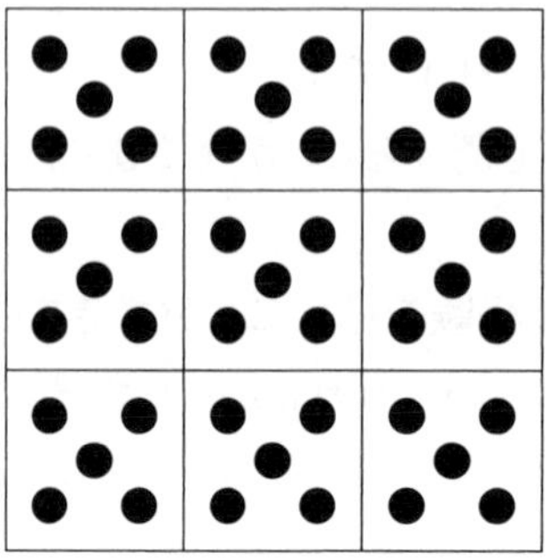

図４

⑶　図１を真上から見たとき，図５のようになりました。まわりから見える面の目の合計が90のとき，アにあてはまるさいころの目の数を答えなさい。

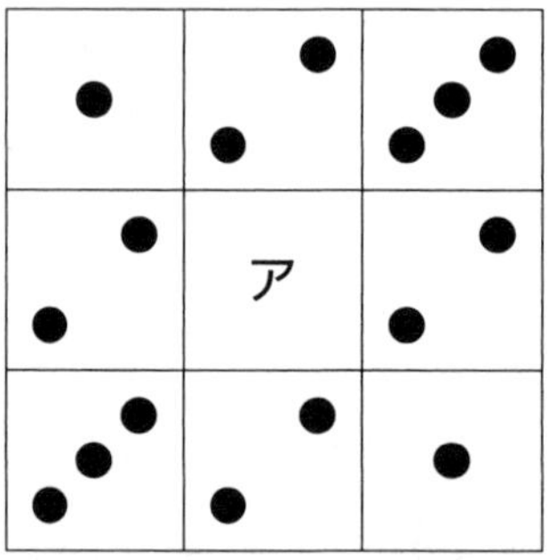

図５

4　ケーキの多くは，「号」という大きさの単位で売られています。この「号」は，昔の日本の長さを測る単位である「尺貫法《しゃっかんほう》」が由来であり，１号は１寸（およそ3cm）を表しています。こうじさんの営むケーキ屋のケーキは底面が正方形で，１号はスポンジの底面の１辺の長さが 3cm，２号は 6cm，３号は 9cm，…と決めています。高さは底面の１辺の長さの $\frac{1}{3}$ です。また，使った材料の量によってケーキの値段が決まります。

下の３つのマニュアルを読んで，問題に答えなさい。

材料の重さ

スポンジ	1cm^3 あたり 0.4g
生クリーム	1cm^3 あたり 0.5g

材料費

スポンジ	10g あたり 20 円
生クリーム	5g あたり 16 円
いちご	1 個につき 65 円

※注意※

・消費税などは考えない。
・スポンジと生クリームの値段は，それぞれ小数第１位を四捨五入して整数にする。
・スポンジは底面が正方形の四角柱になるように作る。
・スポンジの高さは，底面の１辺の $\frac{1}{3}$ 倍の大きさになるように作る。
・生クリームは底面を除くスポンジ全体に厚さ 1cm で塗《ぬ》る。また，上面は平らに成形する。

(1)　スポンジ 500cm^3 の値段を答えなさい。

(2)　４号のスポンジの値段を答えなさい。

こうじさんとのぞみさんが，ある注文に対する伝票（注文伝票 1）を作っています。

こうじ　6 号のスポンジに生クリームといちごをいくつかトッピングする注文が入りました。計算すると，スポンジの値段は 1555 円です。

のぞみ　ええと，生クリームを入れたケーキの底面の 1 辺は［ア］cm かな。ということは，スポンジを除いた生クリームは［イ］cm^3 となり，生クリームの重さは［ウ］g とわかります。

注文伝票 1		
合計		**3250** 円
内訳		
スポンジ	6 号	1555 円
カスタマイズ		
生クリーム	［ウ］g	［エ］円
イチゴ	［オ］個	［カ］円

⑶　**ア～カ**にあてはまる整数を答えなさい。

(4)　一部分が読めなくなっている右の注文伝票２をもとに作られたケーキの図として正しいものを**キ**～**シ**から選び，記号で答えなさい。ただし，スポンジを切って間《あいだ》に入れた生クリームの厚さは１層につき1cmです。また，スポンジの間に入ったいちごの個数の合計は５個未満とします。

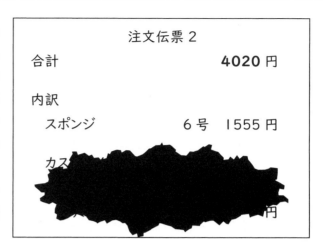

注文伝票２

合計　**4020**円

内訳

スポンジ　６号　1555円

[redacted]

キ

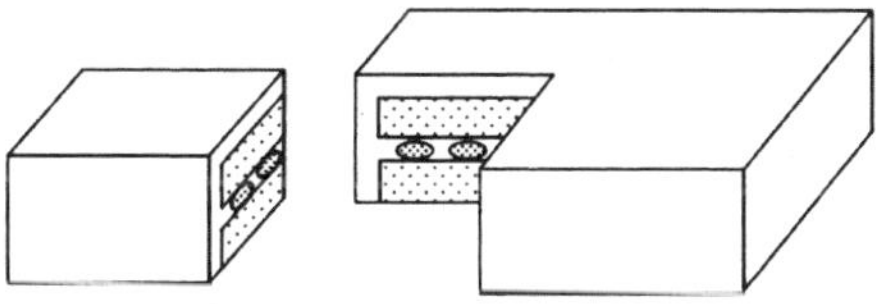

生クリームは２層で，間にいちごが使われている。

ク

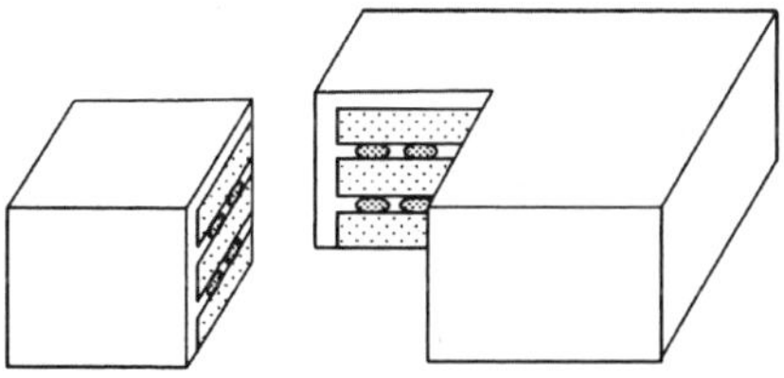

生クリームは３層で，間にいちごが使われている。

ケ

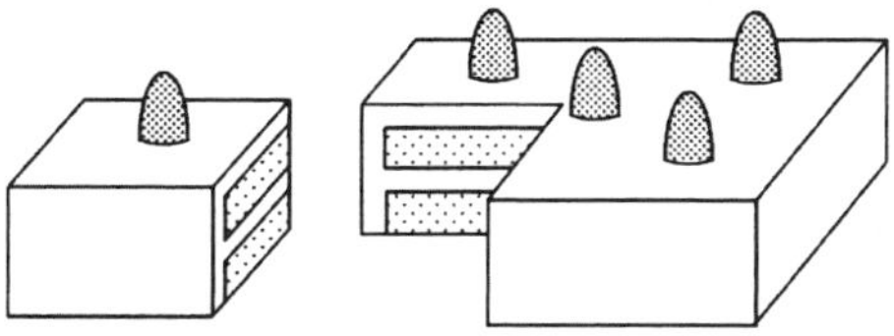

生クリームは２層で，上にいちごが使われている。

コ

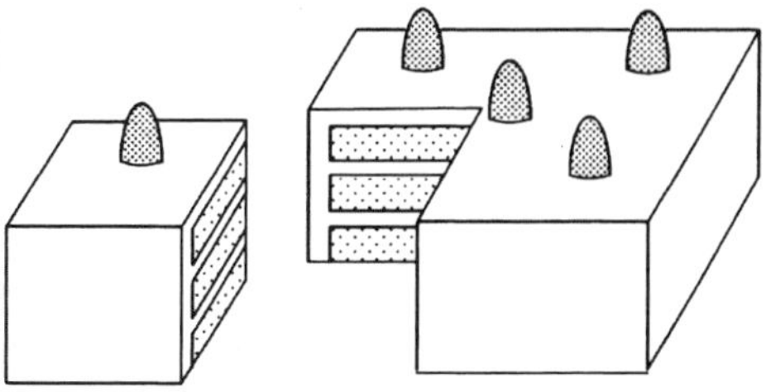

生クリームは３層で，上にいちごが使われている。

サ

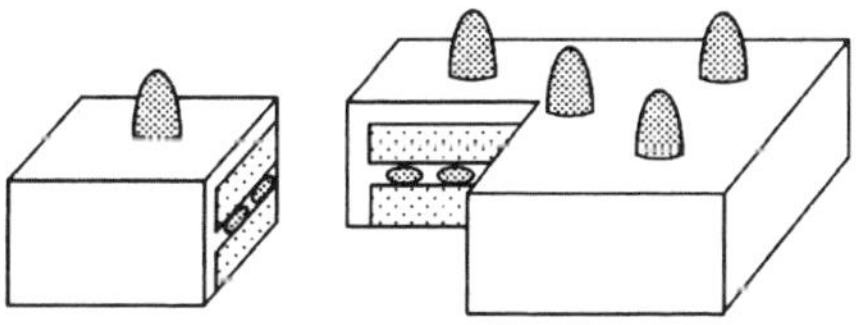

生クリームは２層で，上と間にいちごが使われている。

シ

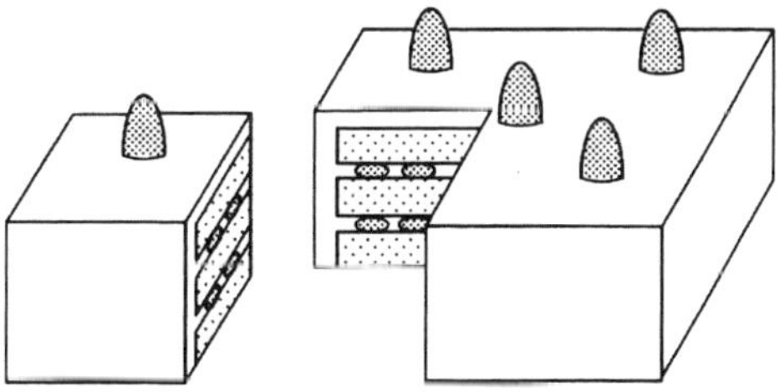

生クリームは３層で，上と間にいちごが使われている。

5 小学6年生のすみれさんと高校3年生のはるなさんが「国政選挙」について調べています。国政選挙とは，国会議員を選出する選挙のことで，衆議院議員総選挙（以下，単に衆議院選挙とよびます。）と参議院議員通常選挙（以下，単に参議院選挙とよびます。）の総称《そうしょう》です。2人の会話文を読んで，次の問いに答えなさい。

すみれ　参議院選挙についてのニュースを見たよ。お姉ちゃんは選挙に行ったの？

はるな　もちろん行ったよ。学校の授業で模擬《もぎ》選挙を体験したことはあったけど，本物の選挙は初めてだったから少し緊張《きんちょう》したよ。

すみれ　私も早く投票してみたいなぁ。2016年に投票できる年齢《ねんれい》が「20歳《さい》以上」から「18歳以上」に引き下げられたんだね。10歳代の投票率は高いのかな？

はるな　友達はみんな選挙に行ったって言ってたけど，全国では選挙に行かない人が多いみたいだよ。図1は2016年以降の国政選挙における年代別の投票率をまとめた折れ線グラフだよ。

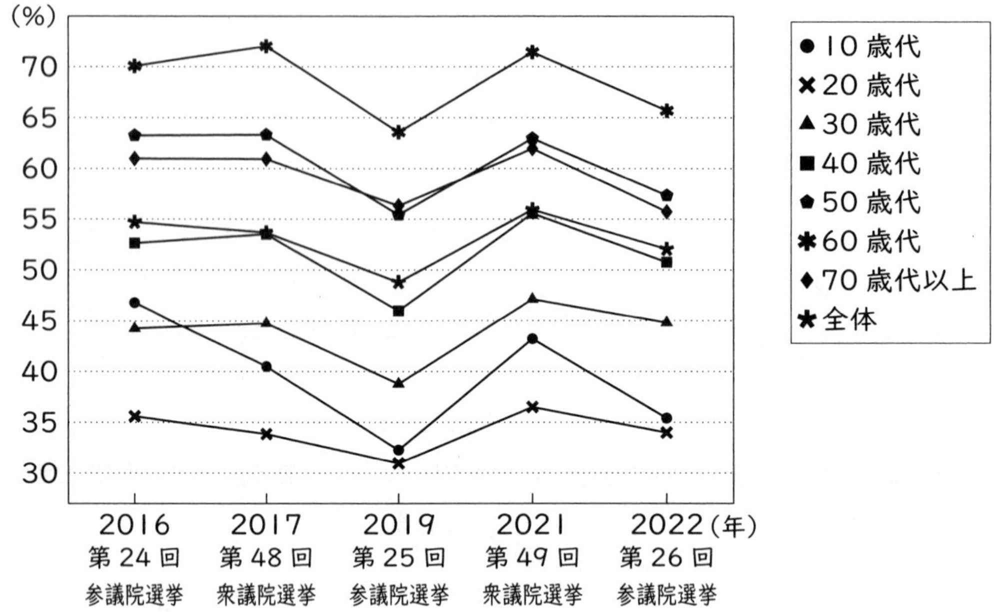

図1

（総務省「国政選挙の年代別投票率の推移について」をもとに作成）

すみれ　若年層の投票率はあまり高くないんだね。ところで，各政党の議席数はどのように決まるのかな？

はるな　比例代表選挙では，「ドント方式」が用いられているみたいだよ。

すみれ　ドント方式って何？

はるな　ドント方式は，各政党の総得票数をそれぞれ１，２，３，…と整数で順に割って，得られた商の大きい順に議席を配分していく方式だよ。表１が実際の結果で，参議院選挙の比例代表選挙では50議席がドント方式で配分されるよ。
例えば，１番目の議席は1826万票の自由民主党が獲得しているね。２番目の議席も913万票の自由民主党が獲得しているね。

すみれ　なるほど。３番目の議席は785万票の日本維新の会，４番目の議席は677万票の立憲民主党，５番目の議席は□万票の公明党が獲得しているんだね。

はるな　そうだね。他にもいろいろな方式があるよ。例えば，海外では「サン＝ラグ方式」が使用されている国もあるよ。サン＝ラグ方式は，各政党の総得票数をそれぞれ１，３，５，…と奇数《きすう》で順に割って，得られた商の大きい順に議席を配分していく方式だよ。

すみれ　ドント方式とサン＝ラグ方式は似ているけど，結果が変わるのかな？

はるな　表１と表２を比べて考えてみよう。

(1)　次の①～③のうち，図１のグラフから読み取れる意見には○，読み取れない意見には×を書きなさい。

①　2016年以降の国政選挙では，20歳代の投票数が最も少ない。

②　2016年以降の国政選挙では，50歳代の半数は必ず投票している。

③　2016年以降の国政選挙では，どの年代も参議院選挙に比べると衆議院選挙の方が投票率が高い。

(2)　□にあてはまる数を答えなさい。

(3)　表１から，50番目の議席を立憲民主党が獲得《かくとく》していることがわかります。自由民主党が50番目の議席を獲得するために必要な票数は最低何万票ですか。ただし，他の政党の得票数は表１の通りで，50議席をドント方式で配分するものとします。

(4)　表２の**ア**～**エ**にあてはまる数を答えなさい。

表１は2022年７月１０日に執行《しっこう》された第26回参議院選挙における比例代表選挙の結果をまとめたものです。得票数は四捨五入して万の位までの概数《がいすう》で表しています。÷１，÷２，…，÷１９は，得票数を１，２，…，１９で割ったときの商で，四捨五入して万の位までの概数で表しています。獲得議席数は，ドント方式で配分された実際の議席数です。

表１

（単位：万票，議席）

政党名	自由民主党	日本維《い》新《しん》の会	立憲民主党	公明党	日本共産党	国民民主党	れいわ新選組	参政党	社会民主党	NHK《エヌエイチケイ》党
得票数	1826	785	677	618	362	316	232	177	126	125
÷１	1826	785	677	618	362	316	232	177	126	125
÷２	913	393	339	309	181	158	116	89	63	63
÷３	609	262	226	206	121	105	77	59	42	42
÷４	457	196	169	155	91	79	58	44	32	31
÷５	365	157	135	124	72	63	46	35	25	25
÷６	304	131	113	103	60	53	39	30	21	21
÷７	261	112	97	88	52	45	33	25	18	18
÷８	228	98	85	77	45	40	29	22	16	16
÷９	203	87	75	69	40	35	26	20	14	14
÷１０	183	79	68	62	36	32	23	18	13	13
÷１１	166	71	62	56	33	29	21	16	11	11
÷１２	152	65	56	52	30	26	19	15	11	10
÷１３	140	60	52	48	28	24	18	14	10	10
÷１４	130	56	48	44	26	23	17	13	9	9
÷１５	122	52	45	41	24	21	15	12	8	8
÷１６	114	49	42	39	23	20	15	11	8	8
÷１７	107	46	40	36	21	19	14	10	7	7
÷１８	101	44	38	34	20	18	13	10	7	7
÷１９	96	41	36	33	19	17	12	9	7	7
獲得議席数	18	8	7	6	3	3	2	1	1	1

（総務省「令和４年７月１０日執行 参議院議員通常選挙 速報結果」をもとに作成）

表２は2022年７月10日に執行された第26回参議院選挙における比例代表選挙の結果をまとめたものです。得票数は四捨五入して万の位までの概数で表しています。÷１，÷３，…，÷37は，得票数を１，３，…，37で割ったときの商で，四捨五入して万の位までの概数で表しています。ただし，獲得議席数は，**実際の議席数ではなくサン=ラグ方式で配分した場合の議席数**です。

表2

（単位：万票，議席）

政党名	自由民主党	日本維新の会	立憲民主党	公明党	日本共産党	国民民主党	れいわ新選組	参政党	社会民主党	NHK党
得票数	1826	785	677	618	362	316	232	177	126	125
÷1	1826	785	677	618	362	316	232	177	126	125
÷3	609	262	226	206	121	105	77	59	42	42
÷5	365	157	135	124	72	63	46	35	25	25
÷7	261	112	97	88	52	45	33	25	18	18
÷9	203	87	75	69	40	35	26	20	14	14
÷11	166	71	62	56	33	29	21	16	11	11
÷13	140	60	52	48	28	24	18	14	10	10
÷15	122	52	45	41	24	21	15	12	8	8
÷17	107	46	40	36	21	19	14	10	7	7
÷19	96	41	36	33	19	17	12	9	7	7
÷21	87	37	32	29	17	15	11	8	6	6
÷23	79	34	29	27	16	14	10	8	5	5
÷25	73	31	27	25	14	13	9	7	5	5
÷27	68	29	25	23	13	12	9	7	5	5
÷29	63	27	23	21	12	11	8	6	4	4
÷31	59	25	22	20	12	10	7	6	4	4
÷33	55	24	21	19	11	10	7	5	4	4
÷35	52	22	19	18	10	9	7	5	4	4
÷37	49	21	18	17	10	9	6	5	3	3
獲得議席数	**ア**	8	**イ**	6	**ウ**	3	2	**エ**	1	1

（総務省「令和４年７月10日執行 参議院議員通常選挙 速報結果」をもとに作成）

問六　【データ】を見ながら生徒Aさんと生徒Bさんが次の会話をしている。この会話をもとに、国産品・輸入品の問題についてどのように考えるか、理由とともにデータも参照しつつ、あなたの考えを二〇〇字以上三〇〇字以内で書きなさい。（一マス目から書き始め、途中《とちゅう》で改行はしないこと）

Aさん「食べ物を買うときに国産かどうかを気にかける人が約七割もいるんだね。」
Bさん「そうだね。なぜそれを気にするんだろう？」
Aさん「たぶん国産品の方が一般的《いっぱんてき》に値段が高いからじゃないかなあ。特に最近は円安によって全体的に値段が上がっているからね。僕《ぼく》は値段を気にして輸入品を買っちゃうかもなぁ。」
Bさん「そうだね。でも他にも気にしないといけないことはないのかな？」

【データ】

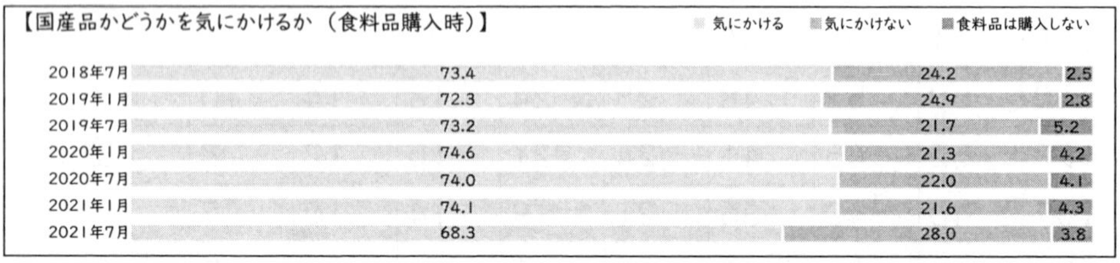

内閣府「消費動向調査（令和3年7月）」より

ウ　公益的機能とすると、その利益が公、つまり田んぼの所有者ではなく地方自治体などの公的なところに還元《かんげん》される恐れがあったから。

エ　田んぼにはそれまで想定されていたよりも多くの機能があるということが明らかになり、その価値を金額に換算《かんさん》すべきだという人が増えてきたから。

問三　――②「おカネに換算」する効果としてふさわしくないものを次の**ア**～**エ**から一つ選び、記号で答えなさい。

ア　農業従事者が対価を主張しやすくなる効果。

イ　そのものの価値を多くの人が実感できる効果。

ウ　本来は無価値のものに価値を付与《ふよ》できる効果。

エ　金額という尺度で他のものと比較《ひかく》できる効果。

問四　――③「農業生産ではなく……理解されている」とあるが、どういうことか。その説明として最もふさわしいものを次の**ア**～**エ**から一つ選び、記号で答えなさい。

ア　農業による生産は毎年一定ではなく、気候も毎年同じではないため、偶然《ぐうぜん》性が避《さ》けられないということ。

イ　「多面的機能」は自然の中で生じる現象であり、無理やり金額に換算することは決してできないと考えられているということ。

ウ　「保健保養機能」などの田んぼの多岐《たき》に渡《わた》る機能は、百姓《ひゃくしょう》の仕事の成果ではなく、自然に生じる現象だと思われているということ。

エ　農業が持つ多岐に渡る機能は実際のところ田んぼを保全することに伴《ともな》って生じるものであるため、観光客には必要ないということ。

問五　――④「かなりおかしい論理」である理由を三十字以上四十字以内で答えなさい。

仕事とは、公益か私益かを考えずにしてしまうものがいっぱいあります。田畑の百姓仕事は、田畑の中だけでおこなわれているのではなく、じつは開かれています。なぜなら、自然を相手にしているからです。自然は囲いこむことができません。自然はもともと開かれているものです。

したがって、私益か公益かという議論は、百姓仕事は自然との関係で、つねに開かれていることを忘れてしまった議論から生じた誤解の最たるものです。それは農業の重要な百姓仕事を忘れて、これらの現象を「機能」と呼んだところから生じた誤りだったのです。

（宇根豊『農は過去と未来をつなぐ』による）

問一　[A]〜[D]に入る言葉として最もふさわしいものを、[A]と[C]はそれぞれ次のア〜エから、[B]と[D]はそれぞれ次のオ〜クから一つ選び、記号で答えなさい。同じ選択肢《せんたくし》は一度しか使えないものとする。

[A]と[C]の選択肢（[A]は二か所あり、同じものが入る）

ア　雨水　**イ**　気候　**ウ**　洪水　**エ**　養分

[B]と[D]の選択肢（[B]は二か所あり、同じものが入る）

オ　緩和《かんわ》　**カ**　計算　**キ**　代替《だいたい》　**ク**　防止

問二　——①「最初は……なってしまった」とあるが、なぜこのような言葉の変化が起こったと筆者は考えているか。その理由として最もふさわしいものを次の**ア**〜**エ**から一つ選び、記号で答えなさい。

ア　「公益的機能」よりも「多面的機能」と呼んだ方が農業がもたらす機能としての実態に即《そく》しているから。

イ　田畑が果たしている様々な機能のうち、どれが公益、つまりみんなの利益かということを決められないと思ったから。

（中略）

一九八〇年代までは、これらの機能は「公益的機能」と呼ばれていました。なぜなら、とても役立っているからです。したがって、その対価を百姓に払《はら》うべきだという気持ちを抱《いだ》くことができます。その結果、どういう形で払えばいいのか、新しい政治を考えるきっかけにもなります。なぜなら「私の田んぼでは一五万円分の米を生産していますが、同時に二五万円分の自然のめぐみももたらしているのです。せめてその半額ぐらいはいただきたい」と百姓が主張できるようになったかもしれないのです。

　しかし、そうはなりませんでした。その理由の一つ目は、何が「公益」か、つまりみんなの利益かということが、うまく説明できなかったのです。

　都会では、田んぼの青々とした風景は、その横を通る人たちならだれでも価値を認めるでしょう。まるで公園みたいなものだからです。気持ちにゆとりのある人なら、田んぼから吹《ふ》いてくる風の涼しさや香《かお》りに気づくでしょう。田んぼで鳴いているカエルの声を、夏を告げる風物詩だと感じることも、田んぼで生まれて団地の庭で群れ飛んでいる赤トンボの価値を受け取ることもできるでしょう。

　ところが、山奥《やまおく》のその百姓しか行くこともない、小さな田んぼの風景や風や赤トンボに、公益があるでしょうか。そう問われて、答えられないと思ったので、「みんなの価値ですよ」と主張しない「多面的機能」に言葉を変えたのだそうです。

　これは④かなりおかしい論理です。

　家の前の道路を掃除《そうじ》するとします。いっぱい人が通る道路なら、多くの人に恩恵《おんけい》がおよび、多くの人に感謝されるでしょう。一方、ほとんど人が通らない道の掃除は、だれも喜ばないでしょう。つまり公益が少ない、と言えるでしょうか。何人以上が通る道の掃除は公益で、何人以下は私益だと分けられるでしょうか。山奥の田んぼはその百姓の家族五人しか近づかないので私益、都会の田んぼは三〇〇〇人が見るから公益だ、と線を引くことはできるでしょうか。できないどころか、これは道路の掃除という行為《こうい》を馬鹿《ばか》にしたとらえ方です。

んぼにたくわえられるので、川に流れこむ水が減って、下流の洪水《こうずい》が防げるのです。これを「[A][B]機能」と呼んでいます。

ほかにも、田んぼの水が地下にしみこんで地下水になるので「地下水涵養《かんよう》機能」、田んぼに入ってくる水の養分が田んぼで吸収されて少なくなるので「水質浄化《じょうか》機能」、田んぼがあると涼《すず》しくなるので「[C][D]機能」、田んぼの風景はなかなかいいものなので「風景形成機能」あるいは「保健保養機能」などが、田んぼの多面的機能の代表です。

この価値をおカネに計算する方法があります。たとえば「[A][B]機能」は、田んぼがためる水と同じ量の水をためるダムの建設費であらわします。「保健保養機能」は、その村にやってきた観光客が使ったおカネのうち農業に関係するものを推測します。まあ、三分の一ぐらいかな、というぐあいです。これは代替法《だいたいほう》という方法です。

しかし、田んぼで生まれるトンボやカエルの値段は、これでは計算できません。そこで、もしトンボを売り出したら、一匹《ぴき》いくらで売れるだろうか、と質問して多かった回答で価格を決める方法もあります。

（中略）

しかし、なぜこのようにかなり無理をしてまで、②おカネに換算《かんさん》しようとしたのでしょうか。まず、そうしないと百姓《ひゃくしょう》以外の人には実感できないからです。百姓は実感していますが、こういう言葉で表現することはありません。つぎに、おカネに換算すれば比較《ひかく》できるからです。日本の農業生産額は五兆円なのに、多面的機能は一〇兆円分もあるんだ、と主張もできるからです。しかし、この多面的機能の評価額は、百姓にはまったく支払《しはら》われていません。タダで提供させられ、タダ取りされているのです。なぜなら、これらの機能は自然現象だと思われていますし、③農業生産ではなく、農業生産に付随《ふずい》して、あるいはその結果たまたま生じる現象だと理解されているからです。

問四　【文章Ⅰ】の――③「教科書に載っている詩は好きになれないものばかりで……おもしろくなかった」について、筆者がここで指摘《してき》する詩の授業の説明としてあてはまらないものを次の**ア**～**エ**から一つ選び、記号で答えなさい。

ア　作者があらかじめ用意していた主題から、意図せずにずれた表現を味わうこと。

イ　詩の技巧や形式を踏《ふ》まえて手際よく解読し、作者の心を言い当て共感すること。

ウ　難義語や特徴的《とくちょうてき》な表現の意味を調べ、それらをもとに作者の考えを読み取ること。

エ　詩の中で用いられている表現技法を発見し、その技法に基づいて詩を解釈すること。

問五　【文章Ⅰ】の――④「媒体」について、本文中の意味として最もふさわしいものを次の**ア**～**エ**から一つ選び、記号で答えなさい。

ア　記録　　**イ**　芸術　　**ウ**　手段　　**エ**　目的

問六　【文章Ⅱ】の═「この部屋はどんな部屋なのか」を説明した一文を【文章Ⅰ】の中から探し、最初と最後の五字を抜《ぬ》き出しなさい。

三

以下の文を読んで、次の問いに答えなさい。

　農業は食べものを生産しているだけではないという考え方は新しい考え方です。一九七〇年代に生まれてきました。①最初は「公益的機能」と呼ばれていました。それが一九九〇年代になると、いつのまにか「多面的機能」になってしまったのです。

　たとえば、田植えをすると田んぼに水がたまります。大雨のときには、畦《あぜ》からオーバーフローするぐらいたまります。まるでダムのようです。したがって、田んぼがあると雨水が田

Bさん「確かに。でも、人はたくさんいたみたいだよね。『何世紀にもわたる沢山の人々の足』が『床をすり減らし』て、真ん中がくぼんでいる。」
Aさん「そうそう、その真ん中に血痕《けっこん》が付着しているというのも意味がありそうな表現だね。」

問一　【文章Ⅰ】の［Ａ］～［Ｃ］に入れるのに最もふさわしい言葉を次のア～エから一つずつ選び、それぞれ記号で答えなさい。

ア　しかし　**イ**　だから　**ウ**　ところで　**エ**　もちろん

問二　【文章Ⅰ】の——①「未来さえあれば読める詩」の説明として最もふさわしいものを次のア～エから一つ選び、記号で答えなさい。

ア　読み手が過去に体験した感情に依存《いそん》する詩ではなく、読者に未知の感情を体験させる詩のこと。

イ　過去の実績などにとらわれず、未知のものを恐《おそ》れずに進もうという人を読み手とする詩のこと。

ウ　すでに実在する「もの」や「こと」を表現する詩ではなく、読者に未来の景色を想像させる詩のこと。

エ　現実にはありえない光景を描くものではなく、読者が見聞きした生の実感に基づく解釈《かいしゃく》を要求する詩のこと。

問三　【文章Ⅰ】の——②「ことばの姿かたち」を言い換《か》えた表現を、ここより後の文中から十五字で抜き出しなさい。

③教科書に載《の》っている詩は好きになれないものばかりで、詩の授業はまったくおもしろくなかった。

教科書は、詩というものを、作者の感動や思想を伝達する④媒体《ばいたい》としか見ていないようだった。［C］教室では、その詩に出てくるむずかしいことばを辞書でしらべ、修辞的な技巧を説明し、「この詩で作者が言いたかったこと」を言い当てることを目標とする。国語の授業においては、詩を読む人はいつも、作者のこころのなかを言い当て、それにじょうずに共感することを求められている。

そんなことが大事だとはどうしても思えなかった。あらかじめ作者のこころのなかに用意されていた考えを、決められた約束事にしたがって手際《てぎわ》よく解読することなどに魅力《みりょく》はない。わたしはもっとスリルのある、もっとなまなましい、もっと人間的な詩をもとめていた。

（渡邊《わたなべ》十絲《とし》子《こ》『今を生きるための現代詩』による）

【文章Ⅱ】

Aさん「この詩はどのような場面を描《えが》いているんだろう？」

Bさん「『四方は白いしつくいの壁《かべ》に囲まれている』ということだから、部屋の描写《びょうしゃ》だよね。」

Cさん「じゃあ、この部屋はどんな部屋なのか考えてみない？」

Bさん「まず、白い壁で、窓はないから方位もわからない。天井《てんじょう》は高いけれど、上にいくにつれて細くなっていく立方錐《すい》の形に見えるんだよね。部屋の中には何もない。」

Aさん「床《ゆか》は、石でできていて、地殻《ちかく》につながっているから、つまり地面ということだね。」

Bさん「扉《とびら》はあるけど、その扉は絵だと書いてある。」

Cさん「じゃあ、入口はないってこと？　どこから人は入ったのだろうか。」

をふくんだ寓話《ぐうわ》のようなものではない。

そのように詩を読むことは、詩のもっている力のほとんどの部分を使わずに捨ててしまうようなもったいない読み方だと思った。

まだ中学生だったわたしには、こんなことを順序だてて考えてみる力がなかった。だから、たとえば人生の哀歓《あいかん》や自然の美を華麗《かれい》な技巧《ぎこう》でうたいあげたような詩を、わたしはただ嫌《きら》った。それしか自分の信念の表しようがなかったのだ。

一般《いっぱん》に人は、実力が足りないときには、対象を否定することしかできない。肯定《こうてい》や受容は、否定の数十倍のエネルギーを必要とするものだと思う。だから小さいこどもは、新しく接する未知のものを否定ばかりしている。いま自分が、好きではない詩を否定するやりかたではなく、好きになった詩を肯定することばを書けるのは、つまり、おとなになったということである。

詩とは、ただ純粋《じゅんすい》な「ことば」である。

文字という形で記録され、不特定の誰《だれ》かに読まれる、用途《ようと》の決められない存在である。それは、日常の秩序《ちつじょ》にゆさぶりをかけ、わたしたちの意識に未体験の局面をもたらす、ただそのような作用をすればじゅうぶんなものだ。

もちろん13歳のわたしにそんなことは説明できなかった。説明できないけれど胸にずっしりと感じていた。

人間社会の秩序からみれば意味や価値のないことを考えたり、ひととはちがうことをしたりすることは、じつはみんなが思っているよりもずっとずっと大事なことだ。そう言いたかったのは、自分が意味のないことばかり考え、ひととおなじに行動できない問題児だったから、そんな自分を弁護したかったのだと思う。そして「沈黙の部屋」という詩は、そのときの気持ちにぴったり沿った詩だった。

「沈黙の部屋」という詩をみつけたのは、もちろん教科書のなかではない。

ことは「読者の内部にあらかじめある体験の想起と、実感の再現」でないことはあきらかだ。[A]これこそが、過去に体験した「生の実感」を想起するように要求されてもなんの手持ちもなく茫然《ぼうぜん》と立ちつくしていた13歳をこばまない、①未来さえあれば読める詩なのだった。

この詩はわたしの感情をはげしく揺《ゆ》さぶった。ひとつひとつの単語が清潔にかがやいていて、ことばのトーンが詩のすみずみまで注意深く統一されていて、だから全体の手ざわりがつるつるで、しかし描《えが》きだされている場面は不気味であった。遠近法のゆがんだ、おそろしい絵画のようだった。

②ことばの姿かたちが、その背後にいる詩人のたくらみをきれいに映しだしていた。つまり、この詩を書いた人が、現実にはありえない場所や光景のリアリティーをこしらえてしまったという魔術《まじゅつ》をわたしは感じたのである。

[B]、そんなことはおとなになってから考えたことであって、13歳のわたしはただあまりの格好よさに呼吸をするのもわすれて見とれていただけだ。この詩の意味なんて考えたこともなかったし、考えたってなにもわかりはしなかった。

わたしは感動していたといってもいい。でも、刺激《しげき》されていたのは過去に経験した感情ではなくて、それまでいちども味わったことのない、未知の感情だった。わたしは詩によって、あたらしい感情を体験させられていたのだ。

ここに書かれていることばは、いまは照合すべき実体のない呪文《じゅもん》だが、やがてわたしの未来のどこかで、なにかとちゃんと「響《ひび》きあう」。その予感が、わたしのからだをいっぱいに満たしていたのだった。

谷川俊太郎の詩「沈黙の部屋」は、わたしを圧倒《あっとう》した。

そのとき、わたしのなかに、現代詩というもののイメージができた。

現代詩は、世の中にすでに実在していてみんながよく知っている「もの」や「こと」を、わざわざことば数をふやし、凝《こ》った言い方で表現しようとするものではない。まして人生訓

が、何も家具をもちこまなかつたし、時には呼吸すらごくひつそりとくり返す
にすぎなかつたので、（もちろん火を焚《た》くことなど、思いもよらなかつた。）白
い壁は汚《よご》れることも、煤《すす》けることもなく、いつまでも新しく見えるのである。
白いしつくい壁の或《あ》る一面に、（何故《なぜ》或る一面になどと、曖昧《あいまい》な云《い》いかたをす
るのかというと、ここには窓がないので、方位を決定することができないのだ。）
一枚の扉《とびら》がかかつている。この扉は非常に写実的に描かれた一枚の絵にすぎ
ない。つまりこの扉を開けても、そこには白いしつくい壁があるだけなのだ。
そのかわり天井《てんじょう》は非常に高い。高いけれどそれは上に行くにしたがつてせば
まつていて、丁度鋭《するど》い立方錐《すい》の内側のようになつている。その頂上は非常に
狭《せま》く、おそらくヘアーピンを用いなければ掃除《そうじ》することはできないだろう。天
井は壁と同じように白いしつくいで塗られているが、もちろんそこにも埃《ほこり》は
おろかしみひとつない。
床《ゆか》は石でできている。地殻《ちかく》に直接つながる花崗岩《かこうがん》を平に磨《みが》きあげたものである。
だがそれは、今や厳密には平とは云えない。何世紀にもわたる沢山《たくさん》の人々の足
が、（木靴《きぐつ》や、ぞうりや、鋲《びょう》を打つた靴《くつ》や、はだしが）床をすり減らしてしま
つたのだ。床は真中が最も低くすり減つている。これは人々の多くが、部屋の
中心にいることを望んだ証拠《しょうこ》であつて、よく見るとそこにはごく僅《わず》かではあ
るが、血痕《けっこん》が付着している。

一九六二年　現代日本詩集５『21』

　ここに描かれているのは、現実世界に生きているわれわれ人間の具体的体験ではありえない。何世紀にもわたってこんな部屋にとじこめられて暮らすことは当然不可能だし、語り手の視点も、現実には存在しない架空《かくう》の座標のようである。（中略）

　地面の石を床とし、高い壁に四方を囲まれて窓も扉もない、立方錐の内側のような密室という仮想空間。それを体験した人はひとりも存在しないのだから、この詩がおこなっている

ところが講演会ではグレードの低い質問をする人が多い。しかもたいてい前提となる自分の経験と知識を延々と話すからたまったものではない。これは状況《じょうきょう》を認識していない質問の典型である。……そういう状況では、（　②　）はみんなのためになる質問を意識しなければならないのだ。（齋藤 孝《さいとうたかし》『質問力　話し上手はここがちがう』より）

②　ア　講演者　　イ　聴衆《ちょうしゅう》　　ウ　読者　　エ　視聴《しちょう》者

問三　――部の敬語を適切な形に改め、解答欄《らん》に書きなさい。

「本日はご来場いただきありがとうございます。ドルトン東京学園に新しくできたSTEAM《スティーム》棟《とう》をぜひ拝見下《はいけんくだ》さい。」

二　以下の【文章Ⅰ】【文章Ⅱ】を読んで、次の問いに答えなさい。なお、【文章Ⅱ】は、【文章Ⅰ】の中にある「沈黙《ちんもく》の部屋」の詩を読んだ後の、話し合いの様子である。

【文章Ⅰ】

13歳《さい》のわたしが、意味もわからないままにただこころをうたれ、なにものかに駆《か》りたてられるように感情をはげしく波うたせながらノートに筆写していたのは、たとえばこういう詩だった。

沈黙の部屋　　谷川俊太郎《しゅんたろう》

四方は白いしつくい壁《かべ》にとりかこまれている。壁は最近塗《ぬ》られたばかりのように新しいが、実はもう何世紀も前に塗られたのである。ただ、ここに住んだ人々

2023年度 ドルトン東京学園中等部

【国　語】〈二月一日午後特待試験〉（五〇分）〈満点：一〇〇点〉

〔注意〕字数制限がある問いは、「、」や「。」やカギカッコなどを字数に含《ふく》みます。

一　次の問いに答えなさい。

問一　①～③のカタカナを漢字に直しなさい。

①身をコにして働く。

②カイシンの作品ができあがった。

③合格のロウホウを受け取る。

問二　（①）～（②）に入る言葉として最もふさわしいものを次のア～エから一つ選び、記号で答えなさい。

職場でも、学校でも、日常生活においても、情報が（①）のようにあふれていますし、聞いたことがない事柄《ことがら》に出会っても、ネットでちょっと検索《けんさく》すれば、瞬時《しゅんじ》にしてだいたいのことはわかってしまいます。（姜尚中《かんさんじゅん》『悩《なや》む力』より）

①　ア　聖書　　イ　比喩《ひゆ》　　ウ　洪水《こうずい》　　エ　矛盾《むじゅん》

2023年度

ドルトン東京学園中等部 ▶解説と解答

算 数 ＜２月１日午後特待試験＞（50分）＜満点：100点＞

解 答

1 (1) 21 (2) 1.05 (3) 60600 (4) 15 **2** (1) 520円 (2) Ａが40安打多い (3) ③ (4) 40分後 (5) 7 (6) ３勝 **3** (1) 90 (2) 79 (3) 6 **4** (1) 400円 (2) 461円 (3) **ア** 20 **イ** 856 **ウ** 428 **エ** 1370 **オ** 5 **カ** 325 (4) サ **5** (1) ① × ② ○ ③ × (2) 618万票 (3) 1838万票 (4) **ア** 18 **イ** 6 **ウ** 3 **エ** 2

解 説

1 四則計算，計算のくふう，調べ

(1) $5+4\div0.5\times2=5+8\times2=5+16=21$

(2) $\left(\frac{3}{5}-0.5\right)\div\frac{1}{3}+0.75=(0.6-0.5)\div\frac{1}{3}+0.75=0.1\times3+0.75=0.3+0.75=1.05$

(3) $A\times B-A\times C=A\times(B-C)$となることを利用すると，$202\times365-101\times130=101\times2\times365-101\times130=101\times730-101\times130=101\times(730-130)=101\times600=60600$

(4) $\frac{2}{3}$で割ると５よりも大きくなるから，アに入る記号は÷か＋とわかる。また，イに入る記号は×か＋である。それぞれの場合を調べると右のようになるので，最大の値は15となる。

$5\div\frac{2}{3}\times2=15$　　$5\div\frac{2}{3}+2=9\frac{1}{2}$

$5+\frac{2}{3}\times2=6\frac{1}{3}$　　$5+\frac{2}{3}+2=7\frac{2}{3}$

2 条件の整理，割合と比，展開図，構成，旅人算，周期算，推理

(1) 駅と駅の間の道のりを図に表すと右の図１のようになる。図１から，神戸三宮駅から甲子園《こうしえん》駅までの道のりは，$31.2-14.1=17.1$(km)とわかり，問題文中のグラフから，この道のりにかかる運賃は，大人が270円，子どもが140円となる。同様に，甲子園駅から尼崎《あまがさき》駅までの道のりは，$14.1-8.9=5.2$(km)であり，この道のりにかかる運賃は，大人が190円，子どもが100円となる。よって，甲子園駅で降りる場合の運賃の合計は，$(270+140+190+100)\times2=1400$(円)と求められる。一方，神戸三宮駅から尼崎駅までの道のりは，$11.0+11.3=22.3$(km)であり，この道のりにかかる運賃は，大人が290円，子どもが150円だから，途中《とちゅう》で降りない場合の運賃の合計は，$(290+150)\times2=880$(円)となる。したがって，途中で降りると，降りない場合よりも，$1400-880=520$(円)多くかかる。

図１

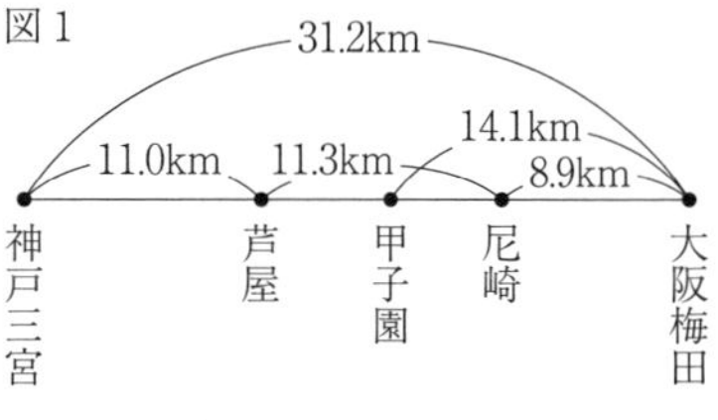

(2) 打者Ａの打率は0.3585以上0.3595未満なので，$602\times0.3585=215.817$，$602\times0.3595=216.419$より，打者Ａの安打数は216安打とわかる。一方，打者Ｂの打率は0.3885以上0.3895未満だから，$453\times0.3885=175.9905$，$453\times0.3895=176.4435$より，打者Ｂの安打数は176安打となる。よって，打者Ａの方が，$216-176=40$(安打)多い。

(3)　この立体は正十二面体であり，見取図は右の図２のようになる。図２で，太実線で囲んだ面と向かい合うのは太点線で囲んだ面であり，それぞれの面には辺で重なる面が５面ずつある。また，これらの面はすべて異なる面である。右の図３で，アの面と辺で重なるのはかげをつけた５面であり，③の面と斜線《しゃせん》をつけた５面も辺で重なる。よって，アの面と向かい合う面は③とわかる。

図２

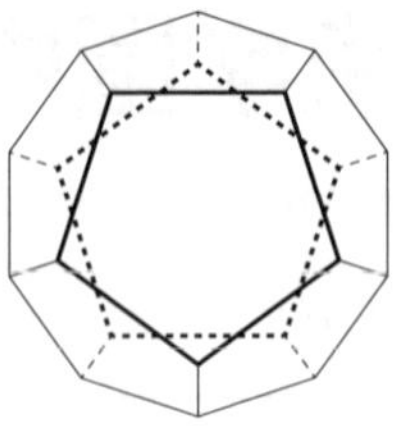

図３

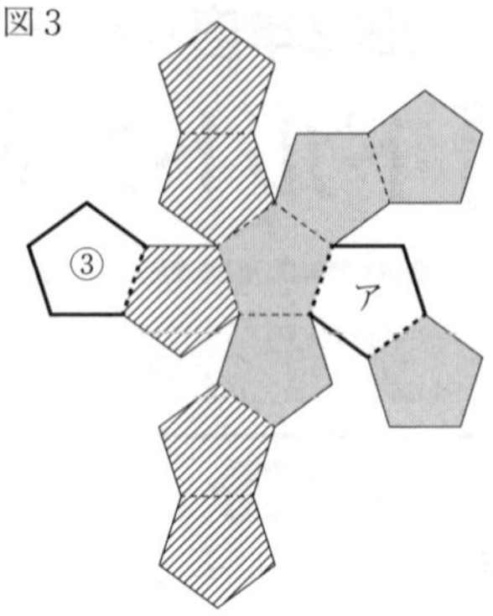

(4)　コース１周の長さは姉と妹が８分で歩く道のりの和にあたるから，$(90+60)\times 8=1200$(m)とわかる。よって，同じ方向に歩くと，$1200\div(90-60)=40$(分後)に姉が妹に追いつく。

(5)　一の位の数字だけを計算すると，１回かけたときの一の位は3，２回かけたときの一の位は，$3\times 3=9$，３回かけたときの一の位は，$9\times 3=27$，４回かけたときの一の位は，$7\times 3=21$，５回かけたときの一の位は，$1\times 3=3$，６回かけたときの一の位は，$3\times 3=9$，…となる。よって，３を何回かかけたときの一の位は，{3，9，7，1}の４個の数字がくり返されることになる。したがって，$2023\div 4=505$余り３より，３を2023回かけたときの一の位の数字は，３を３回かけたときの一の位の数字と等しく７とわかる。

(6)「Ｂは全勝」,「Ｄは全敗」,「ＥはＣに勝った」という条件から，右の図４のようになる。さらに，Ａは負けた試合の方が多いので，ＡはＣにもＥにも負けたことになり，右の図５のようになる。よって，Ｅは３勝したとわかる。なお，これは「Ｃの勝率は５割」という条件にも合う。

図４

	A	B	C	D	E
A		×		○	
B	○		○	○	○
C		×		○	×
D	×	×	×		×
E		×	○	○	

図５

	A	B	C	D	E
A		×	×	○	×
B	○		○	○	○
C	○	×		○	×
D	×	×	×		×
E	○	×	○	○	

3　立体図形―構成，条件の整理

(1)　問題文中の図２から，図３のように見えるときのさいころの置き方は下の図①のようになっていることがわかる(大きい文字は真上の面の目，小さい文字は側面の４つの目を表す)。よって，下の段について，まわりから見える面の目の合計が最も大きくなる置き方は下の図②のようになる(上の段はどのように置いても，まわりから見える面の目の合計は，$2+7\times 2=16$になる)。すると，下の段の合計は，$2\times 8+3\times 2+4\times 4+6\times 6=74$だから，全部で，$16+74=90$になる。

(2)　５の目を真上にして置くとき，さいころの置き方は下の図③のようになる。よって，下の段について，まわりから見える面の目の合計が最も小さくなる置き方は下の図④のようになる(上の段はどのように置いても，まわりから見える面の目の合計は，$5+7\times 2=19$になる)。すると，下の段の合計は，$1\times 8+3\times 4+5\times 8=60$だから，全部で，$19+60=79$と求められる。

(3)　真上の面が１のさいころの置き方は下の図⑤，２のさいころの置き方は下の図⑥，３のさいころの置き方は下の図⑦のようになる。よって，まわりから見える面の目の合計が最も大きくなる場合の下の段の置き方は下の図⑧のようになり，このときの合計は，$1\times 2+2\times 6+3\times 2+4\times 4+5\times 2+6\times 4=70$と求められる。さらに，上の段のアの目を除いた４つの目の合計は，$7\times 2=14$なので，$90-(70+14)=6$より，アの目を６にすれば条件に合うことがわかる。

図①　図②　図③　図④　図⑤　図⑥　図⑦　図⑧

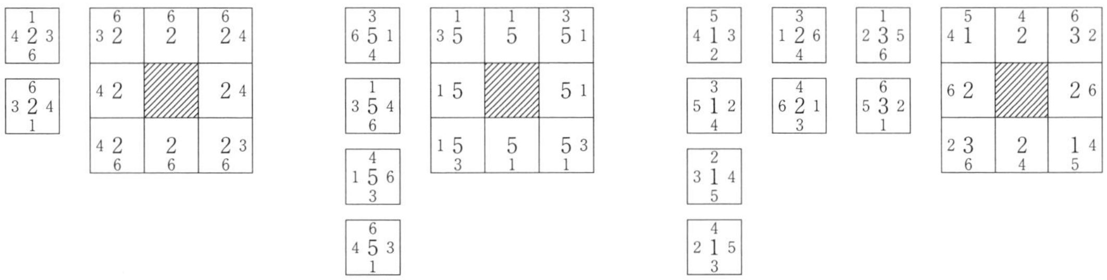

4 正比例と反比例，条件の整理

⑴　スポンジは1cm^{3}あたりの重さが0.4gだから，500cm^{3}の重さは，0.4×500＝200(g)になる。また，1gあたりの材料費は，20÷10＝2(円)なので，200gの値段は，2×200＝400(円)と求められる。

⑵　4号は底面の1辺の長さが，3×4＝12(cm)，高さが，$12\times\frac{1}{3}$＝4(cm)の直方体だから，体積は，12×12×4＝576(cm^3)である。よって，重さは，0.4×576＝230.4(g)なので，値段は，2×230.4＝460.8(円)とわかる。これは，小数第1位を四捨五入すると461円になる。

⑶　6号は底面の1辺の長さが，3×6＝18(cm)，高さが，$18\times\frac{1}{3}$＝6(cm)の直方体だから，正面から見ると右の図のようになる。よって，生クリームを入れた底面の1辺の長さは，18＋1×2＝20(cm)(…ア)である。すると，スポンジと生クリームの体積の合計は，

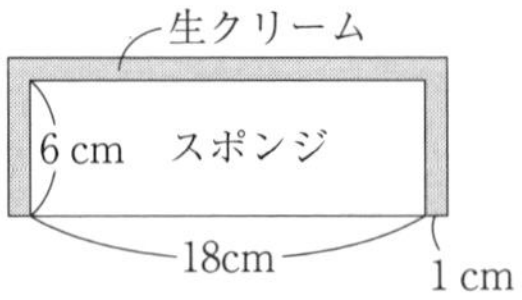

20×20×(6＋1)＝2800(cm^3)となり，そのうちスポンジの体積が，18×18×6＝1944(cm^3)なので，生クリームの体積は，2800−1944＝856(cm^3)(…イ)と求められる。また，生クリームは1cm^{3}あたりの重さが0.5gだから，856cm^{3}の重さは，0.5×856＝428(g)(…ウ)である。さらに，1gあたりの材料費は，16÷5＝3.2(円)なので，428gの値段は，3.2×428＝1369.6(円)と求められる。これは，小数第1位を四捨五入すると1370円(…エ)になる。そして，合計の値段が3250円だから，イチゴの値段は，3250−(1555＋1370)＝325(円)(…カ)とわかる。したがって，イチゴの個数は，325÷65＝5(個)(…オ)である。

⑷　生クリームが2層の場合，生クリームを入れた高さは，6＋1×2＝8(cm)になる。すると，スポンジと生クリームの体積の合計は，20×20×8＝3200(cm^3)になるから，生クリームの体積は，3200−1944＝1256(cm^3)とわかる。これは，0.5×1256＝628(g)なので，3.2×628＝2009.6(円)より，生クリームの値段は2010円と求められる。この場合，イチゴの値段は，4020−(1555＋2010)＝455(円)だから，イチゴの個数は，455÷65＝7(個)になる。同様に，生クリームが3層の場合，生クリームを入れた高さは，6＋1×3＝9(cm)になる。すると，スポンジと生クリームの体積の合計は，20×20×9＝3600(cm^3)になるので，生クリームの体積は，3600−1944＝1656(cm^3)とわかる。これは，0.5×1656＝828(g)だから，3.2×828＝2649.6(円)より，生クリームの値段は2650円と求められる。すると，スポンジと生クリームの値段の合計が，1555＋2650＝4205(円)となり，4020円をこえてしまうので，条件に合わない。よって，条件に合うのは，生クリームが2層，イチゴが7個の場合であり，サとわかる。

5 条件の整理

(1) 問題文中の図１のグラフは「投票率」を表したものであり，このグラフからは「投票数」は読み取れない。よって，①は×である。また，50歳《さい》代の投票率はすべて50％以上だから，②は○となる。さらに，たとえば20歳代の投票率を見ると，2016年の参議院選挙の投票率よりも2017年の衆議院選挙の投票率の方が低い。したがって，③は×とわかる。

(2) 多い順に番号をふると，右の図Ⅰのようになる。よって，５番目の議席は618万票の公明党が獲得《かくとく》していることがわかる。

図Ⅰ

	自由	維新	立憲	公明	共産
得票数	1826	785	677	618	362
÷１	❶1826	❸785	❹677	❺618	362
÷２	❷ 913	393	339	309	181
÷３	609	262	226	206	121

(3) 自由民主党の獲得議席数が18であることから，50番目の議席は立憲民主党の得票数(677万票)を７で割った値である97万票が獲得しているとわかる。これを，自由民主党の得票数を19で割った値である96万票が上回るようにすればよい。ここで，＿の値は小数第１位を四捨五入したものなので，実際には，677÷７＝$\frac{677}{7}$である。よって，必要な自由民主党の得票数を□万票とすると，□÷19＞$\frac{677}{7}$と表すことができる。したがって，$\frac{677}{7}$×19＝1837.5…より，自由民主党が50番目の議席を獲得するために必要な票数は最低1838万票と求められる。

(4) 日本維新《いしん》の会の獲得議席数は８だから，日本維新の会の得票数を15で割った値である52万票は議席を獲得している。すると，53万票以上はすべて議席を獲得したことになるので，獲得が決定した値とその次の値についてまとめると，右上の図Ⅱのようになる。図Ⅱで，獲得が決定している議席数の合計は，17(自由)＋８(維新)＋６(立憲)＋６(公明)＋３(共産)＋３(国民)＋２(れいわ)＋２(参政)＋１(社会)＋１(NHK)＝49だから，残りの議席数は，50－49＝１である。よって，図Ⅱのかげの部分の１つだけが獲得することになる。かげの部分の値は，自由民主党は，1826÷35＝52.17…，立憲民主党は，677÷13＝52.07…，日本共産党は，362÷７＝51.71…なので，獲得するのは自由民主党とわかる。したがって，ア＝17＋１＝18，イ＝６，ウ＝３，エ＝２と求められる。

図Ⅱ

	自由	維新	立憲	公明	共産	国民	れいわ	参政	社会	NHK
得票数	1826	785	677	618	362	316	232	177	126	125
獲得が決定	55	52	62	56	72	63	77	59	126	125
その次の値	52	46	52	48	52	45	46	35	42	42
獲得議席数	ア	8	イ	6	ウ	3	2	エ	1	1

国語 ＜２月１日午後特待試験＞（50分）＜満点：100点＞

解答

一 **問１** 下記を参照のこと。 **問２** ① ウ ② イ **問３** ごらんください(ごらんになってください) **二** **問１** A ア B エ C イ **問２** ア **問３** いまは照合すべき実体のない呪文 **問４** ア **問５** ウ **問６** 地面の石を～仮想空間。(う仮想空間) **三** **問１** A ウ B ク C イ D オ **問２** イ **問３** ウ **問４** ウ **問５** (例) 公益と私益の線引きができないのにもかかわらず，それをしようとしているから。 **問６** (例) 私は，Aさんとは違う視点からデータを読み取りました。国産品かどうかを気にかける人が多いのは，「食の安全」に対する意識の高さが一因となっているのではないかと考えたのです。輸入品が安全でないということではありませんが，生鮮品に関しては

「国産」という表示が日本人の間では安心感につながっていると思います。これに対して，小麦を原料とした加工品や缶詰などは，品質に大差がないと考えられているので，低価格の輸入品が選ばれていると推測されます。資源の少ない日本は，他国に比べて食料自給率が低いと聞きます。価格だけを意識するのではなく，用途や食料問題を考慮し，さまざまに買い分けていくことが大切だと私は考えます。

●漢字の書き取り

一 問１　①　粉　②　会心　③　朗報

解説

一　漢字の書き取り，語句の知識，敬語の知識

問１　①　音読みは「フン」で，「粉末」などの熟語がある。　②　満足すること。　③　うれしい知らせ。

問２　①　前後の文脈から，どんな場所にもたくさんの「情報」がある，という内容になると考えられる。よって，たくさんの事物があらゆる場所に存在しているさまを表す「洪水《こうずい》のようにあふれて」が合う。　②　講演会で「状況《じょうきょう》を認識《にんしき》していない質問」をする人のことが書かれている。質問をするのは講演を聞いている側なので，「聴衆《ちょうしゅう》」は「みんなのためになる質問を意識しなければならない」とすると文脈に合う。

問３　「拝見《はいけん》」は，謙譲《けんじょう》の表現なので，来場された方の動作に用いるのは適切ではない。正しくは，尊敬表現の「ごらんください」などがよい。

二　出典は渡邊《わたなべ》十絲子《としこ》の『今を生きるための現代詩』による。

谷川《たにかわ》俊《しゅん》太郎《たろう》の詩「沈黙《ちんもく》の部屋」について筆者が自身の体験を通じて感じたことや，現代詩の鑑賞《かんしょう》の仕方などについて説明されている。

問１　A　「沈黙の部屋」の詩が「おこなっていること」は，「読者の内部にあらかじめある体験の想起と，実感の再現」でないことはあきらかだが，過去に体験した「生の実感」のない「13歳」の筆者をこばむことのないものだった，という文脈になる。この文脈をふまえて考えると，前のことがらを受けて，それに反する内容を述べるときに用いる「しかし」が入るとわかる。　B　「沈黙の部屋」という詩に，「現実にはありえない場所や光景のリアリティー」を読み手に感じさせる「魔術《まじゅつ》」があるということは，当然のことながら，「わたし」が「おとなになってから考えたこと」である，という文脈になる。よって，「もちろん」が入る。　C　教科書は，「詩というものを，作者の感動や思想を伝達する媒体《ばいたい》としか見ていないようだった」ので，教室の授業では，「ことばを辞書」でしらべたり，「修辞的な技巧を説明し」たり，「作者が言いたかったこと」を言い当てたりしたとある。前のことがらを理由として，後にその結果をつなげているので，「だから」が入る。

問２　空らんBの前後で，「沈黙の部屋」は，当時「13歳」の筆者に，「それまでいちども味わったことのない，未知の感情」を体験させ，「感情をはげしく揺《ゆ》さぶった」とされている。つまり，「沈黙の部屋」によって「刺激《しげき》されていたのは過去に経験した感情」ではなく，未知の感情だったので，アの内容が合う。

問３　この「ことばの姿かたち」は，詩の「背後にいる詩人のたくらみをきれい」に映しだすものであり，筆者は，それによって「未知の感情」を体験した。つまり，「ことばの姿かたち」は，過去の体験に照らし合わせることのできない「照合すべき実体のない呪文《じゅもん》」のようなものであり，そ

れが筆者に「未来のどこか」で「なにか」と響《ひび》きあう予感をもたらしたのである。

問４　教科書に載《の》っている詩を学ぶ授業は，むずかしいことばを辞書で調べたり，修辞的な技巧を学んだりして，「作者が言いたかったこと」を言い当てることを目標とするものなので，イ，ウ，エはそれにあてはまる。詩の作者が用意していた主題からずれた表現を味わうものではないので，アは詩の授業の内容にあてはまらない。

問５　「媒体」は，伝えるためのなかだちとなるもののこと。ここでは，「作者の感動や思想を伝達する」ための手段や方法という意味で用いられている。

問６　「沈黙の部屋」のようすが簡潔に説明されている一文は，「地面の石を床とし，高い壁《かべ》に四方を囲まれて窓も扉《とびら》もない，立方錐《すい》の内側のような密室という仮想空間」である。

三　**出典は宇根《うね》豊《ゆたか》の『農は過去と未来をつなぐ—田んぼから考えたこと』による。**農業において，私益か公益かという線引きをしたり，「多面的機能」という呼び方をしたりしていることについて，疑問を投げかけている。

問１　**Ａ～Ｄ**　雨水が田んぼにたくわえられることで，川に流れこむ水が減り，下流の「洪水」が，「防げる」ようになる。そして，この機能は，「田んぼがためる水と同じ量の水をためるダムの建設費」によって表される。また，水のたまった田んぼがあることで暑かった気候が，緩和《かんわ》されて「涼《すず》しくなる」という機能もある。

問２　二番目の(中略)の後の四段落に注目する。農業には「食べものを生産」するという機能の他にも，洪水を防止する機能，「地下水涵養《かんよう》機能」，「水質浄《じょう》化《か》機能」などがあるが，何が「公益」であるかということを決められなかったために，「公益的機能」という呼び方から「多面的機能」に変えられたと説明されている。

問３　田んぼがためる水の量の価値を「ダムの建設費」に換算《かんさん》したり，「保健保養機能」として「観光客が使ったおカネのうち農業に関係するもの」を推測して計算したりするのは，農業に従事している人以外にも田んぼの価値を「実感」してもらうためなのでイは正しい。農業に従事している人は，対価を主張したり，評価額という尺度で他のものと比較《ひかく》したりするために，「おカネに換算」するのだから，アとエもよい。本来は無価値なものに価値を付与《ふよ》するという考え方のウがふさわしくない。

問４　田んぼの風景を見ることを目的とする「保健保養機能」などは，食べものを生産するという田んぼの本来の目的とは別の機能なので，この種の「多面的機能の評価額」は，農業に従事する人にまったく支払《しはら》われていない。つまり，本来の農業の仕事の成果ではなく，農業生産に「付随《ふずい》」して，「たまたま生じる現象」だと思われているために，農業従事者に対価が支払われていないのである。

問５　ぼう線④の次の段落であげられている例をふまえて考える。多くの人が通る道路の掃除《そうじ》であれば「公益」になり，ほとんど人が通らない道の掃除は「公益」にならないなどと分けて考えることはできないと筆者は説明している。仕事とは「公益か私益かを考えずにしてしまうもの」がたくさんあり，特に農業は「田畑の中だけでおこなわれている」のではなく，大きな自然を相手にした開かれたものである。それなのに，「機能」と呼んで線引きをしてしまうところに筆者は疑問を感じていることがわかる。

問６　会話の内容やデータから，国産品かどうかを気にかける人の割合が多いとわかる。まず，このことの理由について考察する。価格という視点以外にも，食の安全に関すること，あるいは食料問題などに目を向けてみるのもよい。理由について整理できたら，それをもとにして自分の意見をまとめる。解答用紙に書く際には，指定された事項を意識し，自分の考えに論理的な整合性があるかどうかを確認する。書き終えたら，誤字や脱字がないかといったことなどを見直す。

2023 年度

ドルトン東京学園中等部

【算　数】〈２月２日午後理数特待試験〉（50分）〈満点：100点〉

〔注意〕１．三角定規やコンパス，分度器は使用できません。
２．分数は最後まで約分して答えてください。
３．比は最も簡単《かんたん》な整数で答えてください。
４．円周率は3.14とします。
５．配られたひもは，問題を考えるときに使ってよいものとします。

1　次の□にあてはまる数を答えなさい。

(1)　$7 + 8 \div 0.5 \times 4 =$ □

(2)　$1.8 \times \frac{4}{5} + 3.6 \div \frac{3}{4} =$ □

(3)　$\frac{1}{2} \times 15 \times 9.8 - \frac{1}{2} \times 5 \times 9.8 =$ □

(4)　右の図のマスに数を入れて，縦，横，斜《なな》めの１列に並んだ３つの数の和がすべて等しくなるようにします。このとき，アに入る数は□です。

	$\frac{3}{4}$	
		ア
$\frac{2}{3}$		1

2 次の問いに答えなさい。

(1) ある寿司《すし》屋では，職人の技術力向上のため，目分量で握《にぎ》るシャリの量の正確さを競う競技を行いました。店の基準は16gで，1人10回シャリを握り，重量を計測しました。次の図は，Aさん，Bさん，Cさんの結果をドットプロットで表したものです。

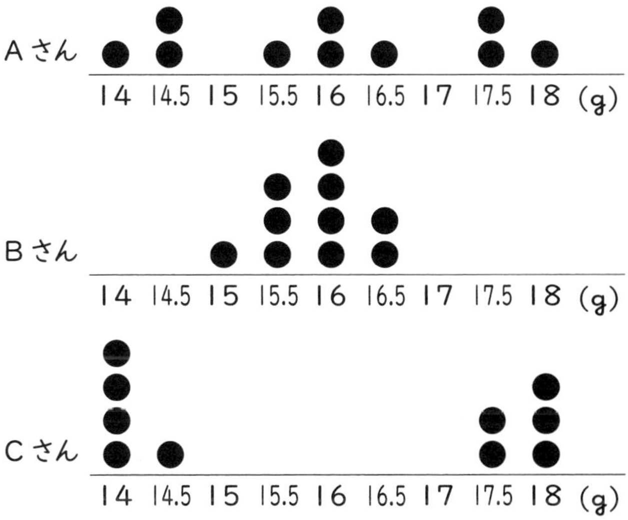

次の①～③について，この競技の判定基準を，平均値だけで考えると**よくない**理由として正しいものには○，正しくないものには×をつけるとき，その組み合わせとして，下の**ア**～**ク**のうちから最も適切なものを1つ選び，記号で答えなさい。

① Aさんのように記録が左右対称《たいしょう》になっていると記録が散らばっていても平均値が16gになってしまうから。
② Bさんのように平均値が16gより小さくても散らばりが小さく正確さが高いと判断できるから。
③ Cさんのように16g付近に記録がなくても，平均値は16gに近づいてしまうことがあるから。

ア ①○ ②○ ③○　**イ** ①○ ②○ ③×　**ウ** ①○ ②× ③○
エ ①× ②○ ③○　**オ** ①○ ②× ③×　**カ** ①× ②○ ③×
キ ①× ②× ③○　**ク** ①× ②× ③×

(2)　あるコーヒー 100g にカフェイン 60mg が含まれています。このコーヒー 150g と牛乳 100g とガムシロップ 12g を混ぜてカフェオレを作りました。このカフェオレのカフェインの濃《こ》さは何%ですか。四捨五入して小数第2位まで答えなさい。

(3)　次の図において，印をつけた角度の和を求めなさい。

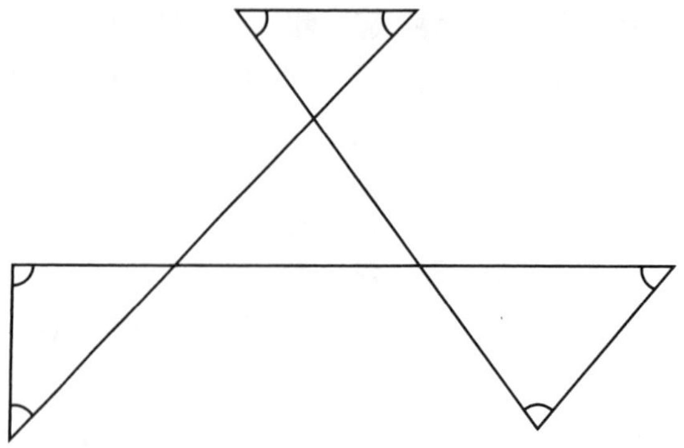

(4)　たかしさんの家から学校までの道のりは 1400m あります。たかしさんは，家から途《と》中《ちゅう》にある郵便局まで毎分 50m の速さで歩き，郵便局から学校までは毎分 130m の速さで走ると，家から学校まで 20 分かかりました。たかしさんの家から郵便局までの道のりは何 m あるか求めなさい。

(5)　1 から 30 までかけあわせた数を A とします。

$$A = 1 \times 2 \times 3 \times 4 \times \cdots \times 29 \times 30$$

A は一の位からいくつ 0 が並んでいますか。

(6)　A，B，C，D，E の5人の算数のテストの得点を調べたところ，次のことがわかりました。

ア　D の得点は A の得点よりも 9 点高い。
イ　E の得点は C の得点よりも 1 点低い。
ウ　B の得点は A の得点よりも 6 点高い。
エ　E の得点は D の得点よりも 7 点低い。

このとき，5人を得点の低い方から順に書きなさい。

3 たかしさんとみゆきさんは，次の記事を読んで話をしていました。

岸田文雄《ふみお》首相は「賃上げ」を政権の最重要課題の一つとして掲《かか》げている。本来は企業《きぎょう》が収益などを勘案《かんあん》して判断すべき賃金の引き上げに対し，政府が口を出し「官製賃上げ」をお膳立《ぜんだ》てしなければならないほど，賃上げが喫緊《きっきん》の課題になっている。

①38カ国が加盟する経済協力開発機構（OECD）によると，ここ30年間で欧米は平均年収が4～5割上昇《じょうしょう》したのに対し，日本は横ばいにとどまる。2015年には金額で韓国《かんこく》に抜かれるなど，賃金が上がらず，水準も低い。

これまでは物やサービスの値段もほとんど上がっていなかったので，暮らしへの影響《えいきょう》を実感していない人も多かったかもしれない。しかし，ウクライナ問題などを受け，今後は物価上昇が必至だ。給与《きゅうよ》が上がらないままでは，家計は厳しくなる。

（出典：2022年4月22日 日本経済新聞「日本の賃金，なぜ上がらないのか」）

(1) 文章中の下線部①について，次のグラフは日本，韓国，アメリカ，アイルランド，メキシコのいずれかの国の国民の平均年収の推移を表しています。日本の平均収入の推移を表しているものを図1の**ア**～**オ**から1つ選び記号で答えなさい。

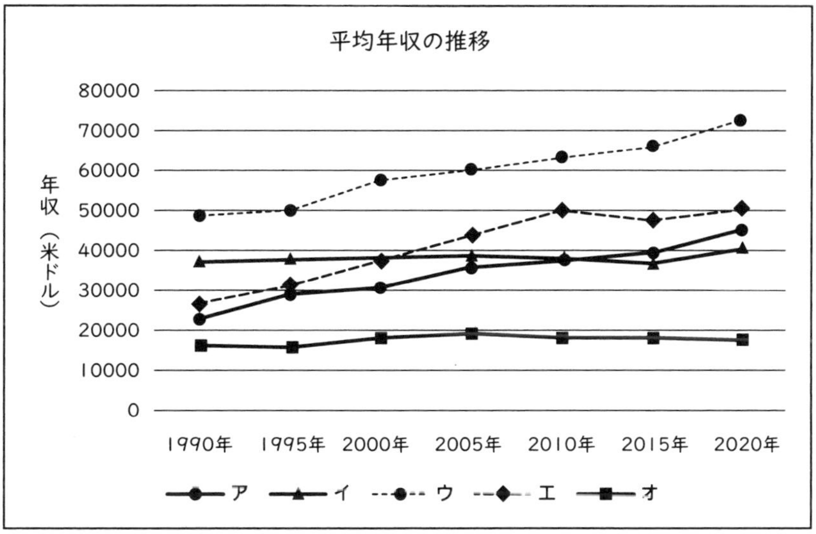

図1

（OECD「Average wages」をもとに作成）

たかし　日本の平均年収は，日本の国税庁のデータによると433万円だそうです。

みゆき　日本では平均年収がほとんど上昇していないと言うけれど，本当にその通りなのでしょうか。例えば，東京五輪により東京都の湾岸《わんがん》エリアには多くの建物が建つなど，職業によって差があるのではないでしょうか。

たかし　そうですね。次の図２を見てください。

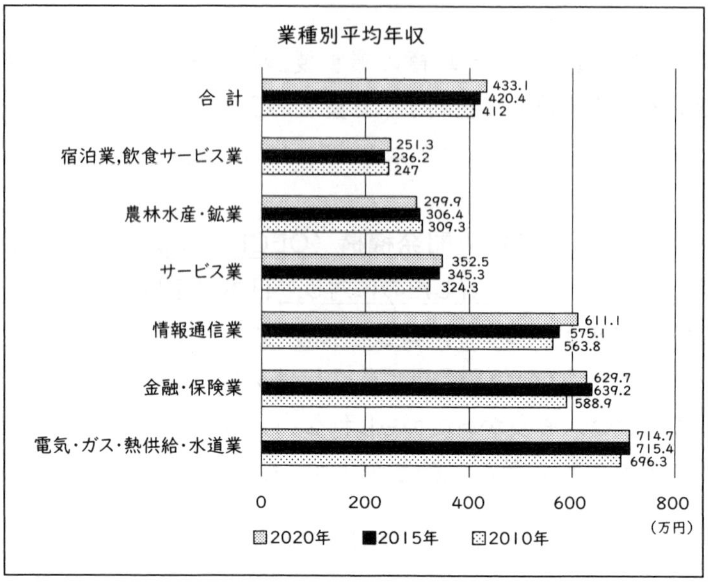

図２

（国税庁「民間給与実態統計調査」をもとに作成）

たかし　このグラフは，業種ごとの平均年収の上位３つと下位３つを抜《ぬ》き出したものです。情報通信業では 2010 年と 2020 年を比較《ひかく》すると，平均年収は ア ％上昇したようですね。

みゆき　それに，業種によって平均年収そのものにこれだけの差があるのですね。

たかし　そうです。2020 年の平均年収について，「電気・ガス・熱供給・水道業」と「宿泊《しゅくはく》業,飲食サービス業」では イ 万円もの差があったのです。

みゆき　それに，「宿泊業，飲食サービス業」は 2010 年から 2020 年の間で平均年収がほとんど変わっていませんね。そういえば，「宿泊業，飲食サービス業」は新型コロナウイルスまん延により，大きな影響を受けたのではありませんか。

たかし　そのようですね。次の図３を見てください。新型コロナウイルスまん延の 2020 年２月以降，日本人と訪日外国人を合わせた実宿泊者数と，そのうちの訪日外国人の数が大きく減っていることがわかります。政府は 2020 年７月末から 2020 年 12 月末の間に，国内旅行を補助する GoTo トラベルというキャンペーンを行うなどの対策を行いましたが，②「宿泊業，飲食サービス業」への十分な支援《しえん》とはなっていません。

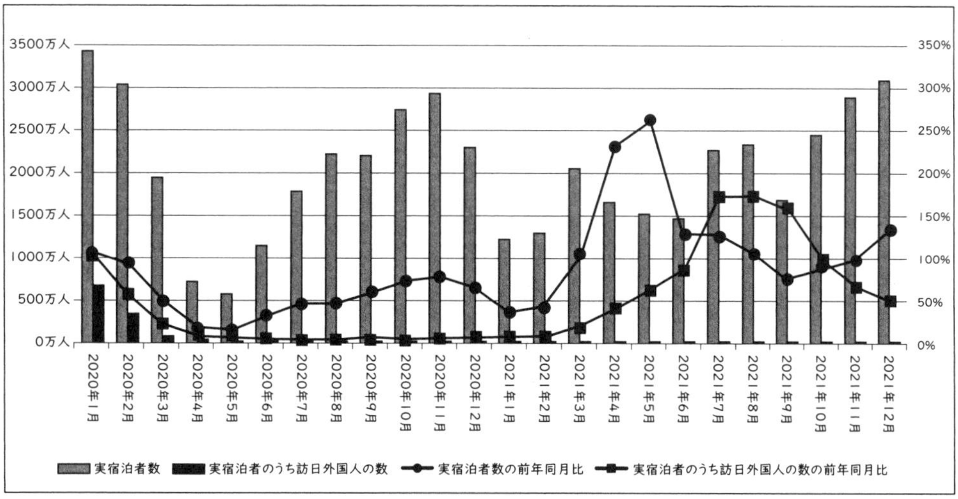

図３

（国税庁「民間給与実態統計調査」をもとに作成）

みゆき　旅行者がお金を使ってくれないと，従業員の給与を上げるのは難しいということですね。

⑵　ア，イにあてはまる数を小数第１位を四捨五入して整数で求めなさい。

⑶　本文中の下線部②の理由を，その期間のグラフに着目して説明しなさい。

⑷　次の①～③のうち，図３から読み取れる意見には○，読み取れない意見には×をつけるとき，その組み合わせとして，下のア～クのうちから最も適切なものを１つ選び，記号で答えなさい。

①　2021年は，７月以降，実宿泊者のうち訪日外国人の数は新型コロナウイルスまん延前の状況《じょうきょう》以上にまで回復している月がある。
②　2020年と比較して，2021年はおおむね新型コロナウイルスまん延前の状況にまで実宿泊者数が回復していると言える。
③　2019年９月の実宿泊者数はおよそ3600万人とわかる。

ア	①○	②○	③○	イ	①○	②○	③×	ウ	①○	②×	③○
エ	①×	②○	③○	オ	①○	②×	③×	カ	①×	②○	③×
キ	①×	②×	③○	ク	①×	②×	③×				

4　表面が黒色，裏面が白色に塗《ぬ》られている円盤《えんばん》状の石が８枚あります。８枚の石を図１のような４×２のマスに１枚ずつ並べます。

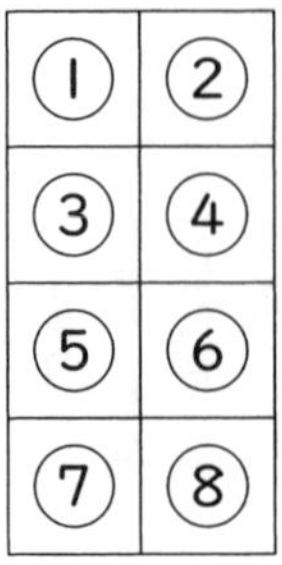

図１

例えば，図２はすべてのマスに表向きに石を並べたものです。図３は①のマスに裏向きに，①以外のマスに表向きに石を並べたものです。図４は①のマスに表向きに，①以外のマスに裏向きに石を並べたものです。図５はすべてのマスに裏向きに石を並べたものです。このように，図１のマスに８枚の石を並べた状態を「盤面《ばんめん》」と呼びます。

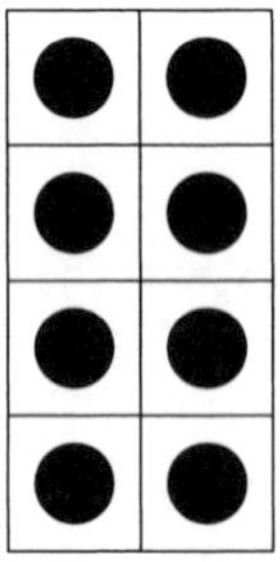

図２

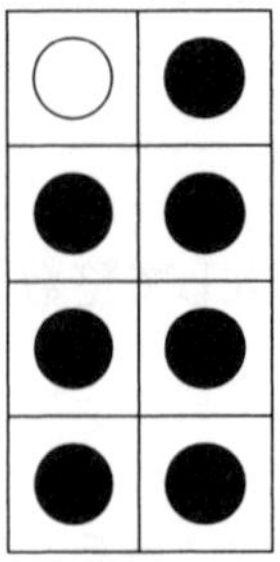

図３

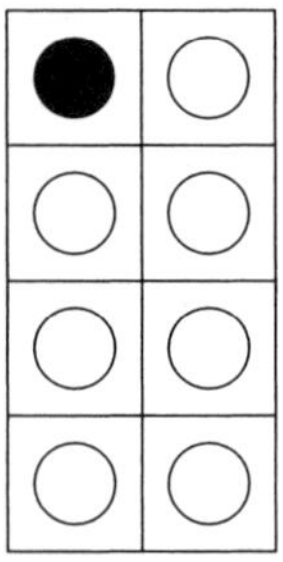

図４

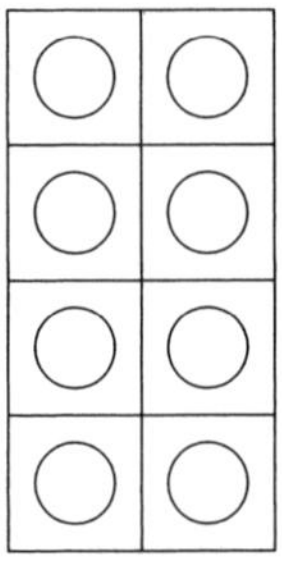

図５

盤面を８種類に分類するために図７の**盤面分類のプログラム**を作りました。このプログラムを実行すると，領域ごとの黒色の石の個数に基づいて盤面が８種類に分類され，１～８の数字が表示されます。図６の斜線《しゃせん》部分のマスがそれぞれの領域を表しています。

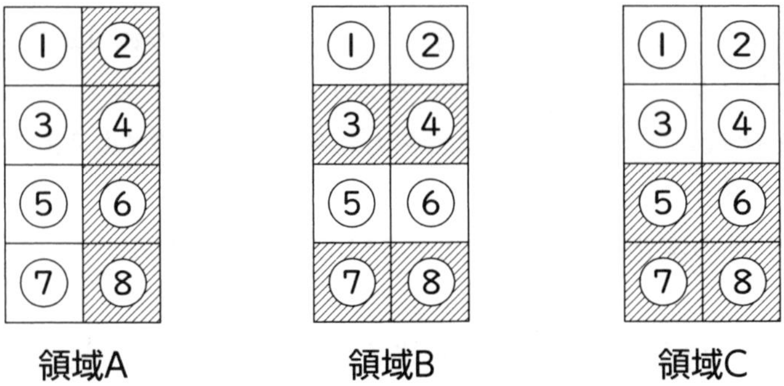

図6

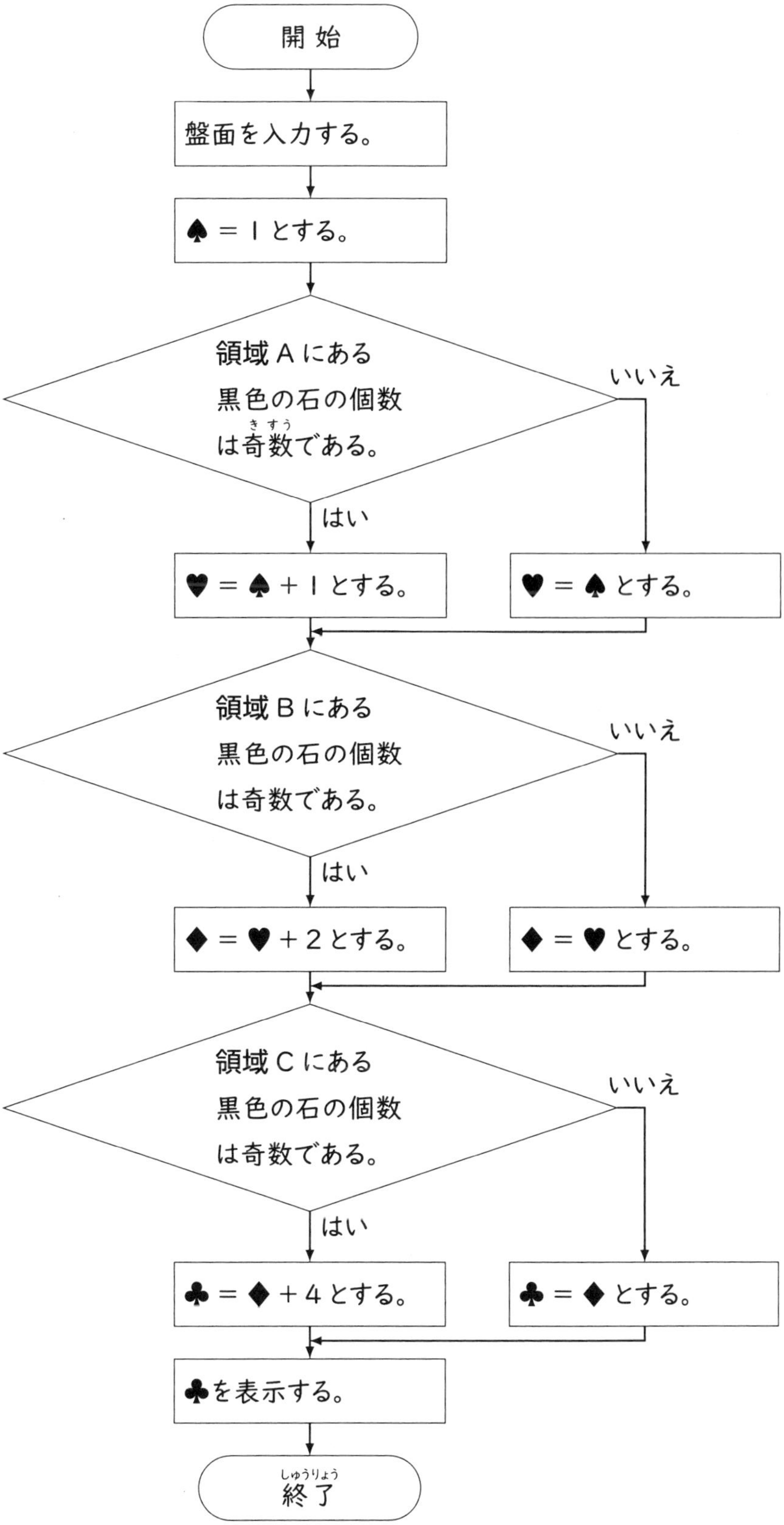

図7　盤面分類のプログラム

(1) 盤面は全部で何通りありますか。

(2) 盤面分類のプログラムを実行して，図８の盤面を入力すると，図10のように７と表示されます。

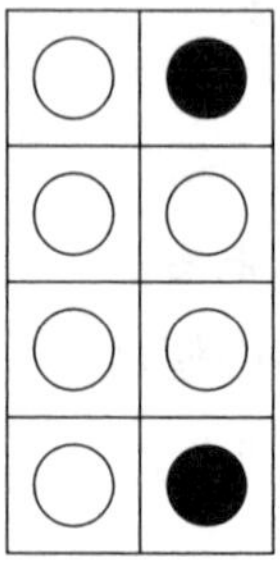

図８

盤面分類のプログラムを実行すると，７と表示される盤面のうち，黒色の石を２枚，白色の石を６枚並べたものを図８以外で２種類作り，解答欄《らん》の〇に斜線を書き入れて黒色の石を示しなさい。

(3) 図９の盤面にある石を１枚だけ裏返して盤面を作り，解答欄のマスに斜線を書き入れて裏返す石を示しなさい。ただし，**盤面分類のプログラムを実行して，表示される数字を(3)の得点とし**，裏返す石が示されていないときや石を２枚以上裏返しているときは(3)の得点を０点とします。

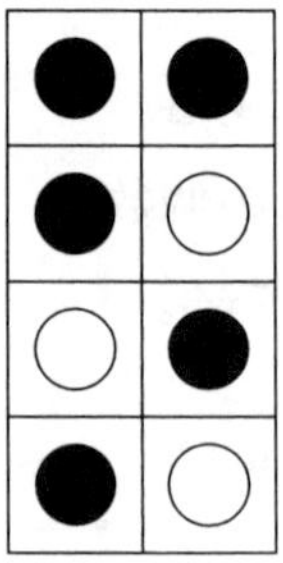

図９

(4) 黒色の石を２枚，白色の石を６枚並べて，盤面分類のプログラムを実行すると，１と表示される盤面を作ることはできません。その理由を説明しなさい。

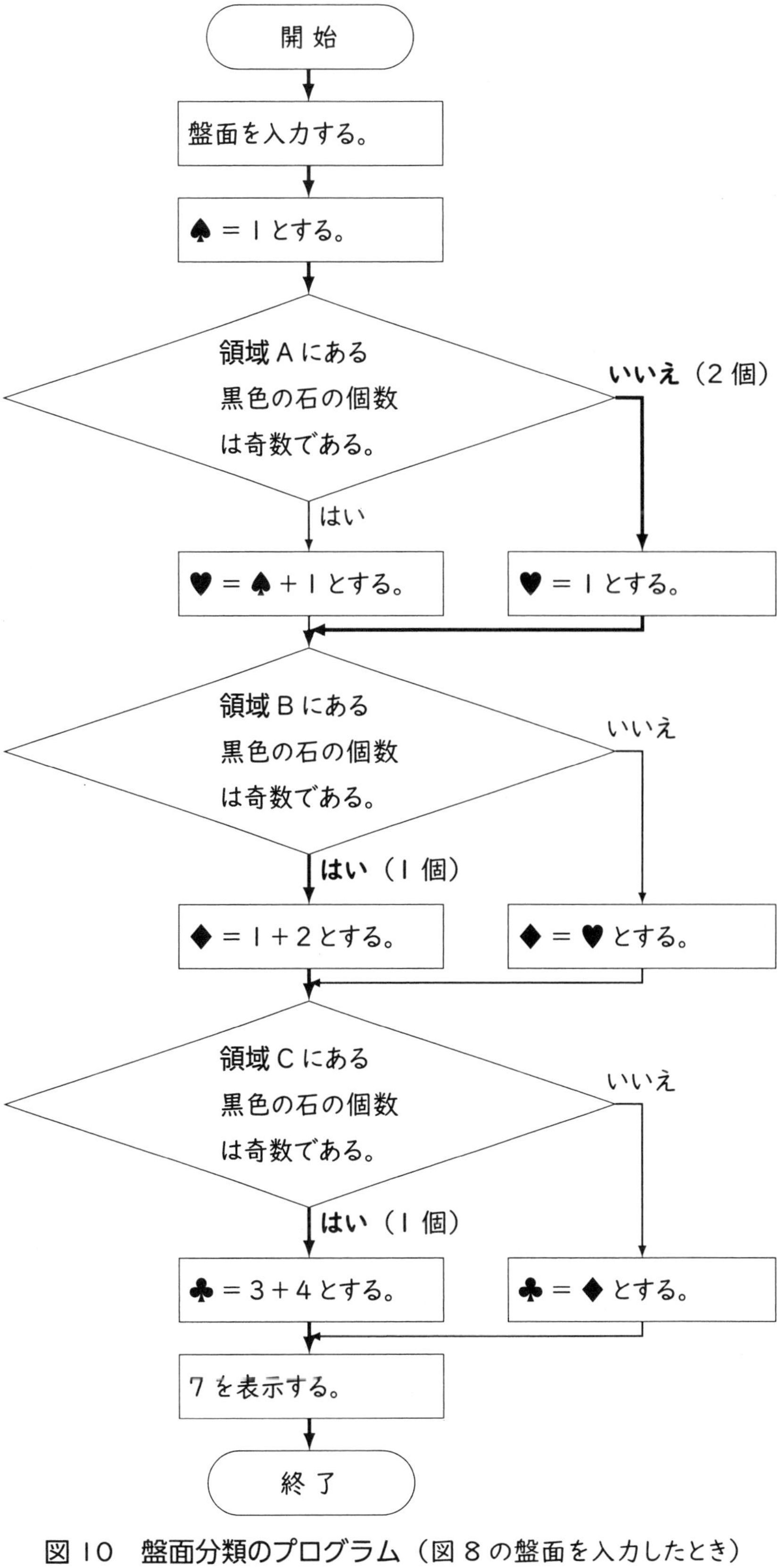

図１０　盤面分類のプログラム（図８の盤面を入力したとき）

5　両端《りょうたん》をＡ，Ｂとする１本のひもがあります。右の図はひもが１か所交差しています。交差しているところでは，下を通るひもは切り離して表しています。

〈編集部注：実際の試験問題では，**5**を解答するにあたってひもが配付されました。〉

(1)　**ア**～**エ**の図に示したひもは両端Ａ，Ｂを引っ張ると，ほどけるものと，結び目ができるものとがあります。ほどけるものをすべて選び，記号で答えなさい。

ア

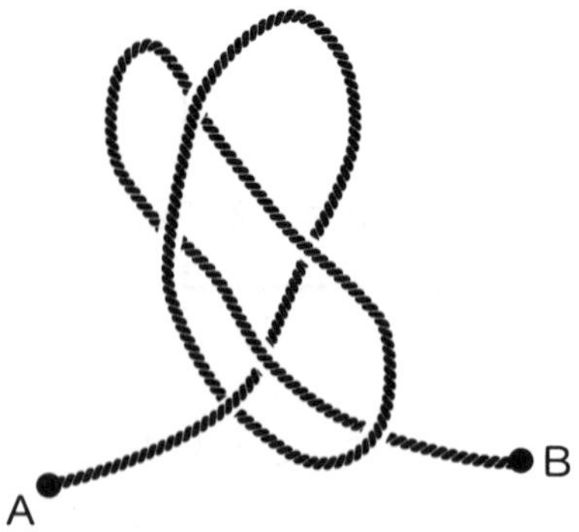

イ

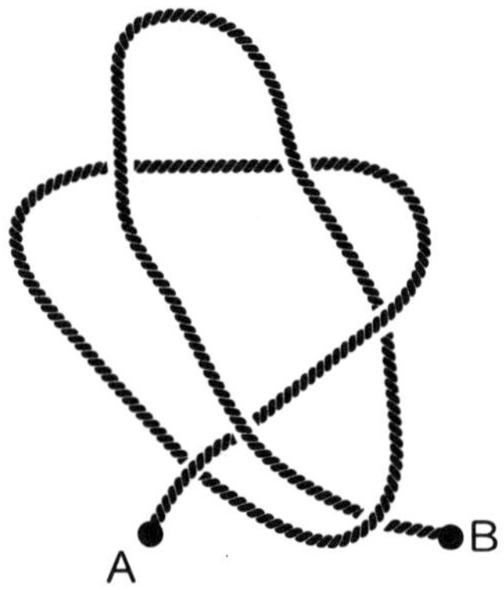

ウ

エ

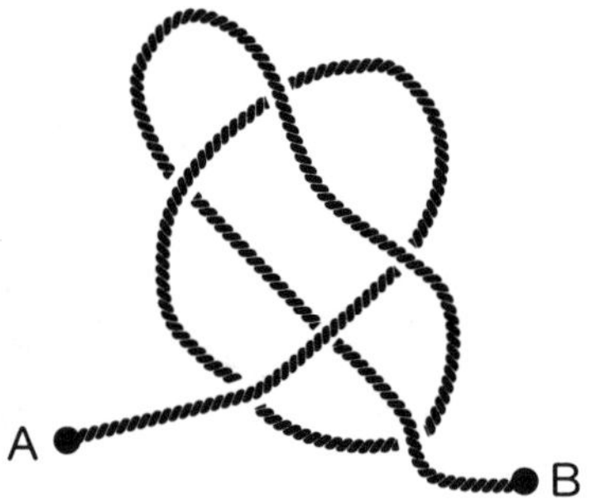

(2)　図１に示したひもは両端Ａ，Ｂを引っ張るとほどけます。ほどける過程を以下の５種類の変形方法**カ**～**コ**で説明しました。図２の①～③にあてはまる変形方法を**カ**～**コ**の中から１つずつ選び記号で答えなさい。ただし，同じ記号をくり返し選んでもよいものとします。

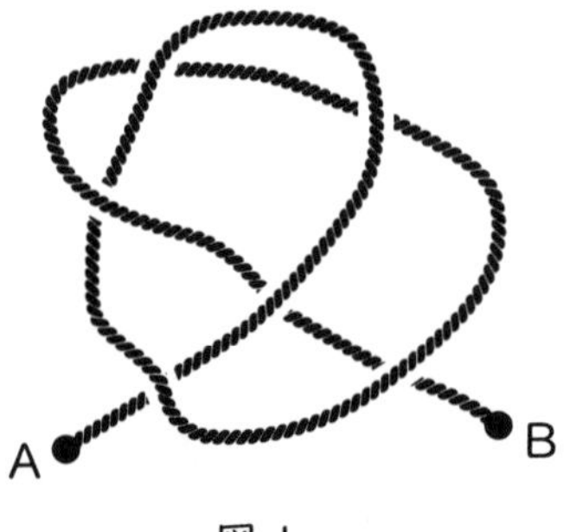

図１

【5種類の変形方法】

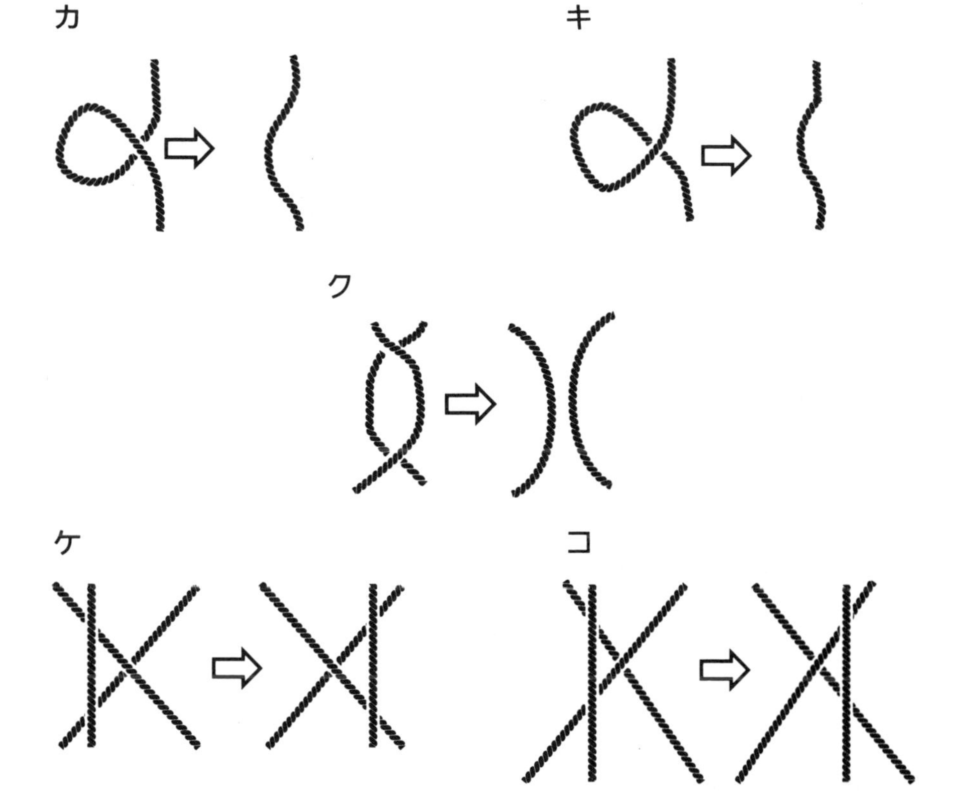

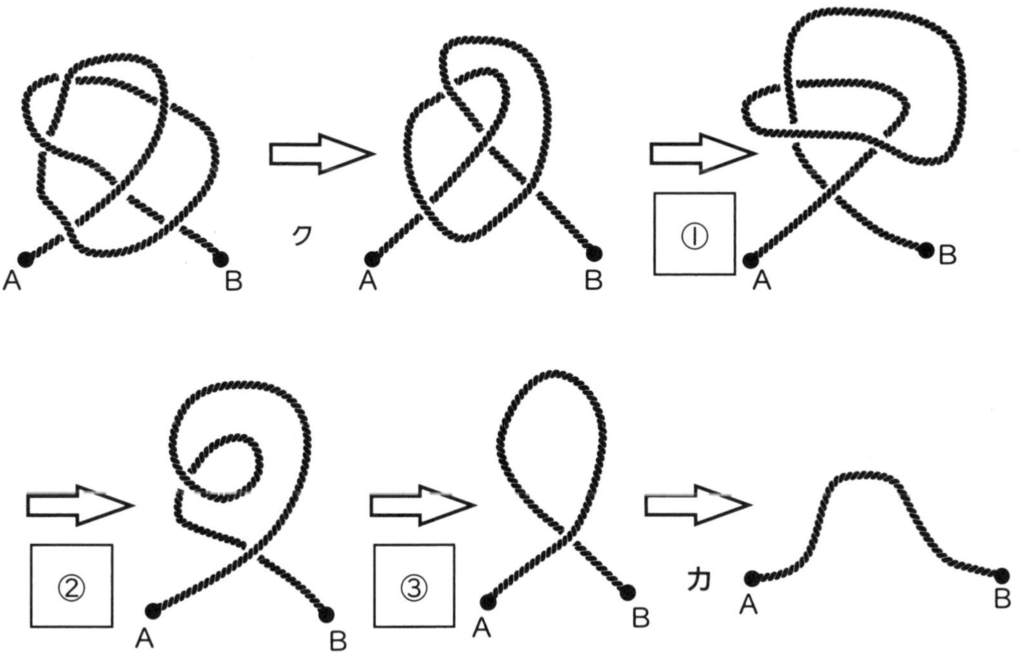

図2

(3) 図3に示したひもを5種類の変形方法**カ**～**コ**を用いてほどきました。次の□にあてはまる図を描き方の例にならって描《か》きなさい。

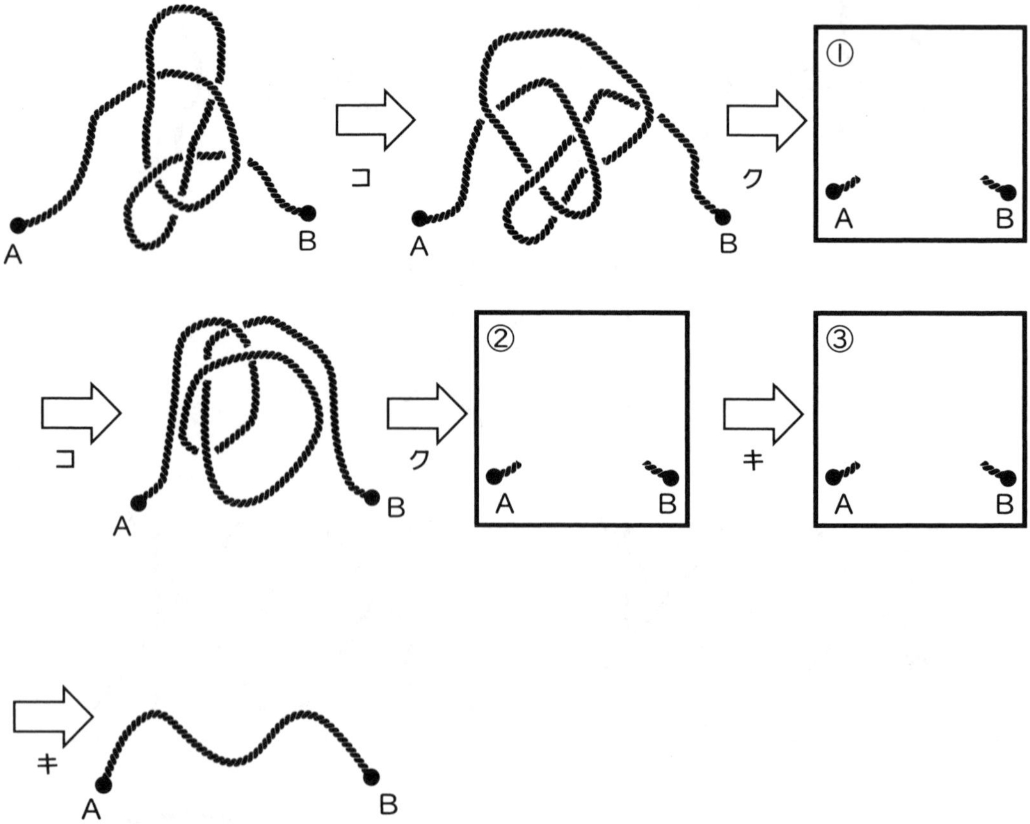

図3

【描き方の例】

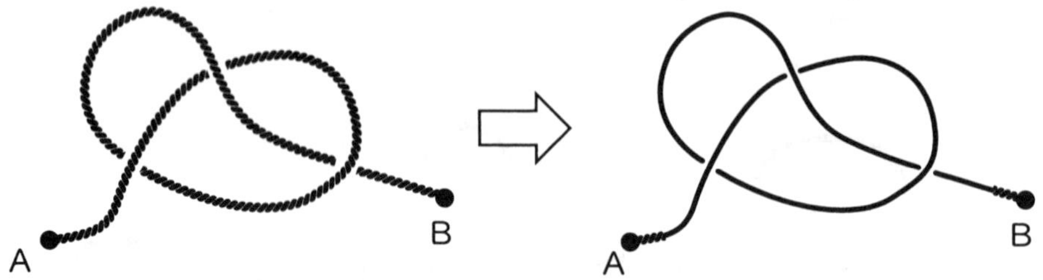

注：ひもが重なっている部分は上下がわかるように描きなさい。

【理　科】〈２月２日午後理数特待試験〉（50分）〈満点：100点〉

生徒（ドルトン，ヘレン）と先生の会話文【A】～【C】を読んで，以下の問いに答えなさい。

【A】

ドルトン：この前，自動販売《はんばい》機で昆虫食《こんちゅうしょく》が売られているのを見つけました。バッタ，サソリ，コオロギ，クモ，タガメなどいろいろ売っていましたよ。

ヘレン　：それ，①昆虫じゃないものも含《ふく》まれていますね。私もコオロギ入りのクッキーを売っているのを見たことがあります。

先生　　：2013年に公表されたFAO（国際連合食糧《しょくりょう》農業機関）の報告書をきっかけに，「昆虫食」という言葉をよく聞くようになりましたね。

ドルトン：それまでは昆虫を食べなかったのですか。

先生　　：昆虫は以前から世界中で食べられていますよ。日本でも，イナゴやハチの子を食べる文化があります。これらの図（図１，２）を見てください。

ヘレン　：本当ですね。もともと世界中で食べられていたのに，なぜ今昆虫食が注目されているのでしょうか。

先生　　：それはFAOで報告された昆虫食の食料や飼料としての可能性が，SDGsが掲《かか》げている目標の達成に役立つからかもしれませんね。

ヘレン　：昆虫食にはどのような利点があるのですか。

先生　　：ではFAOの報告書を読んでみましょう。

―みんなで報告書を読む―

ドルトン：②確かに利点はいくつかありそうですね。

ヘレン　：③でも本当にそうかな。

ドルトン：どういうことですか。

先生　　：ヘレンさん，何に気がつきましたか？

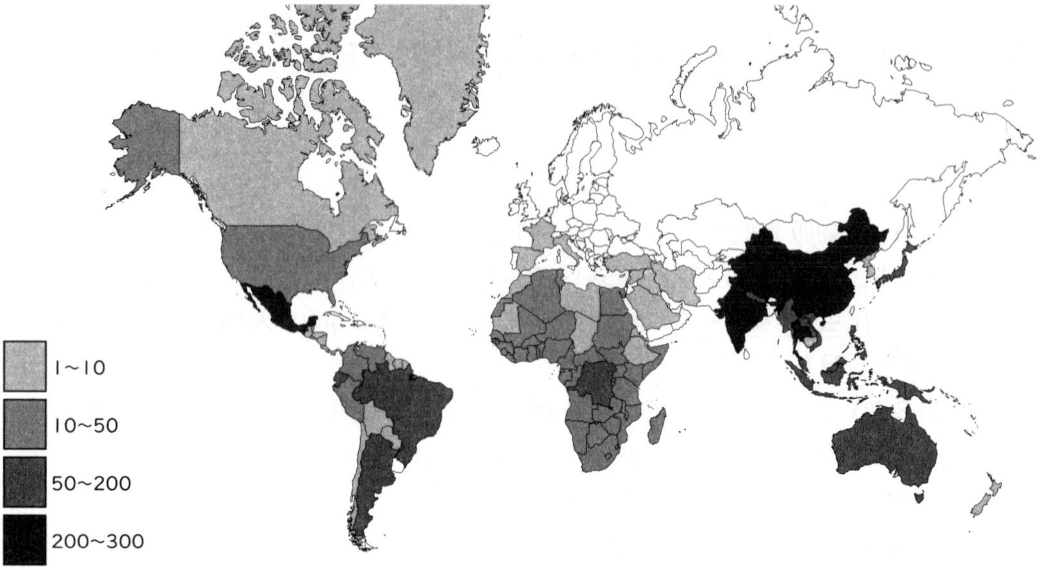

図１　食用とされる虫の種数（国別）

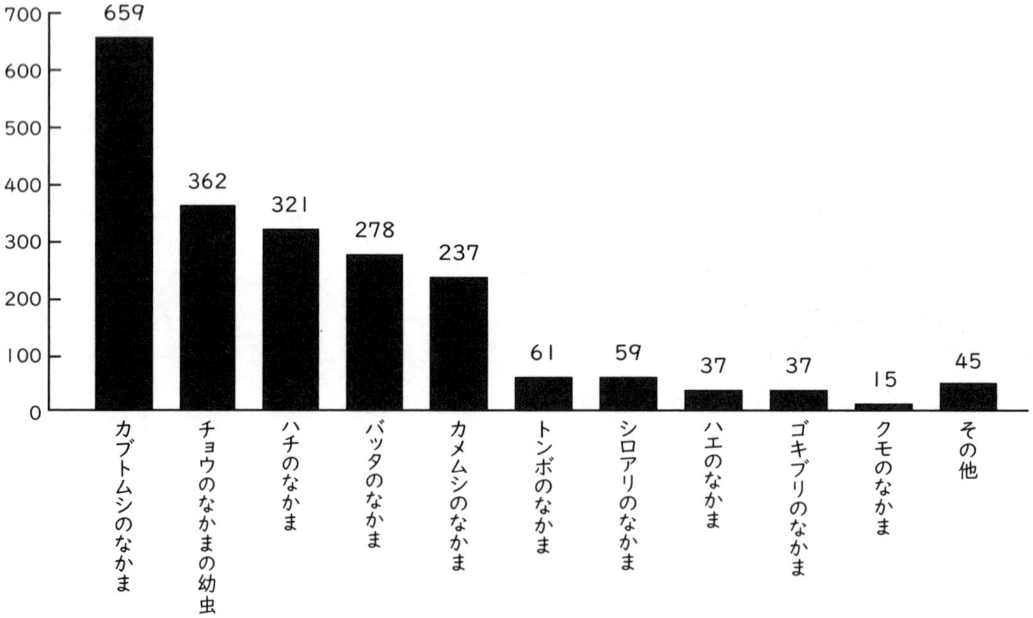

図２　世界で食用とされる虫の種数（グループ別）

Centre for geo information, Wageningen University, based on data compiled by Jongema 2017より改変

問１　下線部①について，**昆虫ではない**ものを次の**ア**～**オ**からすべて選び，記号で答えなさい。

ア：バッタ　　**イ**：サソリ　　**ウ**：コオロギ　　**エ**：クモ　　**オ**：タガメ

問２　図１，２から読み取ることのできることとして**適当ではない**ものを次の**ア**～**オ**から２つ選び，記号で答えなさい。

ア：ハチのなかまの２倍以上の量のカブトムシのなかまが世界中で消費されている。

イ：250種類以上のバッタのなかまが世界中で食用とされている。

ウ：メキシコではカナダよりも多くの種類の虫が食用とされている。

エ：カブトムシのなかまは基本的に幼虫の状態で食される。

オ：ヨーロッパにも食用とされている虫がいる。

問３　図３～図５はFAOの報告書に記載《きさい》されていた情報をもとに作成したものです。下線部②について，図３～図５から考えられる昆虫食の利点は何ですか。理由とともに２つ簡潔に答えなさい。

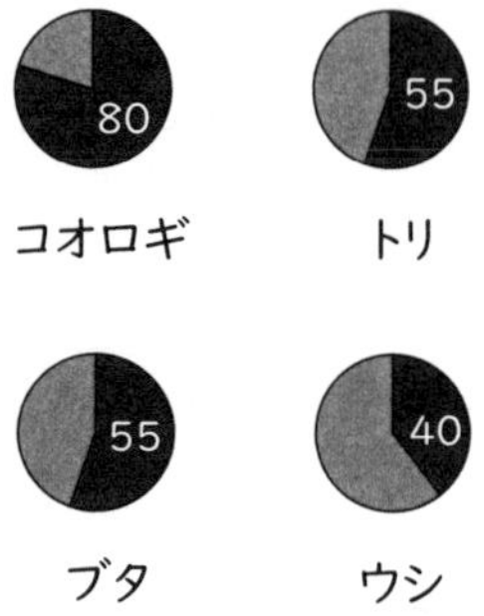

図３　食べることができる部分の割合［%］

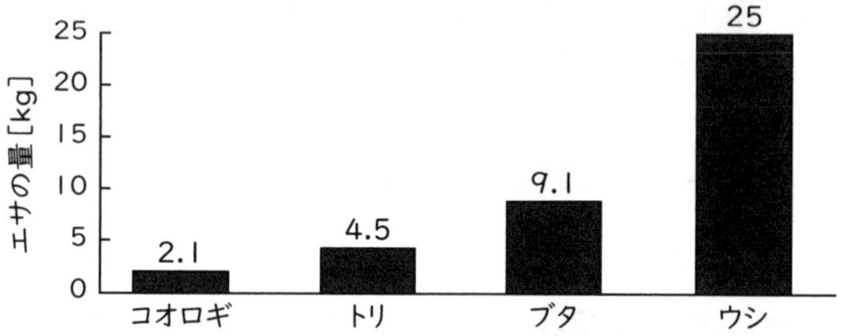

図４　体重1kg増えるのに必要なエサの量

Van Huis, A. (2013) より作成

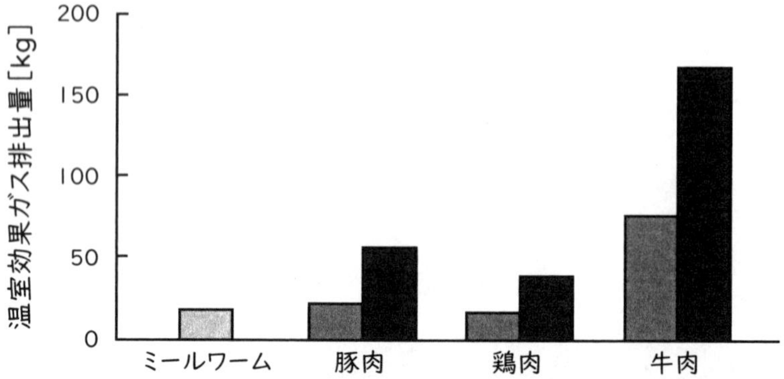

図５　タンパク質1kgを生産するときに排出《はいしゅつ》される温室効果ガスの量（二酸化炭素相当量）

豚《ぶた》肉，鶏《とり》肉，牛肉については，飼育方法などによる最小値と最大値を表している。

ミールワーム（ゴミムシダマシの幼虫）については実験により測定したもの。

Oonincx, D. G., and De Boer, I. J. (2012) より改変

問４　下線部③で，ヘレンさんは利点について疑問を投げかけています。問３で挙げた昆虫食の利点を説明するには，図３～図５の情報だけでは不十分な可能性があります。どのような点が不十分ですか。また，どのようなデータがあれば，十分に利点を説明することができますか。問３で挙げた利点のうち，どちらか１つを選び，不十分な点と，十分に説明するためのデータを答えなさい。

【B】

ドルトン：昆虫食について知って，私もコオロギを育てることにしました。

ヘレン　：育ててどうするのですか。

ドルトン：少し研究してみようと思っています。

先生　　：それはすごいですね。何について調べるのですか。

ドルトン：やっぱり食用にするとなると，少しでも早く成長してほしいので，発育に何が影《えい》響《きょう》するかを調べてみようと思っています。

ヘレン　：この前の授業で，メダカが産卵するには水温と昼の長さが関係していると学んだから，もしかしてコオロギの成長にも温度と昼の長さが関係しているのかもしれませんね。

ドルトン：確かにそうかもしれませんね。

―２人で調べ始める―

ヘレン　：①気温や昼の長さがコオロギの生育に与《あた》える影響について，こんな文献《ぶんけん》を見つけました。

ドルトン：なるほど。ふむふむ。そうなんですね。私はエサに興味があるから，栄養素Ｐ（室温で固体）を加えたときにコオロギが早く成長するかを調べたいと思います。

先生　　：どういう実験を考えていますか。

ドルトン：栄養素Ｐを5.0％含んだ水を与えて，飼育してみようと思います。

先生　　：おもしろいですね。でも，栄養素Ｐの効果を確かめるためにはその実験だけでは足りないですね。

ドルトン：わかっています。実験ノートに実験計画を書いてきたので，見てもらってよいですか。

先生　　：ちゃんと理解できていますね。②同時にこの実験も必要ですね。

ヘレン　：さすが，いつも自分で計画を立てて実験しているだけありますね。

先生　　：ただ，水が減ったときに5.0％の栄養素Ｐの水溶液《すいようえき》を注《つ》ぎ足《た》すと，その水溶液は5.0％ではないから気を付けてください。

ドルトン：どういうことですか。

先生　　：③水は蒸発してしまうので，濃度《のうど》は変わってしまいますよね。

ドルトン：確かにそうですね。飼育する水は頻繁《ひんぱん》に取りかえることにして，残っていても全量入れかえますね。

ヘレン　：早速実験の準備に取り掛《か》かりましょうよ。

ドルトン：そうですね。まず，5.0％の栄養素Ｐの水溶液を作りましょう。飼育用の水溶液は5.0g必要なので，栄養素Ｐは（　Ｘ　）ｇ必要ですね。

ヘレン　：あれ。このデジタルはかりでは１ｇ未満は測れないですね。どうしよう…

先生　　：奥《おく》にある電子天秤《てんびん》を使えば測ることもできますが，この④デジタルはかりでも必要な濃度の水溶液を作ることができますよ。

問1　次の図**ア**，**イ**はフタホシコオロギの写真です。どちらがメスと考えられますか。1つ選び，メスと判断した理由を答えなさい。

ア　　　　　　　　**イ**

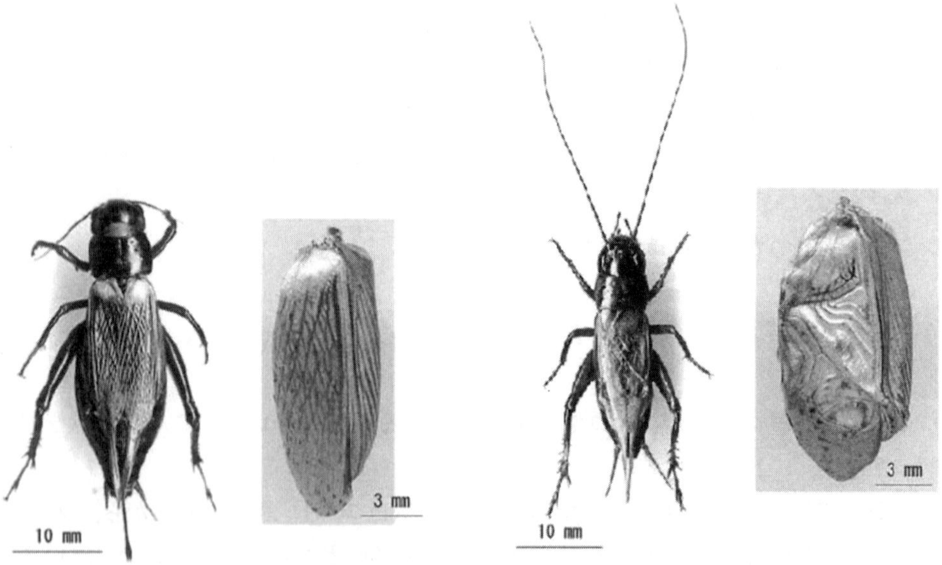

左は全身の図で，右は翅《はね》の拡大図である

Tomikawa and Torigoe（2010）より改変

問２　下線部①について，図１A，B，Cから読み取ることのできる温度と昼の長さがコオロギの発育に与える影響を，それぞれ具体的に答えなさい。ただし，図１において，「LD」は長日（昼の長さ16時間，夜の長さ８時間），「SD」は短日（昼の長さ12時間，夜の長さ12時間）を表し，それぞれの場合に25℃と30℃の気温条件での結果を示しています。

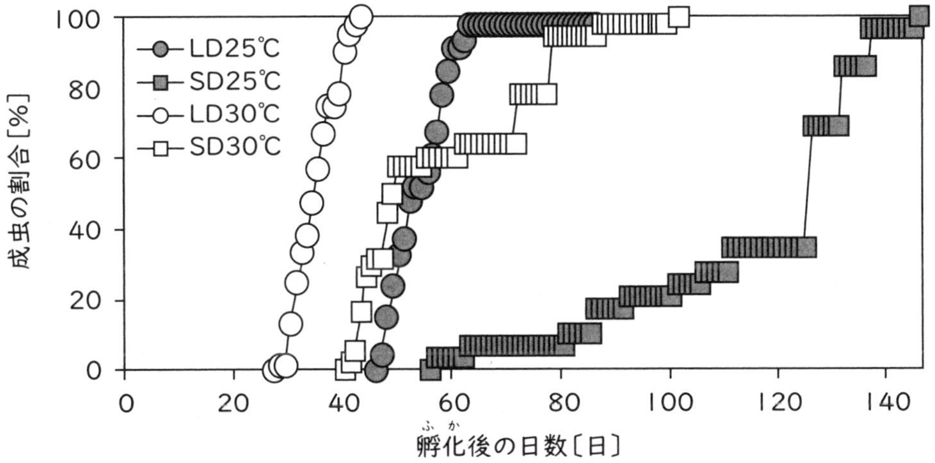

A:各条件下での孵化後の日数と成虫の累積《るいせき》割合

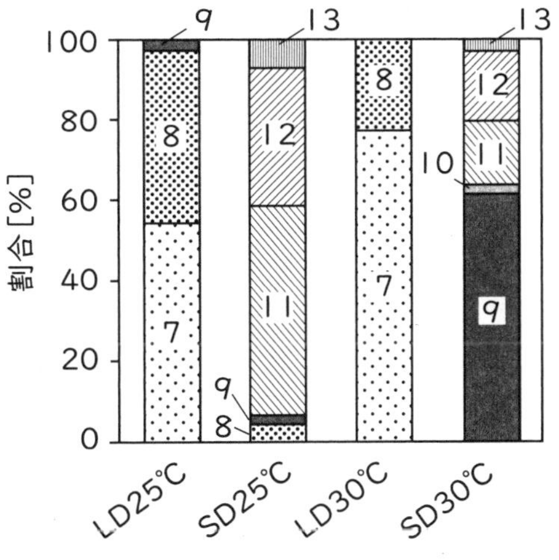

B:各条件下での羽化までの脱皮回数

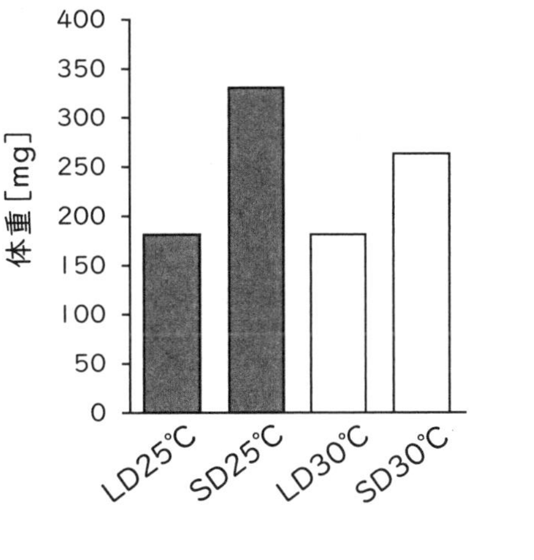

C:各条件下での羽化後の平均体重

図１　温度と昼の長さがコオロギの発育に与える影響

Shinohara and Tomioka (2021) より改変

問3　あなたが食用にするために多数のコオロギを飼育するとしたら，温度・昼の長さの条件をどのようにしますか。また，そう考えた理由を書きなさい。

問4　動き回るコオロギの体重を測定するために，どのような工夫が必要ですか。体重を測定する方法を具体的に答えなさい。

問5　下線部②について，栄養素Ｐにコオロギの成長を促進《そくしん》させる効果を確かめるためには，5.0%の栄養素Ｐの水溶液を与えて飼育するのと同時に，どのような実験が必要で，どのような結果が得られればよいですか。具体的に説明しなさい。

問6　会話文中の（ Ｘ ）に当てはまる適当な数字を答えなさい。

問7　下線部③について，5.0%の栄養素Ｐの水溶液5.0gを与えて飼育し，数日たったところ，この水溶液は2.0gになっていました。3.0gの減少のうち1.0gは水の蒸発によって減ったとします。この水溶液に5.0%の栄養素Ｐの水溶液を3.0g注ぎ足して，5.0gまで補充《ほじゅう》したとすると，この溶液は何%の栄養素Ｐの水溶液となっていますか。考える過程も含めて答えなさい。

問8　下線部④について，このデジタルはかりで確認することができる最小表示（重さの最小桁）は0.1gで，1.0gから最大4100gまで測ることができます。このデジタルはかりを用いて栄養素Ｐの重さを測って，栄養素Ｐの5.0%水溶液を必要量得るにはどうすればよいですか。具体的に説明しなさい。

【C】

ドルトン：コオロギって翅があるのに飛ばないのですね。

先生　　：飛ぶ種類もいるようですが，ドルトンさんが育てている種類は飛ばないようですね。

ヘレン　：昆虫ってどのくらい飛ぶことができるのでしょうか。ハエとかトンボは，飛ぶ能力が高そうですね。

ドルトン：調べてみたら，フライトミルという装置があるみたいですよ。これを作ってみませんか（図１）。

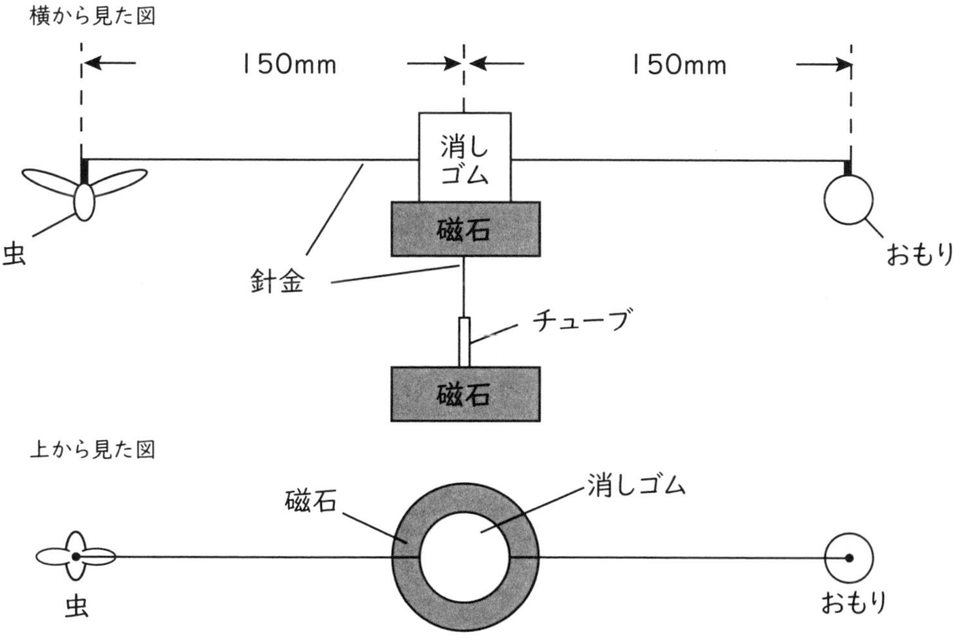

図１　フライトミル

ヘレン　：この装置はどうなっているのですか。

ドルトン：まず，ドーナツ状の磁石の中心に細いチューブを固定してあって，全く同じ磁石に円柱状の消しゴムを通し，この消しゴムの中心に細い針金を刺《さ》して先ほどのチューブに置いてあります。さらにこの消しゴムには，先ほどの針金に対して垂直方向に針金が刺してあり，針金の片方に虫を固定して使います。虫の反対側には虫と同じ重さのおもりを固定してバランスを取ります。

ヘレン　：んー，よくわからないですね。何が測定できるのですか。

ドルトン：装置に固定した虫が飛ぶと，装置に固定されているので遠くには行けずに，この装置の上部が回転します。そのときの回転数と時間を測定すれば，飛翔距離《ひしょうきょり》や速度を求めることができるんですよ。例えば，ある虫が羽ばたいてから翅が止まるまでに５分間かかって，この装置（図１）が310回転したとすると，①この虫の１回の飛翔での飛翔距離と平均飛翔速度を求めることができますよね。

ヘレン　：あー，なるほど。

先生　　：ただ，この装置を使って算出した結果が，そのまま②野外で自由に飛翔しているときの結果にはならないので注意してくださいね。

ドルトン：もちろんです。個体によって大きさも違いますし，たくさん測定しなければいけないですよね。

先生　　：それもそうですが，この装置の仕組みを考えれば，別の問題もありますよね。

ヘレン　：なんだろう…

先生　　：実験してみれば，気づくかもしれませんね。学校にあるもので作れそうなので，早速作ってみてはどうですか。

―ドルトンとヘレンでフライトミルを作る―

ドルトン：あ…間違《まちが》えた。

ヘレン　：何を間違えたのですか。

ドルトン：針金の位置を間違って 2cm ずれた位置にしてしまいました…（図２）

ヘレン　：この虫の重さが 0.39g だから，おもりを 0.39g から（　ア　）g に変更《へんこう》すればバランスが取れるのではないのでしょうか。

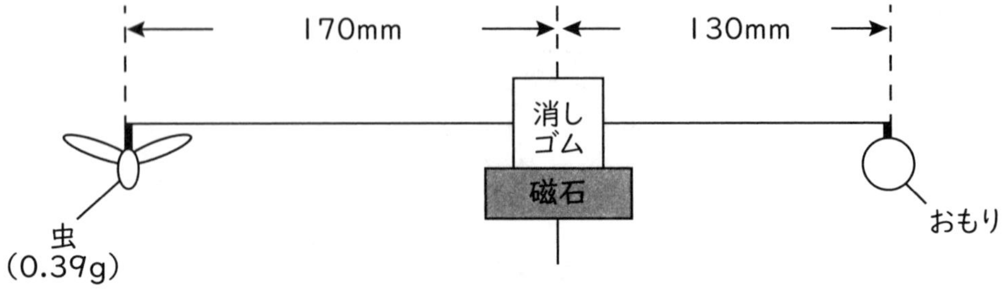

図２　間違えた針金の位置と虫の重さ

先生　　：それは針金の重さを無視して計算していますよね。この針金を 1m あたり 0.65g として，それを考慮《こうりょ》して計算してみてください。

ヘレン　：（　イ　）g ですか。

先生　　：その通りです。ただ，この針金は消しゴムに突き刺しているだけだから，ずらせば中心に戻すことができますね。

二人　　：あ…本当だ。

先生　　：直して測定してみましょう。

―実験後，装置から取り外された虫は元気に飛んでいきました―

問１　会話文の内容を参考にフライトミルの仕組みを推測して，フライトミルの磁石の向きとして適当なものを次の**ア**～**エ**からすべて選び記号で答えなさい。また，組み合わせの理由を考えて答えなさい。

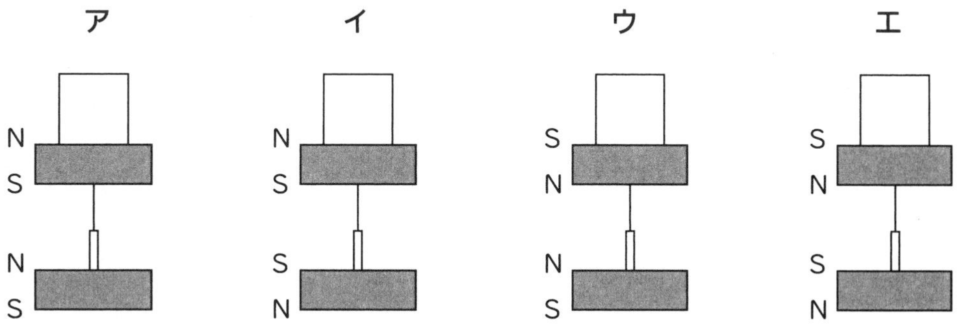

問２　下線部①について，このときの飛翔距離は何ｍですか。また，平均飛翔速度は分速何ｍですか。小数第１位を四捨五入して整数で答えなさい。ただし，円周率は 3.14 とします。

問３　下線部②について，野外で自由に飛翔しているときの結果にはならない理由を，会話文を参考に具体的に答えなさい。

問４　会話文中の空らん（ **ア** ），（ **イ** ）に当てはまる数値を答えに至る過程も含めて答えなさい。

2023年度

ドルトン東京学園中等部 ▶解説と解答

算　数　＜２月２日午後理数特待試験＞（50分）＜満点：100点＞

解　答

1 (1)　71　(2)　$6\frac{6}{25}$　(3)　49　(4)　$\frac{7}{12}$　**2** (1)　ア　(2)　0.03%　(3)　360度　(4)　750m　(5)　7個　(6)　A，E，C，B，D　**3** (1)　イ　(2)　**ア**　8　**イ**　463　(3)（例）解説を参照のこと。　(4)　キ　**4** (1)　256通り　(2)　解説の図Ⅱを参照のこと。　(3)　解説の図Ⅳを参照のこと。　(4)（例）解説を参照のこと。　**5** (1)　ア，エ　(2)　①　ケ　②　ク　③　カ　(3)　解説の図Ⅲ，Ⅳを参照のこと。

解　説

1　四則計算，計算のくふう，条件の整理

(1)　$7+8\div0.5\times4=7+16\times4=7+64=71$

(2)　$1.8\times\frac{4}{5}+3.6\div\frac{3}{4}=\frac{9}{5}\times\frac{4}{5}+\frac{18}{5}\times\frac{4}{3}=\frac{36}{25}+\frac{24}{5}=\frac{36}{25}+\frac{120}{25}=\frac{156}{25}=6\frac{6}{25}$

(3)　$A\times C-B\times C=(A-B)\times C$となることを利用すると，$\frac{1}{2}\times15\times9.8-\frac{1}{2}\times5\times9.8=(15-5)\times\frac{1}{2}\times9.8=10\times\frac{1}{2}\times9.8=5\times9.8=49$

(4)　右の図で，$\frac{3}{4}$＋イ＋ウ＝$\frac{2}{3}$＋ウ＋１となる。この式で，等号の両側にウが含《ふく》まれているから，$\frac{3}{4}$＋イ＝$\frac{2}{3}$＋１となり，イ＝$\frac{2}{3}+1-\frac{3}{4}=\frac{11}{12}$と求められる。すると，エ＋ア＋１＝エ＋$\frac{11}{12}+\frac{2}{3}$となる。この式で，等号の両側にエが含まれているので，ア＋１＝$\frac{11}{12}+\frac{2}{3}$となり，ア＝$\frac{11}{12}+\frac{2}{3}-1=\frac{7}{12}$とわかる。

	$\frac{3}{4}$	エ
	イ	ア
$\frac{2}{3}$	ウ	1

2　グラフ，濃度《のうど》，角度，速さ，つるかめ算，整数の性質，条件の整理

(1)　Aさんは記録が左右対称《たいしょう》になっているから，平均値は16gになる。ところが，実際には記録が散らばっていて技術が高いとは言えないので，平均値だけで考えるのはよくない。また，Bさんは平均値を求めると16gより小さくなってしまうが，散らばりが小さく，多くの記録が16g付近にあるから，Bさんの技術は高いと言える。さらに，Cさんは16g付近に記録がないので技術力は高いとはいえないが，平均値は16gに近くなってしまう。よって，①，②，③ともに「平均値だけで考えるのはよくない理由」として正しいから，正しい組み合わせはアである。

(2)　コーヒー100gに60mgのカフェインが含まれているので，コーヒー150gに含まれているカフェインの重さは，$60\times\frac{150}{100}=90$(mg)となる。ここで，1g＝1000mgより，90mgは0.09gとわかる。また，カフェオレの重さは，150＋100＋12＝262(g)だから，このカフェオレに含まれているカフェインの濃《こ》さは，0.09÷262×100＝0.034…(%)と求められる。これは，小数第３位を四捨五入すると0.03%になる。

(3)　右の図１で，★印をつけた三角形の内角の和は180度なので，斜線《しゃせん》をつけた３つの角の大きさの和も180度である。また，かげをつけた３つの三角形の内角の和は，180×３＝540(度)だから，ここから斜線をつけた角の大きさの和をひくと，540－180＝360(度)と求められる。

図１

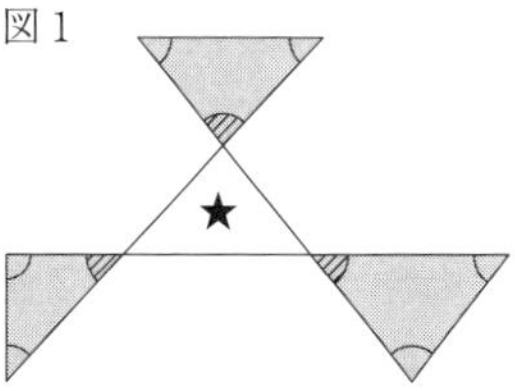

(4)　右下の図２のようにまとめることができる。毎分130mの速さで20分走ったとすると，130×20＝2600(m)進むので，実際に進んだ道のりよりも，2600－1400＝1200(m)長くなる。毎分130mの速さのかわりに毎分50mの速さで進むと，進む道のりは１分あたり，130－50＝80(m)ずつ短くなるから，毎分50mの速さで進んだ時間は，1200÷80＝15(分)と求められる。よって，家から郵便局までの道のりは，50×15＝750(m)である。

図２

家から郵便局(毎分50m)
郵便局から学校(毎分130m)　｝合わせて20分で1400m

(5)　Aを素数の積で表したとき，２と５の組が１組できるごとに，一の位から並ぶ０が１個増える。また，Aを素数の積で表したとき，２よりも５の方が少ないので，一の位から並ぶ０の個数は，５の個数と同じになる。１から30までに５の倍数は，30÷５＝６(個)あり，このうち25だけは５で２回割ることができるから，Aを素数の積で表したときの５の個数は，６＋１＝７(個)とわかる。よって，Aには一の位から７個の０が並ぶ。

(6)　ア～エの得点の関係を図に表すと，右の図３のようになる。よって，得点の低い方から順に，A，E，C，B，Dとなる。

図３

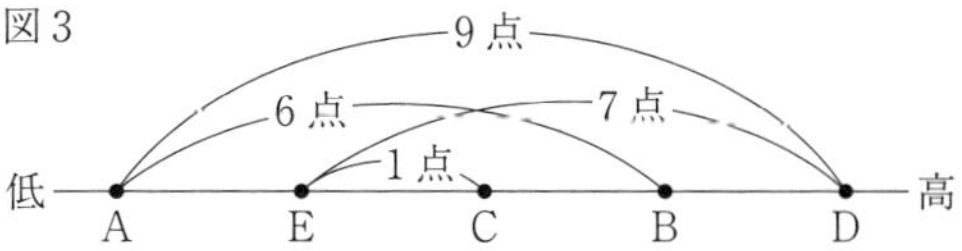

3 グラフ

(1)　問題文中の図１で，「横ばいである」，「2015年に韓国《かんこく》に抜《ぬ》かれる」という条件に合うのはイである。

(2)　問題文中の図２から，情報通信業の平均年収は，2010年は563.8万円であり，2020年は611.1万円とわかる。よって，611.1÷563.8×100＝108.3…(％)より，小数第１位を四捨五入すると，108－100＝８(％)(…ア)上昇したことがわかる。また，2020年の平均年収について，電気・ガス・熱供給・水道業は714.7万円，宿泊《しゅくはく》業，飲食サービス業は251.3万円だから，714.7－251.3＝463.4(万円)より，小数第１位を四捨五入すると463万円(…イ)もの差があったことがわかる。

(3)　問題文中の図３から，キャンペーンを行った2020年７月から2020年12月までの期間において，実宿泊者数の前年同月比がいずれの月でも100％を下回っていることがわかる。よって，宿泊業，飲食サービス業への十分な支援《しえん》とはなっていない。

(4)　2021年は，実宿泊者のうち訪日外国人の数はほとんど増えていない。2021年７月以降，実宿泊者のうち訪日外国人の数の前年同月比は100％を上回る月があるが，これは2020年(まん延後)と比べたものだから，まん延前の状況《じょうきょう》にまで回復しているとはいえない。また，2021年の実宿泊者数の前年同月比は，100％を上回る月があるものの，100％を下回る月，つまり2020年より減った月もある。よって，①と②は×である。次に，2020年９月の実宿泊者数は約2200万人であり，この月の実宿泊者数の前年同月比は約60％である。つまり，2019年９月の実宿泊者数を□万人とすると，□×0.6＝2200と表すことができるので，□＝2200÷0.6＝3666.6…(万人)と求められる。したがって，③は○だから，正しいのはキである。

4 場合の数，条件の整理

(1)　①～⑧のすべてについて表向きと裏向きの２通りの並べ方があるから，盤面《ばんめん》は全部で，２×２×２×２×２×２×２×２＝256(通り)ある。

(2)　右の図Ⅰの各領域にある黒石の個数を考える。問題文中の図８の場合，領域Ａには２個(偶数《ぐうすう》個)あるので数字は増えない。また，領域Ｂには１個(奇数《きすう》個)あるから数字が２増える。さらに，領域Ｃには１個(奇数個)あるので数字が４増える。その結果，最後に表示される数字は，１＋０＋２＋４＝７となる。つまり，最後に７と表示されるのは，領域Ａに偶数個，領域Ｂに奇数個，領域Ｃに奇数個の黒石が並んでいるときである。そのうち黒石の枚数が２枚であるものは右の図Ⅱの３通りある(この中の２通りを答えればよい)。

図Ⅰ

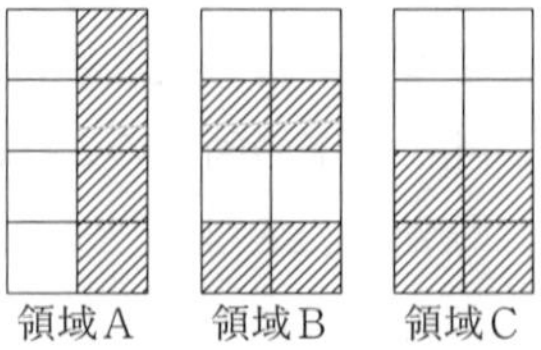

図Ⅱ

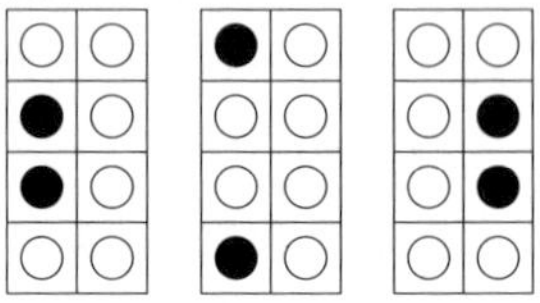

(3)　右下の図Ⅲの状態では，各領域の黒石の個数がすべて２個だから，表示される数字は１のままである。表示される数字を最大にして最も高い点数をもらうには，各領域の黒石の個数がすべて奇数個になるようにすればよいので，右の図Ⅳの斜線部分を裏返せばよい。すると，表示される数字は，１＋１＋２＋４＝８となり，この問題の得点は８点になる。

図Ⅲ

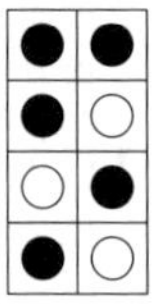

図Ⅳ

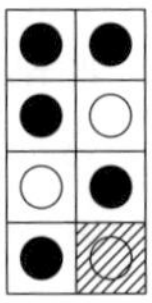

(4)　１と表示されるためには，領域Ａ，Ｂ，Ｃのいずれにも黒石が偶数個並ぶ必要がある。しかし，領域Ａの中から２つ選んで黒石を並べた場合，領域Ｂまたは領域Ｃの黒石の個数が奇数個となるため，１と表示されない。また，領域Ａに黒石を並べない場合も，領域Ｂまたは領域Ｃの黒石の個数が奇数個となるため，１と表示されない。

5　構成

(1)　右の図Ⅰで，アはＢの部分を右方向に引っ張ると点線部分がほどけるから，結び目はできない。また，エはＡの部分を左方向に引っ張ると点線部分がほどけるので，結び目はできない。同じようにしてもイとウは結び目ができてしまうから，ほどけるのはアとエである。

図Ⅰ

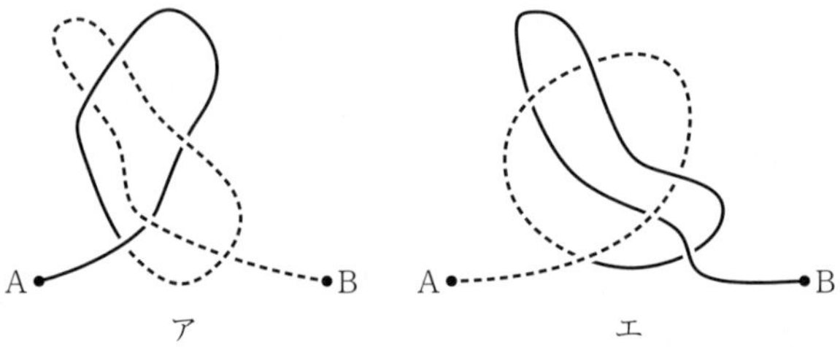

(2)　下の図Ⅱの(a)は，最初の状態からクの方法を用いた直後のものである。この図で，BC の上に AD が乗っていて，さらにその上に EF が乗っている。そこで，ケの方法で EF の部分をずらすと(b)のようになる。次に(b)で，GH の上に IJ が乗っている。そこで，クの方法で GH の部分を上方向に引っ張ると(c)のようになる。さらに，(c)の点線で囲んだ部分をカの方法で(d)のようにすることができる。よって，①はケ，②はク，③はカとなる。

図Ⅱ

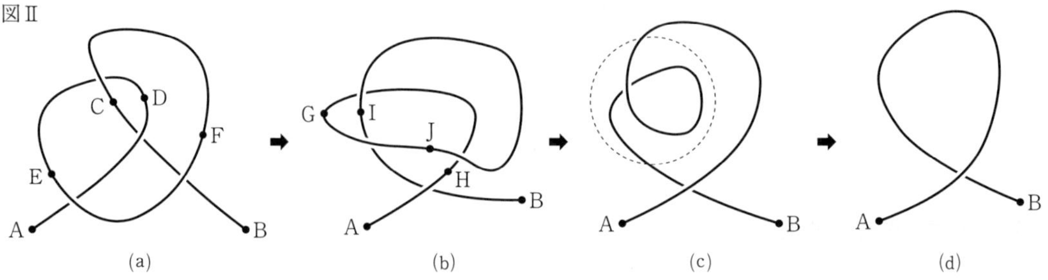

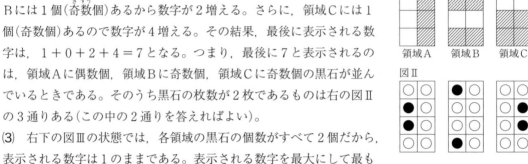

⑶　下の図Ⅲの左側の図は，最初の状態からコの方法を用いた直後のものである。この図で，EFの上に点線部分が乗っているので，クの方法を用いると，図Ⅲの右側の図のようになる（これが①）。次に，下の図Ⅳの一番左側の図は，２回目にコの方法を用いた直後のものである。この図でIJの上に点線部分が乗っているから，クの方法を用いると，右側の図のようになる（これが②）。さらに，②の点線で囲んだ部分をキの方法で③のようにすることができる（①，②，③ともに点や記号をかく必要はない）。

図Ⅲ

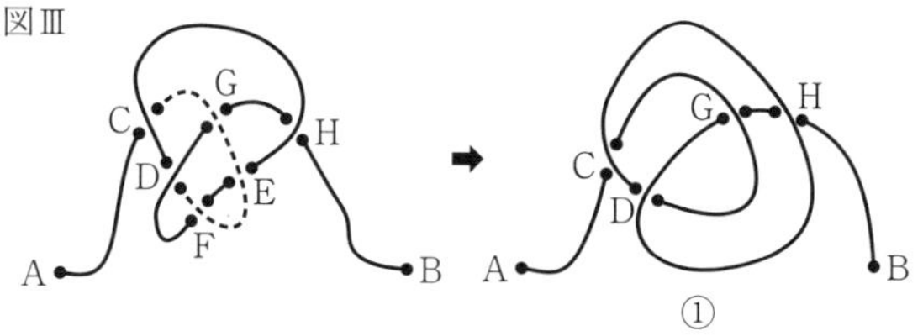

図Ⅳ

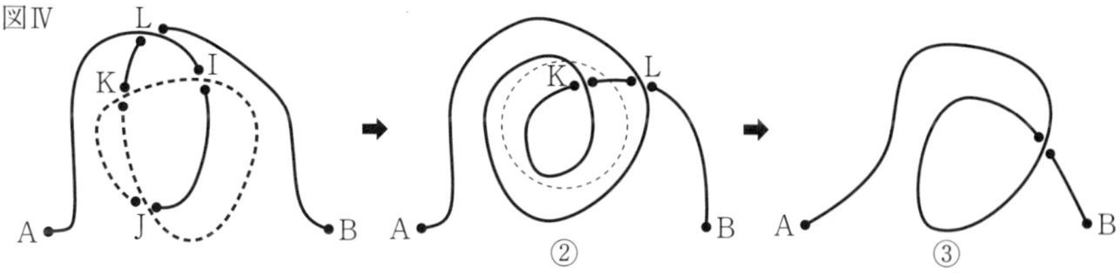

理　科　＜２月２日午後理数特待試験＞（50分）＜満点：100点＞

解　答

A **問１**　イ，エ　**問２**　ア，エ　**問３**　**利点１**…（例）　可食部が多いので食料としてむだが少ない。　**利点２**…（例）　少ないエサで育てることができ，低コストで飼育できる。　**問４**　（利点２を選んだ場合）　**不十分な点**…（例）　図４でコオロギについてのデータしかない点。　**必要なデータ**…（例）　昆虫食に用いられている各昆虫の体重１kg増えるのに必要なエサの量。

B **問１**　**記号**…ア　**理由**…（例）　産卵管が見られるから。　**問２**　**温度の影響**…（例）　25℃で飼育したときよりも30℃で飼育したときのほうが早く成虫になる。　**昼の長さの影響**…（例）　LDの条件よりもSDの条件のときの方が羽化後の平均体重が重い。　**問３**　（例）　**温度・昼の長さの条件**…30℃，長日で飼育する。　**理由**…多くの個体を早く得ることができるため。　**問４**　（例）　ふたつきの容器に入れて，容器ごと重さをはかる。　**問５**　**実験**…（例）　栄養素Pを与えずに，他は同じ条件で飼育する。　**結果**…（例）　栄養素Pを与えたときの方が与えなかったときよりも早く成長している。　**問６**　0.25　**問７**　6.0％　**問８**　（例）　このはかりを用いて栄養素Pを0.25gの４倍の1.0gとり，水を19g加える。そして，水溶液から5.0gをはかり取る。

C **問１**　**記号**…イ，ウ　**理由**…（例）　回転させやすいように磁石を反発させるため。　**問２**　**飛翔距離**…292m　**平均飛翔速度**…分速58m　**問３**　（例）　虫は固定されており，完全に自由に動けるわけではないから。　**問４**　**ア**　0.51　**イ**　0.54

解　説

A **昆虫《こんちゅう》食についての問題**

問1　一般《いっぱん》に，昆虫はからだが頭部・胸部・腹部の3つに分かれていて，胸に6本のあしと4枚のはねがついている。サソリとクモはクモのなかまで，あしが8本あり，からだが頭胸部と腹部の2つに分かれているので，昆虫ではない。

問2　図1，図2とも，食用とされる虫の種類についての資料なので，消費されている量についてはわからない。また，カブトムシのなかまについて，どのような状態で食用とされているかは述べられていない。

問3　コオロギの場合，食べることができる部分の割合がトリ，ブタ，ウシに比べて大きいので，食料としてむだが少なく，必要な量だけを育てやすい。また，体重1kg増えるのに必要なエサの量がトリ，ブタ，ウシに比べて少ないので，低コストで飼育することができる。さらに，ミールワーム（ゴミムシダマシの幼虫）では，タンパク質1kgを生産するときに排出《はいしゅつ》される温室効果ガスの量（二酸化炭素相当量）が豚《ぶた》肉，鶏《とり》肉，牛肉より少ないので，地球温暖化を抑制《よくせい》することに効果があると考えられる。

問4　コオロギ以外の昆虫についてはデータがない。このため，昆虫食に用いられている各昆虫について，食べることができる部分の割合や，体重1kg増えるのに必要なエサの量について調べる必要がある。また，食べることができる部分の割合だけでなく，捨てる部分の割合などのデータがあればゴミの量などでも比べられる。

B　コオロギの生育についての問題

問1　アは産卵管がのびているからメスである。また，イははねに，こすり合わせて鳴くための複雑な模様があることからオスとわかる。

問2　図1Aより，25℃で育てた場合と30℃で育てた場合とでは，どちらも昼の長さにかかわらず30℃で育てた方が成虫の割合が100%になるまでの日数が短い。このことから，25℃で飼育したときよりも，30℃で飼育したときの方が早く成虫になることがわかる。また，図1Cより，長日（LD）で育てた場合と短日（SD）で育てた場合とでは，どちらも温度にかかわらず短日で育てた方が長日で育てたときよりも，羽化後の平均体重が重くなっている。よって，短日で育てた方が長日で育てたときよりも，羽化後の平均体重が重いことがわかる。図1Bより，これらは短日の方が長日よりも脱皮《だっぴ》の回数が多いことが原因と考えられる。

問3　問2より，30℃，長日で育てると，多くの個体を早く得られることがわかる。ただし，大きな個体を得たい場合は25℃，短日で育てる方がよい。

問4　コオロギが逃《に》げないようにふたつきの容器に入れ，容器ごと重さをはかり，その重さから容器の重さを引いて，コオロギの重さを求めればよい。

問5　栄養素Pにコオロギの成長を促進《そくしん》させる効果があることを確かめるには，栄養素Pを与《あた》える個体群と，栄養素Pを与えない個体群を用意し，どちらも他は同じ条件で飼育する。このとき，栄養素Pを与えた個体群の方が，栄養素Pを与えない個体群より早く成長したという結果が得られれば，栄養素Pにコオロギの成長を促進させる効果があるといえる。

問6　水溶《よう》液に含《ふく》まれている栄養素Pの重さは，$5.0\times\frac{5.0}{100}=0.25$（g）となる。

問7　1.0gは水の蒸発によって減ったのだから，コオロギが取り入れた栄養素Pの重さは，$(3.0-1.0)\times\frac{5.0}{100}=0.1$（g）である。また，補充《ほじゅう》した水溶液3.0gに含まれている栄養素Pの重さは，$3.0\times\frac{5.0}{100}=0.15$（g）である。したがって，補充したあとの栄養素Pの水溶液の濃《こ》さは，$\frac{0.25-0.1+0.15}{5.0}$

×100＝6.0(％)と求められる。

問８　このデジタルはかりではかることのできる最小値は1.0ｇなので，まず，栄養素Ｐを0.25ｇの４倍の，0.25×４＝1.0(ｇ)はかり取る。次に，水，5.0×４－１＝20－１＝19.0(ｇ)を加えることで，5.0％の水溶液20.0ｇを得ることができる。このあと，デジタルはかりで5.0ｇをはかり取ればよい。

C　虫の飛《ひ》翔《しょう》とてこのつり合いについての問題

問１　磁石のしりぞけ合う力を利用して，虫を固定した装置を浮《う》かせて回転させやすくするしくみになっている。したがって，下の磁石の上側と，上の磁石の下側が同じ極どうし(Ｎ極とＮ極，Ｓ極とＳ極)になっている必要がある。

問２　150mm＝15cm＝0.15mだから，虫の飛翔距離《きょり》は，0.15×２×3.14×310＝292.02より，292mになる。虫は５分間でこの距離を飛翔しているので，このときの平均飛翔速度は分速，292÷５＝58.4より，58mである。

問３　虫は体の一部が固定されているので上下や左右に動けず，野外で自由に飛翔しているときの結果にはならない。

問４　**ア**　おもりの重さを□ｇとすると，てこのつり合いから，0.39×170＝□×130の関係が成り立ち，□＝0.39×170÷130＝0.51(ｇ)になる。　**イ**　針金の長さは，170mm＋130mm＝300mm＝0.3mだから，針金の重さは，0.65×0.3÷１＝0.195(ｇ)となる。針金の重さは針金の真ん中にかかっていると考えてよいので，おもりの重さを□ｇとすると，てこのつり合いから，0.39×170＋0.195×(170－300÷２)＝□×130の関係が成り立ち，□＝(66.3＋3.9)÷130＝0.54(ｇ)と求められる。

2022年度 ドルトン東京学園中等部

【算　数】〈２月１日午前試験〉 (50分) 〈満点：100点〉

〔注意〕１．三角定規やコンパス，分度器は使用できません。
　　　　２．分数は最後まで約分して答えてください。
　　　　３．比は最も簡単《かんたん》な整数で答えてください。
　　　　４．円周率は3.14とします。

1 次の計算をしなさい。ただし，(4) は □ にあてはまる数を答えなさい。

(1) $123+4\times(56\div7\times8-9)$

(2) $5\frac{1}{4}\times6\frac{1}{3}\div10\frac{1}{2}\div3\frac{4}{5}+\frac{1}{6}$

(3) $\left(6.3\div\frac{9}{10}-5.6\times\frac{5}{8}\right)\div1.25$

(4) $5\text{t}-3200\text{g}=$ □ kg

2 次の問いに答えなさい。

(1) １日の平均気温を日平均気温といいます。下のドットプロットは，横浜市と神戸市の2020年8月の日平均気温（31日分）を調べ，その結果をまとめたものです。散らばりが大きいのはどちらの市ですか。

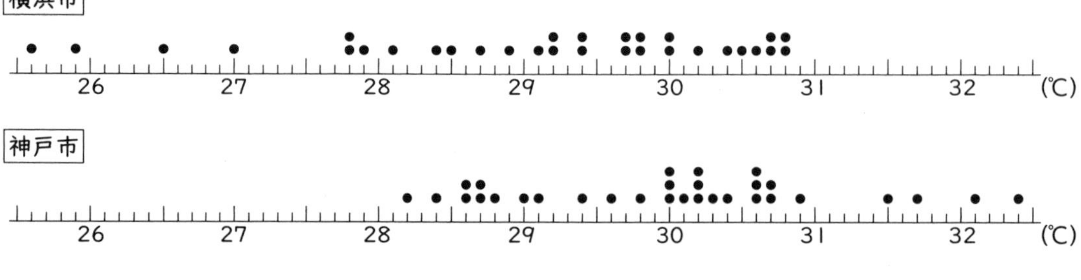

（気象庁「過去の気象データ」をもとに作成）

(2) ３つのみかんＡ，Ｂ，Ｃがあり，Ａの重さはＣの重さの９割，Ｂの重さはＣの重さの８割にあたります。ＡとＢの重さの和が 204 g のとき，ＡとＢの重さの差は何 g ですか。

(3) 図において，三角形 ABC と三角形 DEF は合同です。このとき，角アの大きさを求めなさい。

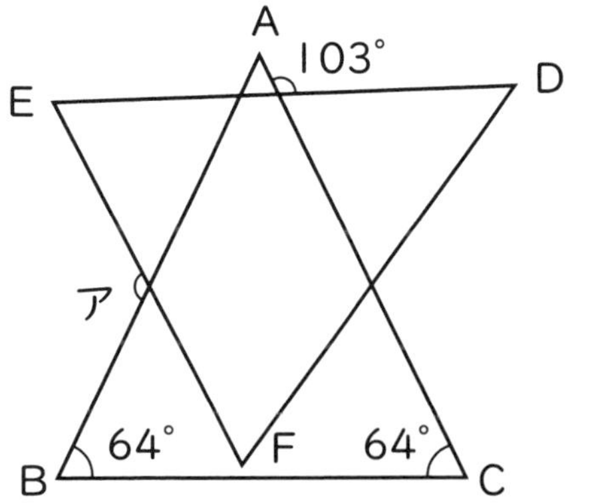

(4) 家から学校に向かうとき，分速 180 m で走ると予定の時刻より３分早く着き，分速 60 m で歩くと予定の時刻より５分遅《おく》れて着きます。家から学校までの道のりは何 m ですか。

(5) 2022 年２月１日は火曜日です。2022 年８月 22 日は何曜日ですか。

(6) **ア～オ**の５種類のおもりがあります。同じ文字が書かれたおもりの重さは等しいです。これらのおもりを組み合わせててんびんにのせると，図のような結果になりました。

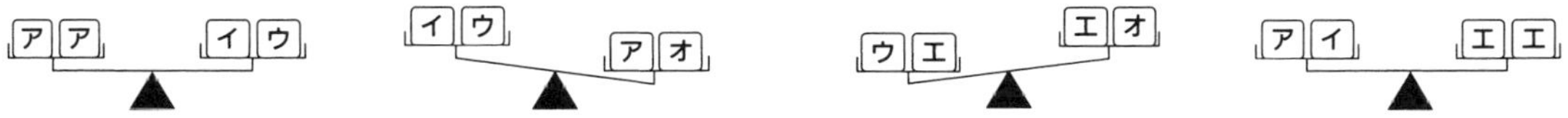

このとき，最も重いおもりを**ア～オ**から選び記号で答えなさい。

3 将棋盤《しょうぎばん》は図1のように縦横9マスで合計81マスからなり，盤面の右上から横を1，2，3，……，9とアラビア数字で表し，縦を一，二，三，……，九と漢数字で表します。駒《こま》の位置は横と縦の数字の組で表し，図1の角行《かくぎょう》の駒が置かれているマスは「8八」です。

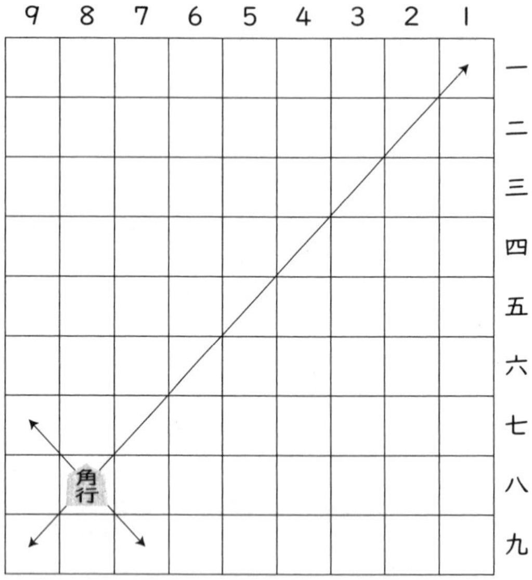

図1

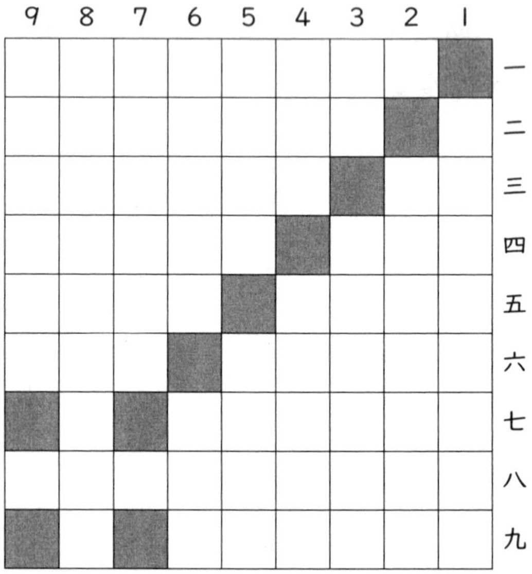

図2

駒の1回の移動を「1手」といい，角行は図1のように，1手で斜《なな》めに何マスでも移動させることができます。例えば，8八の角行は1手で，図2の影《かげ》のついたマスのいずれかに移動させることができます。しかし，8八の角行を1手で7五に移動させることはできず，「8八→9七→7五」と2手で移動させたり，「8八→7九→5七→7五」と3手で移動させたりする必要があります。このような駒の一連の移動を「手順」といい，手順における駒の移動回数を「手数」といいます。

(1) 角行を左下と右下には移動させず，左上か右上に何マスか移動させることとします。図1のように，将棋盤に角行のみが置かれているとき，8八の角行を7五に移動させることを考えます。

① 最も多い手数はいくつですか。

② 手順は全部で何通りありますか。

「角行」の駒の裏面には「竜馬《りゅうま》」と書かれています。図3の影のついたマスを「敵陣《てきじん》」といい，角行は，敵陣に移動させたとき，駒を裏返して竜馬に成ることができます。例えば ８八の角行を３三に移動させて敵陣に入ると，竜馬に成ることができます。竜馬に成ると，図4のように１手で前後左右に１マス移動させるか斜めに何マスでも移動させることができるようになります。

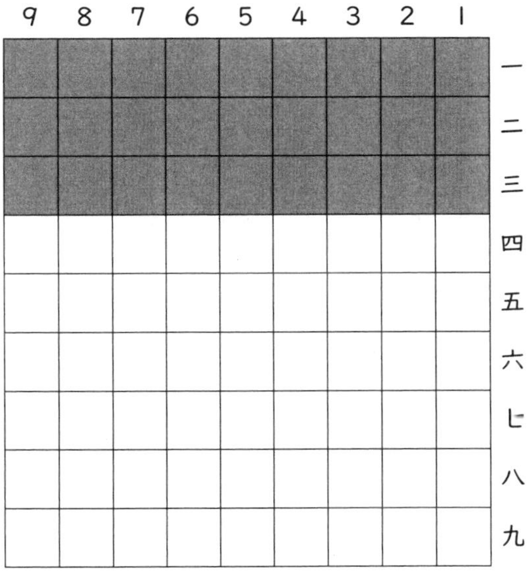

図３

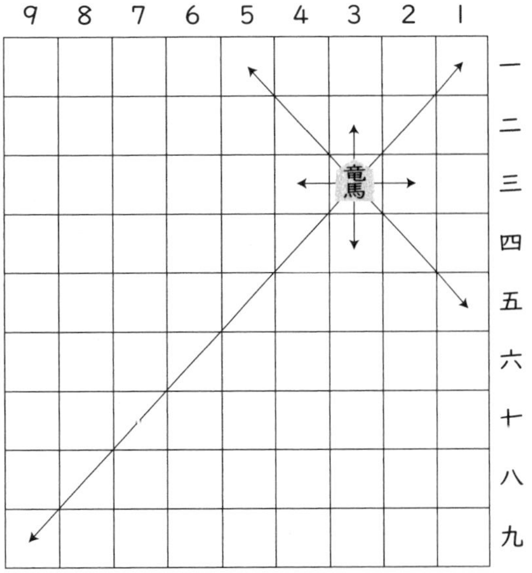

図４

⑵　角行を斜めに移動させ，敵陣に入ったときには必ず竜馬に成ることとします。図１のように，将棋盤に角行のみが置かれているとき，８八の角行を２手で移動させることができるマスに影をつけた図として，最も適切なものを次の**ア**～**エ**のうちから１つ選び，記号で答えなさい。

ア

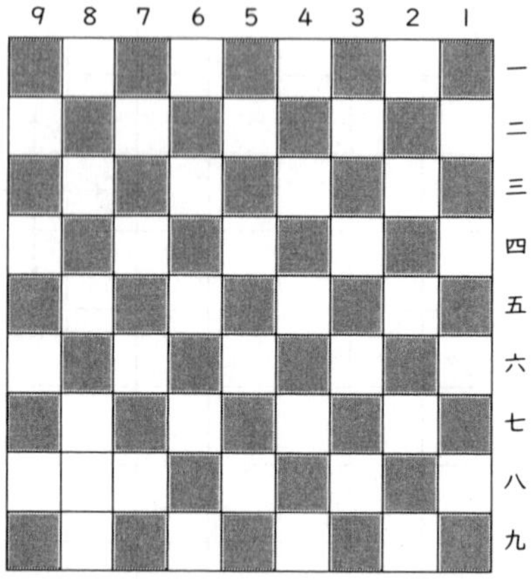

イ

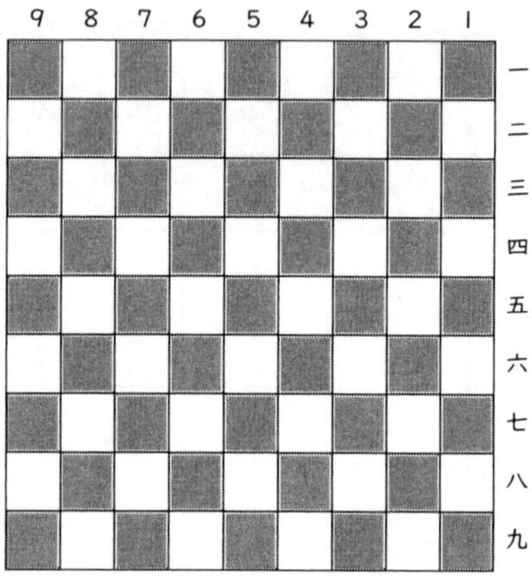

ウ

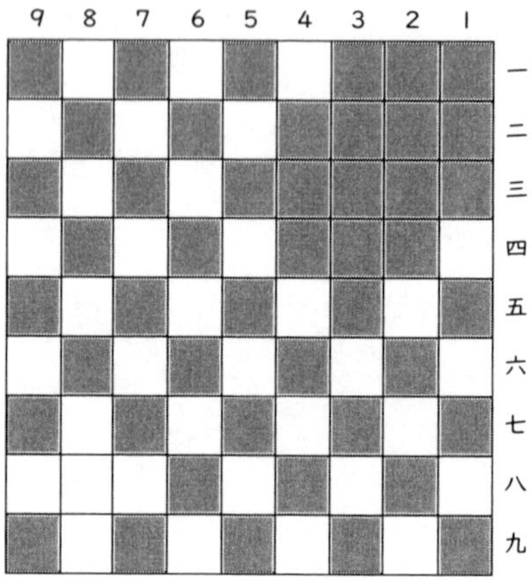

エ

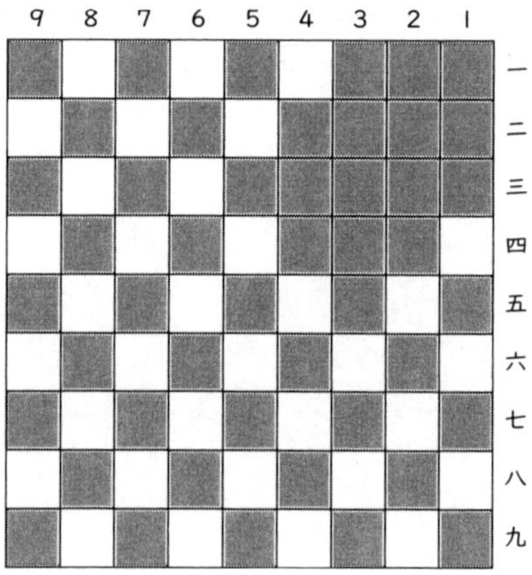

(3)　角行を斜めに移動させ，敵陣に入ったときには必ず竜馬に成ることとします。図１のように，将棋盤に角行のみが置かれているとき，８八の角行を３手で移動させることができるマスに影をつけた図として，最も適切なものを次の**ア**～**エ**のうちから１つ選び，記号で答えなさい。

ア

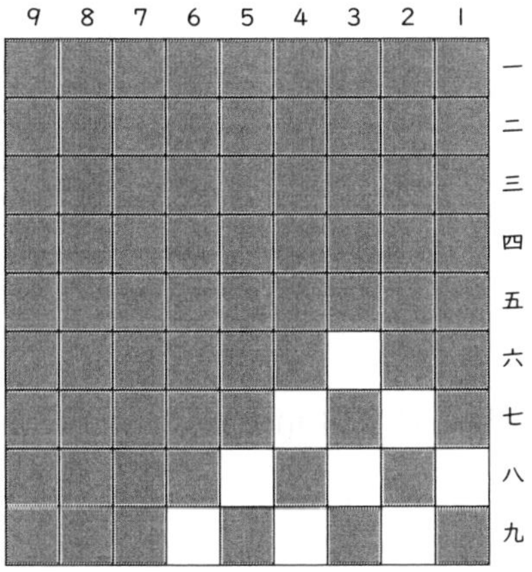

イ

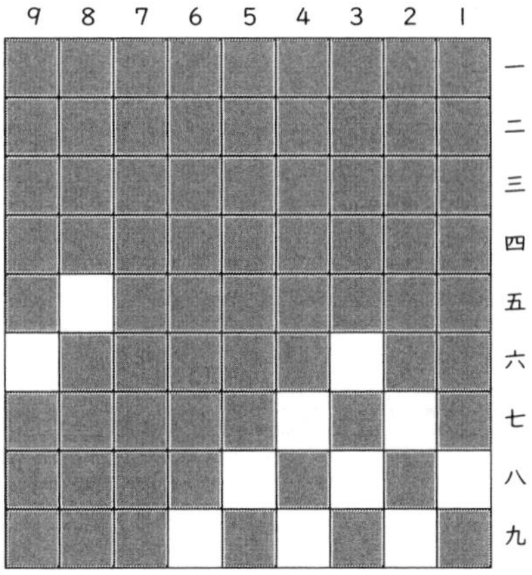

ウ

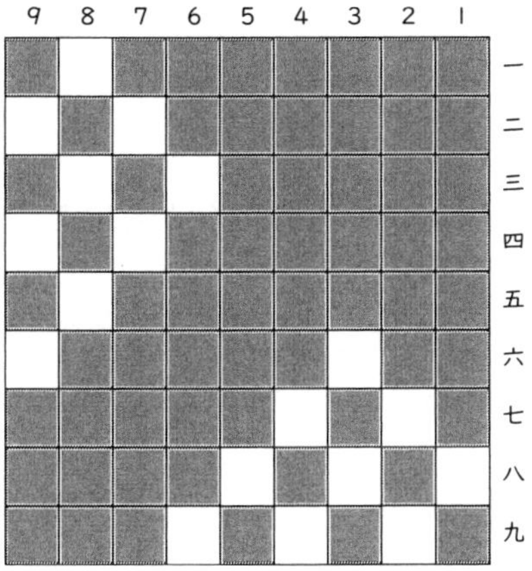

エ

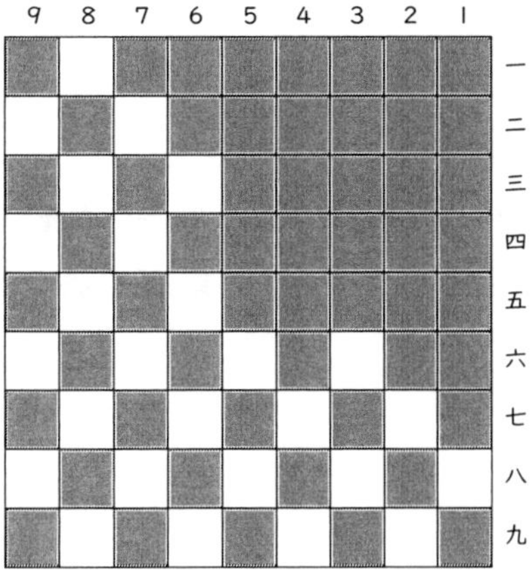

4 図のようにゴンドラの中心が直径133mの円を描《えが》いて矢印の方向へ一定の速さでまわる観覧車《かんらんしゃ》があり，ちょうど30分間で1周します。ゴンドラの中心の高さは，乗車位置となる最も低いところを0m，最も高いところを133mとします。

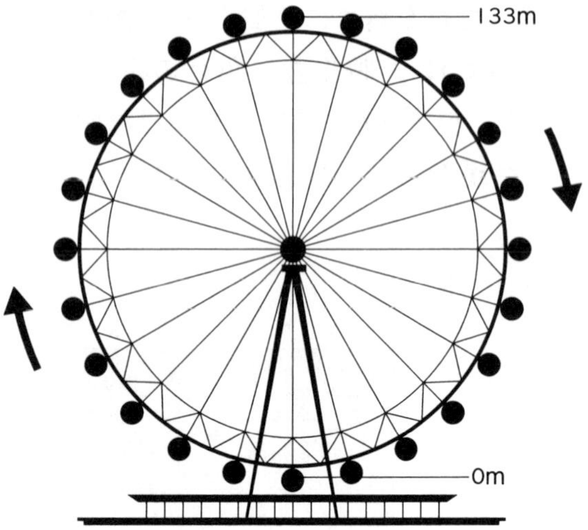

(1) 乗車して７分30秒後のゴンドラの中心の高さは何mか求めなさい。

(2) 乗車して11分15秒後のゴンドラの中心の高さは何mか求めなさい。ただし，必要ならば直角二等辺三角形の長い辺が短い辺の約1.4倍の長さであることを利用しなさい。

(3) 乗車してからゴンドラの高さが最初に100mになるのにかかる時間を求める方法を書きなさい。ただし，計算や答えは書かなくてもよい。

【社　会】〈2月1日午前試験〉(30分)〈満点：50点〉

〔注意〕漢字を用いるよう指定されているところは漢字で答えてください。

1 次の会話文を読んで、あとの問いに答えなさい。

太郎　お父さん、今年の夏休みはどこにも行かないの？

父　ようやく旅行にも行けるようになったから、どこか行こうか。どこに行きたい？

太郎　うーん、長く旅行もできなかったから国内をゆっくり回ってみたいな。でもどこが良いか迷うな……。

母　だったら、ゆっくり考えてあなたが計画を立ててみたらどう？ 細かいところは決めなくて良いから、まずはどこに行きたいか、考えてみてほしいな。

太郎　うん、面白そう。やってみるね！

―――数日後―――

太郎　できたよ。だけど、行きたいところが多すぎて、たくさん書いちゃった。

(太郎の行きたいところ)

都道府県名	見たいものや体験したいことなど
石川県	③北陸地方の中心。金沢市はもともと城《じょう》下町なんだって。
香川県	④瀬戸内海にある小豆島に行ってみたい。
山梨県	名物の⑤果物を食べたい。富士山にも登ってみたい。
①島根県	宍道湖《しんじこ》では大きなシジミが採れるんだって。
沖縄県	すばらしい⑥城《しろ》があったよね。再建してほしいな。海がとてもきれい。
秋田県	有名な⑦伝統工芸品の製作体験をしてみたい。
宮城県	⑧豊富な魚を使ったおいしいお寿司《すし》を食べたい。
②大阪府	大阪城をはじめとした歴史的な名所を見て回りたい。

父　行きたいところがたくさんあるんだね。近い都道府県同士だったら、一度に旅行できるかもしれないね。

太郎　そうだね、距離《きょり》のことは全然考えていなかったよ。

母　この中から、お父さんとお母さんで相談して決めることにするね。決まったら、その場所のことをさらに深く調べて、いろいろ教えてね。

太郎　うん。出発までにいろいろと調べておくよ。任せてね！

問1　①＿＿＿＿について、島根県にある空港はどれですか。次のア～エより1つ選び、記号で答えなさい。

ア　出雲縁結《いずもえんむす》び空港　　　イ　おいしい庄内《しょうない》空港
ウ　対馬《つしま》やまねこ空港　　　エ　コスモポート種子島

問2　②＿＿＿＿について、次のア～エの各文は、関西圏《けん》の府や県について述べたものです。大阪府と隣り合っていない府や県に関するものを1つ選び、記号で答えなさい。

ア　長く日本の首都であった地域《ちいき》で、金閣寺《きんかくじ》など有名な建築物も多い。
イ　日本最大の湖があり、大阪府にも淀川《よどがわ》などを通じてその水が供給《きょうきゅう》されている。
ウ　古くから日本の中心であった地域の1つで、平城京があった。
エ　政令指定都市の神戸市をかかえ、瀬戸内海だけでなく日本海にも面している。

問3　③＿＿＿＿について、次の地図は北陸地方の発電所の分布を示したものです。火力発電所・水力発電所・原子力発電所の分布の組み合わせとして正しいものはどれですか。下のア～エより1つ選び、記号で答えなさい。

地図「北陸地方の発電所の分布」

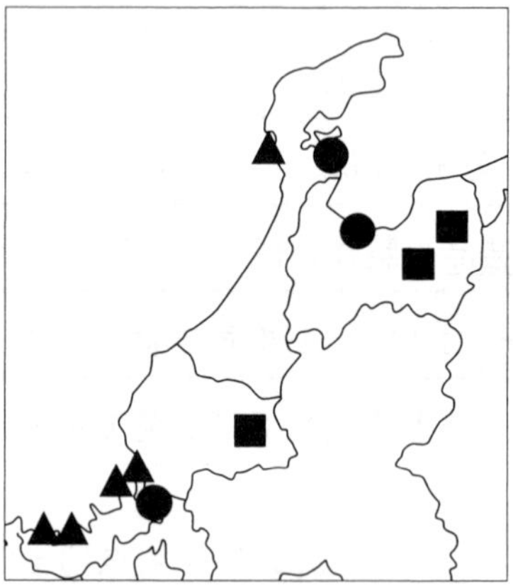

※休止中も含《ふく》む。小規模《しょうきぼ》な発電施設《しせつ》はのぞく。

ア　▲ 火力発電所　■ 水力発電所　●原子力発電所
イ　▲ 原子力発電所　■ 火力発電所　●水力発電所
ウ　▲ 原子力発電所　■ 水力発電所　●火力発電所
エ　▲ 水力発電所　■ 原子力発電所　●火力発電所

問４　④＿＿＿＿について、瀬戸内海の気候と農業に関する説明として正しいものはどれですか。次の**ア**～**エ**より１つ選び、記号で答えなさい。

ア　夏と冬の気温差が大きく、雨が少ない。レタスなどの栽培《さいばい》がさかんである。

イ　夏は蒸し暑く雨が多い。冬は晴れの日が多い。みかんなどの栽培がさかんである。

ウ　一年を通じて温暖《おんだん》で、台風が多く通る。ピーマンなどの促成《そくせい》栽培がさかんである。

エ　一年を通じておだやかな気候で、雨が少ない。オリーブなどの栽培がさかんである。

問５　⑤＿＿＿＿について、次の表は果物の都道府県別生産量の順位を示したものです。表中の**ア**～**エ**には福島・山梨・長野・和歌山のいずれかが入ります。山梨があてはまるものはどれですか。表中の**ア**～**エ**より１つ選び、記号で答えなさい。

表「果物の都道府県別生産量」

	ぶどう	日本なし	みかん	もも	りんご
１位	（ **ア** ）県	茨城県	（ **エ** ）県	（ **ア** ）県	青森県
２位	（ **イ** ）県	千葉県	愛媛県	（ **ウ** ）県	（ **イ** ）県
３位	山形県	栃木県	静岡県	（ **イ** ）県	岩手県
４位	岡山県	（ **ウ** ）県	熊本県	山形県	山形県
５位	福岡県	鳥取県	長崎県	（ **エ** ）県	（ **ウ** ）県

（矢野恒太記念会『日本国勢図会　2021/22年度版』より作成）

問６　⑥＿＿＿＿について、沖縄県にあったこの城は、2019年に火災にあい、いまも復旧中です。この城を何といいますか。漢字で答えなさい。

問７　⑦＿＿＿＿について、日本有数の良質な木材として知られる秋田杉を使った伝統工芸品はどれですか。次のア～エより１つ選び、記号で答えなさい。

ア

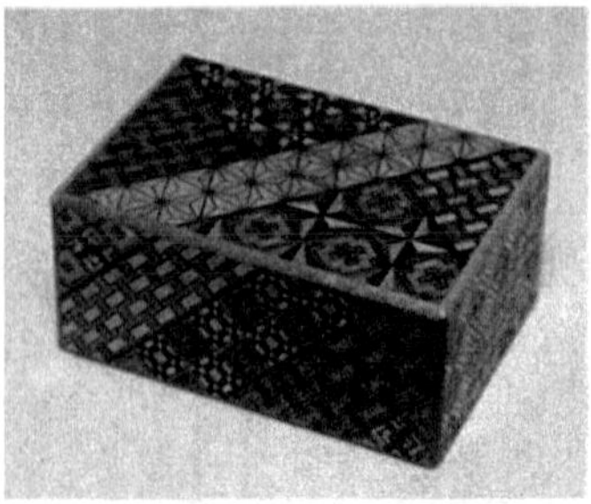

イ

ウ

エ

問８　⑧＿＿＿＿について、太郎くんが新聞を読んでいると、次のような記事がありました。

> 今年のサンマ漁が始まった。水産庁の漁況《ぎょきょう》見通しによれば、資源《しげん》分布量は漁獲《ぎょかく》が過去最低に落ち込んだ昨年を上回るものの、水準は低いままだ。日本近海への来遊も期待しにくいという。３年連続の歴史的な不漁もちらつく。
>
> 昨年のサンマ漁獲量は全国さんま棒受網《ぼううけあみ》漁業協同組合（東京）のまとめで２万 9566 トンと過去最低に落ち込んだ。30 万トンを超えていた 2008 ～ 09 年に比べると 10 分の１以下にすぎない。

（日本経済《けいざい》新聞 2021 年９月 14 日より作成
https://www.nikkei.com/article/DGKKZO75710380T10C21A9QM8000/）

近年、サンマが不漁になっているのはなぜですか。その理由を、次の２つの語句を必ず使用して、30 文字程度で説明しなさい。

海水温	生息域

2 次の地図をみて、あとの問いに答えなさい。

日本の世界文化遺産《いさん》
(2021年7月現在)

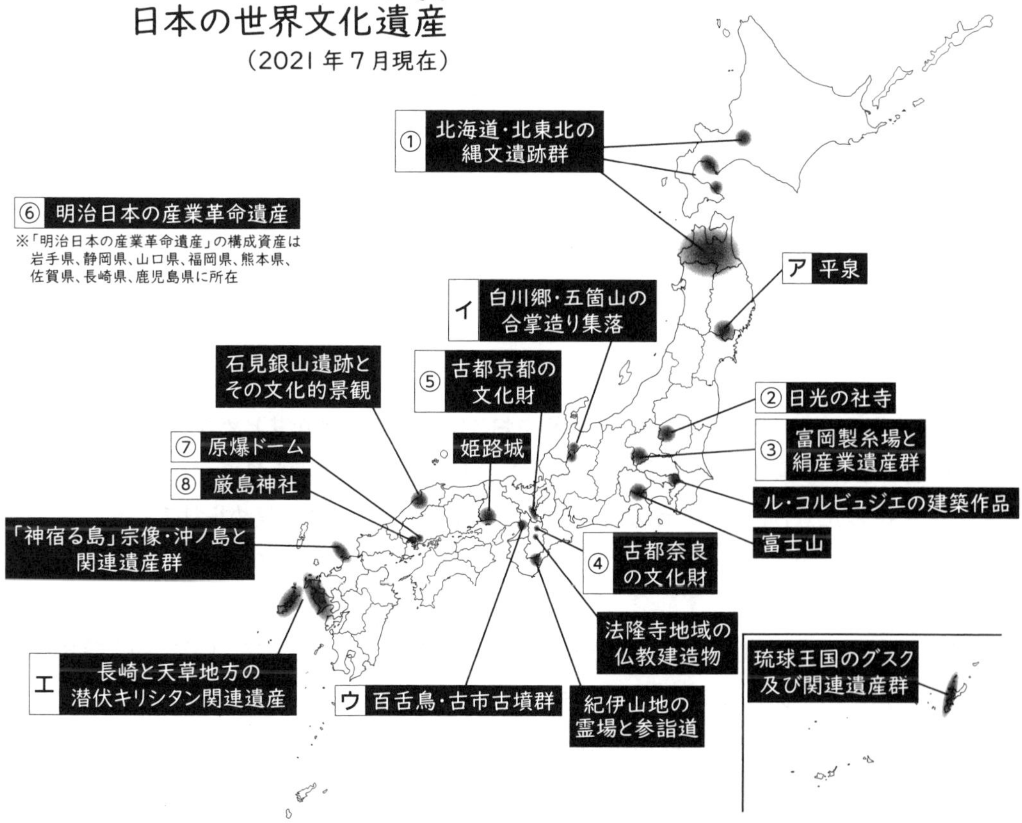

(『文化庁』ホームページより作成
https://www.bunka.go.jp/seisaku/bunkazai/shokai/sekai_isan/ichiran/pdf/93295501_01.pdf)

問1　地図中①について、この遺跡《いせき》群にふくまれるものはどれですか。次の**ア**～**エ**より1つ選び、記号で答えなさい。

ア　登呂遺跡　　**イ**　岩宿遺跡　　**ウ**　三内丸山遺跡　　**エ**　吉野ケ里遺跡

問2　地図中②について、日光にある寺院「輪王寺」には、参勤《さんきん》交代の制度をつくった将軍《しょうぐん》の墓所があります。この将軍が行った政治と関係の深い世界文化遺産はどれですか。地図中の**ア**～**エ**より1つ選び、記号で答えなさい。

問３　地図中③について、富岡製糸場は、近代的な産業を育てるために政府が設立した日本初の官営工場です。当時、政府が進めた「産業をさかんにして生産力を増やす」という政策を何といいますか。次のア～エより１つ選び、記号で答えなさい。

ア　富国強兵　　イ　文明開化　　ウ　殖産《しょくさん》興業　　エ　地租《ちそ》改正

問４　地図中④について、奈良時代に関する次の問いに答えなさい。

（１）　天平文化の説明として正しいものはどれですか。次のア～エより１つ選び、記号で答えなさい。

ア　『風土記』には、地域の産物や地名のおこり、伝説などがまとめられている。
イ　現存《げんぞん》する日本最古の和歌集である『古今和歌集』がつくられた。
ウ　東大寺の正倉院には、元明天皇ゆかりの日用品や宝物《ほうもつ》が収められている。
エ　日本の僧に関する制度を整えた行基が、唐招提寺《とうしょうだいじ》をひらいた。

（２）　この時代には、新しく切り開いた土地は永久に自分のものとしてよいという「墾田《こんでん》永年《えいねん》私《し》財法《ざいほう》」が定められました。この法律が制定されたあと、世の中はどのように変化しましたか。次の３つの語句を必ず使用して説明しなさい。

公地公民	貴族や寺社	天皇《てんのう》の権力《けんりょく》

問５　地図中⑤について、京都の文化財のひとつである慈照寺《じしょうじ》には、次のイラストのような「和風住宅《じゅうたく》」のもととなる建築様式がみられます。この建築様式を何といいますか。漢字で答えなさい。

問6　地図中⑥について、日本の産業革命と同じ時期におきた出来事**ア**～**エ**を時代の古いものから順に並《なら》べたとき、3番目にくるものはどれですか。次の**ア**～**エ**より１つ選び、記号で答えなさい。

ア　日英同盟《どうめい》を結んだ日本は、ロシア艦隊《かんたい》を攻撃して日露《にちろ》戦争が始まった。
イ　陸奥宗光がイギリスと交渉《こうしょう》して、領事裁判権《さいばんけん》（治外法権《ちがいほうけん》）の廃止《はいし》を実現した。
ウ　朝鮮《ちょうせん》をめぐっておきた日清戦争に日本が勝利し、下関条約が結ばれた。
エ　ロシアを中心とした三国干渉《かんしょう》により、日本は遼東《りょうとう》半島を清に返還《へんかん》した。

問7　地図中⑦について、広島や長崎に原子爆弾が投下されたことやソ連が日本に侵《しん》攻《こう》したことが大きなきっかけとなり、日本は無条件降伏《こうふく》を受け入れました。昭和天皇がラジオ放送を通じて国民に日本の降伏を発表したのは（西暦《せいれき》）何年何月何日のことですか。

問8　地図中⑧について、海上に浮《う》かぶ独特な厳島神社の建造物は、平清盛が建てました。平清盛が行った貿易に関する説明として正しいものはどれですか。次の**ア**～**エ**より１つ選び、記号で答えなさい。

ア　この貿易に不満をもった日本人が朝鮮で乱《らん》をおこし、交易が衰退《すいたい》した。
イ　倭寇《わこう》と貿易船との区別をつけるために、勘合《かんごう》という札が使われた。
ウ　大輪田泊《とまり》を改修して行われた貿易で、多くの銅銭が輸入された。
エ　この貿易で日本は来航するポルトガル商人から鉄砲《てっぽう》を輸入した。

3 次の文章を読んで、あとの問いに答えなさい。

政治と聞くと、みなさんは何を思《おも》い浮かべますか。政治家や選挙を思い浮かべる人が多いでしょう。しかし、これらだけが政治なのではありません。広い意味で政治とは、「私たち」にかかわる問題について、「このようにしよう」とルールや政策を決める活動のことです。

「私たち」をどの範囲《はんい》で考えるかによって、政治の単位は変わってきます。「私たち」を国に住む人々と考えるならば、政治の単位は①国家になります。地域社会に住む人々と考える場合は、その単位は②地方公共団体（地方自治体）になります。また、家族や学校、クラスやクラブ、あるいは③国際社会も政治の単位です。いずれの単位でも、「私たち」のあいだの考えや立場の違いから生まれる問題を解決することが政治の役割なのです。

政治の行い方の一つが④民主主義です。それは、君主や貴族ではなく、私たち自身が意思決定をする政治の方法です。具体的に、私たちはどのように民主主義にかかわるのでしょうか。思い浮かべやすいのは⑤投票です。これには、国政や地方政治における選挙での投票、⑥憲法《けんぽう》改正の国民投票、最高裁判所裁判官の国民審査《しんさ》、住民投票などがあります。民主主義へのかかわり方は投票だけではありません。例えば、政治家に要望を伝えたり、献金《けんきん》をしたりすることが考えられます。また、署名《しょめい》活動や集会、デモへの参加なども、民主主義にかかわる方法です。

ところで、20世紀は「民主主義の時代」であったと言われます。たしかに、⑦普通《ふつう》選挙が導入されたことなどによって、一部の有力者による政治から、大衆《たいしゅう》の考えや行動が政治に影響《えいきょう》を与える大衆民主主義へと変化しました。だからといって、民主主義がつねに安定していたわけではありません。イタリアやドイツのファシズムやソ連などの社会主義体制は、民主主義とは異《こと》なる政治や経済のしくみをつくろうとしました。

では、現在は本当の「民主主義の時代」だと言えるでしょうか。世界的にみて、必ずしも楽観することはできません。各国において、政党《せいとう》や政治家への信頼が低下したり、政治そのものに関心をもたない無関心層《そう》が増えたりしています。そうした中で、大衆の感情に訴えて支持を得ようとするポピュリズム（大衆迎合《げいごう》主義）の広がりが問題になっています。さらには、民主主義を尊重《そんちょう》するよりも、議会や選挙にとらわれない強力なリーダーであったり、⑧軍事政権であったり、独裁《どくさい》的権力を支持する声が増しているという意見もあります。民主主義は自然に成り立つものではなく、それを守っていくためには私たち自身の努力が必要なのです。

問１　①＿＿＿＿について、現在、日本の国家財政の歳出《さいしゅつ》のうち、最も割合《わりあい》が大きいものはどれですか。次の**ア**～**エ**より１つ選び、記号で答えなさい。

ア　公共事業関係費　　　**イ**　防衛関係費
ウ　社会保障《ほしょう》関係費　　　**エ**　国債《こくさい》費

問２　②＿＿＿＿について、納税《のうぜい》者がいま住んでいる地域ではなく、自分の好きな地域や応援《おうえん》したい地域に寄付することで、住民税や所得税が減額されるしくみを何といいますか。６文字で答えなさい。

問３　③＿＿＿＿について、2000年以降《いこう》の国際社会の動きに関する説明として誤《あやま》っているものはどれですか。次の**ア**～**エ**より２つ選び、記号で答えなさい。

ア　アメリカや日本も参加する核兵器禁止条約が発効した。
イ　国際連合の安全保障理事会の常任理事国に日本が加わった。
ウ　国際連合の世界食糧《しょくりょう》計画（WFP）がノーベル平和賞を受賞した。
エ　イギリスは国民投票の結果を受けてEUから離脱《りだつ》した。

問４　④＿＿＿＿について、「人民の人民による人民のための政治」ということばを残したアメリカの大統領は誰《だれ》ですか。次の**ア**～**エ**より１人選び、記号で答えなさい。

ア　ケネディ　　**イ**　トランプ　　**ウ**　オバマ　　**エ**　リンカン

問5　⑤＿＿＿＿について、次の表とその説明文から分かることとして正しいものはどれですか。下の**ア**～**エ**より1つ選び、記号で答えなさい。

表

		人数		
		17人	13人	10人
順位	1位	Aさん	Bさん	Cさん
	2位	Cさん	Cさん	Bさん
	3位	Bさん	Aさん	Aさん

説明文

上の表は、クラスの生徒40人が、代表を決める選挙の候補《こうほ》者Aさん・Bさん・Cさんを応援する順位を示しています。例えば、表の太枠《わく》線内のように、17人の生徒は「1位はAさん、2位はCさん、3位はBさん」の順で応援しています。つまり、最も代表に選ばれてほしいのがAさん、次がCさん、その次がBさんということです。

ここで、「1回の投票で決定する場合」、「1回目の投票結果を受けて、上位2人による決選投票で決定する場合」、「1位に3点、2位に2点、3位に1点という配点方式で決定する場合」の3つの方法で投票を行うことを考えてみます。

なお、決選投票では、もともと応援していた候補者が決選投票にいない場合、次点（表中の1つ下の順位）としていた候補者を応援するものとします。

ア　1回の投票で決定する場合、当選するのはCさんである。

イ　1回目の投票結果を受けて、上位2人による決選投票で決定する場合、当選するのはBさんである。

ウ　1位に3点、2位に2点、3位に1点という配点方式で決定する場合、当選するのはAさんである。

エ　3つの方法のどれを行った場合でも、当選結果が変わることはない。

問６　⑥＿＿＿＿について、憲法改正に関する説明として正しいものはどれですか。次の**ア**～**エ**より１つ選び、記号で答えなさい。

ア　憲法改正には、各議院の総議員の過半数の賛成による発議が必要である。
イ　憲法改正には、国民投票で３分の２以上の賛成が必要である。
ウ　憲法改正の国民投票の投票年齢《ねんれい》は、18歳以上である。
エ　憲法改正の国民投票の結果、憲法第９条が改正されたことがある。

問７　⑦＿＿＿＿について、普通選挙とはどのような選挙のことですか。25文字程度で、分かりやすく説明しなさい。

問８　⑧＿＿＿＿について、2021年２月にある国の国軍がクーデターをおこし、その後、国軍の司令官を首相とする軍事政権が発足しました。この国の国名を答えなさい。また、その位置を地図中の**ア**～**エ**より１つ選び、記号で答えなさい。

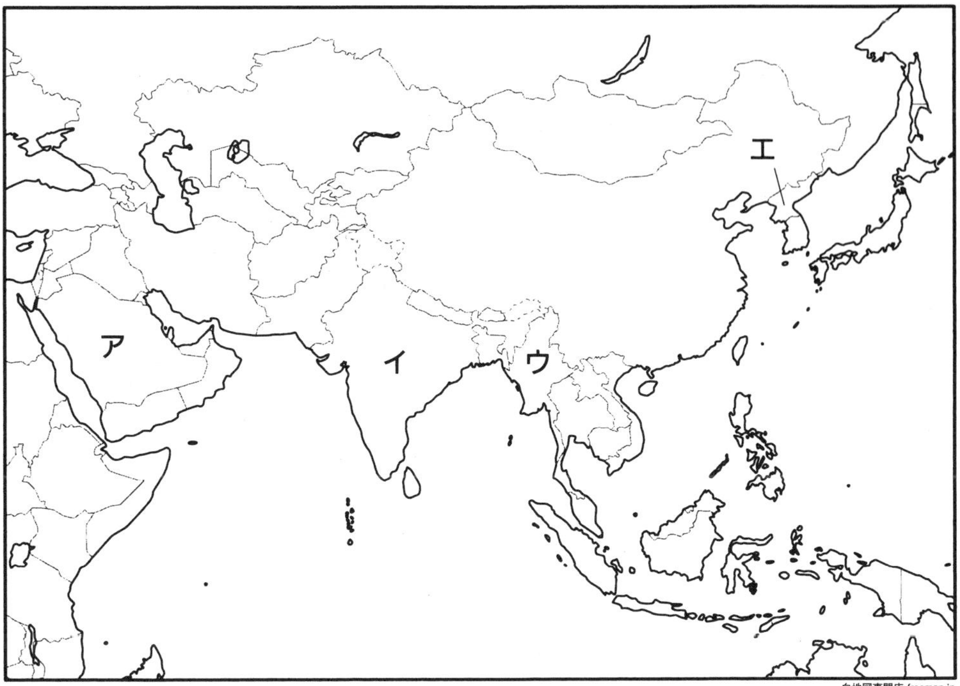

白地図専門店 freemap.jp

【理　科】〈２月１日午前試験〉（30分）〈満点：50点〉

1　配布されたものをルーペ（虫めがね）を用いて観察し，次の問いに答えなさい。

〈編集部注：実際の入試では，受験生にシラカシの葉が配布されました。〉

問１　次の注意事項《じこう》にしたがって，解答欄《らん》に葉の色の濃《こ》い面をスケッチしなさい。所要時間の目安は１０分です。

【スケッチの注意事項】

・解答欄の枠《わく》に葉の全体が大きく入るようにかく。
・輪郭《りんかく》や内部構造は，複数の線やとぎれとぎれの線ではなく，１本の線でかく。
・暗く見える部分は塗《ぬ》りつぶしたり斜線《しゃせん》を引いたりするのではなく，点々で表現する。
・同じ構造の繰《く》り返《かえ》しは，繰り返しの一部のみをかいて，残りは省略してもよい。
・スケッチのみで表せないところは言葉を用いてもよい。

【例】

〔編集部注…ここにはカイコの頭部を写した写真がありましたが，著作権上の都合により掲載できません。〕

カイコ頭部の写真

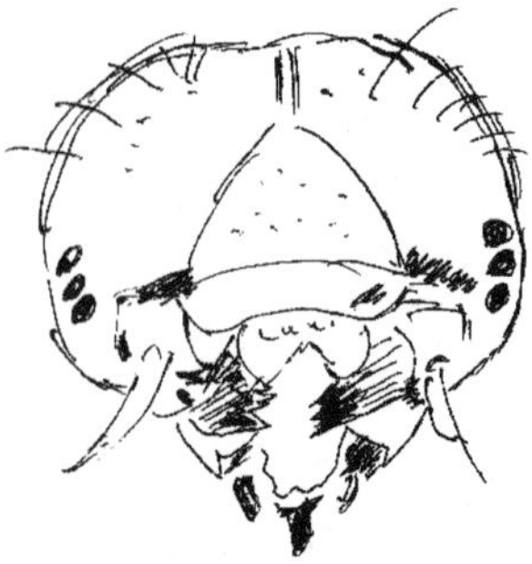

悪い例

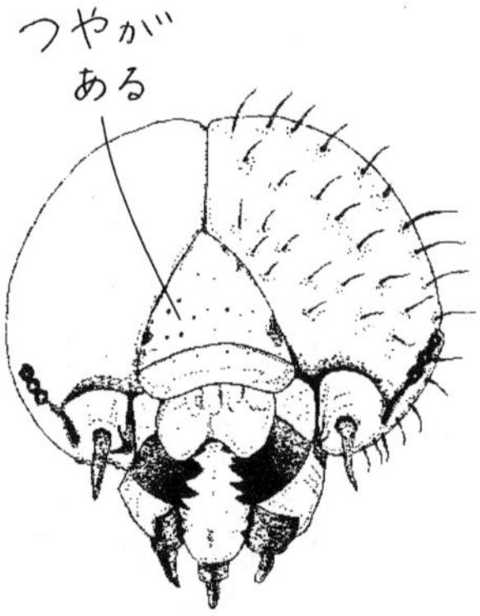

良い例

画像提供： Nature Photo Gallery 越智伸二
スケッチ：『スケッチで実験・観察』内山裕之

問２　葉の特徴《とくちょう》について，観察して気がついたことをくわしく書きなさい。ただし，３つ以上答えること。

2　図１，２は，てこの原理を利用してペンキ缶《かん》のふたをドライバーで開けようとしているところと，それを横から見たものです。これらについて次の問いに答えなさい。ただし，力を加える点を力点，支える点を支点，ものに力がはたらく点を作用点と言います。

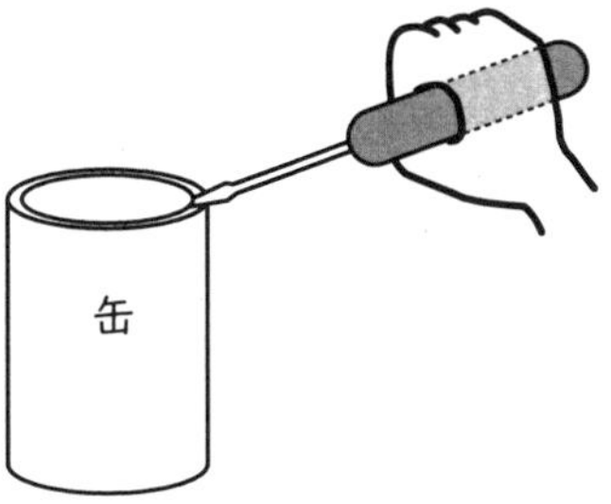

図１

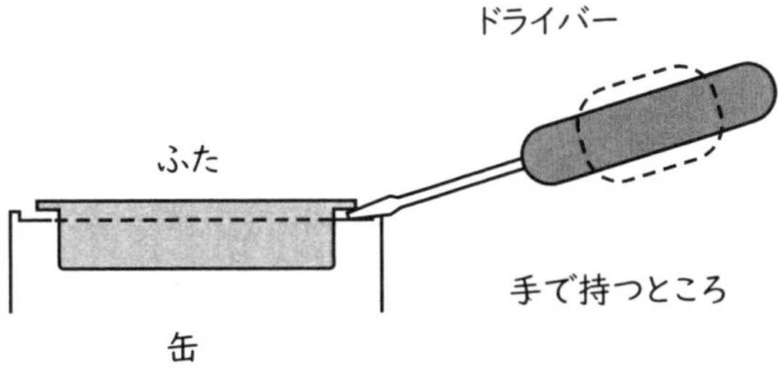

図２

問１　力点・支点・作用点の位置を正しく表したものはどれですか。次の**ア**～**エ**より１つ選び，記号で答えなさい。

ア

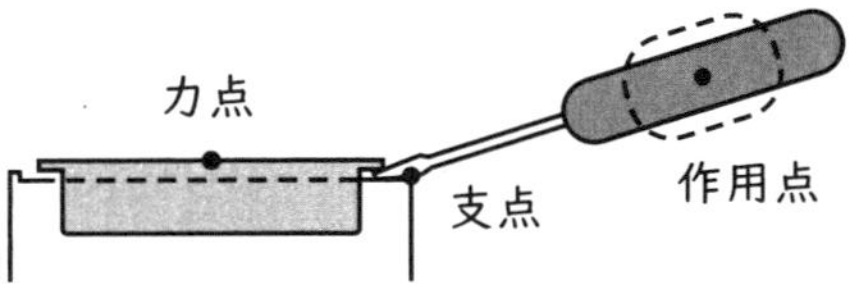

イ

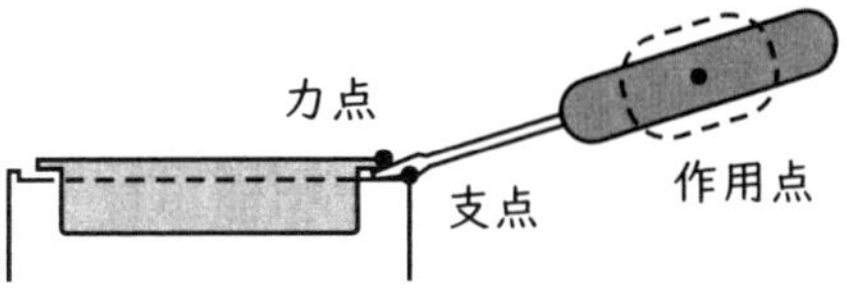

ウ

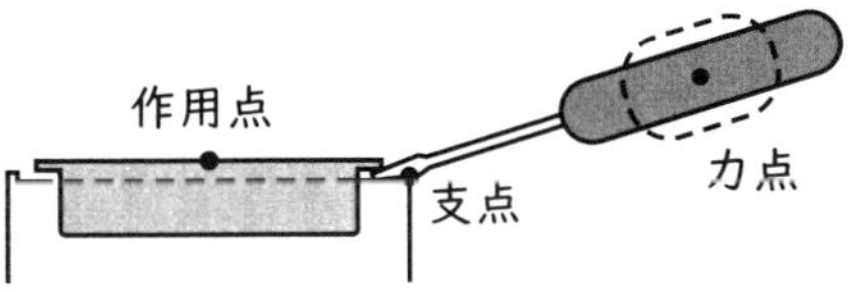

エ

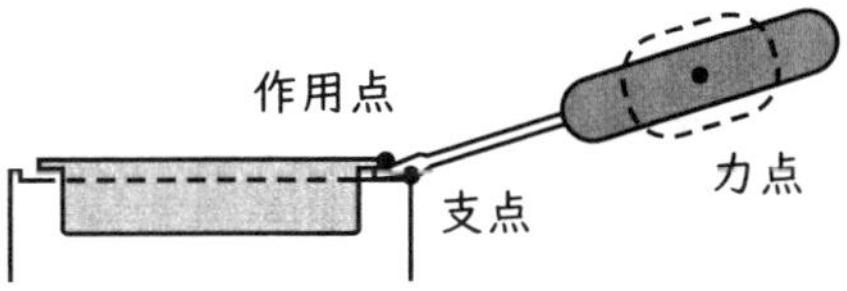

問２　ドライバーを持つ手の位置を次のように①から②へ変えたとき，ふたを開けるために手が加える力の大きさは何倍になりますか。分数で答えなさい。

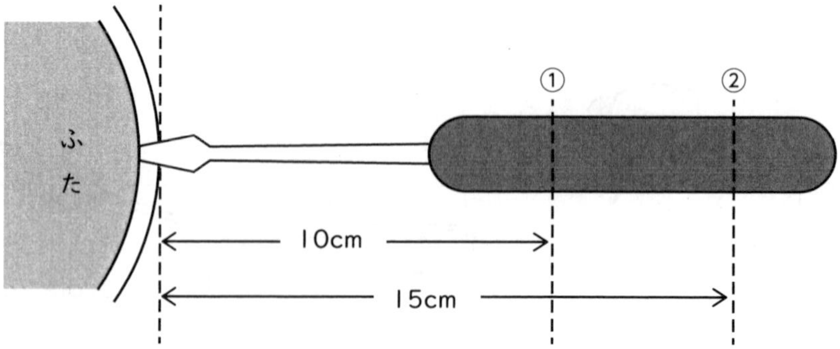

問３　このドライバーをねじまわしとして使うときは，手で持つ部分の直径が大きい方が小さな力でねじを回すことができます。その理由は何ですか。「力点」「支点」「作用点」のうち２つ以上の言葉を用いて，説明しなさい。

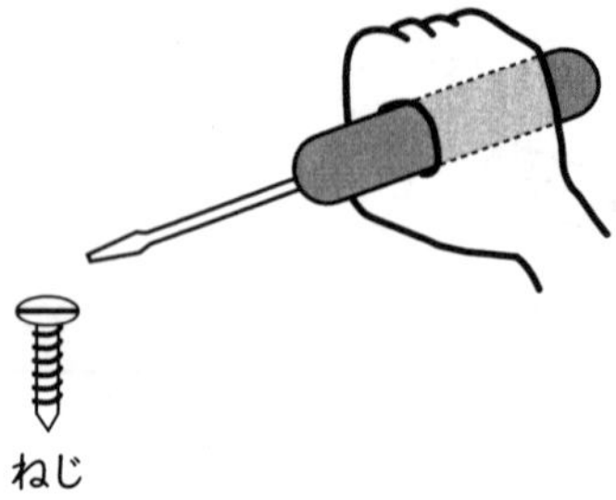

問４　私たちの暮らしの中で，てこの原理を利用しているものを１つ挙げなさい。また，力点・支点・作用点がどこかを図を用いて示しなさい。

3　図１は，世界で発生した台風の経路を地図上に表したものです。台風は発生する地域《ちいき》によって，ハリケーンやサイクロンという名称《めいしょう》を用いますが，この問題ではすべて「台風」という名称を用いています。これを見て次の問いに答えなさい。

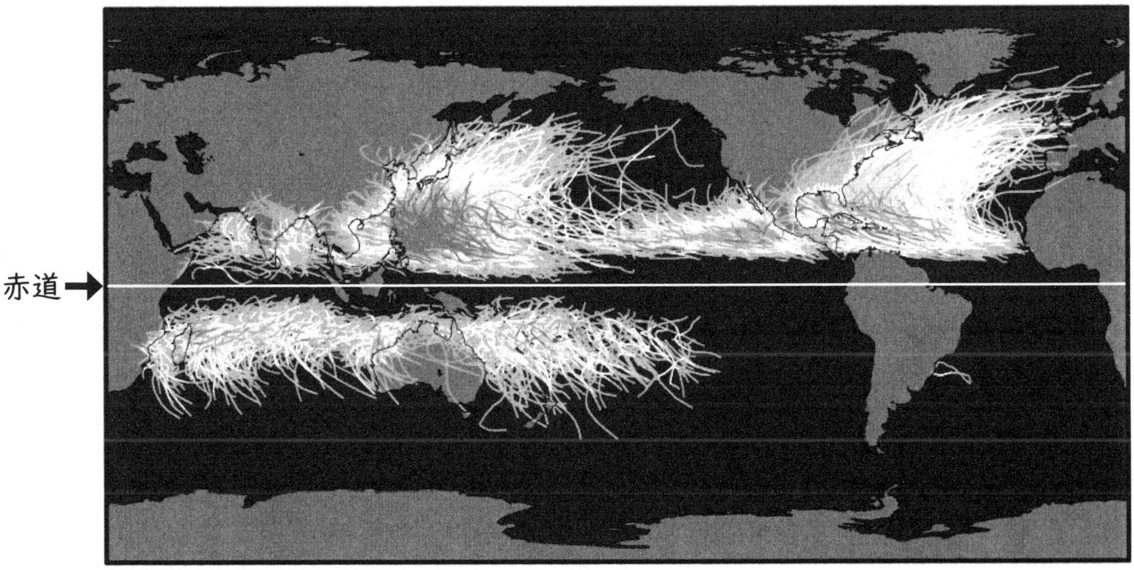

図１

NASA Earth Observatoryより，一部改変

問１　台風について図１から読み取れることは何ですか。２つ以上挙げなさい。

問２　問１で挙げたものから１つ選び，なぜそうなっていると考えられるか説明しなさい。選んだものが分かるように，問１の解答に下線を引くこと。また，その考えが正しいことを示すために必要な情報は何ですか。例にならって答えなさい。

例：世界各国の人口データ

三　次の問いに答えなさい。

問一　次の（　　　）には後の語群のいずれかを使った慣用句が入ります。（　　　）に入る慣用句を解答らんに書きなさい。

①　友だちと旅行に行くことを許してくれないとは、なんて（　　　）親なんだ！

②　何日も掃除《そうじ》をしていない庭は（　　　）状況《じょうきょう》だ。

③　歩きすぎて（　　　）になった。

語群：　足　頭　腕《うで》　顔　目

問二　（　　　）の中の言葉を適切な敬語《けいご》に直し、解答らんに書きなさい。
（「お……になる」「……れる、……られる」「お……する」以外の形に直すこと）

①私《わたし》の代わりに先生がやって（くれました）。

②片付《かたづ》けは私が（します）。

問六　X ～ Z に入る言葉の組み合わせとして最もふさわしいものを次の**ア**～**エ**から一つ選び、記号で答えなさい。

ア　X遠慮　Y遠慮　Z配慮
イ　X遠慮　Y配慮　Z配慮
ウ　X配慮　Y配慮　Z遠慮
エ　X配慮　Y遠慮　Z遠慮

問七　この文章の内容に最もふさわしいものを次の**ア**～**エ**から一つ選び、記号で答えなさい。

ア　自分が正しいと思ったことは主張しないと後悔してしまうので必ず主張すべきであり、その際は感情を抜きにして考えたほうが良い。
イ　感情的になると意見を客観的に判断できなくなるので、論争の場面では感情を一切もちこまずただ自分の意見を論理的に話すべきである。
ウ　意見を言い合う際に感情的な問題が生じコミュニケーションがうまくいかない場合があるが、「表現」に着目することで解決することがある。
エ　意見が違うと感情的なわだかまりが生まれてしまうので、自分の意見を言う時には必ず相手がどう思うのかを考え遠慮しながら話すべきである。

問八　友達から遊びに行こうと誘《さそ》われたときに、本心ではその遊びに興味がないのに参加するという人がいます。あなたはこの人の行動に賛成ですか、反対ですか。そのように考える根拠とともにあなたの意見を一五〇字以上二〇〇字以内で書きなさい。（一マス目から書き始め、途中《とちゅう》で改行はしないこと）

問四　――②「こうしたことに関連した問題」の具体例としてふさわしくないものを**ア**～**エ**から一つ選び、記号で答えなさい。なお、次の**ア**～**エ**は「学校の図書室にまんがを置いていいか」という話し合いをしている場面を想定している。

ア　まんがを置くことに反対している人に対して「まんがの良さがわからないなんてだめなやつだ」と言ったら相手が泣いてしまった。

イ　「まんがは人をだめにするので置くべきではない」と言われ、自分とは違う意見だったので大声で「それは絶対に違う」とさけんだ。

ウ　「学校の図書室にまんがを置かないほうがいい」という意見が多数派だったので、反論《はんろん》してもしかたがないと思って自分の意見は言わなかった。

エ　自分は「まんがにも学習の役に立つものもある」という意見をもっていたが、反対するといやな気持ちになる人が出てくると思ったのでだまっていた。

問五　――③「『言いにくいことを言う場合の作戦』を考えてみる」とはどういうことか。最もふさわしいものを次の**ア**～**エ**から一つ選び、記号で答えなさい。

ア　相手の感情を戦略的に読み取るという表現への視点を身に着け、相手を思いやって自分の意見を主張するということ。

イ　あらかじめ論理的《ろんりてき》な考えができる人に相談し、台本をつくるなどをして十分に考えた上で感情をこめて話すということ。

ウ　自分の意見を伝える時に相手が感情的にならないようにするためには、どのような言葉を選べばいいのかを考えてみること。

エ　相手からの発言を「言い方」の問題と「内容」の問題に分けて、言い方が間違《まちが》っている時にはそれを指摘《してき》しながら議論《ぎろん》を進めていくということ。

う。

自分が「正しい」と思うことを言うのに、もちろん、「 X 」はいりません。しかし、時と場合によっては「 Y 」はあっていいでしょう。逆に、そうした「 Z 」をしてみることで、「言うべきことが言えないまま」になることもcフセげるような気がします。

（森山卓郎『コミュニケーションの日本語』による）

問一　＝＝＝a「ゲンイン」、＝＝＝b「コンポン」、＝＝＝c「フセ（げる）」のカタカナをそれぞれ漢字で書きなさい。

問二　 A ～ D に入る言葉の組み合わせとして最もふさわしいものを次の**ア**～**エ**から一つ選び、記号で答えなさい。

ア　A例えば　Bしかし　Cまして　Dそこで

イ　A例えば　Bまた　Cしかし　Dまして

ウ　Aまた　B例えば　Cだから　Dそこで

エ　Aまして　Bまた　C例えば　Dしかし

問三　——①「相手の意見が自分の意見と同じであるほうが、何となく安心したりする」とあるが、それはなぜか。本文の言葉を用いて二十五字以上三十字以内で答えなさい。

です。この場合には、「しっかり考えて、感情におし流されないように気をつける！」としか言いようがありません。受け入れるべきは受け入れ、それでも自分は違うと思うなら、その根拠《こんきょ》も含《ふく》めて明確に主張していけばいいでしょう。どうでもよければ聞き流してもかまいません。自分なりにしっかりと考えることが大切です。特に、知的な内容の事柄であれば、内容は内容、気持ちは気持ち、というふうにしっかり分けて、感情はひとまずコントロールする必要があります。これは心構《こころがま》えの問題です。

次に考えられるのが、自分が自分の意見を配慮《はいりょ》なしに言ったために、相手を不用意に感情的にさせてしまうという失敗です。「言い方に配慮があればきちんと伝えることができたのに、そうしなかったばかりに感情的反発を招いてしまった」という失敗は、誰しもあるのではないでしょうか。

さらにもう一つ、相手の感情に「遠慮《えんりょ》」しすぎるあまり、言うべきことが言えないという場合もあります。はっきり言わなかった（言えなかった）ために、最終的にあとで強く後悔《こうかい》してしまうというのもよくあることです。これは目立った「失敗」とは認識《にんしき》されにくい点で、よけいにやっかいな問題かもしれません。

人間は感情を持つ動物ですが、その感情のために、しっかりとした意見の交換《こうかん》ができなくなることも現実にはあります。その意味で、感情は「コミュニケーション上の障害《しょうがい》」となり得るものです。

そこで、そういうコミュニケーション上の障害を乗《の》り越《こ》えるために、③「言いにくいことを言う場合の作戦」を考えてみるというのはどうでしょう。どのように言えばいいか、という「表現」への視点《してん》を持ってみるのです。こう考えてみることで、自分の心をコントロールすることもやりやすくなります。言うべきことも、きちんと考えた上で言えるようになります。

また、そういう視点を持っていれば、ほかの人から何かを言われた場合でも、「言い方」の問題と「内容」の問題とを分けて考えることができます。そうすることで、「自分のことを客観的に見る見方」「素直《すなお》に自分の至《いた》らなさを認める心」を呼《よ》び覚《さ》ますこともできるでしょことをまずは楽しみましょう。いろいろな考え方と触《ふ》れることで、自分も考え方が深くなります。

ただ、理想通りにいかないこともあります。意見が違うことで、何か感情的な「わだかまり」ができてしまうこともないわけではありません。相手との人間関係が安定していないような場合などは特にそうでしょう。

ここで、「感情」と「意見の違い」ということについて、少しだけ考えてみましょう。

よく、意見が相違する場合、違う意見が言いにくい、という話を耳にします。［B］、違う意見を言ったために、その人から感情的に反発されてしまったということも聞くことがあります。

私《わたし》たちは、誰《だれ》でも、自分のことを認《みと》めてほしいというbコンポン的欲求《よっきゅう》を持っています(これは強すぎても弱すぎてもいけない欲求です)。自分の言うことは一応信じてほしいし、自分のことを無視《むし》されるのはいやです。自分の意見に対しても同じことで、私たちは、自分が主張することに対して、基本的には認めてほしい、という欲求を持っていると言えそうです。多くの場合、①相手の意見が自分の意見と同じであるほうが、何となく安心したりするのもこのためでしょう。自分の意見に挑戦《ちょうせん》されて、それをおもしろがれる人は、自分に自信がある人です。［C］、中にはそういう自信がなくて、面とむかって反対されたり否定されたりすると、自分が認められていないというように感じてしまうという人もあります。

もちろん、情報の信頼性《しんらいせい》や意見の妥当性《だとうせい》は、その人の人格とは全く別の事柄《ことがら》ですから、自分が主張することが否定されたからといって、自分が認められていない、などと考える必要はありません。［D］、自分の意見に対して疑問《ぎもん》を持たれたり、反対意見を持たれたりしたからといって感情的になってしまうことは決して望ましいことではありません。ただ望ましいことではないにせよ、現実には、そういう感情的なことも切《き》り離《はな》せないのです。

そこで、②こうしたことに関連した問題が三通り起こり得るのです。

一つは、自分の意見に対して疑問や反対意見が言われた場合に感情的になってしまう場合

問六　この文章の特徴《とくちょう》として最もふさわしいものを次の**ア**～**エ**から一つ選び、記号で答えなさい。

ア　第三者の視点を通して物語が描かれることで、読者が主人公から一定の距離を保てるようにしている。

イ　多くの登場人物の心情を細やかに表現することで、読者が感情移入しながら読み進められるようにしている。

ウ　比喩《ひゆ》や擬人《ぎじん》法などの優《すぐ》れた表現技法を多用することで、読者が物語の世界を想像しやすく読めるようにしている。

エ　会話文と会話文の間に自分を批判的に語っている部分があることで、主人公の心の動きを読者が読みとりやすいようにしている。

二　以下の文を読んで、次の問いに答えなさい。

意見が相違《そうい》する場合、ちょっとした言葉遣《ことばづか》いの違《ちが》いによって、自分や相手を否定《ひてい》する度合いが違ってきます。特に、一つしか答えがない場合、それほど強く思っていないのに、相手を否定してしまうことにもなります。そして、意見が対立する場合、人間関係の対立のａゲンインとなることもあるのです。

ただし、意見が対立した場合、理想的なことは、その違いを楽しむことです。

（中略）

意見が違うということは、お互《たが》いに自分の頭で考えているということでもあるわけです。

［Ａ］、学校の図書室にまんがを置いてもいいかどうか、安楽死は認めるべきか、というように、世の中にはいろいろな「論争《ろんそう》（ディベート）の種」があります。お互いに意見の違いを戦わせることで、自分の頭を鍛《きた》え、考えを深めることができます。意見の違いは、まずは、楽しむべきことだと言えます。相手の意見を受け入れ、自分も主張していく、といった

問三　――②「飛び出していった」について、実良がこのような行動に出た理由として最もふさわしいものを次の**ア**～**エ**から一つ選び、記号で答えなさい。

ア　周りは弓道の腕前《うでまえ》が上達し、自分だけがどんどん下手になっていき取り残されているように感じて耐《た》えられなかったから。

イ　今の状態がいつ直るかも、なぜこの状態になってしまったのかもわからず、どうしてよいかわからなくなってしまったから。

ウ　自分よりも実力が下の早弥がレギュラーに選ばれたことに納得《なっとく》がいかず悔《くや》しかったので、一緒《いっしょ》に練習をしたくなかったから。

エ　先生は、実は実良の不調の背景がわかっているがあえてわからないと自分に言ってくるのに対して、腹立《はらだ》たしく感じたから。

問四　――③「早弥は試合には出たくないんか」について、春がこのような発言をした理由として最もふさわしいものを次の**ア**～**エ**から一つ選び、記号で答えなさい。

ア　早弥と同様にレギュラーに選ばれた自分をも否定《ひてい》された気分になったから。

イ　試合に出たくない早弥の意志を確認《かくにん》し、坂口先生に伝えようと思ったから。

ウ　レギュラーに選ばれた重圧から抜《ぬ》け出せない早弥を励《はげ》まそうと思ったから。

エ　レギュラーに選ばれたのに、喜ぶそぶりを見せない早弥に怒《おこ》っているから。

問五　本文全体の中から、季節の様子と、場面の雰囲気《ふんいき》の両方を示している一文を探《さが》し、最初の六字を抜《ぬ》き出しなさい。

質問に答えられないで黙《だま》っていると、春はそう言った。
「信じられん」
「なんで」
「だって、わたしだよ？」
だめな自分のことはよくわかっている。
「だいたい、早弥はおびえすぎなんちゃ。おれだって、怖《こわ》いんよ」
「だって、わたしが一番へたくそなんよ。春とはちがう」
春とだけじゃない。段位《だんい》を持っている由佳とはもちろんのこと、才能にあふれている実良とも自分はちがいすぎる。
「そりゃみんなちがうやろ」
春は言った。ふと春を見る。［C］静かな目だ。春が言うと、「ちがう」という言葉は果てしない意味を持つように思えた。

（まはら三桃『たまごを持つように』による）

問一　［A］～［C］に入れるのに最もふさわしい言葉を次の**ア**～**カ**からそれぞれ一つずつ選び、記号で答えなさい。

ア　正直な
イ　不器用な
ウ　迷惑《めいわく》そうな
エ　わがままな
オ　いいかげんな
カ　思慮深《しりょぶか》そうな

問二　——①「その先」について、「じゃあ」に続けて早弥が言おうとしたせりふを考え、二十字以上二十五字以内で書きなさい。

大きなため息をつく早弥に、

「これ、届《とど》けてやろう」

と、春《はる》が実良の荷物に指をさした。道具入れの中には、制服も入っているはずだから、これがなければ、明日は困《こま》るだろう。

けれど、早弥はすぐには返事ができなかった。実良にしてみても、自分よりもへたくそな人がレギュラーに選ばれて、きっとおもしろくないだろう。どんな顔をすればいいのだ。

「わたしが行こうか？」

案じたように言ってくれた由佳《ゆか》に、早弥は首を振った。先輩《せんぱい》にそんなことをさせてはいけない。

「大丈夫《だいじょうぶ》です。春、行こう」

早弥は実良のバッグをつかんだ。たわわにぶら下がったマスコットが揺《ゆ》れるそれを、肩《かた》にかけた。ずっしりと重い。それはそのまま、早弥の肩にかかった試合へのプレッシャーのようだった。

「いくら調子が悪くても、実良が出たほうがましやないんかな」

歩きながら早弥は春にたずねてみた。正直な気持ちだったけど、言葉にしたらひどくみっともなく思えてくる。

自分でもうんざりするような問いを春は真剣《しんけん》に受け取ってくれたのか、じっと考えこんでいる。

やがて、ぽつんと言った。

「③早弥は試合には出たくないんか」

質問を質問で返されて、とまどった。そんなこと考えたことがなかったのだ。入部したときから、自分が一番へたっぴだったから、三人しか出られない枠《わく》に入るとは考えたこともなかった。

「もっと自分を信じろっちゃ」

「けれど、今日明日のうちに直るというものではないように、わたしには思えます。あせりは禁物《きんもつ》です。その場しのぎで無理やり調整しても、かえって悪くなってしまうこともあるのです」

「いつまで待てばいいんですか」

せきを切ったように、実良はきいた。

「公式の大会じゃなくて、練習試合には出られるんですか？」

「それはわたしにもわかりません」

「そんなあ」

「ただ、言えることは、今の状態はきっと直るということです。今はひたすら精進《しょうじん》しなさい。矢数を重ねなさい。そして、直ったときには、あなた自身が今よりもずっと大きな人間になっているということです」

「そんなのぜんぜんわかりません」

実良は大きく首を振《ふ》り、そのままがっくりと頭を落とした。先生は静かに声をかけた。

「それがわかれば、精進する必要もないでしょうね」

なんだか禅問答《ぜんもんどう》みたいだ。

たまりかねたように実良は立ち上がった。

「もう、いい！」

ガラスが割《わ》れるように叫《さけ》んで、体操服のまま道場から②飛び出していった。

ガクあじさいが枯《か》れていた。水切りをしなかったせいだ。棚《たな》の下には、実良が残していった荷物が一かたまりになっている。

逃《に》げ出《だ》したかったのは、わたしのほうだ。

団体戦のレギュラーになるなんて、まったく予想外だった。そりゃ、選ばれる人たちをうらやましく思う気持ちはあるけれど、自分にはそんな力はないことは、わかっている。

「はあ」

実良は天才なのだ。自分とはちがう。

坂口先生が、夏の試合について重大な発表をしたのは、期末テストが終わった日だった。試合まで一週間。ここからは、毎日試合形式で、集中的に練習をしていくというタイミングだった。

「今年は、個人戦、団体戦ともに、柏木《かしわぎ》さん、石田《いしだ》くん、伊吹《いぶき》さんの三人で登録をしました」

心臓《しんぞう》が、大きく一つ音を立てた。

一瞬《いっしゅん》、静まり返った。

なんで、わたしが。

鼓動《こどう》が速くなる。

とっさに実良を見た。ぽかんとしている。

早弥の予測に反して、実良の調子はなかなか戻《もど》らない。それもおかしな具合だった。近距《きんきょ》離《り》から巻《ま》きわらに打ちこむ練習のときには問題なく射ることができる矢が、的の前に来るととつぜんコントロールがきかなくなるのだ。フォームにも呼吸にも問題がないのに、離《はな》れのタイミングだけがずれてしまうらしかった。

「五秒です。五秒待ちなさい」

その日も、坂口先生は実良につきっきりで指導していたが、実良の状況《じょうきょう》は変わらなかったようだ。弓と体が引き合っている会《かい》の状態で、五秒は待つのがふつうだが、なぜか一秒も待てない。

「試合までに、実良の、松原《まつばら》さんの調子はよくなると思いますけど」

［B］言葉が早弥の口をついて出た。実良のことだから、すぐによくなるはずだと思う。第一自分には、荷が重すぎる。

「確かに松原さんの調子はよくなります」

「じゃあ」

①その先をあせる早弥に、先生はさとすようにゆっくりと言った。

2022年度 ドルトン東京学園中等部

【国　語】〈二月一日午前試験〉（五〇分）〈満点：一〇〇点〉

〔注意〕字数制限がある問いは、「、」や「。」やカギカッコなどを字数に含《ふく》みます。

一　以下の文を読んで、次の問いに答えなさい。

早弥《さや》は子どものころから、［　A　］子だった。

折り紙も、ねんども、リボン結びも、幼稚園《ようちえん》時代の早弥にはぜんぜんできなかった。小学校に入ると、体操服《たいそうふく》の着替《きが》えはいつもびり。体育のあった日のランドセルには、靴下《くつした》が入っていた。どんなに大急ぎでやっても、靴下までまわらないのだ。

三月生まれだからかもしれない。体も小さく、何をやっても人並《ひとな》みにできなかった。

中学生になったとき、弓道《きゅうどう》をやろうと思ったのは、部活説明会で素敵《すてき》だなと思ったのは本当だけど、これなら自分にもできるかもしれないと思ったからだった。

足の速さや俊敏《しゅんびん》な反射神経《はんしゃしんけい》も要求されない。引っ張っては離《はな》すだけで、矢は勝手に飛んでいってくれる。

けれど、それは大まちがいだった。初めて的前《まとまえ》練習をした日、たった二本の矢を射《い》ただけで、早弥はへとへとになってしまった。

「不必要なところに、力がたくさん入っているようですね」

坂口《さかぐち》先生から言われた。そしてそれを気にしたとたん、呼吸《こきゅう》は乱《みだ》れ、動きはちぐはぐになった。

そんな早弥を尻目《しりめ》に、実良《みら》はどんどん上達《じょうたつ》していった。ぱさん、ぽとんと情けない音を立てて、矢道に矢を落とす早弥の隣《となり》で、実良は心地《ここち》よい的中の音を軽《かろ》やかに鳴らし続けてきた。

2022年度
ドルトン東京学園中等部 ▶解説と解答

算　数　＜２月１日午前試験＞（50分）＜満点：100点＞

解　答

1 (1)　343　(2)　1　(3)　$2\frac{4}{5}$　(4)　4996.8　2 (1)　横浜市　(2)　12g　(3)　115度　(4)　720m　(5)　月曜日　(6)　ウ　3 (1)　①　3手　②　5通り　(2)　エ　(3)　イ　4 (1)　66.5m　(2)　114m　(3)　(例)　解説を参照のこと。

解　説

1　四則計算，単位の計算

(1)　$123+4\times(56\div7\times8-9)=123+4\times(8\times8-9)=123+4\times(64-9)=123+4\times55=123+220=343$

(2)　$5\frac{1}{4}\times6\frac{1}{3}\div10\frac{1}{2}\div3\frac{4}{5}+\frac{1}{6}=\frac{21}{4}\times\frac{19}{3}\div\frac{21}{2}\div\frac{19}{5}+\frac{1}{6}=\frac{21}{4}\times\frac{19}{3}\times\frac{2}{21}\times\frac{5}{19}+\frac{1}{6}=\frac{5}{6}+\frac{1}{6}=\frac{6}{6}=1$

(3)　$\left(6.3\div\frac{9}{10}-5.6\times\frac{5}{8}\right)\div1.25=\left(\frac{63}{10}\times\frac{10}{9}-\frac{28}{5}\times\frac{5}{8}\right)\div1\frac{1}{4}=\left(7-\frac{7}{2}\right)\div\frac{5}{4}=\left(\frac{14}{2}-\frac{7}{2}\right)\div\frac{5}{4}=\frac{7}{2}\times\frac{4}{5}=\frac{14}{5}=2\frac{4}{5}$

(4)　１tは1000kgだから，５tは5000kgである。また，１kgは1000ｇなので，3200ｇは3.2kgとなる。よって，５t−3200ｇ＝5000kg−3.2kg＝4996.8kgとわかる。

2　表とグラフ，割合と比，角度，速さと比，周期算，条件の整理

(1)　横浜市は最小値が25.6℃，最大値が30.8℃だから，その差は，30.8−25.6＝5.2(℃)である。一方，神戸市は最小値が28.2℃，最大値が32.4℃なので，その差は，32.4−28.2＝4.2(℃)となる。よって，散らばりが大きいのは横浜市とわかる。

(2)　Ｃの重さを１とすると，Ａの重さは，１×0.9＝0.9，Ｂの重さは，１×0.8＝0.8となる。すると，ＡとＢの重さの和は，0.9＋0.8＝1.7となり，これが204ｇにあたるから，比の１にあたる重さは，204÷1.7＝120(ｇ)と求められる。よって，Ａの重さは，120×0.9＝108(ｇ)，Ｂの重さは，120×0.8＝96(ｇ)なので，ＡとＢの重さの差は，108−96＝12(ｇ)である。

(3)　右の図１で，三角形ABCの内角の和が180度なので，○印をつけた角の大きさは，180−(64＋64)＝52(度)である。また，太線の三角形で，●＋○＝103(度)という関係があるから，●＝103−52＝51(度)とわかる。さらに，影《かげ》をつけた三角形に注目すると，角ア＝●＋64＝51＋64＝115(度)と求められる。

図１
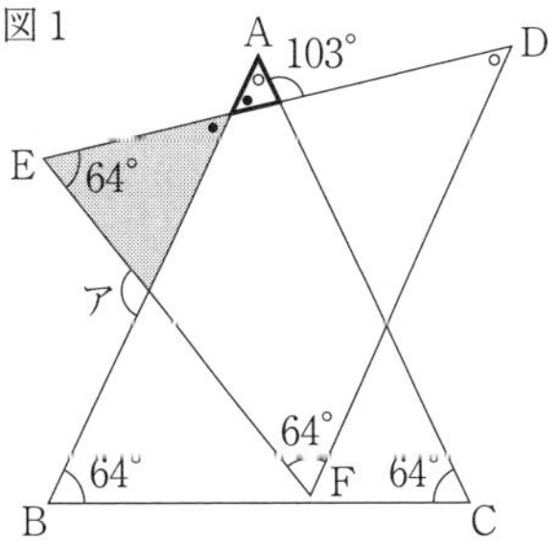

(4)　分速180mと分速60mの速さの比は，180：60＝３：１なので，分速180mで走るときにかかる時間と分速60mで歩くときにかかる時間の比は，$\frac{1}{3}:\frac{1}{1}=1:3$となる。この差が，３＋５＝８(分)だから，比の１にあたる時間は，８÷(３−１)＝４(分)とわかる。つまり，分速180mで走るときにかかる時間が４分なので，家か

ら学校までの道のりは，180×４＝720(m)と求められる。

⑸　2022は４の倍数ではないから，2022年はうるう年ではない。よって，２月は28日までなので，２月１日から８月22日までの日数は，28＋31＋30＋31＋30＋31＋22＝203(日)となる。203÷７＝29より，これはちょうど29週間とわかり，この場合の１週間は{火，水，木，金，土，日，月}だから，最後の日の曜日は月曜日と求められる。

⑹　条件を式で表すと，右の図２の①～④のようになる。③で＞の両側からエをとると，ウ＞オとわかる。また，②の(イ＋ウ)のかわりに①の(ア＋ア)をあてはめると⑤のようになり，⑤の＜の両側からアをとると，ア＜オとわかる。さらに，②にオ＜ウの条件を加えると⑥のようになり，⑥の＜の両側からウをとると，イ＜アとわかる。よって，イ＜ア＜オ＜ウのようになる。最後に，④からエの重さはアとイの平均になることがわかるので，最も重いのはウである。

図２

ア＋ア＝イ＋ウ…①
イ＋ウ＜ア＋オ…②
ウ＋エ＞エ＋オ…③
ア＋イ＝エ＋エ…④
ア＋ア＜ア＋オ…⑤
イ＋ウ＜ア＋ウ…⑥

３　条件の整理

⑴　①　右の図Ⅰで，ＳからＧまで移動する方法を考える。このとき，左上と右上だけに移動するから，Ｓ→ａ→ｂ→Ｇ，Ｓ→ｃ→ｄ→Ｇ，Ｓ→ｃ→ｂ→Ｇのように移動する場合が最も手数が多くなり，この場合の手数は３手である。　②　①のほかに，Ｓ→ａ→Ｇ，Ｓ→ｄ→Ｇのように移動することもできるので，手順は全部で５通りある。

図Ⅰ

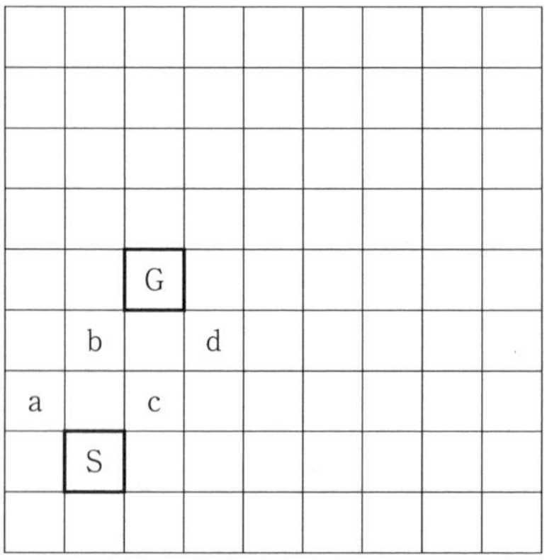

⑵　はじめに，斜《なな》めに移動する場合だけを考える。下の図Ⅱで，影をつけたマスには２手で移動することができる(たとえば，Ｓ→ｆ→ｅ，Ｓ→ｅ→Ｓ，Ｓ→ｆ→ｇ)。また，１手目にｆ～ｋのいずれかに移動し，そこから斜めに移動することによって，斜線《しゃせん》部分のマスに移動することができる。さらに，Ｓ→☆→★，Ｓ→★→☆と移動することによって，★と☆のマスにも移動することができる。次に，１手目にｊ，ｋ，ｌに移動して竜馬に成る場合を考える。すると，斜線部分のほかにｊ，ｋ，ｌの前後左右のマスにも移動することができるから，２手で移動することができるマスは下の図Ⅲの影をつけたマスになる。よって，正しいのはエである(ウはＳのマスがぬられていないので，正しくない)。

図Ⅱ

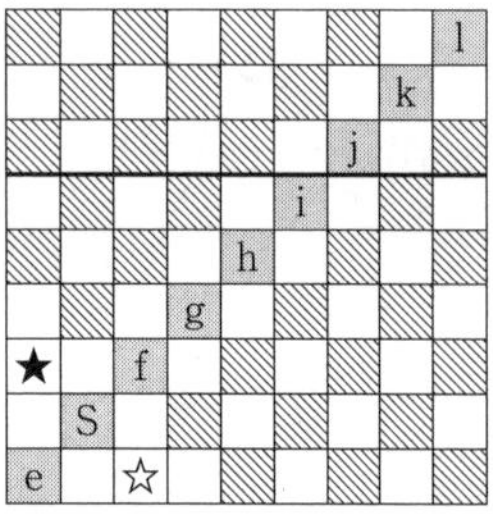

図Ⅲ

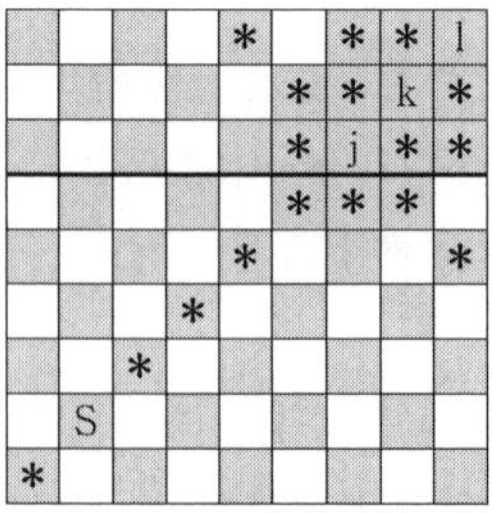

図Ⅳ

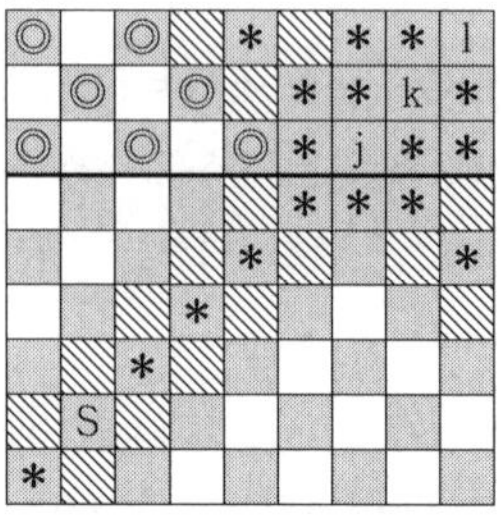

図Ⅴ

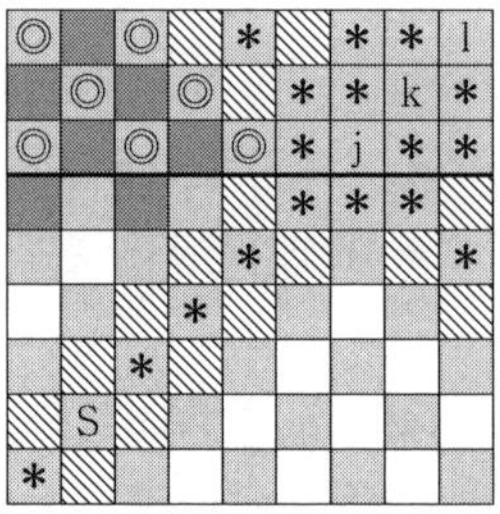

⑶　図Ⅲで，１手目でｊ，ｋ，ｌに移動し，竜馬に成った後に２手目で移動した可能性があるのは＊のマスである(Ｓ，ｊ，ｋ，ｌも含む)。すると，＊の前後左右と斜めのマスには３手目で移動す

ることができるから，上の図Ⅳの影と斜線をつけたマスには３手で移動することができる。また，図Ⅳの◎のマスには２手目で移動して竜馬に成ることができるので，その前後左右のマスには３手目で移動することができる。よって，３手で移動することができるのは上の図Ⅴの影と斜線をつけたマスだから，正しいのはイである。

4 速さ，長さ

⑴　30分間で１周するから，１分間に，360÷30＝12(度)の割合で回転する。よって，７分30秒では，$12\times7\frac{30}{60}$＝90(度)回転するので，乗車して７分30秒後には下の図１のＰの位置にくる。したがって，このときの高さは円の半径に等しく，133÷２＝66.5(m)とわかる。

図１

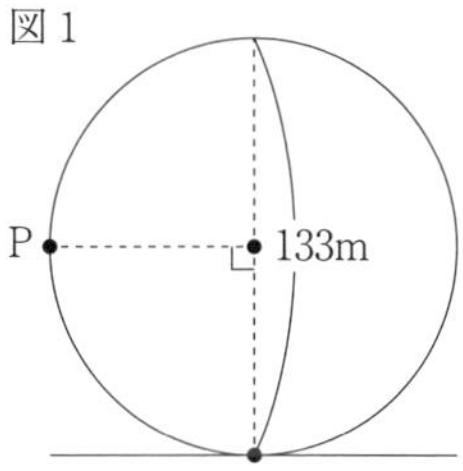

図２

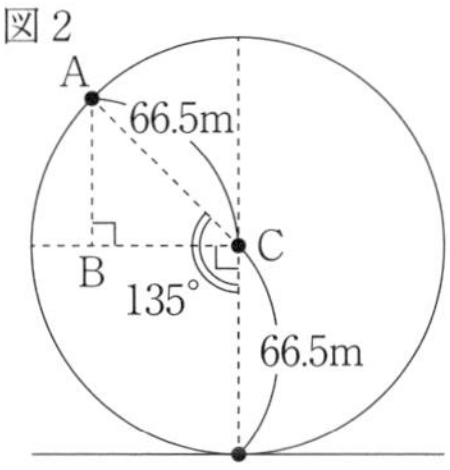

図３

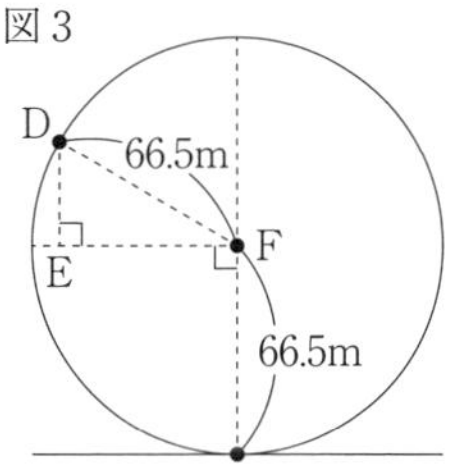

図４

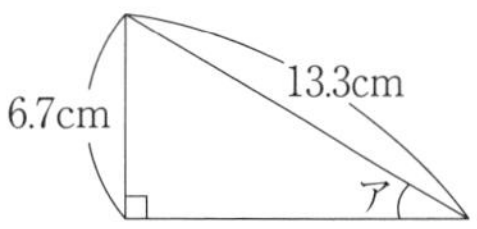

⑵　11分15秒では，$12\times11\frac{15}{60}$＝135(度)回転するから，乗車して11分15秒後には上の図２のＡの位置にくる。図２で，角ACBの大きさは，135−90＝45(度)なので，三角形ABCは直角二等辺三角形である。また，ACの長さは66.5mだから，ABの長さは，66.5÷1.4＝47.5(m)とわかる。よって，このときの高さは，66.5＋47.5＝114(m)と求められる。

⑶　高さが100mになるのは，上の図３のDEの長さが，100−66.5＝33.5(m)になるときである。よって，DE：DF＝33.5：66.5＝67：133なので，たとえば上の図４のような直角三角形をかき，角アの大きさを分度器で測る。そして，(90＋ア)÷12の計算をすればよい。

社　会　＜２月１日午前試験＞（30分）＜満点：50点＞

解　答

1 **問１**　ア　**問２**　イ　**問３**　ウ　**問４**　エ　**問５**　ア　**問６**　首里城　**問７**　ウ　**問８**　(例)　温暖化で海水温が上昇し，サンマの生息域が変化したため。　**2** **問１**　ウ　**問２**　エ　**問３**　ウ　**問４**　⑴　ア　⑵　(例)　公地公民の原則がくずれて，貴族や寺社が荘園を広げるなど力をつけ，天皇の権力が弱まった。　**問５**　書院造　**問６**　エ　**問７**　(西暦)1945(年)８(月)15(日)　**問８**　ウ　**3** **問１**　ウ　**問２**　ふるさと納税　**問３**　ア，イ　**問４**　エ　**問５**　イ　**問６**　ウ　**問７**　(例)　一定の年齢以上のすべての国民が参加できる選挙のこと。　**問８**　ミャンマー，ウ

解　説

1 日本の自然，産業などについての問題

問１　アは島根県出雲《いずも》市にある出雲空港の愛称で，市内にある出雲大社が「縁結びの神様」として知られていることに由来する。なお，イは山形県の酒田市・鶴岡《つるおか》市にある庄内《しょうない》空港，ウは長崎県の対馬《つしま》にある対馬空港，エは鹿児島県の種子《たねが》島にある種子島空港の愛称である。

問２　金閣寺のあるアは京都府，日本最大の湖である琵琶湖のあるイは滋賀県，平城京があったウは奈良県，神戸市のあるエは兵庫県に，それぞれあてはまる。以上の４府県のうち，大阪府と接していないのは滋賀県である。

問３　福井県の若狭《わかさ》湾沿岸に集中する▲が原子力発電所，海に近い都市部にある●が火力発電所，内陸の山岳地帯に分布する■が水力発電所と判断できる。なお，福井県には敦賀《つるが》，美浜《みはま》，大飯《おおい》，高浜の各原子力発電所が，石川県には志賀町の志賀原子力発電所がある。また，福井県では九頭竜《くずりゅう》川の上流域に，富山県では黒部川の上流域に多くの水力発電所がある。

問４　四国山地と中国山地にはさまれた瀬戸内地方は，季節風の影響《えいきょう》を受けにくいことから，１年を通して降水量が少ない。また，そうした気候を生かして果樹栽培がさかんで，岡山県ではぶどうやもも，愛媛県ではみかん，小豆《しょうど》島(香川県)ではオリーブの栽培が行われている。なお，アは長野県など，イは静岡県など，ウは高知県や宮崎県などにあてはまる。

問５　ぶどうとももの収穫《しゅうかく》量が全国第１位であるアは山梨県，ぶどうとりんごの収穫量が全国第２位であるイは長野県，ももや日本なし，りんごの収穫量が全国上位であるウは福島県，みかんの収穫量が全国第１位であるエは和歌山県である。

問６　沖縄県那覇市にある首里城は，琉球王国の王宮だった。太平洋戦争末期の沖縄戦のさいに焼失したが，1992年に再建された。しかし，2019年10月に発生した火災により正殿などが焼失し，現在，復旧に向けた活動が進められている。

問７　秋田杉を使った伝統的工芸品はウの曲げわっぱで，秋田県大館《おおだて》市周辺で生産されている。なお，アは神奈川県箱根町で生産される箱根寄木細工，イは全国各地で生産される漆器，エは山形県天童市で生産される天童将棋の駒である。

問８　サンマは海水温の低い海域に生息する魚で，日本近海では，北海道の東沖から東北地方の太平洋沖を流れる親潮(千島海流)に沿って南下してくる。しかし，近年は漁獲《ぎょかく》量が大きく減少しており，地球温暖化の影響で海水温が上昇し，生息域が変化しているのではないかと考えられている。

２　日本の世界文化遺産を題材とした歴史的なことがらについての問題

問１　2021年にユネスコの世界文化遺産に登録された「北海道・北東北の縄文遺跡群」は，北海道・青森・秋田・岩手の１道３県に分布する17の構成資産からなる遺跡群である。青森市郊外で発掘された三内丸山遺跡も構成資産の１つで，縄文時代中期の大規模集落跡として知られる。なお，アは静岡県にある弥生時代後期の稲作の様子がわかる遺跡，イは群馬県にある国内で初めて打製石器が見つかったことで知られる旧石器時代の遺跡，エは佐賀県にある弥生時代中期の小国のようすがわかる遺跡である。

問２　江戸幕府の第３代将軍徳川家光は武家諸法度を改定し，参勤交代を制度化した。家光の時代には鎖国体制が完成し，キリスト教の禁教政策が徹底されるようになったため，島原・天草一揆の舞台となった原城跡や多くの潜伏キリシタン集落が構成資産となっている「長崎と天草地方の潜伏キリシタン関連遺産」が関係が深いといえる。

問３　「産業をさかんにして生産力を増やす」という政策は，殖産興業とよばれる。「国を豊かにし，軍隊を強くする」という富国強兵とともに，明治政府が目指す最も重要な政策であった。

問４　(1)　天平文化は奈良時代に栄えた，唐(中国)の文化の影響を強く受けた国際色豊かな文化のことである。奈良時代には，朝廷は地方に命じて国ごとに産物や地名の由来，伝承などを『風土記』としてまとめさせた。なお，イは『古今和歌集』ではなく『万葉集』，ウは「元明天皇」ではなく「聖武天皇」，エは「行基」ではなく「鑑真」が，それぞれ正しい。　(2)　墾田永年私財法の制定により，土地と人民をすべて国(天皇)の支配の下におくという公地公民の原則がくずれた。また，これ以降，貴族や寺社は土地を開墾して私有地を広げるようになり，そうした土地はやがて荘園とよばれるようになった。そして，荘園から得られる収入などを背景に貴族が力を強めた結果，藤原氏のように実質的に政治の実権を握るものも現れ，天皇の権力が弱まるようなことも起きた。

問５　資料のイラストの建築様式には，襖《ふすま》や障子《しょうじ》で部屋を仕切り，畳をしきつめ，床の間が設けてある。慈照寺の東求堂同仁斎を代表とするこのような建築様式は書院造とよばれ，その後の和風建築のもととなった。

問６　アの日英同盟の締結は1902年，日露戦争の開戦は1904年，イの領事裁判権の廃止は日清戦争開戦直前の1894年７月，ウの下関条約の締結は1895年４月，エの三国干渉は下関条約締結直後のできごとなので，時代の古い順にイ→ウ→エ→アとなる。

問７　1945年７月，連合国はアメリカ・イギリス・中国の３か国の名で日本に無条件降伏を勧告《かんこく》するポツダム宣言を発表した。日本政府は当初これを無視したが，広島・長崎への原爆投下やソ連の対日宣戦を受け，同年８月14日の御前会議で受諾《じゅだく》を決定した。翌８月15日の正午，天皇によるラジオ放送を通じて国民にこれを知らせた。

問８　12世紀半ば，平清盛は大輪田泊(神戸市)を修築するなど瀬戸内海の航路を整備し，宋(中国)と貿易を行って大きな利益をあげた。この日宋貿易で輸入された銅銭(宋銭)は，日本国内で広く流通することとなった。なお，アは15世紀から16世紀初めにかけて行われた朝鮮との貿易(日朝貿易)，イは日明貿易，エは南蛮貿易について述べた文である。

3　日本や世界の政治についての問題

問１　近年の日本の国家財政の歳出では，社会保障関係費が最も大きな割合を占《し》めている。2021年度の場合，総額106兆6097億円(当初予算)のうち33.6％を占めており，ついで国債費22.3％，地方交付税交付金等15.0％，公共事業関係費5.7％，文教及び科学振興費5.1％，防衛関係費5.0％の順となっている。

問２　納税者が自分の好きな自治体や応援したい自治体を選んで寄付を行うことで，一定の割合で住民税や所得税の控除《こうじょ》を受けられるしくみを「ふるさと納税」という。2008年に始まった制度で，寄付した金額に応じて，その地域の特産品などを返礼品として送付する自治体が多い。

問３　ア　核兵器禁止条約は2017年に国連総会で採択され，2021年１月に発効した条約である。核兵器の製造や保有を禁止するものだが，アメリカなどの核保有国や，日本を含めたその同盟国などはこれに参加していない。　イ　国際連合の安全保障理事会の常任理事国はアメリカ・ロシア・イギリス・フランス・中国の５か国で，この体制は国連発足時から変わっていない。なお，日本は任期２年の非常任理事国にこれまでに12回なっており，将来の常任理事国入りを目指している(2023年１月現在)。　ウ　国連世界食糧計画(WFP)は，途上国の人々の栄養状態を向上させるための食糧援助や，紛争や天災による食料不足に苦しむ人々への緊急援助などを行っている国連の機関である。これまでの活動が評価され，2020年にノーベル平和賞を受賞した。　エ　イギリスは2016年の国民投票でEU(ヨーロッパ連合)からの離脱に賛成する票が過半数を占めたことを受け，EU側と協議を続けた。そして，2020年１月31日にEUから離脱した。

問４　リンカンは，1861年に第16代アメリカ合衆国大統領に就任した。奴隷制度や貿易政策などをめぐる南部と北部の対立から起きた南北戦争では北部を率いて勝利に導いた。「人民の，人民による，人民のための政治」は，南北戦争中にリンカンがゲティスバーグで行った演説の中で述べた言葉で，民主主義の原則を的確に表したものとして知られる。

問５　資料の表は，クラスの生徒40人が３人の候補者を「応援する順位」を表している。ここで，「１回の投票で決定する場合」とは，40人がそれぞれ１位に推す候補者に投票する方法であると考えられるので，結果はＡさん17票，Ｂさん13票，Ｃさん10票となり，Ａさんが当選となる。次に「１回目の投票結果を受けて，上位２人による決選投票で決定する場合」を考えると，決選投票はＡさんとＢさんの２人を候補者として行われることになる。このとき１回目と同様，17人はＡさんに，13人はＢさんに再び投票する。ところが，１回目にＣさんに投票した10人は全員Ｂさんを２位に考えていた，つまり次点としていたわけであるから，Ｂさんに投票する。その結果，Ｂさんの票は13＋10で23票となるから，Ｂさんが当選となる。さらに，「１位に３点，２位に２点，３位に１点という配点方式で決定する場合」を考えると，Ａさんは３点×17＋１点×13＋１点×10より74点，Ｂさんは３点×13＋２点×10＋１点×17より76点，Ｃさんは３点×10＋２点×17＋２点×13より90点となるから，Ｃさんが当選となる。

問６　日本国憲法の改正は，各議院で総議員の３分の２以上の賛成があった場合に国会がこれを発議し，国民投票で有効投票の過半数の賛成が得られたときに成立する。憲法改正の国民投票の投票年齢は，2014年の国民投票法の改正により，満18歳以上とされている。また，これまでに日本国憲法の改正のための発議や国民投票は行われたことがない。

問７　普通選挙とは，一定年齢に達したすべての国民に選挙権をあたえて行われる選挙のことである。これに対して，財産(納税額)などにより選挙権を制限して行われる選挙は，制限選挙とよばれる。

問８　長く軍事政権が続いたミャンマーでは，2016年に行われた総選挙でアウン・サン・スー・チーが率いるNLD(国民民主連盟)が圧勝したことを受け，民主政権が誕生した。しかし，2021年２月に軍がクーデターを起こし，実権をにぎった。軍がNLDの幹部らを逮捕したことで，再び軍事政権に戻り，現在も民主派への弾圧《だんあつ》が続いている。また，ミャンマーは東南アジアの北西部に位置する国で，地図中のウがあてはまる。なお，アはサウジアラビア，イはインド，エは朝鮮民主主義人民共和国。

理　科　＜２月１日午前試験＞（30分）＜満点：50点＞

解　答

[1] **問１**　(例)　解説の図を参照のこと。　**問２**　(例)　葉のふちは色がうすい。／葉のふちにはトゲがある。／枝分かれをした葉脈はふちのトゲにつながっている。　[2] **問１**　エ　**問２**　$\frac{2}{3}$倍　**問３**　(例)　手で持つ部分が力点，ドライバーの中心の軸が支点になるため，直径が大きい方が，支点から力点までの距離が大きくなり，小さな力で大きな力を加えることができるから。　**問４**　(例)　**てこの原理を利用したもの**…くぎぬき　**図**…解説の図を参照のこと。　[3] **問１**　(例)　台風は赤道をこえる移動はしていない。／台風は南大西洋ではほと

んど発生していない。　問２　(例)　**説明**…海水面の温度が低く，水分を多くふくむ上昇気流が発生しにくいから。　**必要な情報**…台風が多く発生している地域と発生していない地域の海面温度

解　説

1　ルーペを用いた葉のスケッチと観察についての問題

問１　スケッチの注意事項《じこう》にしたがってシラカシの葉をスケッチすると，右の図のように表せる。理科でスケッチをするときは，１本の線ではっきりとかき，かげはつけないようにする。また，シラカシの葉のように見たいものを動かすことができるときは，ルーペを目のそばに固定して，見たいものを前後に動かして観察する。

問２　シラカシの葉を観察して，葉の表面の色やつや，葉のふちのようす，葉脈のようす，葉の大きさなどをくわしくかくとよい。

2　てこの原理についての問題

問１　てこにおいて，人が手でおすなどして力を加える点を力点，回転の中心となる点を支点，てこに加えた力が物体にはたらく点を作用点という。図２のようにドライバーでペンキ缶《かん》のふたを開けるとき，手で持つところが力点，ドライバーとペンキ缶のふちが接するところが支点，ふたとドライバーが接するところが作用点になる。

問２　作用点にはたらく力の大きさは，支点を中心としたてこをまわそうとするはたらき(以下，モーメントという)で考えられ，モーメントの大きさは，(加える力の大きさ)×(支点からの距離《きょり》)で求められる。図のように，支点から力点までの距離を10cmから15cmに変えると，距離が，15÷10=$\frac{3}{2}$(倍)になるので，作用点にはたらく力が等しいとき，ふたを開けるために手が加える力の大きさは$\frac{2}{3}$倍になる。

問３　ドライバーをねじまわしとして使うとき，ドライバーの回転する軸《じく》が支点となり，手で持つ部分が力点，ドライバーの先がねじのみぞと接するところが作用点となる。したがって，手で持つ部分の直径が大きいほど支点から力点までの距離が大きくなり，小さな力でねじをまわすことができる。

問４　たとえば，てこを利用した道具としてくぎぬきがあり，力点，支点，作用点の位置は右の図のようになる。ほかにも，てこの原理を利用したものに，ハサミ，ピンセット，せんぬきなどがあり，ハサミは支点が力点と作用点の間にあるてこ，ピンセットは力点が支点と作用点の間にあるてこで，せんぬきはふつう作用点が力点と支点の間にあるてことして用いる。

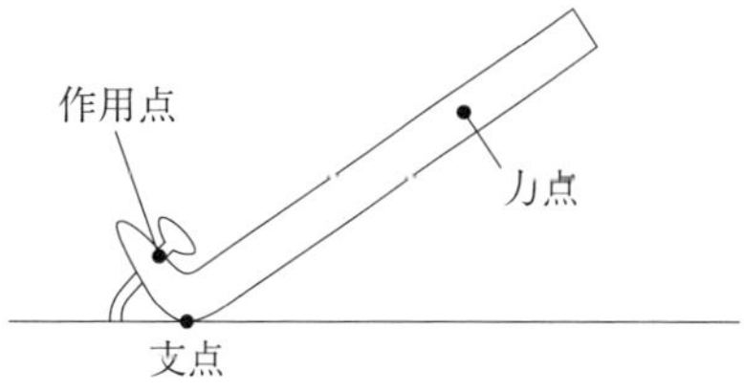

3　世界で発生する台風などについての問題

問１　ここではハリケーンやサイクロンなどもすべて「台風」とよぶことにする。解答例のほかに図１から読み取れることとして，赤道上を通る台風がないことから，台風は赤道上では発生しない

ことなどがある。

問2　台風が南大西洋や太平洋の南東でほとんど発生していない理由として，海面温度がやや低く，水分を多くふくむ上昇《じょうしょう》気流が発生しにくいことなどが考えられる。それを調べるには，全世界の海面温度の情報が必要になる。なお，赤道上で台風ができないことや台風が赤道をこえないのは，赤道上は台風のうずをつくる力(コリオリの力)が弱いためである。

国語　＜2月1日午前試験＞（50分）＜満点：100点＞

解答

一 **問1**　A　イ　　B　ア　　C　カ　　**問2**　(例)　レギュラーは松原さんのほうが良いと思います。　　**問3**　イ　　**問4**　ウ　　**問5**　ガクあじさい　　**問6**　エ　　二 **問1**　下記を参照のこと。　　**問2**　イ　　**問3**　(例)　自分のことを認めてほしいという根本的な欲求を持っているから。　　**問4**　ウ　　**問5**　ウ　　**問6**　イ　　**問7**　ウ　　**問8**　(例)　私はこの人の行動に賛成です。第一に，興味がないことでも，試してみると案外楽しかったという場合もあるからです。自分の世界が広がる可能性は捨てないほうが良いと思います。第二に，誘ってくれた友達をより深く知る機会になるからです。遊びに参加して，やはりおもしろいとは思えなかったとしても，友達はその遊びのどんなところが好きなのかを聞いてみれば，二人で一緒に楽しめる別の遊びを見出せるかもしれません。　　三 **問1**　①　頭の固い　　②　目も当てられない　　③　足がぼう　　**問2**　①　くださいました　　②　いたします

●漢字の書き取り

二 問1　a　原因　　b　根本　　c　防

解説

一 **出典はまはら三桃《みと》の『たまごを持つように』による。**才能豊かだが調子をくずした実良《みら》の代わりに，早弥《さや》は団体戦のレギュラーに選ばれてとまどうが，自信を持てと春《はる》に言われる。

問1　A　子どものころの早弥のようすが描《えが》かれている，続く二段落を参考にする。何をしても人と同じようにはできず，着替えにも時間がかかったのだから，「不器用な」子だったといえる。「不器用」は，手先でする細かい作業が下手なこと。　　B　今は不調とはいえ，自分とちがって才能豊かな実良の代わりに団体戦のレギュラーに選ばれておどろく早弥が，試合までに実良の調子はもどるだろうと思わず言う場面である。自分ではなく，当然実良が選ばれるべきだと考える早弥が「正直な」思いを口にしたと推測できる。　　C　春の言葉は，同じ言葉でも「果てしない意味を持つように」早弥は感じているのだから，春は「思慮《しりょ》深そうな」目をしていると思ったと考えられる。「思慮」は，考え。

問2　調子を落としてはいるが，自分よりはるかにうまい実良(松原さん)ではなく，自分がレギュラーに選ばれて，早弥はとまどっている。「確かに松原さんの調子はよくなります」と言う先生の言葉を受け，早弥は「レギュラーは松原さんのほうが良いと思います」と言おうとしたと考えられる。

問3　本調子でない状態が長く続いている実良には，あせりがあると考えられる。さらに，状態は

きっと直るが，それがいつかはわからないと先生に言われ，実良はがっくりと力を落としている。実良はどうしてよいかわからなくなり，何もかも投げ出したくなって道場を飛び出したのだから，イが合う。

問４　調子をくずしている実良でも，自分が試合に出るよりはいいのではないかと言う早弥は，レギュラーに選ばれたことにとまどい，自信を持てずにいるのが明らかである。春は「早弥は試合に出たくないんか」と言った後，さらに「自分を信じろ」と早弥に言っているので，早弥をはげまそうとしているとわかる。

問５　「ガクあじさいが枯《か》れていた」という一文から，その花が咲《さ》く梅雨の季節であることがわかる。また，レギュラーを外された実良が，代わりにレギュラーになった早弥の目の前でその場を飛び出した直後の，気まずく重苦しい雰囲気《ふんいき》が，枯れた花のイメージに重ね合わされて伝わってくる。

問６　早弥の気持ちは，「自分にはそんな力はない」「言葉にしたらひどくみっともなく思えてくる」「だめな自分」といった形で地の文にも書かれ，心の動きを読み取りやすくなっているので，エが選べる。

二　**出典は森山卓郎《もりやまたくろう》の『コミュニケーションの日本語』による。**意見が対立したさいに，感情的な問題で意見交換《こうかん》ができなくなるのをさけるためには，「表現」に着目するとよいと述べられている。

問１　**a**　物事の起こるもとになることがら。　**b**　物事の一番のもととなっていること。　**c**　音読みは「ボウ」で，「防止」などの熟語がある。

問２　Ａ　前には，「意見が違《ちが》うということは，お互《たが》いに自分の頭で考えているということでもある」とある。後には，具体的な「論争(ディベート)の種」の例をあげ，違う意見を戦わせて自分の考えを深められると続く。よって，具体的な例をあげるときに使う「例えば」が入る。　Ｂ　前には，意見が違う場合は「違う意見が言いにくい」とある。後には，違う意見を言ったために，相手に「感情的に反発されてしまったということ」もあると続く。いずれも，意見が違う場合に起こりうることをあげているので，並立を表す「また」が合う。　Ｃ　前には，「自分に自信がある人」は，自分と違う意見を楽しめるとある。後には，自分に自信がない人は，違う意見をぶつけられると「自分が認められていないというように感じてしまう」と続く。よって，前後で相反する内容が述べられるときに使う「しかし」がよい。　Ｄ　自分の意見が否定されても，「自分が認められていない」と考える必要はないと前にある。後には，感情的になるのは決して望ましいことではないと続く。よって，前の内容を認め，この場合はいっそうそうだという意味を表す「まして」がふさわしい。

問３　ぼう線①は「このため」だと続いており，「この」は直前を指すので，直前の三文に注目する。私たちは誰《だれ》でも，自分のことを認めてほしいという根本的な欲求を持っており，自分の意見も基本的には認めてほしいと思っているため，ぼう線①のようなことが起こると筆者は述べている。

問４　ぼう線②については，次の三段落に一通りずつ説明されている。アは，自分の意見への反対意見に対して感情的になる例，イは，配慮せずに自分の意見を言ったために相手が感情的になる例，エは，相手がいやな気持ちになることに遠慮しすぎて意見が言えない例にあたるので，ウが選べる。

問５　ぼう線③は，具体的には次の文にあるとおり，自分の意見を伝えるさいの「表現」に気を配ることを言っている。伝え方によっては相手が感情的になりかねないので，そうならないようにするにはどういう言葉を選べばいいのかを考える必要があるのだから，ウがあてはまる。

問６　X　自分が「正しい」と思うことは堂々と言ってかまわないのだから，不要なのは，言動をつつしむことをいう「遠慮」である。　Y　Xはいらないが，Yはあってもいいというのだから，Xとはちがう「配慮」が入る。「配慮」は，心くばり。　Z　前を指す「そうした」がかかっているので，Yと同じ「配慮」がふさわしい。

問７　ウは，本文の最後から三番目の段落の「コミュニケーション上の障害を乗り越《こ》えるために～『表現』への視点を持ってみる」と一致《いっち》している。人間は感情を持つ動物だと本文にあるとおり，アやイにあるように，「感情を抜《ぬ》きにして考え」たり，「感情を一切《いっさい》もちこまず」に話したりすることは難しい。意見が違うと「感情的な『わだかまり』ができてしまうこともないわけでは」ないと本文にあるが，必ずそうなるとは限らないので，エも合わない。

問８　まず，この人の行動に賛成か反対かを明らかにし，続けて，そう考える根拠《こんきょ》と意見を書けばよい。解答例は「賛成」の場合としたが，「反対」を選ぶなら，本心をあざむいて参加したとしても楽しめず，それを察した友達をいやな気分にさせてしまいかねないからなどの理由が考えられる。

三　慣用句の完成，敬語の知識

問１　①　自分の考え方にこだわり，じゅうなんな考え方ができないという意味の「頭の(が)固い」が合う。　②　何日も掃除《そうじ》をしていなければ相当見苦しくなるはずなので，あまりにひどくて見るにたえないという意味の「目も当てられない」が入る。　③　歩きすぎたら足が痛くなるので，たくさん歩いたり長い間立ったりして足が疲《つか》れるようすを表す「足がぼう(になる)」を使う。

問２　①　「(やって)くれ」たのは先生なので，「くれる」の尊敬語「くださる」を使って「くださいました」とする。　②　片付けを「する」のは「私」なので，「する」の謙譲語《けんじょうご》「いたす」を使って「いたします」に直す。

2022年度 ドルトン東京学園中等部

【算　数】〈２月１日午後特待試験〉（50分）〈満点：100点〉

〔注意〕１．三角定規やコンパス，分度器は使用できません。
２．分数は最後まで約分して答えてください。
３．比は最も簡単《かんたん》な整数で答えてください。
４．円周率は3.14とします。

1 次の計算をしなさい。ただし，(4) は ☐ にあてはまる数を答えなさい。

(1) $\{(21\div3+4)+5\}\times6-80\div(9+7)$

(2) $\frac{3}{4}\times\frac{5}{7}-2\frac{3}{7}\times4\frac{3}{8}\div3\frac{2}{5}\div5\frac{5}{6}$

(3) $3.75\div\left\{\left(1\frac{1}{4}-0.25\right)\div2\times5\right\}$

(4) $120\,\text{m}^2-500\,\text{cm}^2=$ ☐ m^2

2 次の問いに答えなさい。

(1) 下のドットプロットは，野球チームが 20 試合で記録した得点をまとめたものですが，グラフ上にインクをこぼしてしまい見えなくなっています。得点の平均値が 3.7 点のとき，最頻値《さいひんち》を求めなさい。

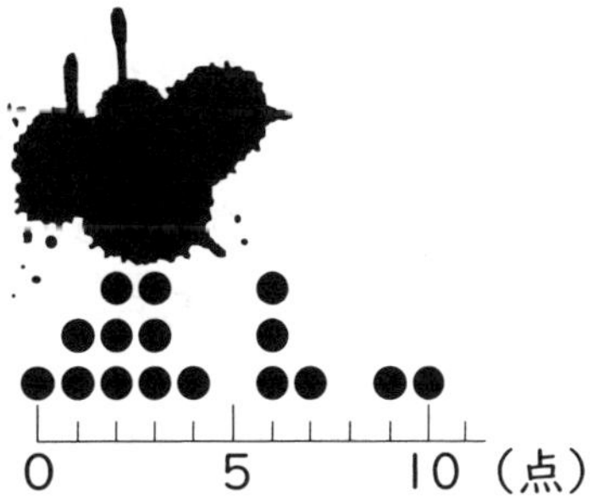

⑵　4％の食塩水 500 g に 6％の食塩水を入れると，含《ふく》まれている食塩の量が 60％増えました。6％の食塩水を何 g 入れましたか。

⑶　図のように面積が等しい正方形を 16 個組み合わせて正方形 ABCD を作りました。太線（――）の長さが 6 cmのとき，正方形 ABCD の面積を求めなさい。

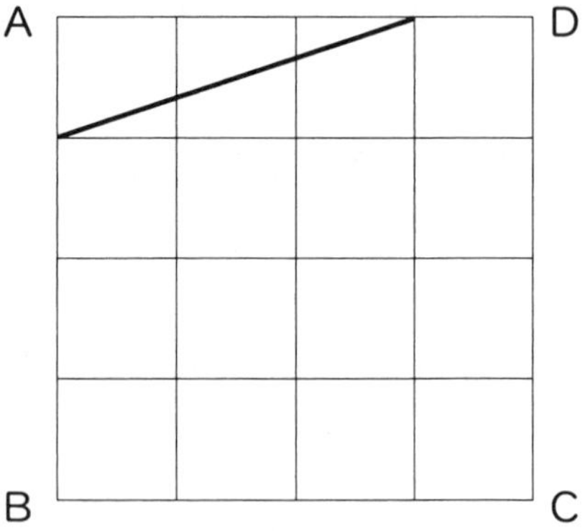

⑷　家から学校まで自転車で登校しています。普段《ふだん》は分速 100 m で通っていますが，今日は家を出て 3 分後に忘れ物に気づいたため，分速 200 m で家に戻り，すぐにまた分速 200 m で向かうと，普段と同じ時刻に学校に着きました。家から学校までの道のりは何 m ですか。

⑸　1 から 2022 までの整数のうち，2 でも 3 でもわり切れない数は全部で何個ありますか。

⑹　あおいさん，さくらさん，だいきさん，みさきさん，やまとさんの 5 人が反復横とびの点数について，次のように話しています。

あおい：さくらさんは，みさきさんより 1 点高かったね。
さくら：私とあおいさんは 8 点差だね。
だいき：やまとさんは，みさきさんより 5 点低かったね。
みさき：だいきさんは，あおいさんより 4 点高かったね。
やまと：ぼくはあおいさんより高かったよ。

反復横とびの点数の高かった順に順位をつけるとき，この会話をもとにして，だいきさんの順位を求めなさい。

3 ゲロシア法という計算方法があります。

75×46をゲロシア法で解くと以下のようになります。

① 2×2の正方形の格子を描《えが》き，その上に75，横に46を書きます。

② それぞれのマス目に対角線を書き入れ，先を図のように伸《の》ばします。

③ それぞれのマス目を，上と横に書いてある2つの数の積で埋めます。その際「十の位」の数を対角線の上に，「一の位」の数を対角線の下に書き入れます。例えば，図の右下のマスでは，5×6＝30で，3を対角線の上に，0を対角線の下に書き入れます。

④ 対角線に仕切られた斜めの列にある数の和を格子の下に書き，右から順にくり上げていきます。

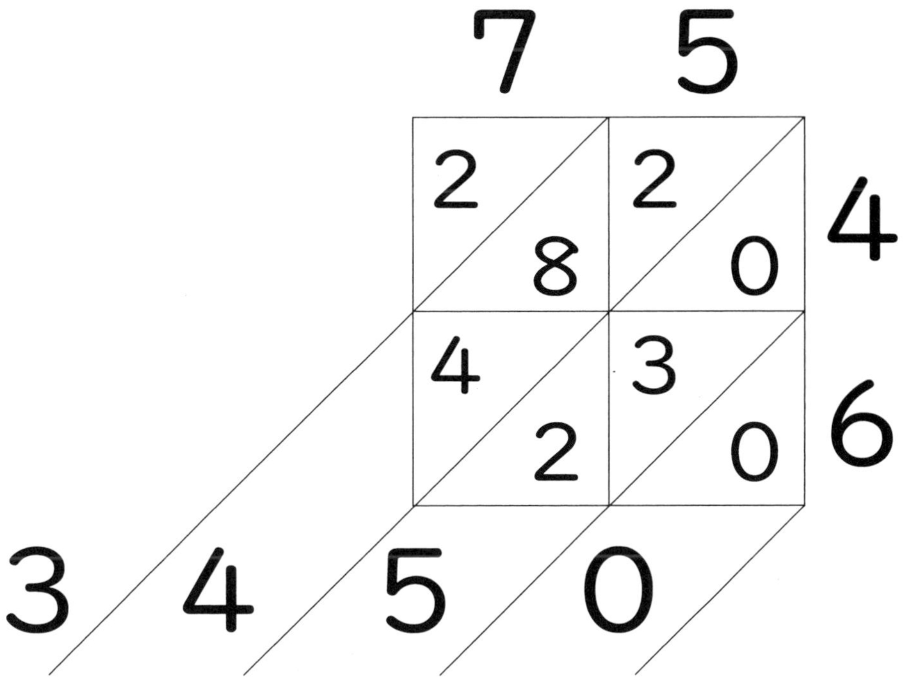

(1)　図は 278 × 56 をゲロシア法で解いたものです。a ～ f に当てはまる数を求めなさい。

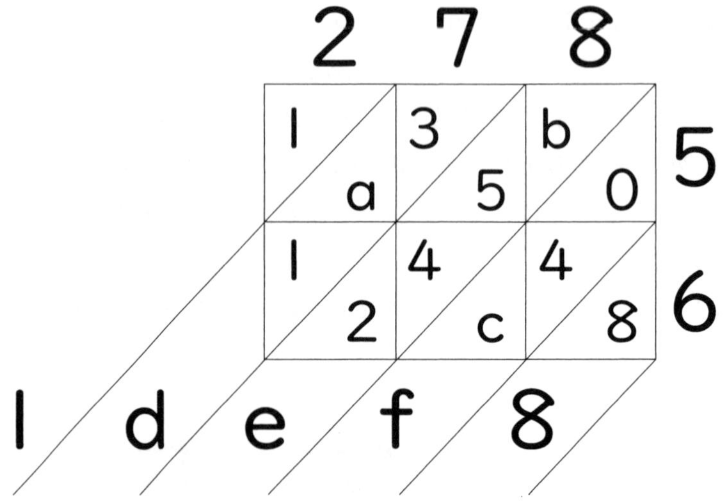

(2)　ゲロシア法を用いて，438 × 617 を計算しなさい。

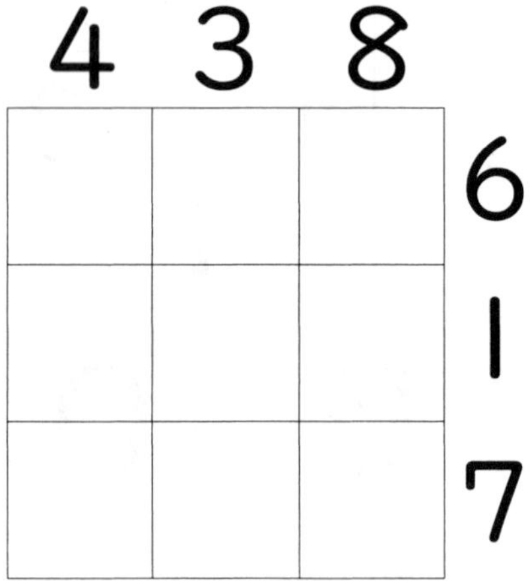

⑶　以下のゲロシア法を用いた計算には，いくつかの数が欠けています。図のＡ～Ｄに当てはまる数を求めなさい。

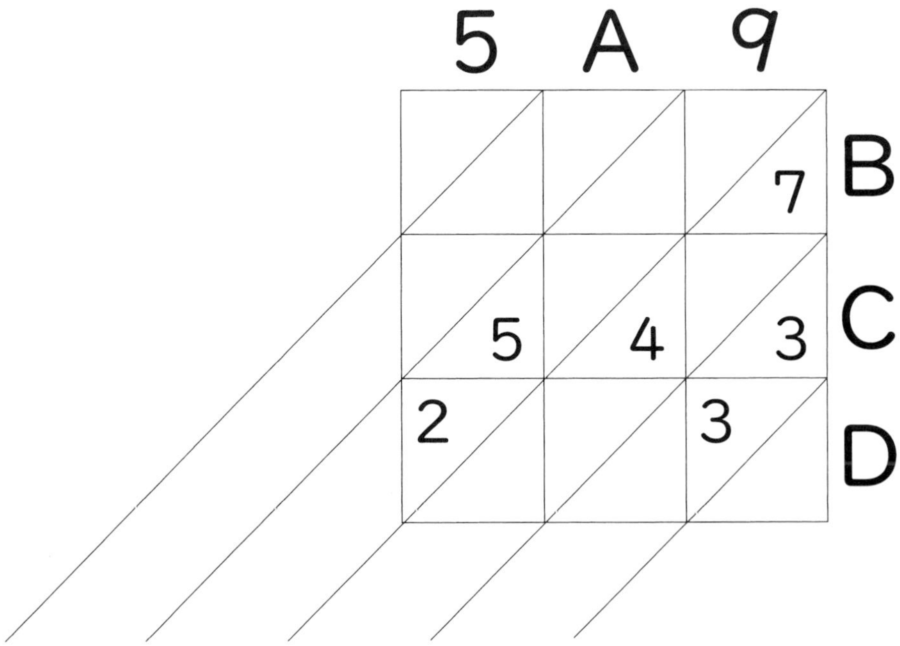

4　図１のように上から順に，同じ半径の円を１段ごとに１つずつ増やしながら並べます。次に１段目の円と，各段の左端《はし》の円と右端の円に色を塗《ぬ》ります。さらに，図２のように，同じ段にある隣《とな》り合う２つの円が異なる色であった場合は，その下の段で２円に接する円に色を塗ります。図３は５段目まで塗った図です。

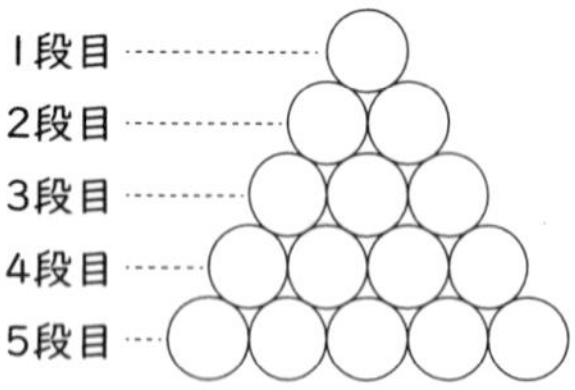

図１

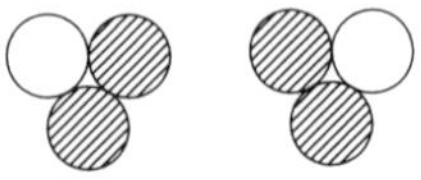

図２

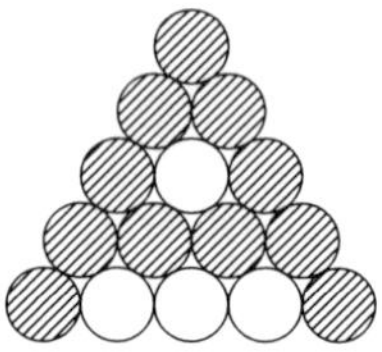

図３

(1)　８段目まで作った図形において色が塗られた円の個数を答えなさい。

(2)　色が塗られていない円の個数を上の段の左側から数えたとき，24 個目となる円は，何段目にありますか。

(3)　図４のように 16 段目まで作った図形の最も外側の円の中心を結び三角形を作りました。この三角形の１辺の長さが 30cm のとき，三角形の中で色が塗られた部分の面積を求めなさい。

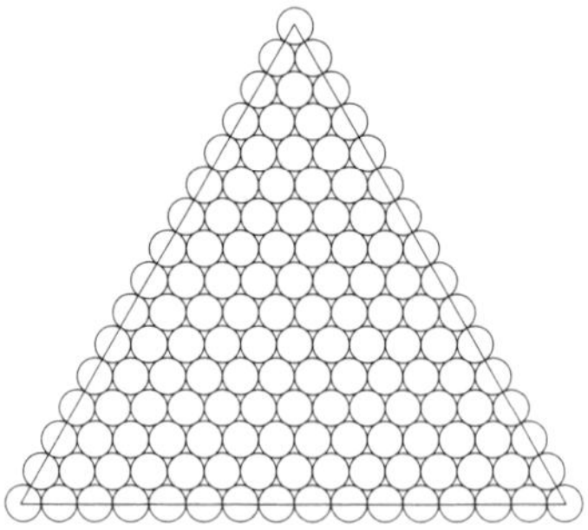

図４

5 ひまりさんとれんくんは，次の文章を読んで話をしていました。

> 　病気や怪我《けが》など治療《ちりょう》に必要な費用を医療費《いりょうひ》といいます。2018 年度における日本の全体の医療費は，計 43 兆 4 千億円となっており，10 年間で約 8 兆円増加しました。
>
> 　また，75 歳《さい》以上人口の医療費は日本の全体の医療費の 4 割を占《し》めています。年代で比較すると，75 歳以上人口の一人当たり医療費（以下，一人当たり医療費と表す。）は 92 万 6 千円と最も高くなっています。この医療費を支えるためには，健康保険料以外に，税金が投入されており，国や都道府県の財政を圧迫《あっぱく》しているのが問題となっています。
>
> 　都道府県で比較《ひかく》すると，一人当たり医療費が最も低い岩手県は 74 万 6 千円，最も高い高知県は 113 万 7 千円となっており，約 40 万円の開きがあり，格差も問題となっています。

（日本経済新聞 データで読む地域再生 2021 年 5 月 22 日
「大往生，医療費抑える モデルは神奈川・愛知・和歌山」をもとに作成）

ひまり　日本では，医療費が増えていることが問題になっているんだね。

れん　そうだね。特に，75 歳以上人口の医療費は医療費全体の 4 割を占めると書いてあるね。ということは，2018 年度の 75 歳以上人口の医療費は，およそ［　あ　］円だったと計算ができるね。

ひまり　一人当たり医療費は 92 万 6 千円だから，2018 年度の 75 歳以上人口は，およそ［　い　］人だと考えられるね。

れん　私たちが住んでいる調布市と隣《となり》の稲城市の 75 歳以上人口と一人当たり医療費を調べて表 1 にまとめてみたよ。なにか違《ちが》いがありそうだよ。

ひまり　表 1 を見てみると，どちらの市も 75 歳以上人口は 2008 年から増加しているんだね。医療費の格差を分かりやすくするために，表 1 をもとに，調布市と稲城市の 75 歳以上人口と一人当たり医療費の変化が分かるように，グラフ（図 1）を作ってみたよ。

れん　<u>最初の数年は，両市ともに一人当たり医療費は全国平均と同じように増加していたんだね。</u>

表１　調布市と稲城市の75歳以上人口と一人当たり医療費

	調布市		稲城市		全国
	75歳以上人口	一人当たり医療費	75歳以上人口	一人当たり医療費	一人当たり医療費
2008	1.77万人	82.48万円	0.47万人	80.08万円	83.00万円
2009	1.86万人	83.05万円	0.50万人	85.50万円	85.58万円
2010	1.96万人	86.34万円	0.53万人	87.34万円	87.85万円
2011	2.05万人	89.00万円	0.57万人	86.22万円	89.22万円
2012	2.12万人	90.44万円	0.60万人	86.33万円	89.21万円
2013	2.18万人	90.23万円	0.64万人	87.43万円	90.33万円
2014	2.24万人	89.60万円	0.67万人	84.78万円	90.73万円
2015	2.31万人	90.90万円	0.72万人	84.50万円	92.90万円
2016	2.39万人	89.60万円	0.77万人	78.32万円	90.96万円
2017	2.48万人	92.57万円	0.82万人	80.26万円	92.15万円
2018	2.64万人	89.15万円	0.92万人	78.13万円	92.68万円

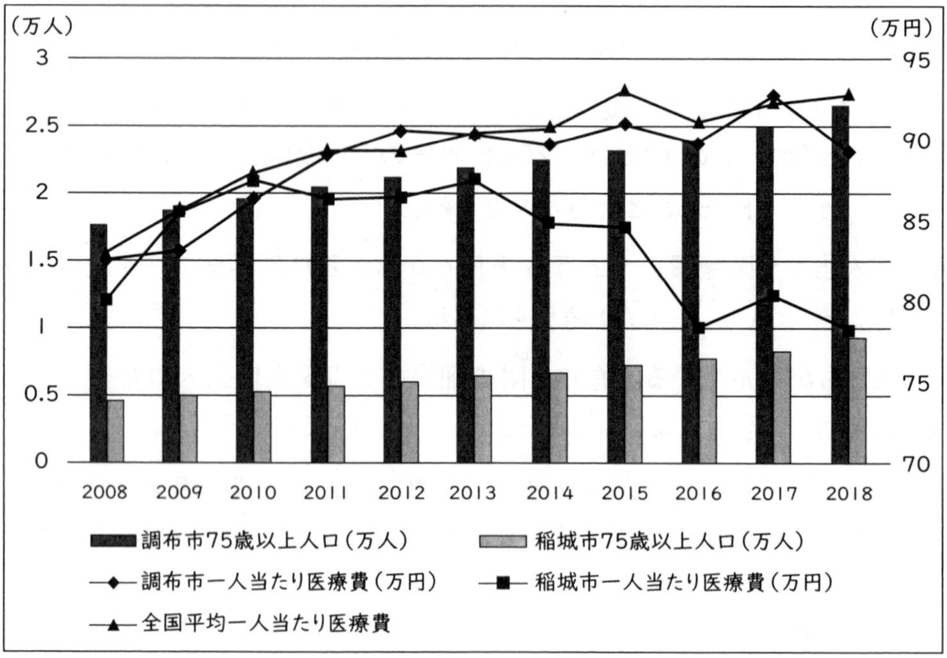

図１　調布市と稲城市の75歳以上人口と一人当たり医療費

ひまり　途中から，調布市と稲城市の一人当たり医療費の変化の仕方が違うね。この違いを調べるために，「疾患《しっかん》別死亡比」にも注目して表2に整理してみたよ。「疾患別死亡比」は厚生労働省が公表している「標準化死亡比」で，2013年から2017年の疾患別の死亡数合計をもとに全国平均（基準値）を100として比較した指標なんだ。100を上回ると，全国平均より死亡数が多いことになるよ。

れん　日本人は，ガンでなくなる人が一番多いと聞いたことがあるよ。

表2　疾患別死亡比

	男性 / 脳卒中	男性 / 老衰《ろうすい》	女性 / 脳卒中	女性 / 老衰
調布市	75.9	88.7	79.9	86.7
稲城市	92.2	109.3	82.1	101.2

日本経済新聞「ふるさとクリック 地図で見る高齢《れい》者の医療費」をもとに作成

ひまり　調布市と稲城市の疾患別死亡比には，男性・女性ともに違いがあるね。ニュース記事の中には，疾患別死亡比と一人当たり医療費に関係があると書いてあったよ。

(1) ①　会話中の［　あ　］に入る数を求める方法として適切な式を下のア～エの選択肢から選びなさい。

ア　43兆4千億 ÷ 4　　　イ　43兆4千億 ÷ $\frac{2}{5}$

ウ　43兆4千億 × 4　　　エ　43兆4千億 × $\frac{2}{5}$

②　会話中の［　い　］に入る数を求める方法として適切な式を求めなさい。ただし，［　あ　］の数値が必要な場合，下の例のようにそのまま式の中に「あ」と記述して式を立てなさい。

例）あ × 5

⑵　会話中の下線部のように，2008 年から 2010 年までは全国の一人当たり医療費の変化と同様に調布市と稲城市の一人当たり医療費は増加しています。それ以降の全国，調布市，稲城市の一人当たり医療費の変化について，表１や図１から読み取れることを記述しなさい。

⑶　次の**ア**～**カ**のうち，調布市と稲城市について表１，表２や図１のグラフから読み取れるものには○，読み取れないものには×を書きなさい。

ア　調布市のほうが，稲城市よりも市の全体の医療費は高くなっている。

イ　2008 年から 2012 年までは，調布市の一人当たり医療費は常に増加している。

ウ　稲城市における 2018 年の 75 歳以上人口の医療費は，およそ 71 億９千万円である。

エ　75 歳以上の男性が，脳卒中で死亡する人口は，稲城市よりも調布市のほうが少ない。

オ　2008 年と 2018 年を比較すると，調布市と稲城市の一人当たり医療費の差は，約８万６千円広がった。

カ　2013 年から 2017 年の疾患別死亡比を見ると，男女ともに老衰で亡くなる割合が全国平均より高い稲城市は，調布市よりも一人当たり医療費が安くなっている。

三　次の問いに答えなさい。

問一　（　　）には数字を含む四字熟語が入る。（　　）に入る四字熟語を考え、【例】のように二つの四字熟語に含まれる数字を合計したものを選び、ア～オの記号で答えなさい。なお、同じ記号は一回しか使えません。

【例】（一石二鳥）と（二人三脚《きゃく》）の場合
　　　1　2　　　2　3　……1＋2＋2＋3＝8

①　私も十五歳《さい》なので（　　）すると二十歳になる年齢《ねんれい》になった。
　　身の回りの物を売ったが（　　）にもならなかった。

②　何時間も（　　）する苦しみを耐《た》え抜《ぬ》き、ようやく生還《せいかん》した。
　　人との縁《えん》は大切だから、これからの出会いは（　　）だと思って生きよう。

③　冬の終わりの気候は（　　）と言って、だんだん暖《あたた》かくなっていくものである。
　　友人は誰にでも愛想よく（　　）にふるまう。

　　ア　14　　イ　15　　ウ　16　　エ　17　　オ　18

問二　（　　）の中の言葉を適切な敬語《けいご》に直し、解答らんに書きなさい。
（「お……になる」「……れる、……られる」「お……する」以外の形に直すこと）

①どうぞ（食べて）ください。
②先生の著書《ちょしょ》を（見ました）。

問五　――②「広い意味で新しい『ものをつくる』方向へとむかった人々の歩み」とは、どのようなことか。最もふさわしいものを次のア～エから一つ選び、記号で答えなさい。

ア　クリエイティヴな感性を持った科学者のものの見方を取り入れ、新しい考え方を具体化し発展してきたこと。

イ　ものつくりの持つ可能性を音楽や文学の作品づくりという点にまで進化させて初めて、科学の意義が認《みと》められてきたということ。

ウ　職人や芸術家のものつくりとは違い、従来の常識をくつがえし人々にあらたな驚きを与えるような創意工夫に満ちた営みのこと。

エ　人々が当然だと思い込《こ》んでいることを別の角度から捉《とら》えなおすだけではなく、それを他者が利用可能なところまで仕上げてきたこと。

問六　――③「山登りのエキスパート」以《い》降《こう》の段落《だんらく》は具体例が続くが、それは筆者のどのような考えを説明するものか。「従来の常識と少し違った『ものの見方』は、」に続く形で二十五字以上三十字以内で書きなさい。

問七　[X]・[Y]に入れるのにふさわしい二字熟語をそれぞれ文章中から抜き出して答えなさい。

問二　[A] に入る四字熟語《じゅくご》として最もふさわしいものを次の**ア**～**エ**から一つ選び、記号で答えなさい。

ア　悪戦苦闘《あくせんくとう》
イ　自問自答
ウ　首尾一貫《しゅびいっかん》
エ　有言実行

問三　――①「一貫した姿勢」とはどのようなことか。最もふさわしいものを次の**ア**～**エ**から一つ選び、記号で答えなさい。

ア　実生活での思いつきについて、創意工夫を行い、需要が期待できる新製品を大量生産するところまでみちびくような姿勢。
イ　私たちが当たり前だと思ってきた事象に対し疑問《ぎもん》を持ち、なぜそうなるか探究《たんきゅう》心を持って解明し人々を驚かそうとする姿勢。
ウ　普段の何気ない生活の中で当然だと思っていたことに、新しい疑問を提案することによって豊かな暮らしを実現しようとする姿勢。
エ　日常生活で得た思いつきや驚きをきっかけにして、常識とは少し違う見方をすることにより新たな「ものの見方」や「理論」をとことん探究しようとする姿勢。

問四　次の一文を入れるのにふさわしい所を文中の【**ア**】～【**ウ**】の中から一つ選び、記号で答えなさい。

〔たしかに、現在では「ものつくり」というと、需要が期待できる新製品を大量生産することを即座《そくざ》にイメージしがちである。〕

わたしたちは驚きとともにその説明を理解し、それに納得《なっとく》する。しかし、この種のことは、山登りにまつわる話だけではない。

腕《うで》のいい大工職人は、手にした木材に数年後どの程度のそり*がくるかを、そのつど的確に感じ取りながら適切な削《けず》り方、組み方をしている。深い人間観察をする人は、表情の変化や微妙な振《ふ》る舞《ま》いのうちに、他人の心情をまざまざと見ているらしい。

これら以外にも、世の中の動きを正確に見抜《みぬ》く人など、豊かな経験に支えられ、また技術に長《た》けた人々の例をもとに考えてみると、わたしたちが身につけている常識は、しばしば以上のような深い見識や知恵《ちえ》、あるいは匠《たくみ》の技に圧倒《あっとう》される。

しかも、考えてみると、常識の揺《ゆ》らぎは、日頃からよく経験しているものなのである。以上では、エキスパートや経験豊かな人々の例をあげてきた。しかし、わたしたちは日々の生活を送るなかで、さまざまな事柄《ことがら》を前もって［ X ］する。そして、ときには自分なりの理解を誰かに説明し、他の人からの説明に［ Y ］しながら、必要に応じて自分の理解を修正している。

常識というものは、日常生活のなかでも絶え間なく揺らぎ、そのつど修正されながら、絶《ぜつ》妙《みょう》のバランスで成り立っている。そして、エキスパートの技や説明は、概《がい》して大きな驚きとともに、そうしたバランスの大幅《おおはば》な修正を促《うなが》し、常識そのものをより豊かにするのである。

（瀬戸《せと》一夫『科学的思考とは何だろうか』による）

*注
そり　…　弓なりに曲がった様子。

問一　══a「セイカ」、══b「ニュウネン」、══c「ザッソウ」のカタカナをそれぞれ漢字で書きなさい。

「理論《りろん》」とか「科学的知識」と呼《よ》ばれている。本書の副題は「ものつくりの視点《してん》から」であるが、有数の科学者がつくるものとは、まさにこの意味での理論であり、科学的知識にほかならない。

【ウ】しかし、工業製品の場合も、需要《じゅよう》を呼び起《お》こすのは、ずばり製品にまで具体化された新機能そのものというより、それがもたらす画期的な利便性、新しいライフ・スタイル、あるいは魅惑《みわく》の世界にほかならない。ものつくりの神髄《しんずい》はクリエイティヴな見方と、それがもつ可能性を見事に実現する技《わざ》であり、音楽、文学、映画《えいが》、その他の作品も、この点ではやはり「ものつくり」のセイカである。音楽家や文学の作家は、工業製品のようなモノはつくっていないが、作品というものを丹念《たんねん》につくり上げ、世に送り出しているのである。

　科学者がつくるもの、すなわち理論は、職人や芸術家がつくる作品に相当する。本格派の科学者に共通するのは、ものごとのクリエイティヴな見方と、それを利用可能な理論にまで仕上げるbニュウネンな技にほかならない。ものつくりの視点から科学的な思考を話題にするのは、こうした理由からである。

　今までとは少し違った「ものの見方」から、従来《じゅうらい》の常識をより豊かにする方向へ、つまり従来の常識をくつがえして終わるのではなく、②広い意味で新しい「ものをつくる」方向へとむかった人々の歩みこそが、科学の歴史にほかならない。しかも、そのきっかけになる驚きや理解の修正は、昔も今も難《むずか》しい書物のなかにではなく、誰もが普段《ふだん》から経験していることのなかに満ちあふれている。より正確に言うと、それらは人と人との交流のなかに、満ちあふれていることが分かる。

　しかし、一面化した常識と少し違った「ものの見方」は、たとえばどのような交流のなかで得られるのだろうか。

　③山登りのエキスパートは、普通《ふつう》の人が簡単《かんたん》に見過ごしてしまう微妙《びみょう》な空の変化や雲の動き、気温の低下などから、すかさず天候の急変を察知する。また、山道をおおうcザッソウの乱《みだ》れや、樹木《じゅもく》の表皮に残された独特の傷跡《きずあと》などを見逃《みのが》さず、周辺に危険《きけん》な動物がいることを説明できるという。そして、かれの察知したことや説明したことが実際に的中したとき、

二　以下の文を読んで、次の問いに答えなさい。

わたしたちの多くは、科学に携《たずさ》わる専門家《せんもんか》が知恵をしぼって、しかも責任ある研究開発に従事《じゅうじ》し、科学がよい方向に発展することを祈《いの》っている。

聞くところによると、科学の専門家でも、自分の専門を少しでも離《はな》れた研究開発については、素人《しろうと》と同じように祈っているというのが、どうやら最近の実情らしい。これは否定《ひてい》しがたい事実だとも言えそうである。

ところが、大方の予想に反して、科学が飛躍的《ひやくてき》なaセイカをもたらす現場では、誰《だれ》もが実生活のなかで体験する新鮮《しんせん》な驚《おどろ》きや、たわいのない思いつきの類《たぐ》いがその起点となっている。むしろ、科学の画期的な発明発見ほど、かぎりなく日常的で具体的なものごとがもとになっているのである。本書はそのような話題を紹介《しょうかい》する。

しかし、日頃《ひごろ》の思いつきや驚きと違《ちが》って、思いついて終わり、驚いただけ、ということにならないところが、ようするに科学の特徴《とくちょう》である。思いつきや驚きは、新しい確かな「ものの見方」へのきっかけでしかなく、科学とはそれらをとことん洗練《せんれん》する創意工夫《そういくふう》の営みにほかならない。実は創意工夫こそが、歴史上も有数の科学者たちに見られる、かなり①一貫《いっかん》した姿勢《しせい》なのである。

【ア】何かに驚いて、それまでは当然だと思っていたことに、少し違った角度から眼差《まなざ》しをむけてみる。それだけではなく、違った角度から見えてきたことを［Ａ］させ、確かなものにすると、求めても無駄《むだ》な望みだと決めつけていたことが、あっさりと実現できることに気づく。新鮮な驚き、ささいな思いつき、そしてちょっとした理解の修正をきっかけに、常識とは少し違った「ものの見方」をしたとき、どこか一面化していた常識そのものがより豊かなものにならないか考えてみる。これが科学を本当に発展《はってん》させた人々に共通した姿勢である。

【イ】しかも、本格派《ほんかくは》の科学者は、きっかけとなった新鮮な「ものの見方」を開発して、誰にでも共有できる形にまでその見方を仕上げていく。そのようにして仕上げられたものが

問七　Ａの詩の最終行の――「涙」について、次のＢの詩の――「なみだ」との内容面における違いを説明しなさい。そのうえで、あなたはどちらの詩により共感するか、理由とともに一五〇字以上二〇〇字以内で書きなさい。（一マス目から書き始め、途中《とちゅう》で改行はしないこと）

なお、両者を区別する場合は、Ａの「涙」、Ｂの「なみだ」、と書き分けること。

Ｂ

黄金の魚　谷川俊太郎

おおきなさかなはおおきなくちで
ちゅうくらいのさかなをたべ
ちゅうくらいのさかなは
ちいさなさかなをたべ
ちいさなさかなは
もっとちいさな
さかなをたべ
いのちはいのちをいけにえとして
ひかりかがやく
しあわせはふしあわせをやしないとして
はなひらく
どんなよろこびのふかいうみにも
ひとつぶのなみだが
とけていないということはない

問五　――④「一人の一番きびしい教師」とは、どのような存在か。最もふさわしいものを次の**ア**～**エ**から一つ選び、記号で答えなさい。

ア　自分が誰かに食われないように、鍛《きた》え奮《ふる》い立たせてくれる存在。

イ　自分の抱いている劣等感をはね返すことを強く求め続ける存在。

ウ　自分のことを離れたところから見つめ、正すことができる存在。

エ　自分が能動的になれるように、手とり足とり教育してくれる存在。

問六　――⑤「思いもかけない方角へ送り出される」の説明として最もふさわしいものを次の**ア**～**エ**から一つ選び、記号で答えなさい。

ア　人間が自分以外のものを敵として生きるしかない孤独な存在であるということをしっかり自覚しつつ、その上で、一人でも生きていく勇気を与えてもらえるということ。

イ　自分の人生が罪深いものだと思わされる時が人生の中でいつか訪《おとず》れるということを詩から教えられることで、自分の生きる道について深く考えさせられるということ。

ウ　詩の持つはげしさや哀《あわ》れさによって人生の後半にさしかかった時にはじめて知ることができる家族のありがたみを教えられることで、日常の家族に対する考えが改まるということ。

エ　他のものを食らって生きざるを得ない人間の持つ生まれ育ったみにくさを見せつけられつつ、それを自覚して自分なりにできるかぎり生きるしかないと改めて思わされるということ。

問二　――①「罪ふかき者どもよ、その罪を悟って生きよ」とあるが、――①の中に二か所ある「罪」とはどのようなものか。そのことを説明している部分を文中から二十五字以上三十字以内で抜き出しなさい。

問三　――②「慣用句になりすぎて内容のほうは飛散してしまっている」の説明として最もふさわしいものを次の**ア**～**エ**から一つ選び、記号で答えなさい。

ア　新しい言葉として大切にされることなくむやみに使われてしまっている。
イ　さまざまな場面で使われることによって最も大切な意味がなくなっている。
ウ　何度も使われることによって言葉の意味が違《ちが》うものになってしまっている。
エ　使い古されてその言葉が本来持つ激《はげ》しさやおぞましさが伝わらなくなっている。

問四　――③『食う』のバリエーション」について、詩の内容を次のように説明したい。「食う」を別の表現に置《お》き換《か》える場合、どのような表現が適切か。[A]～[C]に入る表現を自分で考えて答えなさい。

・メシを「食う」→「食べる」
・野菜を「食う」→「食べる」
・肉を「食う」→「食べる」
・空気を「食う」→「吸《す》う」
・光を「食う」→「[A]」
・水を「食う」→「飲む」
・親を「食う」→「あてにする」
・きょうだいを「食う」→「利用する」
・師を「食う」→「[B]」
・金も「食う」→「使う」
・こころも「食う」→「[C]」

さにひたされるのはなぜなのか。おそらくこの詩の中に浄化装置《じょうかそうち》がしこまれていて、読み手がここを通過するさい、浄《きよ》められて、⑤思いもかけない方角へ送り出されるからだとおもいます。

　浄化作用を与《あた》えてくれるか、くれないか、そこが芸術か否《いな》かの分れ目なのです。だから音楽でも美術でも演劇《えんげき》でも、私のきめ手はそれしかありません。

　この本でとりあげた作品は、すべて、それぞれの方式のそれぞれの浄化装置をかくしていて、かなしくなるくらいの快感を与《あた》えてくれたものばかりです。

（茨木のり子『詩のこころを読む』による）

＊注
高等小学校　…　明治時代から第二次世界大戦前までの時代に存在した学校で、尋常《じんじょう》小学校（現在の小学校）を卒業した者に対して二年間の教育を行った。現在の中学校一年、二年にあたる。

問一　＝＝＝ａ～ｃについて、本文中における意味として最もふさわしいものをア～エから一つずつ選び、記号で答えなさい。

ａ「手をかえ品をかえ」
ア　さまざまな人に向けて
イ　伝える内容を毎回かえて
ウ　たくさんの隠《かく》しごとをして
エ　さまざまに方法・手段《しゅだん》をかえて

ｂ「そくそくと」
ア　とても急いでいる
イ　身にしみて感じる
ウ　さびしく孤独《こどく》である
エ　じわじわとひろがる

ｃ「抜《ぬ》きさしならぬ」
ア　そのほかに選択肢《せんたくし》がない
イ　今となっては引き返せない
ウ　はげしく感情をたたきつける
エ　さびしさと情けなさにとらわれる

私の目にはじめてあふれる獣の涙。

作者の涙は、読むものの涙へと、つながってしまい、すぐれた浄化作用《カタルシス》をはたしています。人生体験といえるほどのものをもっていない若者《わかもの》でも、少し敏感《びんかん》な人なら、じぶんの喜びがしばしば他人の悲しみの上に立っていることに気づかずにはいられないでしょう。合格の喜びが不合格者の悲しみの上に、得恋《とくれん》の喜びが誰《だれ》かの失恋《しつれん》の痛手《いたで》の上に立っていたりすることに。

それを考えると身動きできずいじけてしまいますが、それもまたみっともないことで、自分もまたある時は誰かに食われる存在《そんざい》であると思って、せいいっぱい生きるしかありません。

ふだんよく聞く「食うか食われるか」「何で食ってる」「食えない」という言いかたは、あまりあざとくて好きではありませんし、使いたくもないものです。②慣用句になりすぎて内容のほうは飛散《ひさん》してしまっているからでしょう。けれどこの詩で用いられている③「食う」のバリエーションは激《はげ》しい美しさを湛《たた》えていて脱帽《だつぼう》です。たぶん、C抜《ぬ》きさしならぬ使いかたをしているからで、このたしかな手ごたえは、作者の半生の苦闘《くとう》をしのばせるに足《た》るものです。

もし、ほんとうに教育の名に値《あたい》するものがあるとすれば、それは自分で自分を教育できたときではないのかしら。教育とは誰かが手とり足とりやってくれるものと思って、私たちはいたって受動的ですが、もっと能動的なもの。自分の中に④一人の一番きびしい教師を育てえたとき、教育はなれり、という気がします。学校はそのための、ほんの少しの手引きをしてくれるところ。*高等小学校卒の石垣りんは学歴に関して劣等感《れっとうかん》を抱《いだ》きつづけたと何度も書いていて、あるいは自分で気づいてはいないかもしれませんが、自分で自分をきびしく教育することのできた稀《まれ》な人にみえます。

言葉の名手になれたのも不思議はなく、それにしても、言葉を得る道もまた難《かた》いかなと思わずにはいられません。

「くらし」が生きもののの持つあさましさをテーマにしながら、読み終えたあと一種の爽快《そうかい》

にんじんのしっぽ
鳥の骨《ほね》
父のはらわた
四十の日《ひ》暮《ぐ》れ
私《わたし》の目にはじめてあふれる獣《けもの》の涙《なみだ》。
――詩集『表札など』

さまざまのお経《きょう》には何が書いてあるのかよくわかりませんが、お経の数も目がまわるほどたくさんあるらしいのですが、中身をぎりぎり凝縮《ぎょうしゅく》すると「くらし」という詩に近づき、①罪ふかき者どもよ、その罪を悟《さと》って生きよ、ということではないのかしら。それが石垣りんほど、うまくズバリと言えなかったので、かくもたくさんのお経で、ａ手をかえ品をかえ、言っても言っても言いたりずではないのかしら。とおもったらお釈迦《しゃか》さまは怒《おこ》るのかしら。法事《ほうじ》のお経の長々《ながなが》しさに閉口《へいこう》し、しびれきらしながら思ったことです。

一時間のお経より私には石垣りんの、この短い一篇《ぺん》のほうがありがたいのでした。お経のたとえが出てしまったのも、仏教のもっとも深い部分と通いあうものがあるからだろうと思います。

おぞましい生の実態、見ないですまされたら見たくはないもの、ひたすら覆《おお》いかくそうとしてきたのが文明なら、それをはぎとり、二本足の獣、一番残酷《ざんこく》な獣にすぎない醜悪《しゅうあく》さをはっきり見据《す》えようとするこの欲求《よっきゅう》は、何と名づけたらいいのか。碁石《ごいし》をパチンと音たてて置くように、「にんじんのしっぽ」「鳥の骨」と布石がつづき「父のはらわた」に至《いた》ってギョッとして、受け手も進退きわまります。

スネをかじっている時は無我夢中《むがむちゅう》、何もわかりませんが、自分が今度はかじられる番になって、やっと昔のことを愕然《がくぜん》と思い出してしまう、くさりの輪のようにつながってゆく生のくりかえしの哀《あわ》れふかさが「四十の日暮れ」ということばで、ｂそくそくと迫《せま》ってきて、

2022年度

ドルトン東京学園中等部

【国　語】〈二月一日午後特待試験〉（五〇分）〈満点：一〇〇点〉

〔注意〕字数制限がある問いは、「、」や「。」やカギカッコなどを字数に含《ふく》みます。

一 以下の文を読んで、次の問いに答えなさい。

A

くらし　　　　石垣りん

食わずには生きてゆけない。
メシを
野菜を
肉を
空気を
光を
水を
親を
きょうだいを
師を
金もこころも
食わずには生きてこれなかった。
ふくれた腹《はら》をかかえ
口をぬぐえば
台所に散らばっている

2022年度

ドルトン東京学園中等部 ▶解　答

※　編集上の都合により，２月１日午後特待試験の解説は省略させていただきました。

算　数　＜２月１日午後特待試験＞（50分）＜満点：100点＞

解　答

[1] (1)　91　　(2)　0　　(3)　1.5　　(4)　119.95

[2] (1)　２点　　(2)　200g　　(3)　$57.6cm^2$　　(4)　900m　　(5)　674個　　(6)　３位　　[3] (1)　*a*　0　*b*　4　*c*　2　*d*　5　*e*　5　*f*　6　(2)　右の図　(3)　*A*　2　*B*　3　*C*　7　*D*　4　　[4] (1)　27個　　(2)　11段目　　(3)　$180.55cm^2$

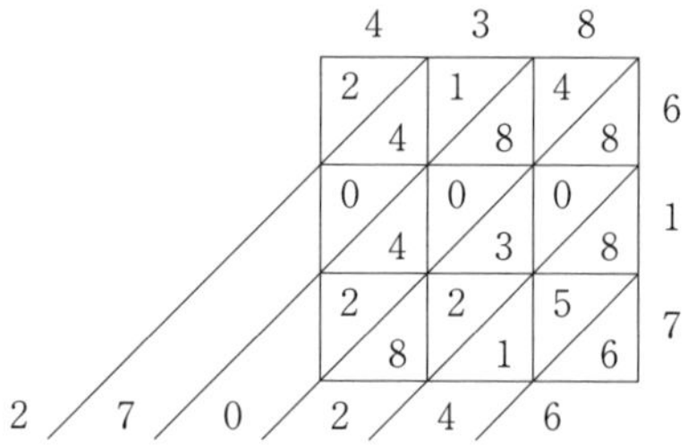

[5] (1)　①　エ　　②　あ　÷92万６千　　(2)　（例）　2018年の一人当たり医療費は2010年に比べて，全国では約５万円増加し，調布市では約３万円増加し，稲城市では約９万円減少している。　(3)　ア　×　　イ　○　　ウ　○　　エ　×　　オ　○　　カ　○

国　語　＜２月１日午後特待試験＞（50分）＜満点：100点＞

解　答

[一] **問１**　a　エ　　b　イ　　c　ア　　**問２**　じぶんの喜びがしばしば他人の悲しみの上に立っていること　　**問３**　エ　　**問４**　A　（例）　浴びる　　B　（例）　ふみ台にする　　C　（例）　ふみにじる　　**問５**　ウ　　**問６**　エ　　**問７**　（例）　Aの「涙」は生きるために自分が「食っ」てきたものを思い，自分のあさましさを自覚して流すものだが，Bの「なみだ」は他者に「食わ」れたものが流す，ふしあわせや悲しみの象ちょうだ。私はBの詩により共感する。生きるとは，他者をけ落としたり命を奪ったりすることと切り離せない罪深い所業だが，だからこそいのちは「ひかりかがや」き，しあわせは「はなひらく」のだと，Bの詩は生を前向きにとらえているからだ。　[二] **問１**　下記を参照のこと。　**問２**　ウ　　**問３**　エ　　**問４**　ウ　　**問５**　エ　　**問６**　（例）　（従来の常識と少し違った「ものの見方」は，）常識そのものを豊かにし，科学を発展させてきたという考え。　**問７**　X　察知　　Y　納得　　[三] **問１**　①　ア　　②　エ　　③　イ　　**問２**　①　召し上がって　　②　拝見しました

●漢字の書き取り

[二] **問１**　a　成果　　b　入念　　c　雑草

2022年度 ドルトン東京学園中等部

【算　数】〈２月２日午後理数特待試験〉(50分)〈満点：100点〉

〔注意〕１．三角定規やコンパス，分度器は使用できません。
　　　　２．分数は最後まで約分して答えてください。
　　　　３．比は最も簡単《かんたん》な整数で答えてください。
　　　　４．円周率は3.14とします。

1 次の計算をしなさい。ただし，(4) は $\square$ にあてはまる数を答えなさい。

(1) $98-7\times\{6\times(5+4)-3\}\div21$

(2) $\dfrac{1}{2}-\dfrac{1}{3}-\dfrac{1}{337}$

(3) $\left\{0.1+0.9\times\left(3\dfrac{1}{3}-\dfrac{2}{9}\right)\right\}\div29$

(4) $20\,\text{cm}\times17\,\text{mm}=\square\,\text{m}^2$

2 次の問いに答えなさい。

⑴ 下の表は，中学１年生 100 人の 20 mシャトルランの回数と得点を整理したものです。いぶきさんの回数は多い方から数えて 33 番目です。アの人数がイの人数の２倍のとき，いぶきさんの得点は何点ですか。

得点（点）	20 m シャトルラン（回）	人数（人）
10	125回以上	2
9	113～124回	5
8	102～112回	13
7	90～101回	ア
6	76～89回	16
5	63～75回	13
4	51～62回	18
3	37～50回	イ
2	26～36回	9
1	25回以下	6
合計		100

⑵ 8%の食塩水が 350 g あります。この食塩水に，食塩と水を加えたところ，10%の食塩水が 500 g できました。加えた水は何 g ですか。

⑶ 図のように直角二等辺三角形に２つの正方形を重ねました。このとき，斜線《しゃせん》部分の面積を求めなさい。

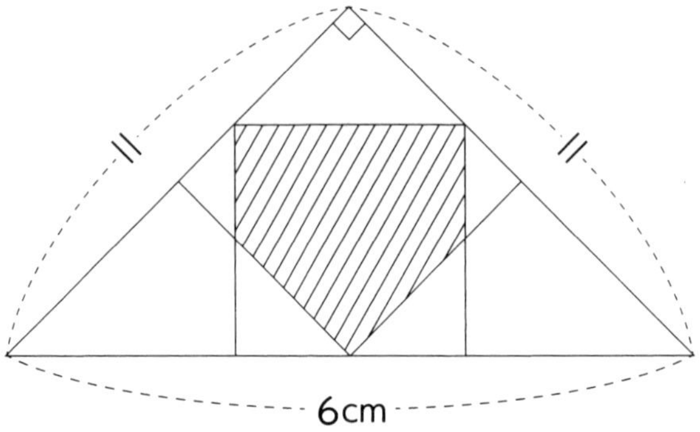

⑷　一定の速さで流れる川があります。上流にあるＡ地点から下流にあるＢ地点までボートを漕《こ》ぎます。分速 40 ｍでボートを漕ぐと 54 秒かかり，分速 60 ｍでボートを漕ぐと 42 秒かかります。Ａ地点からＢ地点まで何ｍ離《はな》れていますか。

⑸　1から100までの整数のうち，約数を３つだけもつ整数をすべて求めなさい。

⑹　Ｄさん，Ａさん，Ｌさん，Ｔさん，Ｏさん，Ｎさんの６人が下図の丸テーブルの周りに座っています。６人が席順について次のように話しているとき，Ｎさんが座っている席は**ア**～**オ**のどの位置ですか。ただし，６人は丸テーブルに向かって座っています。

Ｄ：私のとなりにＡさんはいません。
Ａ：私はＬさんの右どなりです。
Ｌ：私はＴさんの正面ではありません。
Ｔ：私のとなりにＯさんはいません。
Ｏ：私の左はＡさんです。
Ｎ：私のとなりはＤさんとＴさんです。

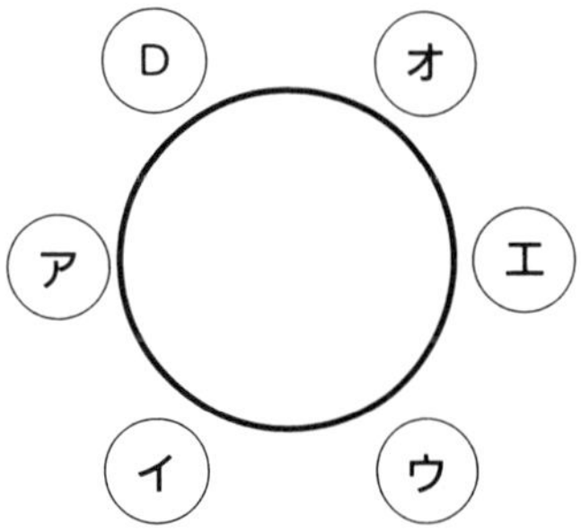

3 下の図のように分数が規則的に並んでいます。

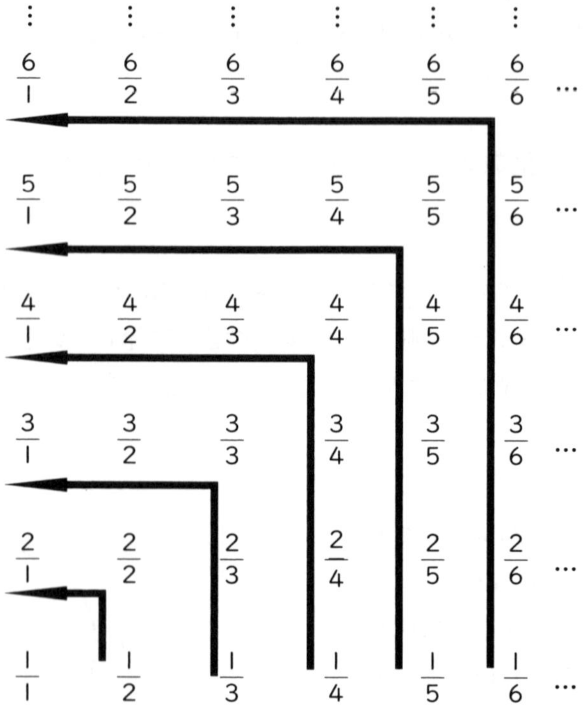

上の図の左下の$\frac{1}{1}$から矢印の順にしたがって，対応する分数を次のように一列に並べます。

$$\frac{1}{1}, \frac{1}{2}, \frac{2}{2}, \frac{2}{1}, \frac{1}{3}, \frac{2}{3}, \frac{3}{3}, \frac{3}{2}, \frac{3}{1}, \frac{1}{4}, \frac{2}{4}, \frac{3}{4}, \frac{4}{4}, \frac{4}{3}, \frac{4}{2}, \frac{4}{1}, \cdots$$

例えば，$\frac{3}{3}$は7番目に並んでいます。

(1) $\frac{8}{5}$は何番目に並んでいますか。

(2) 115番目に並んでいる分数を求めなさい。

(3) 500番目までに，値が2となる分数は何個あるか求めなさい。

4 図のようなてんびんがあり，てんびんの左側を左辺，右側を右辺と呼ぶことにします。また,メモリが均等に左右に３つずつ記されており,このメモリの位置を左から順に左３，左２，左１，右１，右２，右３と呼ぶことにします。この６つの異なる位置に様々なものを下げる実験をします。

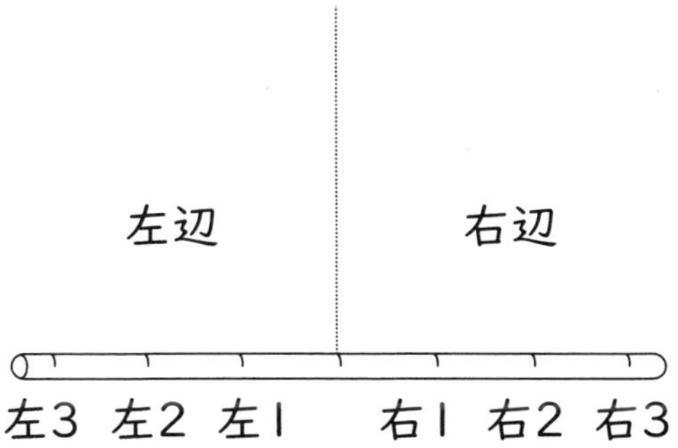

例えばこのてんびんの左３に４ｇのおもりを下げたとき，右１に12ｇのおもりを下げるとつり合います。また，左３に４ｇのおもりと右２に６ｇのおもりを下げてもつり合います。

このように，左辺にある重さのおもりを下げたとき，右辺におもりを下げてつり合うようにする方法は複数ある場合があります。

(1) 左２に18ｇのおもりを下げます。右３に何ｇのおもりを下げたとき，てんびんはつり合いますか。

(2) マッチ棒を20本用意します。次の手順にしたがっててんびんにマッチ棒を下げます。ただし，すべてのマッチ棒を使い切る必要はありません。マッチ棒は全て同じ重さであり，折ったり，２本重ねて使ったりしません。また接着剤と糸は重さを無視できるものとします。

手順１　マッチ棒をくっつけて正三角形を１つ作り，糸を用いててんびんの左辺に下げる。

手順２　次に残りのマッチ棒から正方形を１つ作り，糸を用いて右辺に下げる。

①　手順１にしたがって図のような正三角形を作り，左２に下げました。手順２において，右辺のどの位置にどのような正方形を下げたとき，てんびんはつり合いますか。１通り答えなさい。

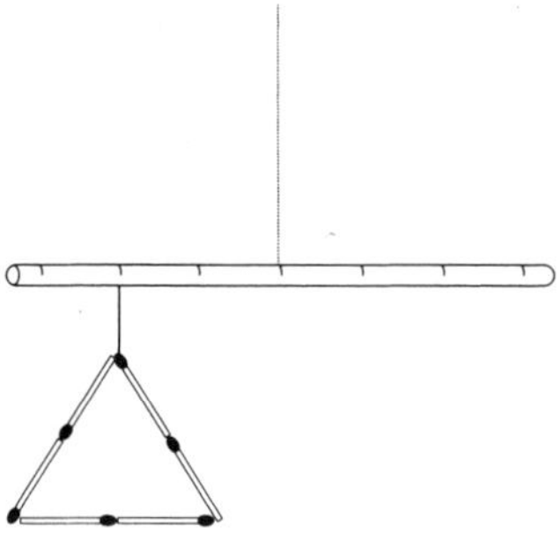

②　手順１にしたがってある正三角形を作り，左３に下げます。次に手順２にしたがって正方形を作り，右辺に下げます。このとき，どのような正三角形と正方形の組み合わせであってもてんびんがつり合うことはありません。その理由を「倍数」という言葉を用いて説明しなさい。

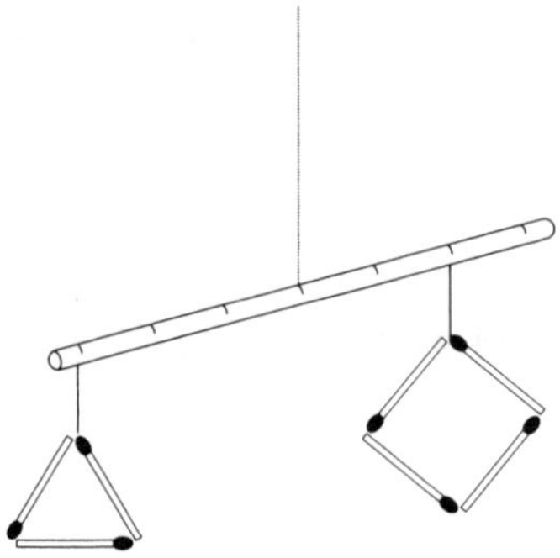

⑶　マッチ棒を各辺に１本ずつ用いて三角すい，四角すい，立方体を１つずつ作ります。

①　それぞれの立体に用いるマッチ棒の本数を答えなさい。

②　これらをすべててんびんのいずれかの位置に１つずつ下げたとき，てんびんがつり合いました。三角すいを左辺に下げるとき，三角すい，四角すい，立方体をそれぞれどの位置に下げたら，てんびんはつり合いますか。つり合うすべての場合を考え，解《かい》答欄《とうらん》のかっこの中にそれぞれの位置を書き入れなさい。ただし，使わない解答欄は空欄のままでよい。

5 こはるさんとみなとくんは，2021年4月下旬から日本全国を対象に発表されるようになった「熱中症警戒《ねっちゅうしょうけいかい》アラート」について調べています。

こはる　「熱中症警戒アラート」は，暑さへの気づきを呼びかけて予防行動をとるための情報だよね。熱中症の危険性が極めて高い暑熱環境《かんきょう》が予測されるときに発表されるそうだよ。

みなと　熱中症の危険性が極めて高い暑熱環境が予測されるときってどんなときなのかな？

こはる　暑さ指数（WBGT）が33℃以上と予測される場合に「熱中症警戒アラート」が発表されるみたいだね。

みなと　暑さ指数は人間の熱バランスに影響の大きい，気温，湿度《しつど》，地面や建物・体から出る熱の３つを取り入れた温度の指標だね。例えば，屋外では次の式で計算できるよ。

> 暑さ指数＝0.7 ×湿球《しっきゅう》温度＋ 0.2 ×黒球《こっきゅう》温度＋ 0.1 ×乾球《かんきゅう》温度
>
> 湿球温度：温度計の球部をしめらせたガーゼでおおい，しめらせた状態で測定する温度。
> 黒球温度：黒色にぬられたうすい銅板の球の中心部の温度。
> 乾球温度：通常の温度計が示す温度。

こはる　暑さ指数は，表１や表２のように生活環境や運動環境の指針とされているんだね。

表１　日常生活に関する指針

温度基準 (暑さ指数)	注意すべき 生活活動の目安
危険 (31℃以上)	すべての生活活動でおこる危険性
厳重警戒 (28℃以上31℃未満)	
警戒 (25℃以上28℃未満)	中等度以上の生活活動でおこる危険性
注意 (25℃未満)	強い生活活動でおこる危険性

表２　運動に関する指針

暑さ指数 (WBGT)	熱中症予防運動指針
31℃以上	運動は原則中止
28℃以上31℃未満	厳重警戒《けいかい》（激しい運動は中止）
25℃以上28℃未満	警戒（積極的に休けい）
21℃以上25℃未満	注意（積極的に水分補給）
21℃未満	ほぼ安全（適宜《てきぎ》水分補給）

（日本生気象学会「日常生活における熱中症予防指針Ver.3」，
日本スポーツ協会「スポーツ活動中の熱中症予防ガイドブック」をもとに作成）

みなと　私たちの住んでいる東京の暑さ指数を調べてみよう。

こはる　表３は，2007年から2020年まで，それぞれ７月から９月の92日間の日々の最高暑さ指数を調べて，表１の温度基準ごとに数えてまとめたものだよ。

表３ 東京の温度基準（日最高暑さ指数）ごとの日数（７月～９月）

	危険 (31℃以上)	厳重警戒 (28℃以上31℃未満)	警戒 (25℃以上28℃未満)	注意 (25℃未満)
2007	2	32	25	33
2008	5	35	26	26
2009	0	17	35	40
2010	6	54	21	11
2011	4	38	33	17
2012	4	53	22	13
2013	10	37	25	20
2014	5	30	21	36
2015	18	25	17	32
2016	8	43	25	16
2017	23	28	21	20
2018	35	23	12	22
2019	31	25	16	20
2020	29	25	17	21

（環境省「熱中症予防情報サイト」をもとに作成）

みなと　表３をもとに，７月から９月の92日間のうち，日最高暑さ指数が31℃以上の日数が占《し》める割合を計算すると，2007年はおよそ2.2%だったけど，2020年はおよそ［ あ ］%になっているね。

こはる　①激しい運動ができない日数の割合はどのように変化しているのかな？

みなと　表３をもとに，グラフを作ってみるといいんじゃないかな。

こはる　なるほど。そうすれば，熱中症の危険性が高い日が増えてきたことがよくわかるね。

(1)　湿球温度が26.4℃，黒球温度が51.2℃，乾球温度が34℃のとき，暑さ指数(℃）を求めなさい。ただし，小数第２位を四捨五入しなさい。

(2)　会話文中の［ あ ］にあてはまる数を求める式として，最も適切なものを次のア～エのうちから１つ選び，記号で答えなさい。

ア　29 ÷ 92　　　　イ　29 ÷ 180

ウ　29 ÷ 92 × 100　　エ　29 ÷ 180 × 100

(3) 下線部①について，表3をもとにグラフを作って，7月から9月の92日間のうち，表2の「運動は原則中止」または「激しい運動は中止」となる日の合計日数が占める割合の変化をみたい。そのためのグラフとして，最も適切なものを次のア～エのうちから1つ選び，記号で答えなさい。

ア

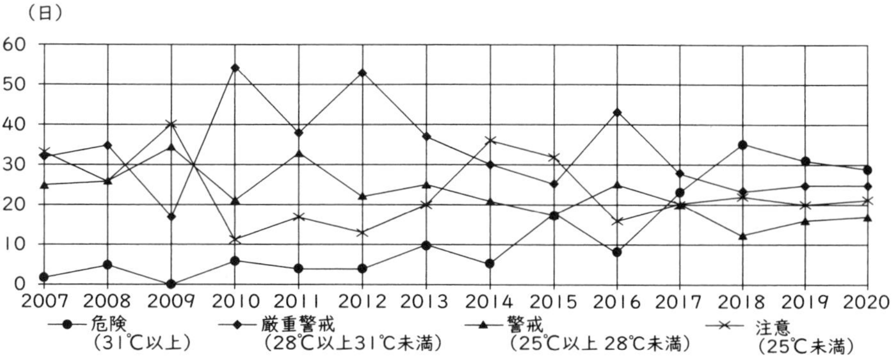

イ

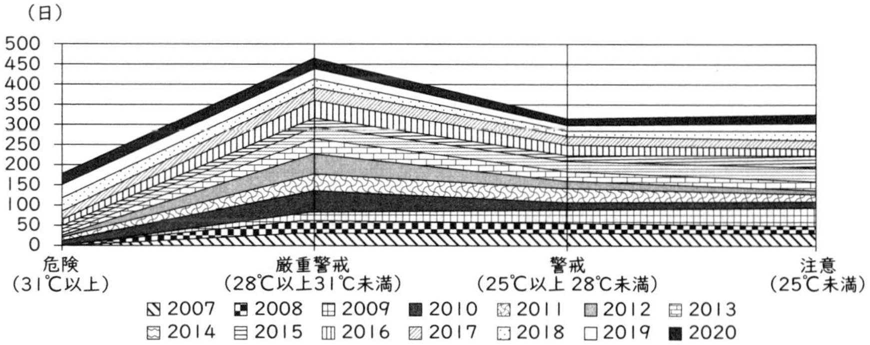

ウ

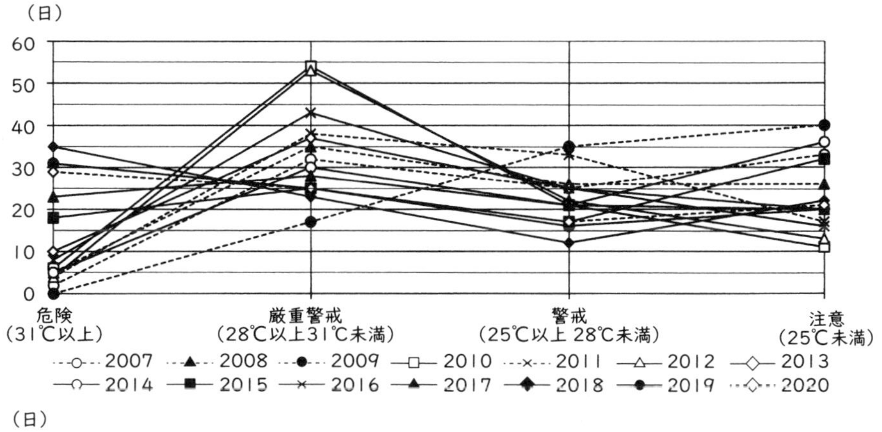

エ

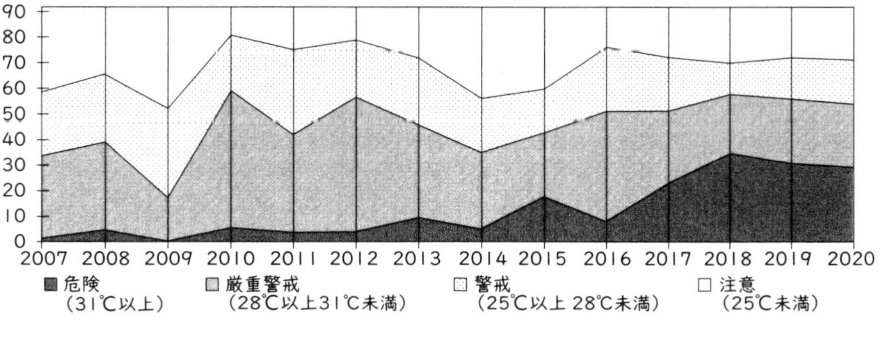

⑷　次の**カ**～**コ**のうち，表１～表３や⑶の**ア**～**エ**のグラフから読み取れるものには○，読み取れないものには×を書きなさい。

カ　2009年の7月から9月は降水量が平年より多く，平均気温が平年より低かった。

キ　2007年から2020年までの14年間で，7月から9月のうち，熱中症予防指針において「運動は原則中止」または「激しい運動は中止」となる日の合計日数が占める割合が最も多い年は2018年である。

ク　2007年から2020年までの14年間で，7月から9月のうち，日最高暑さ指数が31℃以上の日が最も多い年は2018年である。

ケ　2007年から2014年までの7月から9月では，日常生活の指針における4つの温度基準「危険」「厳重警戒」「警戒」「注意」のうち，「危険」の割合が最も低かったが，2015年から2020年までの7月から9月では，その割合が最も低くなったことはない。

コ　2007年から2020年までの14年間で，7月から9月のうち，日常生活の指針における「厳重警戒」の日が50日以上となったのは，2010年と2012年である。

【理　科】〈2月2日午後理数特待試験〉（50分）〈満点：100点〉

屋久島は世界遺産《いさん》に指定された，世界でも有数の原生林が広がる場所です(図1)。「海岸線から山頂《さんちょう》へと連続的に様々な植生の垂直《すいちょく》分布が見られること」「樹齢《じゅれい》1000年を超《こ》える屋久杉《すぎ》を含《ふく》む原生的な自然林が美しい自然景観を生み出していること」などが評価され，1993年に自然遺産に登録されました。

屋久島は，約1400万年前の新生代に造山活動により花崗岩《かこうがん》が隆起《りゅうき》し，海面に姿《すがた》を現したといわれています。また，小さい島ながら標高2000ｍ近い山があり，この山に黒《くろ》潮《しお》が運んでくる暖《あたた》かい空気がぶつかるため，大量の雨が降《ふ》ることでも知られています。そのため，島の面積の約90%が森林で覆《おお》われ，約600種のコケ植物が生育しています。そして，植物ではヤクシマダケ（ヤクザサ）やヤクシマシャクナゲ，哺乳類《ほにゅうるい》ではヤクシカやヤクシマザル（ヤクザル），鳥類ではヤクシマアカコッコやタネコマドリ（ヤクコマドリ）などといった屋久島だけに見られる生物も多くいます。

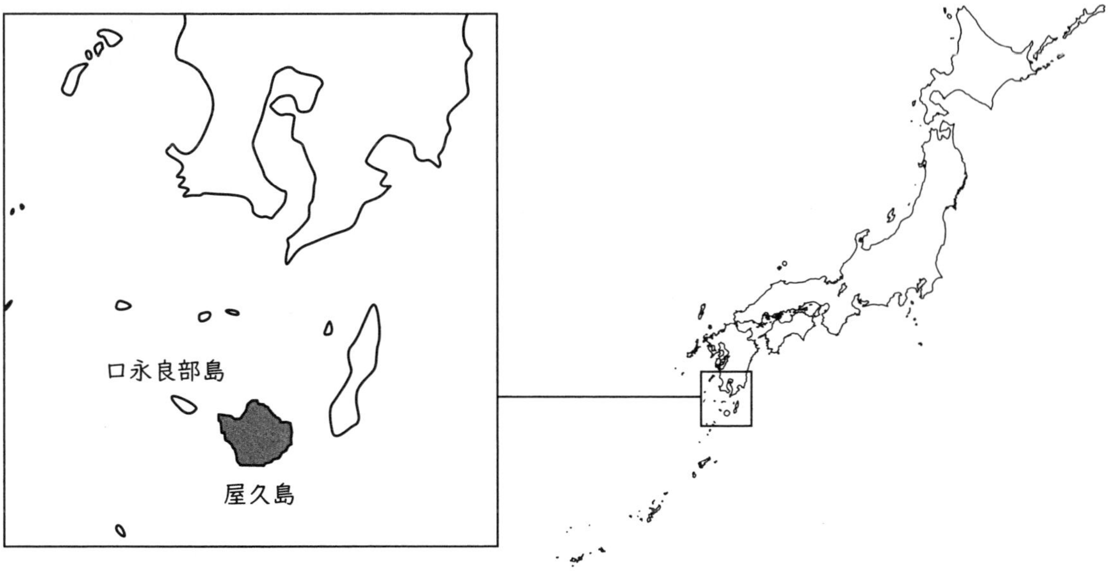

図1　屋久島の位置

1　屋久島は図2のように海洋プレートが下に沈《しず》み込《こ》む一帯にあり，海底に形成されたマグマ溜《た》まりが冷え固まってできた花崗岩が，風雨による侵食《しんしょく》よりも速く隆起してできたと考えられています。また，7300 年前に近隣《きんりん》で起こった爆《ばく》発《はつ》的噴《ふん》火《か》によって，屋久島は一時期火山噴出物で覆われました。この火山噴出物の層《そう》を見ることで地層の年代を特定することができます。

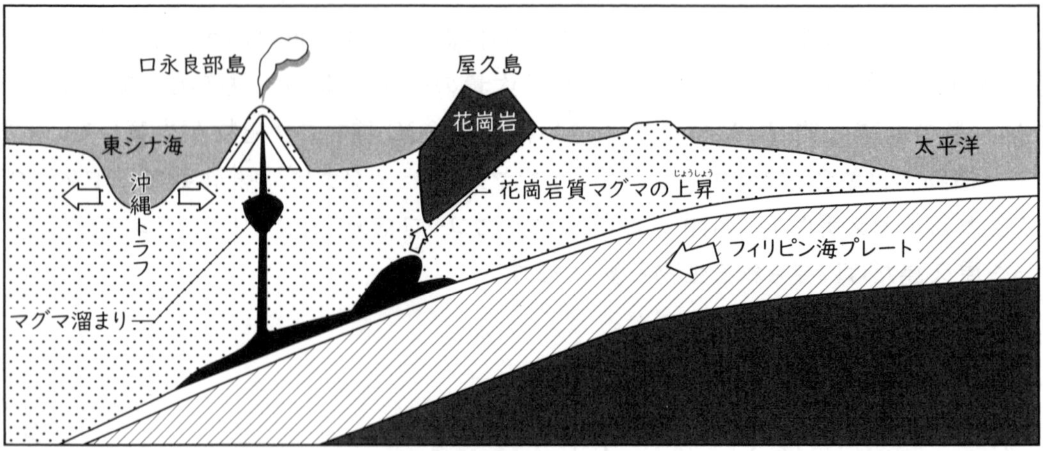

図2　屋久島の成り立ち

環境《かんきょう》省屋久島国立公園より

問1　図2を参考に，噴火が起きる仕組みを考えて答えなさい。

問2　図3のように屋久島は大部分が花崗岩でできています。花崗岩を薄く切り取ったものを顕《けん》微《び》鏡《きょう》で観察したときの様子はア，イのうちどちらでしょうか。ただし，花崗岩はマグマがゆっくりと冷えて固まった岩石で，結晶《けっしょう》の大きさが大きくなるのが特徴《とくちょう》です。

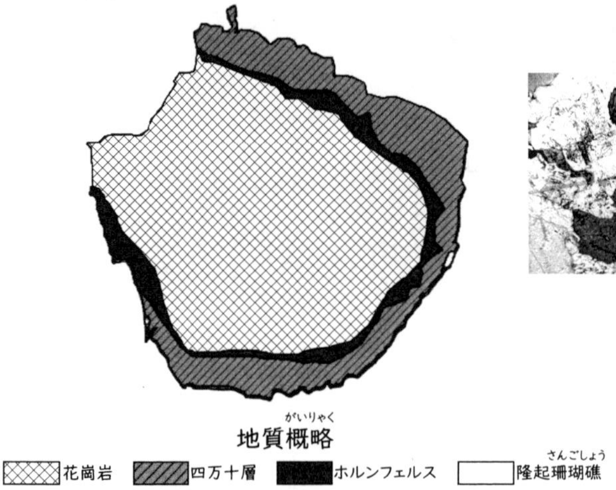

図3　屋久島の地質

YNAC 屋久島自然情報より，一部改変

ア

イ

鬼界カルデラは屋久島の北，約 40km のところにある海底火山です。カルデラとは，大量のマグマが噴《ふ》き出した後に空洞《くうどう》ができて，そこが陥没《かんぼつ》してできた地形のことです。カルデラをつくるような超巨大噴火は，日本では過去 15 万年のあいだに 14 回起きたことが知られています。7300 年前の鬼界カルデラの噴火では，図４のように火山噴出物が堆積《たいせき》しました。

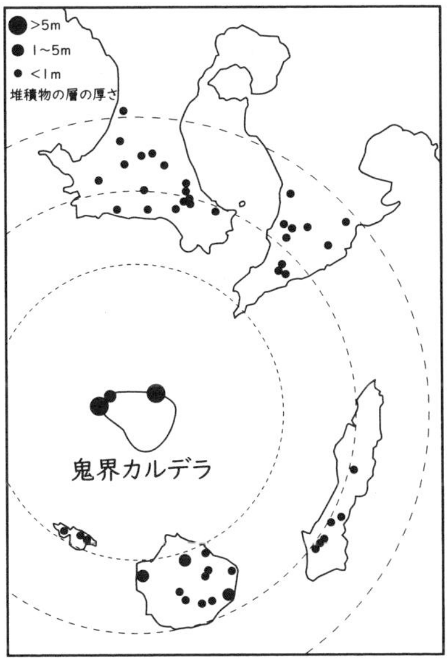

図４　鬼界カルデラの噴火による堆積物の層の厚さ
（鬼界カルデラから同じ距離を点線で結んでいます）

問３　火山噴出物にはどのようなものがありますか。例を１つ答えなさい。

問４　図４より，堆積物の分布とその層の厚さについて言えることを答えなさい。

問５　屋久島のある地域《ちいき》の地点 A ～ D で地層の様子を調査しました（図 5）。図５を参考にして，この地域の標高 15m から標高 45m の地層の様子を書きなさい。

ただし， は粗粒《そりゅう》シルト岩，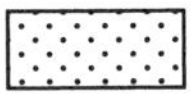 は砂岩《さがん》，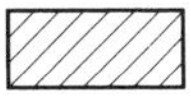 は泥岩《でいがん》， は火山噴出物の層を表しています。

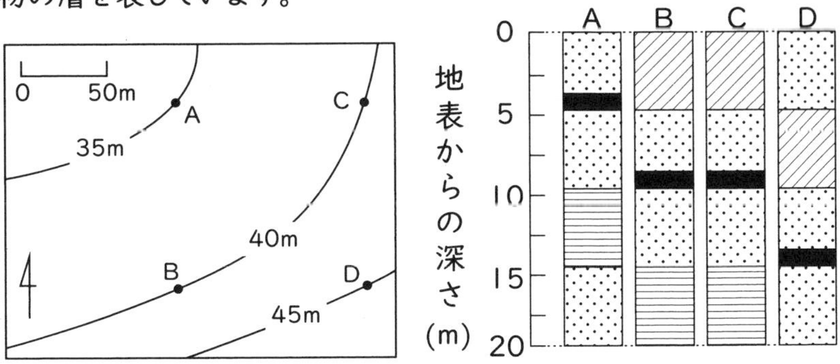

図 5 屋久島のある地域の地点 A ～ D の標高と地層の様子

2 屋久島は，小さな島でありながら標高2000m近い山が存在《そんざい》し，暖かいところや寒いところなど多様な環境が分布しています。その結果，様々な植物が生育し，その環境に適応する多くの動物が生息しています。

問1　ある土地にどのような植物が生育するか（植生）は，図1のようにおおよそ年平均気温と年降水《こうすい》量で決まります。表1は屋久島のある地域の気温と降水量を示しています。表1をもとにすると，屋久島はどの植生が分布すると考えられるでしょうか。図1の㋐～㋙から1つ選び，記号で答えなさい。

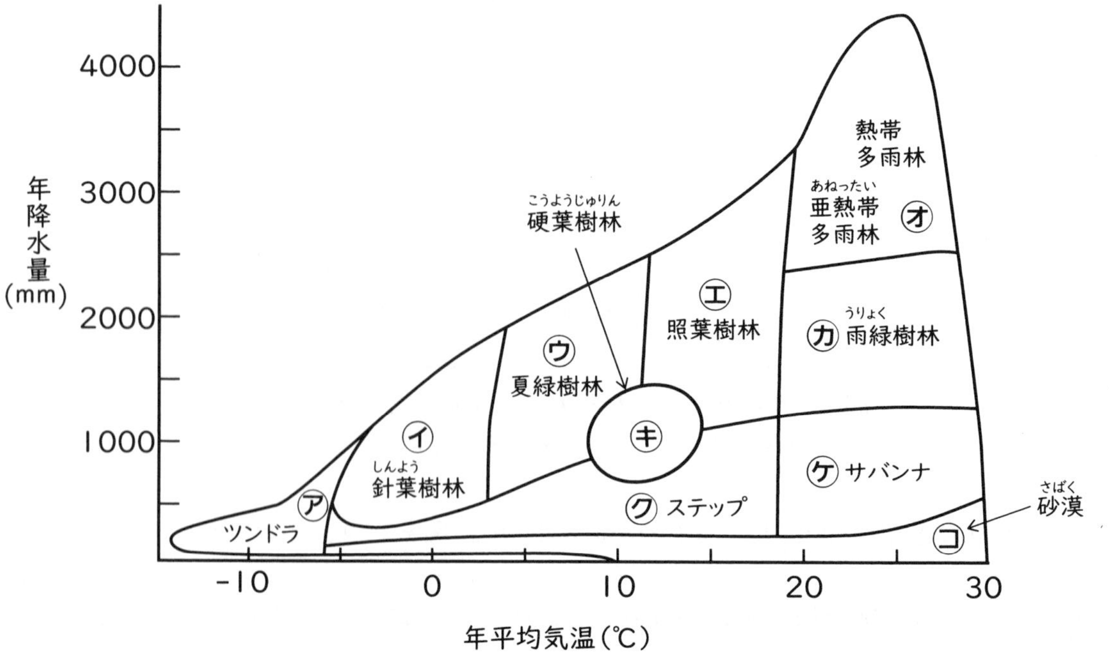

図1　降水量・気温と植生の関係

表1　1981～2010年の屋久島の気温と降水量

	1月	2月	3月	4月	5月	6月	7月	8月	9月	10月	11月	12月
最高気温（℃）	14.4	15.2	17.5	21.1	24.3	26.8	30.4	30.6	28.7	24.9	20.9	16.6
平均気温（℃）	11.6	12.1	14.3	17.7	20.8	23.6	26.9	27.2	25.5	21.9	17.9	13.6
最低気温（℃）	8.7	9.1	11.1	14.2	17.3	20.7	23.7	24.2	22.6	19.0	14.9	10.6
降水量（mm）	272.9	286.7	428.1	421.7	441.0	773.6	311.9	269.0	406.1	299.6	303.9	262.7

気温と雨量の統計より

問２　標高が上がるにつれて気温が下がるため，屋久島では問１とは異《こと》なる植物も生育します。図２と表２から，屋久島の標高 300m 付近には何樹林が分布していると考えられますか。

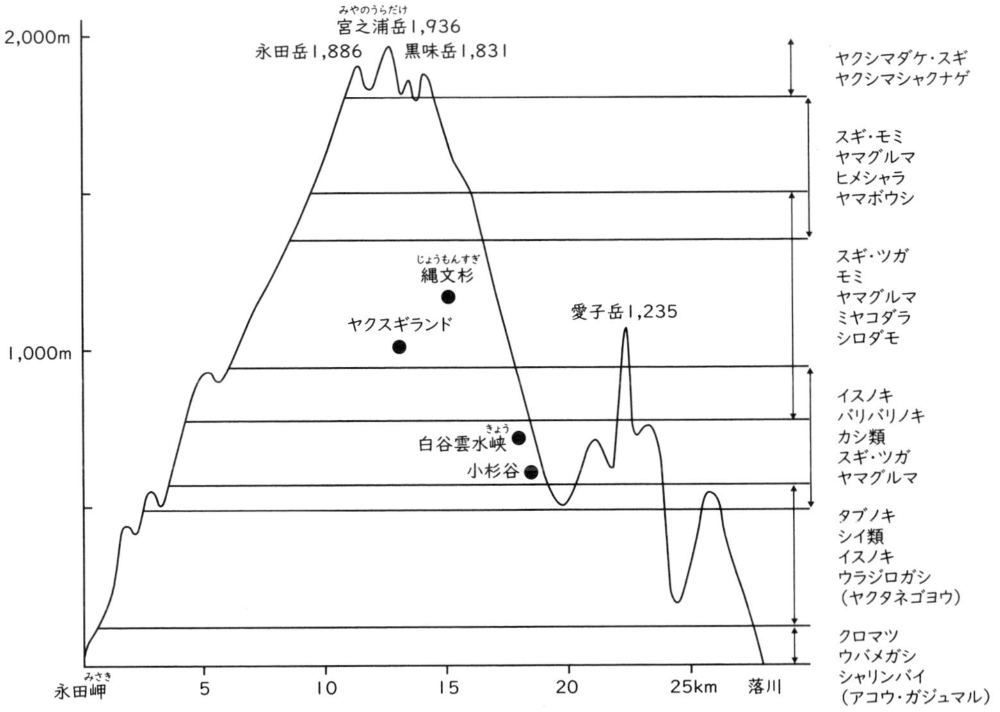

図２　屋久島の植物分布図

九州森林管理局より

表２　日本の樹林

気候帯	分布する樹林	特徴と植物の種類
亜寒帯	針葉樹林	・常緑針葉樹が多い ・エゾマツ，トドマツ
冷温帯	夏緑樹林	・落葉広葉樹が多い（冬季に落葉） ・ブナ，ミズナラ，カエデ類
暖温帯	照葉樹林	・常緑広葉樹が多い ・シイ類，カシ類，タブノキ，クスノキ
亜熱帯	亜熱帯多雨林	・常緑広葉樹が多い ・ガジュマル，アコウ，ヘゴ ・河口付近にマングローブ

問３　屋久島には日本に生育する約2000種のコケ植物のうち，約３分の１が生育しており，独特の雰《ふん》囲《い》気《き》のある森林が形成されています。なぜ屋久島にはコケが多く生育することができるのか，屋久島の気候と図３のコケの一生を参考にしてその理由を答えなさい。

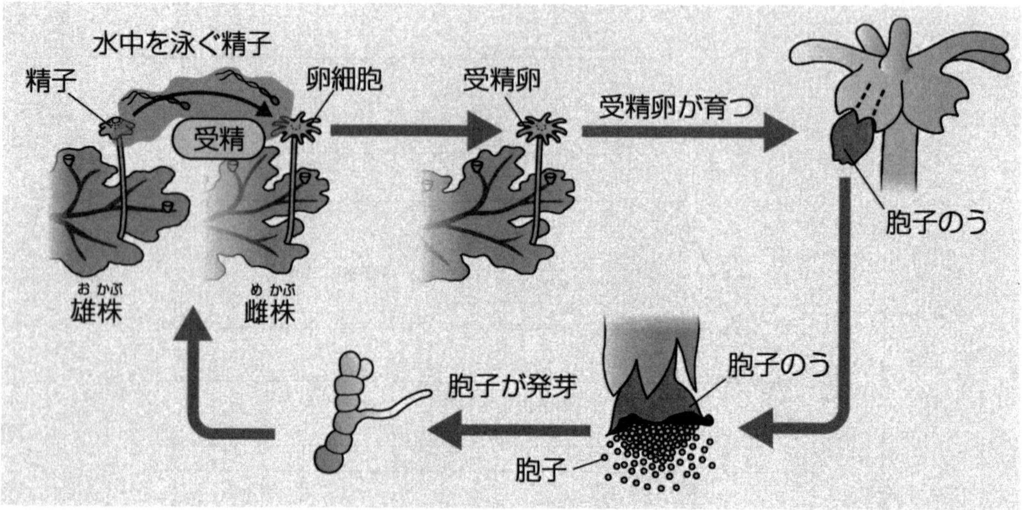

図３　コケの一生

学図プラス

問４　屋久島における生物の種類（生物種）の数は表３のとおりです。表３から考えられることとして，正しいものをすべて選び，記号で答えなさい。ただし，自生種とは屋久島に自然に生息・生育する生物種のこと，固有種とは屋久島にのみ生息・生育する生物種，北限種とは生息・生育の北限が屋久島である生物種，南限種とは生息・生育の南限が屋久島である生物種のことです。

表３　屋久島の生物種の数

	自生種	固有種	北限種	南限種
植物	1281	40	21	149
哺乳動物	12	5	―	―

揚妻（1996）より

ア　生物種の数は哺乳動物より植物の方が多い

イ　北限種の中には固有種が含《ふく》まれる可能性がある

ウ　北限種よりも南限種の方が多い

エ　自生種に占《し》める固有種の割合《わりあい》は，植物より哺乳動物の方が小さい問５　屋久島には南限種が多いことが知られています。その理由として考えられることを，図４を見て答えなさい。ただし，現在の地球は，最終氷期から徐々《じょじょ》に温まってきている環境にあります。

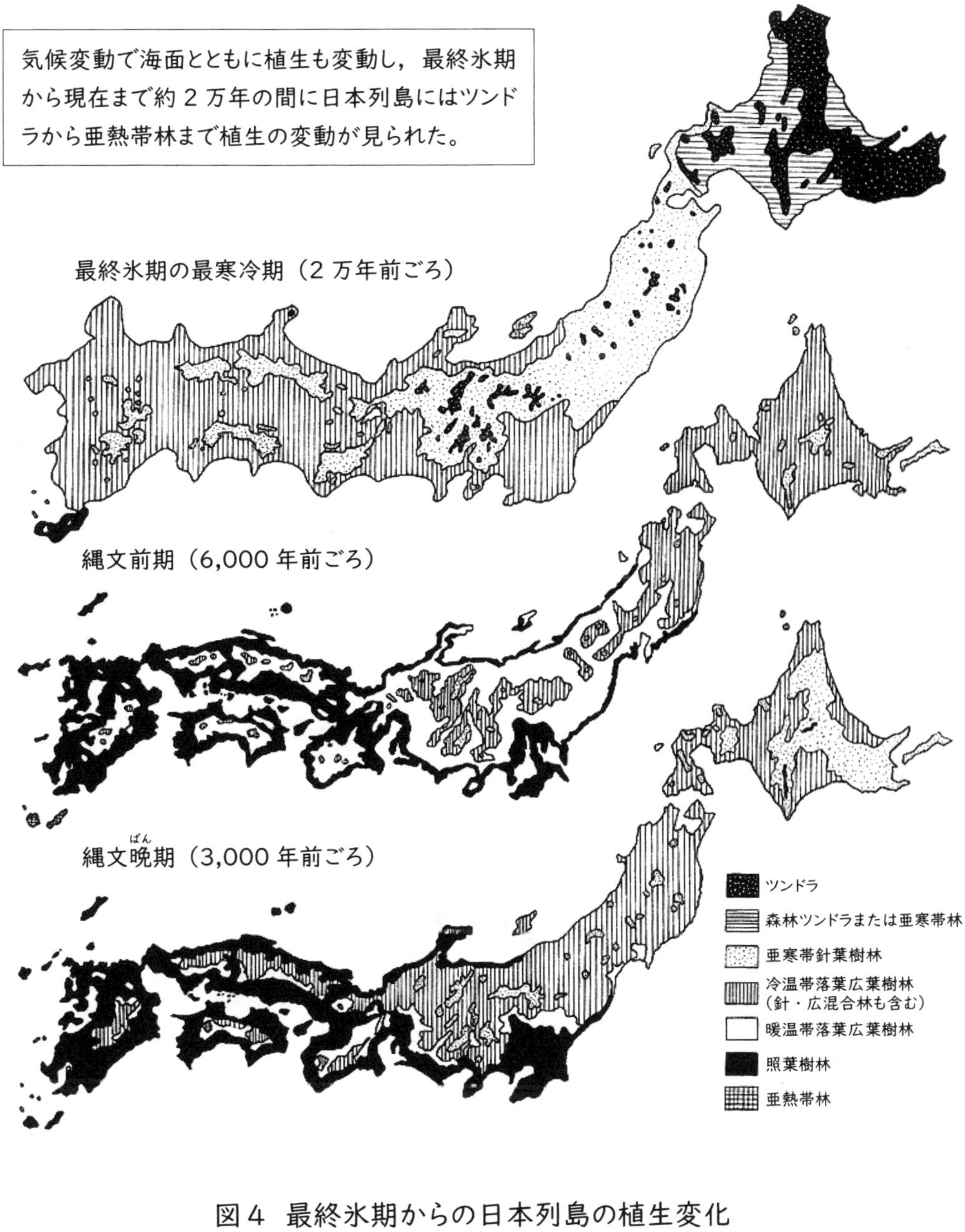

図４　最終氷期からの日本列島の植生変化

一般社団法人農業農村整備情報総合センター水土の礎より

3　屋久島では，近年登山客の増加による土壌《どじょう》侵食や土壌汚染《おせん》，ヤクシカによる食害，タヌキなどの外来種の増加による自然環境の悪化が報告されています。また，温暖《おんだん》化現象など地球規模《きぼ》の気候変動も，屋久島の自然環境に大きな影響《えいきょう》を及《およ》ぼしています。

問１　登山客の増加による土壌侵食や土壌汚染を抑《おさ》えるための取り組みとして<u>適切ではないもの</u>を１つ選び，記号で答えなさい。

ア　板や丸太でつくった登山道を設置し，その上を歩いてもらうことで土壌が流れないようにする

イ　バイオトイレを設置し，し尿《にょう》を土に埋《う》めることなく分解する

ウ　携帯《けいたい》トイレを配布し，し尿を持って帰ってもらう

エ　登山者を１箇所《かしょ》に集中させず，様々な場所から登ってもらう

問２　ヤクシカによる食害は，屋久島の森林生態系《けい》に負荷をかけています。ヤクシカの個体数の変化について，図１～３の資料から読み取ることができることを述べなさい。

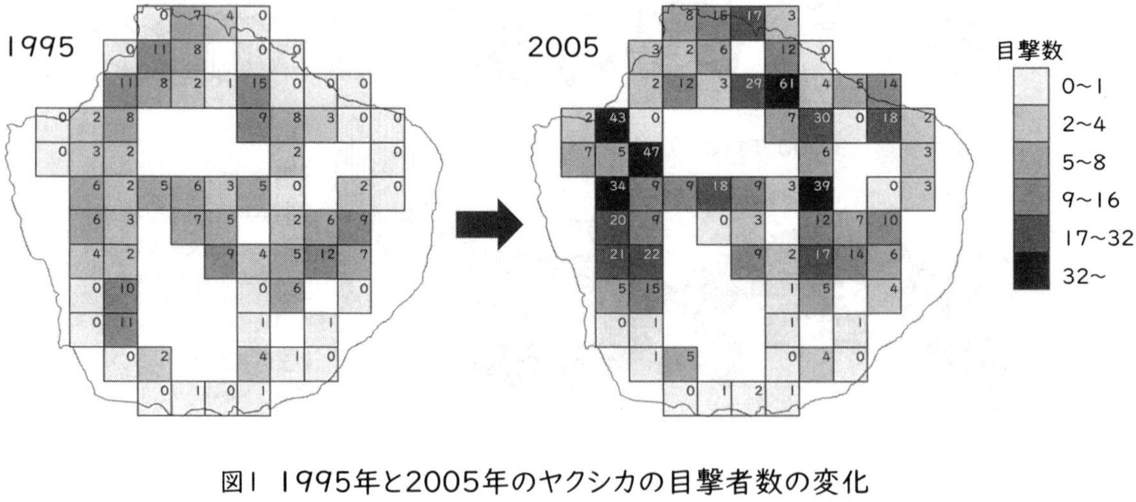

図1　1995年と2005年のヤクシカの目撃者数の変化

環境技術開発等推進事業（平成16~18年）より

図2 屋久島集落

屋久島情報局より

集落名	人口（人）・1995年	人口（人）・2005年	人口変化
永田	662	544	-118
吉田	280	222	-58
一湊	1,045	872	-173
志戸子	431	396	-35
宮之浦	3,123	3,241	118
楠川	384	447	63
椨川	137	125	-12
小瀬田	409	438	29
長峰	293	381	88
永久保	165	189	24
船行	264	265	1
松峯	355	544	189
安房	1,346	1,176	-170
春牧	798	886	88
平野	278	267	-11
高平	129	161	32
麦生	249	239	-10
原	439	462	23
尾之間	832	855	23
小島	190	192	2
平内	503	664	161
湯泊	211	217	6
中間	267	270	3
栗生	636	561	-75
合計	13,426	13,614	188

図３ 屋久島集落ごとの人口

環境省より，一部改変

問３　屋久島永田地区のいなか浜《はま》と前浜はウミガメの産卵《さんらん》地として有名です。ほとんどのウミガメは一度上陸した砂浜《すなはま》を覚えており，産卵のために同じ浜に戻《もど》ってきます。しかし，いなか浜は前浜と比べてウミガメの上陸回数が近年減ってきています(図４)。その理由として考えられることは何ですか。次の文章を読み，図５を参考にして答えなさい。

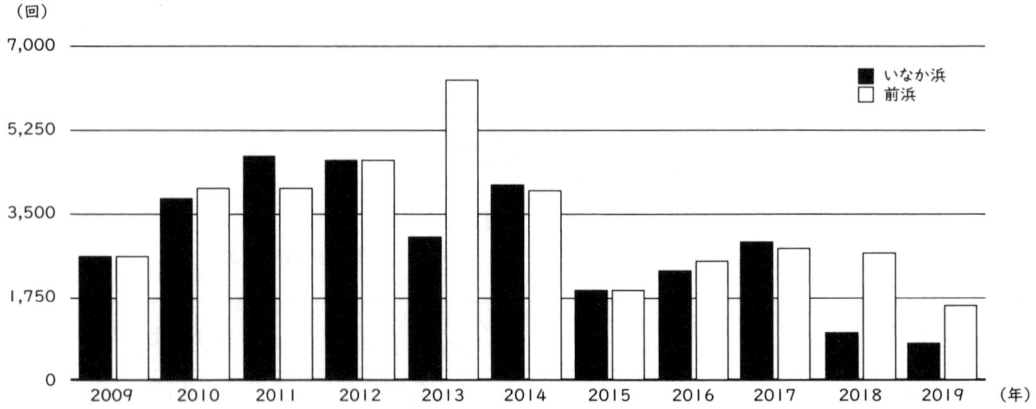

図４　ウミガメの上陸回数

屋久島うみがめ館より，一部改変

観光客による砂地の踏《ふ》み付けのカメへの直接的な影響として，海へ向かう子ガメたち，ふ化脱出《だっしゅつ》前の子ガメや卵《たまご》を踏みつぶすことがあげられます。また，光や騒音《そうおん》・振動《しんどう》が，メスの上陸・産卵や，子ガメの海への移動を阻害《そがい》する危険《きけん》があります。間接的には，観光客の砂地の踏み付けによって海岸の植物が枯《か》れることにより，海岸の地形が変わったり，砂が減ってしまい，ウミガメが産卵しにくい浜になったり，卵がふ化できない砂浜になってしまう恐れがあります。

また，ウミガメが産卵する砂浜を照らす照明はウミガメの生態に悪影響を与えます。ウミガメのメスが産卵のために砂浜に上陸するのも，子ガメが巣の中から地表へ脱出して海へ旅立っていくのも，夜に暗闇《くらやみ》のなかで行われます。暑さや外敵の目を避《さ》けているのでしょう。そのため，夜間の砂浜が明るく照らされてしまうと，メスはそこを避けるようになり，仮に上陸したとしても少しの刺激《しげき》で産卵をあきらめて海に戻ってしまいます。また，地表に脱出してきた子ガメは明るい光に照らされると海の方向が分からなくなり，迷走して体力を浪費《ろうひ》し，海にたどり着けないまま朝を迎《むか》えて捕食《ほしょく》されてしまうことがあります。さらに近年，人によって持ち込まれて野生化したタヌキが増加しており，巣穴《あな》が掘《ほ》り返されて，卵や子ガメが食べられてしまう被害《ひがい》が目立ってきています。

屋久島うみがめ館より，一部改変

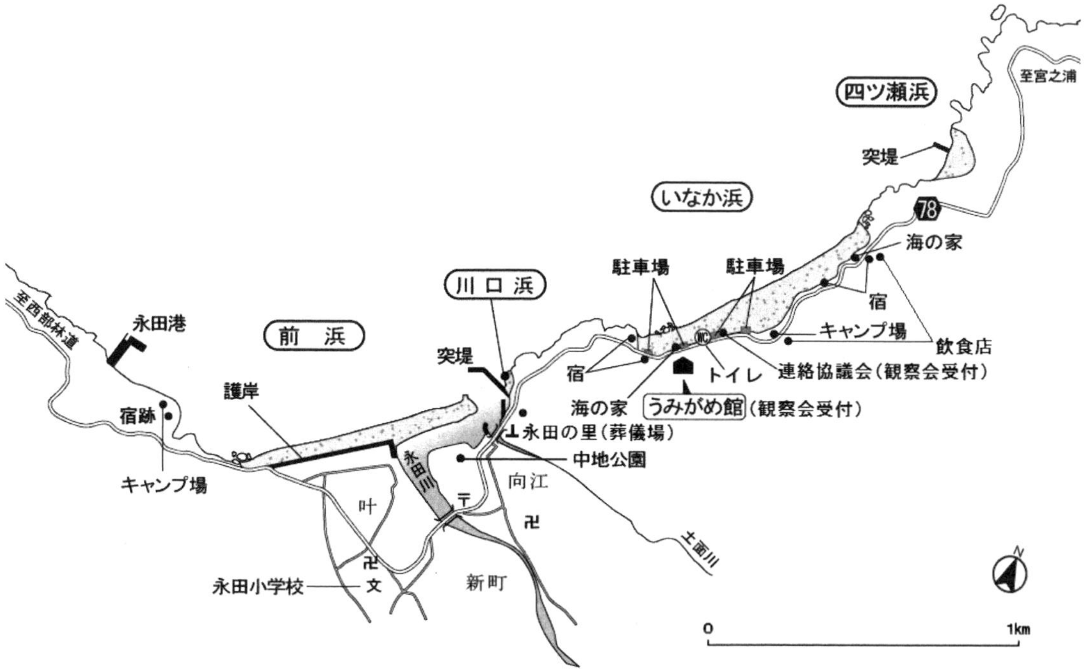

図５　屋久島永田地区の拡大図

屋久島うみがめ館

問４　いなか浜に上陸することをやめたウミガメにまた戻ってきてもらうためには，あなたならどのような対策《たいさく》を打ち出しますか。具体的な提案を示してください。

問５　図６はウミガメの性別を決定する砂中温度のグラフです。ウミガメの性別はふ化前の砂中温度によって決定します。地球温暖化がウミガメの種にどのような影響を及ぼすと考えられますか。性の比率に着目して答えなさい。

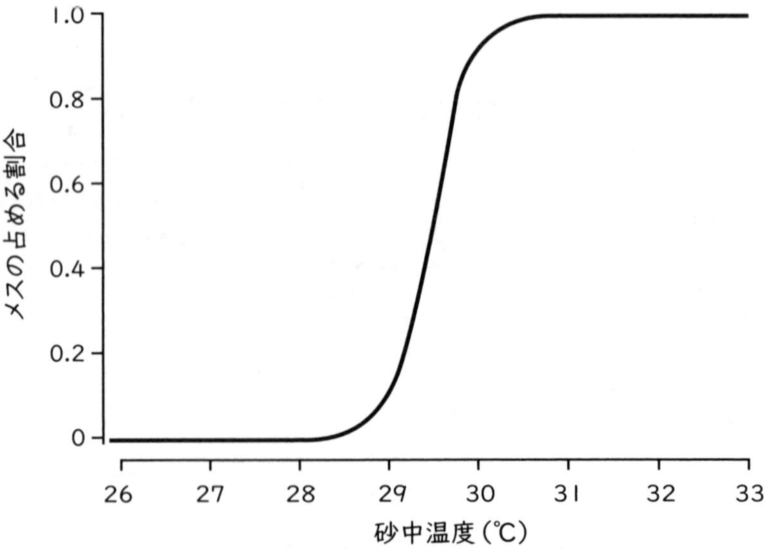

図６　ウミガメの性別を決定する砂中温度

黒島研究所より

2022年度

ドルトン東京学園中等部　▶解　答

※　編集上の都合により，２月２日午後理数特待試験の解説は省略させていただきました。

算　数　＜２月２日午後理数特待試験＞（50分）＜満点：100点＞

解　答

1 (1)　81　(2)　$\frac{331}{2022}$　(3)　$\frac{1}{10}$　(4)　0.0034　2 (1)　６点　(2)　128g　(3)　$3\,\mathrm{cm}^2$　(4)　63m　(5)　４，９，25，49　(6)　ア　3 (1)　60番目　(2)　$\frac{11}{7}$　(3)　11個　4 (1)　12g　(2)　①　（例）　右３の位置に，合計４本のマッチ棒を使った正方形を下げる。　②　（例）　ものを下げるメモリの数とものの重さの積が等しいときにつり合う。右辺に４の倍数の本数でつくられる正方形を下げるが，左辺の積は，３×３＝９の倍数だから，つり合うときの最小の積は36である。このとき左辺には，36÷３＝12(本)，右辺にも12本以上のマッチ棒が必要となり，20本では足りないから，つり合うことはない。　(3)　①　**三角すい**…６本，**四角すい**…８本，**立方体**…12本　②　**三角すい**…左２，**四角すい**…右３，**立方体**…左１／**三角すい**…左２，**四角すい**…左３，**立方体**…右３　5 (1)　32.1℃　(2)　ウ　(3)　エ　(4)　**カ**　×　**キ**　×　**ク**　○　**ケ**　×　**コ**　○

理　科　＜２月２日午後理数特待試験＞（50分）＜満点：100点＞

解　答

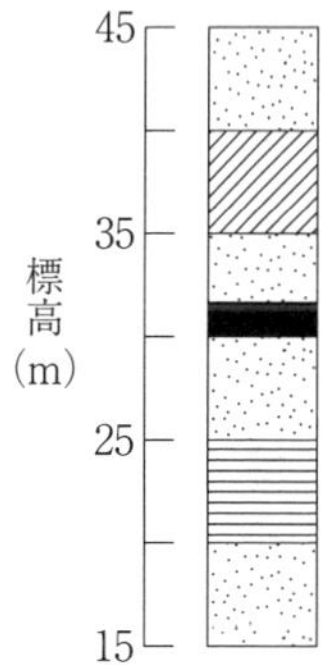

1 **問１**　（例）　海洋プレートが沈み込んだ場所でできたマグマが，地面付近まで上昇すること。　**問２**　ア　**問３**　（例）　火山灰　**問４**　（例）　鬼界カルデラから遠ざかるほど，堆積物の厚さは薄くなっている。　**問５**　右の図　2 **問１**　㋔　**問２**　照葉樹林　**問３**　（例）　屋久島は年間を通じて降水量が多く，コケの精子が水中を泳いで卵細胞に達して受精するときに必要な水が年間を通じて豊富にあるため，受精の機会が多くなり，コケ植物が増えやすいから。　**問４**　ア，イ，ウ　**問５**　（例）　寒冷地に生育していた植物が，温暖化にともなって生育域を北に移動させたが，屋久島では標高の高いところが冷温帯や亜寒帯の気候となり，そこで生き延びることができたから。　3 **問１**　エ　**問２**　（例）　ヤクシカの目撃数は全体的に増加している。特に島の北側と西側で増加が著しい。また，集落がある地域の中では，人口の多い集落で目撃数の増加がゆるやかである。　**問３**　（例）　前浜に比べて，いなか浜には，駐車場や飲食店，宿など人が多く行きかう施設があり，光や音が多く，また観光客による砂の踏み付けも多くなるため。　**問４**　（例）　駐車場や海の家の営業時間を短くすることで，光や音を少なくしてウミガメが来やすい環境にする。　**問５**　（例）　温暖化が進むと，砂中温度が上昇し，うまれてくるウミガメがメスばかりになってしまい，絶滅の危機につながると考えられる。

2021年度　ドルトン東京学園中等部

【算　数】〈２月１日午前試験〉（50分）〈満点：100点〉

〔注意〕１．三角定規やコンパス，分度器は使用できません。
２．分数は最後まで約分して答えてください。
３．比は最も簡単《かんたん》な整数で答えてください。
４．円周率は3.14とします。

1　次の計算をしなさい。ただし，(4) は □ にあてはまる数を答えなさい。

(1)　$5 \div (3 \times 7 - 7 \times 2) \div 10 \times 14$

(2)　$3\frac{1}{4} \times \left(\frac{1}{3} - \frac{2}{13} + \frac{3}{17} \right) \div 3\frac{8}{17}$

(3)　$\frac{3}{4} + 0.125 \div 1.25 \times 2.5 \div \frac{1}{5}$

(4)　$5.7\,\mathrm{t} = \square\,\mathrm{kg}$

2　次の問いに答えなさい。

(1)　16で割《わ》っても20で割っても割《わ》り切《き》れる数のうち，最も小さい数はいくつですか。ただし，1以上の整数とします。

(2)　ゆめさんは学校から分速50ｍの速さで駅に向かいました。その15分後にまいさんが学校から自転車でゆめさんを追いかけたところ，学校から１km進んだところでゆめさんに追いつきました。まいさんは分速何ｍで追いかけましたか。

⑶　濃度《のうど》 6%の食塩水 300 g に，濃度 12 %の食塩水 100 g を加えました。その食塩水から 200 g 取り出し，食塩を 20 g 加えました。完成した食塩水の濃度は何%ですか。小数第２位を四捨五入《ししゃごにゅう》して答えなさい。

⑷　101 個のイチゴを３人で分けます。ゆうじさんはみほさんの３倍より５個少なくもらい，みほさんはあさみさんの２倍よりも４個多くもらいました。あさみさんはイチゴを何個もらいましたか。

⑸　図は１辺の長さが４cmの正三角形と，その頂点《ちょうてん》を中心とする扇形《おうぎがた》を組み合わせた図形です。斜線《しゃせん》部分の周の長さを求めなさい。

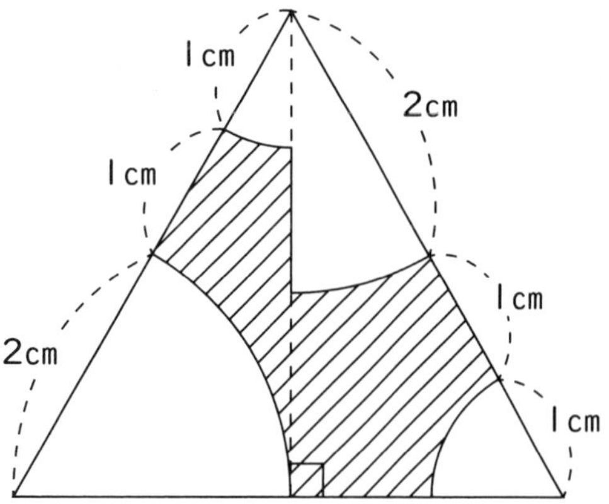

⑹　A，B，C，D，E のカードには，1，2，3，4，5 のいずれかの数字が書かれていて，下のような関係になっています。D の数は何ですか。

(Aの数)×(Aの数)＝(Bの数)
(Cの数)＋(Eの数)＝(Bの数)
(Dの数)×(Eの数)＝(Dの数)

3 図のように，上から奇数段《きすうだん》目が赤色，偶数段《ぐうすうだん》目が白色になるように，２色の立方体を机《つくえ》の上に順に積み上げていきます。立方体はすべて１辺が１㎝です。

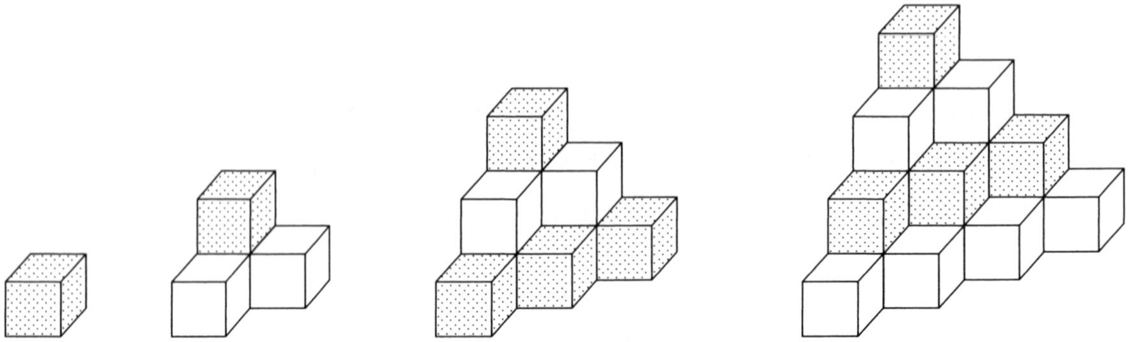

（１段）　（２段）　（３段）　（４段）

(1) 10段《だん》積んだとき，次の問いに答えなさい。

① 最も下の段には何色の立方体が何個ありますか。

② 赤く見える部分の面積の合計を求めなさい。
たとえば，上の図の（２段）のときの赤く見える部分の面積の合計は５ cm^2 です。

(2) □ 段積んだとき，白く見える部分の面積の合計は赤く見える部分の面積の合計より 100 cm^2 多くなりました。ただし，机に面している部分の面積は考えないものとします。

① □ に入る数字を求めなさい。

② このとき，白い立方体は赤い立方体よりも何個多く使っていますか。

4 毎年日本には多くの台風がやってきます。その一部が日本に上陸あるいは通過し，大きな被害《ひがい》をもたらすことがあります。上陸とは台風の中心が北海道・本州・四国・九州の海岸に達した場合を言い，通過とは台風の中心が，小さい島や小さい半島を横切って，短時間で再び海上に出る場合を言います。この問題では，台風が上陸した場合も通過した場合も「日本に来た」と表すことにします。

次の表１は2017年から2019年の間に発生し，日本に来たすべての台風について，そのときの日付，階級，中心気圧，最大風速についてまとめたものです。なお，階級は気象庁《きしょうちょう》がある基準にしたがって定めたものです。

表１

年	月	日	台風名	階級	中心気圧 (hPa)	最大風速 (ノット)
2017	7	3	ナマドル	4	985	55
2017	8	5	ノル	4	970	60
2017	9	17	タリム	4	975	55
2017	10	22	ラン	5	950	80
2017	10	28	サオラ	4	975	60
2018	7	20	アンピル	4	985	50
2018	7	28	ジョンダリ	5	970	65
2018	8	14	リーピ	3	998	40
2018	8	23	シマロン	5	970	75
2018	9	4	ジェビ	5	950	85
2018	9	30	トラミ	5	960	80
2019	7	26	ナリ	3	1000	35
2019	8	5	フランシスコ	5	970	70
2019	8	15	クローサ	4	975	50
2019	9	8	ファクサイ	5	960	80
2019	10	12	ハジビス	5	955	80

気象庁「過去の台風資料」より作成（ただし，同じ台風が日本に来た場合は最初のものが表に載《の》っています。hPaは気圧の高さを，ノットは風速の速さを表す単位です。）

(1) ９月に日本に来た台風の中心気圧の平均値《へいきんち》を答えなさい。

(2) 最大風速の小さい順に並《なら》べたとき，11番目である台風名を答えなさい。

⑶　表1から読み取れることとして適当なものを2つ答えなさい。

ア　気象庁は最大風速が70ノット以上の台風を階級が5であると定めている。

イ　2017年から2019年の間に，12月に台風が日本に来たことはない。

ウ　2017年から2019年の間に日本に来た台風について，7月の最大風速の平均値と10月の最大風速の平均値を比べると，10月の方が大きい。

エ　最大風速が速いほど，日本各地に大きな被害が出る。

⑷　表1をまとめたグラフとして正しいものを，ア～エの中からすべて選びなさい。

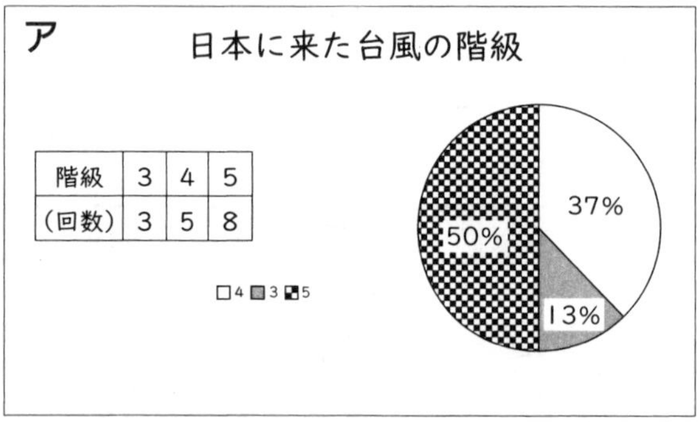

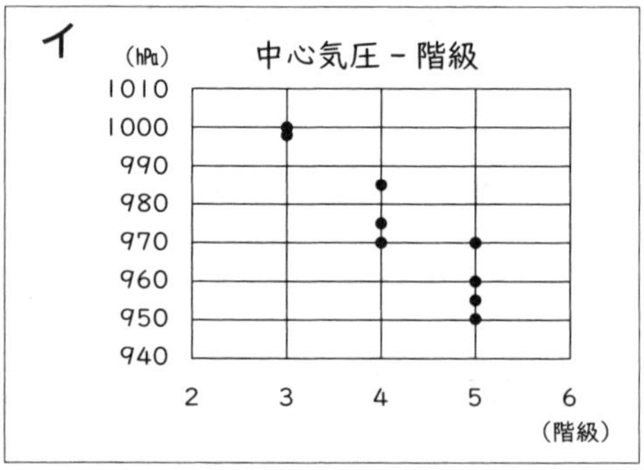

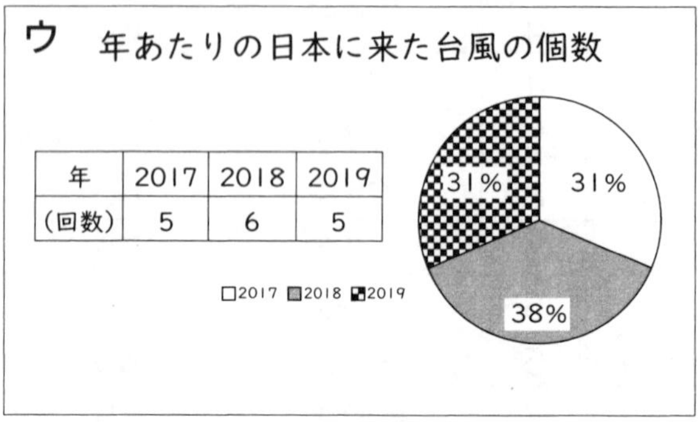

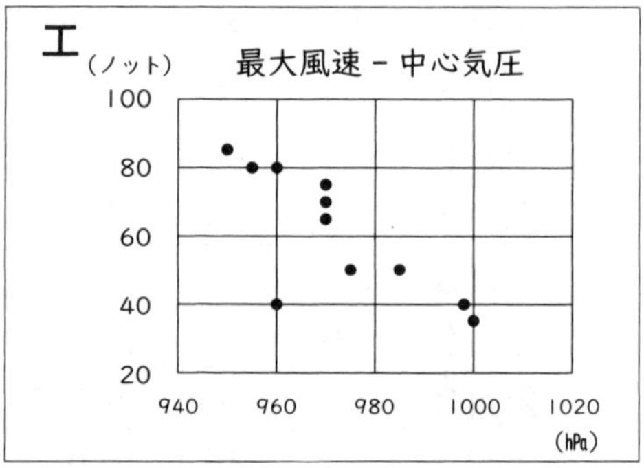

⑸　次の表2は，表1とは違《ちが》う年に日本に来た台風の一部をまとめたものです。この3つの台風のうち，階級5であるものは1つだけです。どの台風か名前を答えなさい。また，階級が5である台風はどのような条件を満たすと考えられますか。説明しなさい。

表2

年	月	日	台風名	中心気圧(hPa)	最大風速(ノット)
2002	6	9	ノグリ	975	60
2004	7	31	ナムセウム	980	65
2004	8	19	メギ	980	60

気象庁「過去の台風資料」より作成

【社　会】〈２月１日午前試験〉（理科と合わせて60分）〈満点：70点〉

〔注意〕漢字を用いるよう指定されているところは漢字で答えてください。

1　次の文章を読んで、以下の問いに答えなさい。

2020年（令和２年）は、初めて国勢調査が実施《じっし》されて100年の節目の年でした。国勢調査は、[A] 統計局が日本に住むすべての人と世帯を対象に、５年に一度行う統計調査で、日本という「国の情勢」がわかるものです。

統計学が約200年前に新しい学問として成立したことを起点として、海外では1790年の①アメリカを皮切りに1801年に②イギリス、1876年に③フランス、1896年にロシアが国勢調査を行いました。これに大きな影響《えいきょう》を受けたのが④蘭学者《らんがくしゃ》の杉亨二です。杉は統計学者のグループをつくり、日本での統計学の発展《はってん》に力を注ぎました。そして、1920年（大正９年）に日本で初めての国勢調査が実施されたのです。

第1回目の実施から、調査日は「調査年の10月1日」に設定されています。報告書を読み解くと、⑤「冬は積雪が深く」「夏は炎熱《えんねつ》が激《はげ》しく」「春は旅行遊山《ゆさん》するもの多く」とあるため秋季に設定され、「比較的《ひかくてき》人口の分布が常態※1であり、全人口の大半を占《し》める農業従事者《じゅうじしゃ》にとってはかならずしも農繁期《のうはんき》※2でなく、かつ1年の４分の３を経過した10月1日をもって、最も適当な調査の期日と決めた」とあります。

これまでの100年間の移《うつ》り変わりをみると、さまざまなことがわかります。例えば、⑥日本の人口は第1回調査から増加し続け55年間で２倍に達しましたが、2015年（平成27年）の第20回調査では初めての減少となりました。また、第1回調査で子どもの割合《わりあい》が最も多かったのは⑦北海道でしたが、2015年の第20回調査では⑧沖縄県が最も子どもの割合が多くなり、北海道は46位までその割合が減りました。子どもの数が増加傾向《けいこう》にあるのは東京都のみで、沖縄県を除《のぞ》いた他の都道府県は減少しており、多くの都道府県で⑨少子化が進んでいることがわかります。

その他にも、高齢化《こうれいか》の状況《じょうきょう》、就業《しゅうぎょう》の状況、昼間人口と夜間人口、外国人人口の増加などビジネスにとって重要なデータを都道府県・市区町村別に知ることができ、これらは政治や行政などの公的な目的のほか、民間企業《きぎょう》の経営などにも広く活用されています。例えば、[B] の配分や⑩衆議院《しゅうぎいん》議員選挙の区分けの基準となっています。また、⑪防災計画の策定《さくてい》や⑫コンビニエンスストアの出店計画等にも役立っています。

2020年の第21回調査ではどんなことが読み取れるでしょうか。今回の国勢調査の結果は２月以降《いこう》に公表されます。みなさんもぜひ国勢調査の結果をみて、日本をとりまく状況を知り「国の情勢」をつかんでみてください。

※1　常態…ふつうの状態

※2　農繁期…農作業の忙しい時期

問１　文章中の空欄《くうらん》［　A　］にあてはまる省を、次のア～エより１つ選び記号で答えなさい。

ア　総務省　　**イ**　経済《けいざい》産業省　　**ウ**　厚生労働省　　**エ**　文部科学省

問２　①＿＿＿について、アメリカは日本の主な貿易相手です。次の表は日本の主要輸入品の輸入先とその割合を示しています。表中の**ア**～**エ**にはアメリカ、ロシア、カナダ、オーストラリアのいずれかの国があてはまります。アメリカにあたるものを、次の**ア**～**エ**より１つ選び記号で答えなさい。

「日本の主要輸入品の輸入先とその割合（2019）」

輸入品目	１位	２位	３位	４位
木材	（ア） 24.0%	（イ） 17.5%	（ウ） 14.2%	フィンランド 8.1%
石炭	（エ） 58.8%	インドネシア 11.9%	（ウ） 9.9%	（イ） 8.5%
肉類	（イ） 25.8%	（エ） 14.3%	タイ 14.3%	（ア） 10.4%
魚介類	中国 18.3%	チリ 9.6%	（イ） 8.1%	（ウ） 7.5%

（矢野恒太記念会『日本国勢図《ず》会《え》　2020/21 年度版』より作成）

問３　②＿＿＿について、イギリスは2020年１月に47年間加盟《かめい》していたある組織を離脱《りだつ》しました。その組織名を答えなさい。

問４　③＿＿＿＿について、次の図はフランス・カナダ・韓国《かんこく》・日本の発電量のうちの水力発電・火力発電・原子力発電・再生可能エネルギーが占める割合（2017年）を示しています。フランスにあてはまるものを、次の**ア**～**エ**より１つ選び記号で答えなさい。

「主な国の発電の内訳《うちわけ》（2017）」

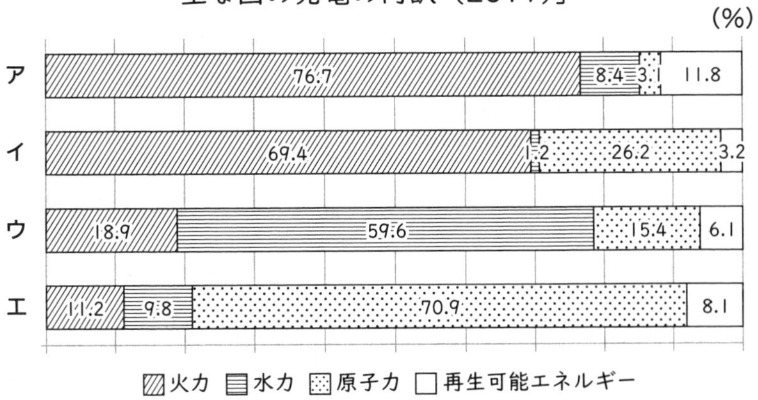

（『地理データファイル2020年度版』より作成）

問５　④＿＿＿＿について、この人物の生まれた都道府県を次の説明をもとに漢字で答えなさい。

説明１：リアス海岸や暖流など、漁業を行う自然環境に恵まれている。
説明２：キリスト教に関係する世界文化遺産があり、多くの観光客が訪れる。
説明３：火山が多く温泉資源が豊富だが、噴火による大きな被害《ひがい》を受けた。

問６　⑤＿＿＿＿について、日本の気候の特色に関する説明として誤《あやま》っているものを、次の**ア**～**エ**より１つ選び記号で答えなさい。

ア　太平洋側は、夏に南東の季節風が吹《ふ》き、雨が多くむし暑い。特に台風の影響を受けやすい紀伊《きい》半島や四国地方の南部では６月～９月に雨が多い。

イ　瀬戸内《せとうち》は、中国山地と四国山地に囲まれているため、季節風がさえぎられて一年を通して雨が少なく、晴天の日が多い。

ウ　日本海側は、冬に大陸からの季節風を受けて雨や雪が多く、気温は低い。東北地方では、夏に「やませ」による冷害が起こることもある。

エ　南西諸島《しょとう》は、一年中気温が高く雨が多いためパパイアやマングローブなどの熱帯植物が育つ。梅雨《つゆ》や台風の被害を受けやすく、特に夏に降水量《こうすいりょう》が多い。

問7　⑥＿＿＿について、次の人口ピラミッドは1920年、1955年、1980年、2015年の日本の人口構成を示しています。2015年の人口ピラミッドを、ア～エより1つ選び記号で答えなさい。

ア

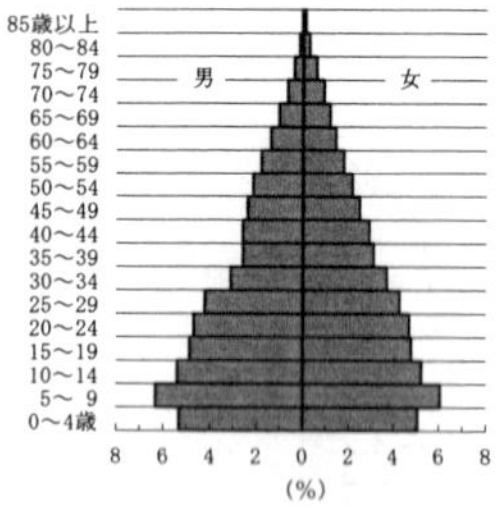

イ

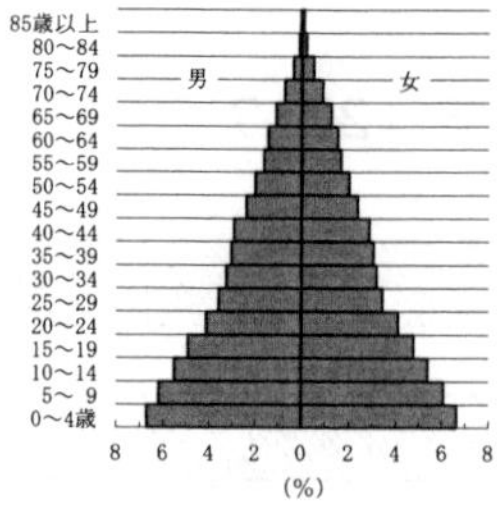

ウ

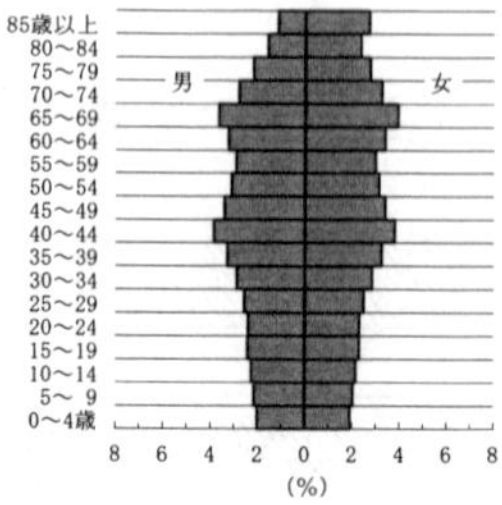

エ

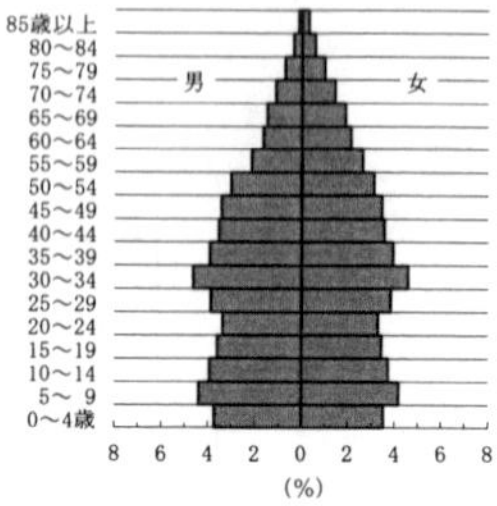

(『平成27年国勢調査　人口等基本集計結果』より引用)

問8　⑦＿＿＿について、下の図A～Cは、北海道における「畑」「牧草地」「水田」の代表的な地域《ちいき》を示しています。その組み合わせとして正しいものを、次のア～カより1つ選び記号で答えなさい。

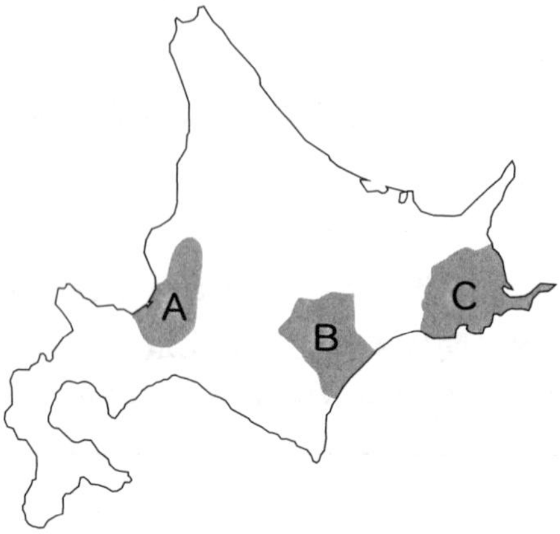

ア	A	畑	B	牧草地	C	水田
イ	A	畑	B	水田	C	牧草地
ウ	A	牧草地	B	畑	C	水田
エ	A	牧草地	B	水田	C	畑
オ	A	水田	B	畑	C	牧草地
カ	A	水田	B	牧草地	C	畑

問9　⑧＿＿＿について、現在、日本政府は沖縄県にあるアメリカ軍の普天間《ふてんま》基地を沖縄県北部のある場所に移設しようとしています。その地名を次のア～エより1つ選び記号で答えなさい。

ア　宮古島《みやこじま》　　イ　嘉手納《かでな》　　ウ　那覇《なは》　　エ　辺野古《へのこ》

問10　⑨＿＿＿について、次の「少子化の原因とその背景《はいけい》にある要因」をみて、あなたが最も改善すべきであると考える要因を１つ挙げ、その要因の改善に効果的な対策を考えて、解答らんにあわせる形で説明しなさい。

「少子化の原因とその背景にある要因」

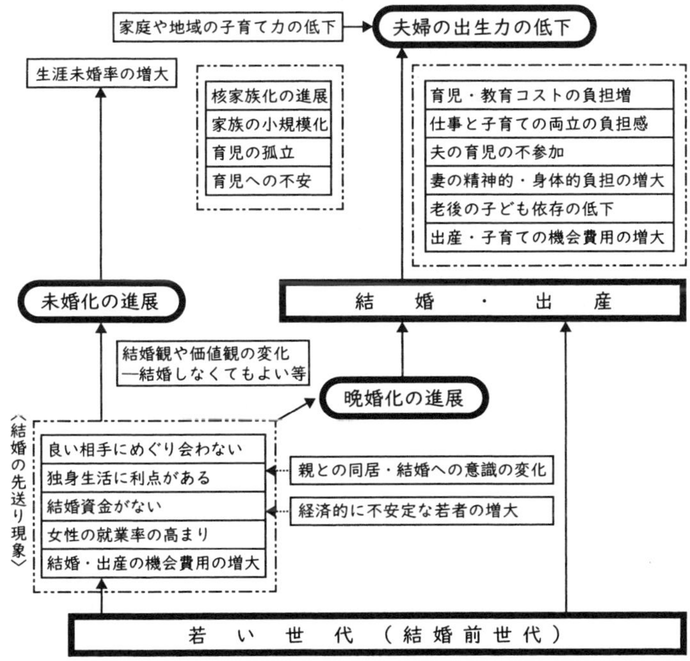

注：少子化の原因とその要因のイメージ図である。
（角丸の枠）は少子化(出生率低下)の原因、（四角の枠）はその要因を示す。

（内閣府《ないかくふ》『少子化社会白書』https://www8.cao.go.jp/shoushi/shoushika/whitepaper/measures/w-2004/html_h/html/g1210000.html より作成）

問11　文章中の空欄［　B　］にあてはまる語句を、次の説明文を参考にして下のア～エより１つ選び記号で答えなさい。

その地域の経済状況などによって、それぞれの地方公共団体の財政力に違いがあります。そこで公的サービスに格差が生じないよう、国が地方公共団体の財政力を調整する必要があります。

ア　公共事業関係費　　　イ　地方交付税交付金
ウ　国家支出金　　　　　エ　地方税

問12　⑩＿＿＿について、衆議院は参議院に比べて強い権限《けんげん》を持っています。その理由の説明として正しいものを、次のア～エより１つ選び記号で答えなさい。

ア　任期が短く、解散のしくみがあるため、国民の意見をより反映《はんえい》できるから。
イ　任期が短く、解散のしくみがないため、国民の意見をより反映《はんえい》できるから。
ウ　任期が長く、解散のしくみがあるため、国民の意見をより反映《はんえい》できるから。
エ　任期が長く、解散のしくみがないため、国民の意見をより反映《はんえい》できるから。

問13　⑪＿＿＿について、防災の観点から整備が進んでいるハザードマップに関する説明として誤っているものを、次のア～エより１つ選び記号で答えなさい。

ア　初めてその地域を訪《おとず》れる観光客などにも、危険《きけん》な場所や避難《ひなん》場所などの情報を知らせやすくなる。
イ　災害の種類によって危険な場所が示されていることが多いため、災害ごとの危険な場所や避難場所を認識《にんしき》しやすくなる。
ウ　いつ、どこで地震《じしん》や津波《つなみ》、土砂《どしゃ》災害などの災害が起こるかを事前に知ることが可能となり、災害による被害を抑《おさ》えることができる。
エ　普段、ハザードマップが注目されることは少なく、地域の住民などに十分に理解されていないこともあるため、周知を高める必要がある。

問14　⑫＿＿＿について、東京オリンピックの開催《かいさい》や近年の外国人観光客の増加の現状から、来日した外国人にもわかりやすい地図記号が作成されました。コンビニエンスストアを示しているものを、次のア～エより１つ選び記号で答えなさい。

ア

イ

ウ

エ

2 日本の歴史のなかで活躍《かつやく》した女性についてまとめたカードをみて、あとの問いに答えなさい。

カードA

天璋院《てんしょういん》（篤姫《あつひめ》）

①薩摩藩に生まれ、13代将軍の妻となった。②戊辰《ぼしん》戦争の後、③江戸幕府の最後の将軍を助けるために力をつくした。

カードB

X

夫である初代将軍の死後に④鎌倉幕府の実権を握った。承久の乱のときに、幕府の恩を語り御家人を結束させた。

カードC

Y

日本で最初の女性天皇。おいの⑤聖徳太子を摂政にして、天皇を中心とした政治のしくみを整えようとした。

カードD

清少納言

宮廷《きゅうてい》での生活のなかで⑥自然の変化などを描いた随筆の作者。⑦藤原道長の兄の娘である定子につかえた。

カードE

日野富子

８代将軍足利義政の妻。自分の子どもを将軍につかせるために、義政の弟と対立し、⑧応仁の乱のきっかけをつくった。

カードF

緒方貞子

日本人の女性として、初めて⑨国際連合の公使となった。国連難民高等弁務官として難民の支援活動に取り組んだ。

カードG

津田梅子

岩倉使節団とともに⑩太平洋を渡り、アメリカに留学した。帰国後、女子英学塾を創設し女子教育に力をつくした。

カードH

与謝野晶子

⑪日露戦争がはじまると、戦場にいる弟を心配して「君死にたまふことなかれ」という詩を発表し、大きな反響をよんだ。

問１　①＿＿＿について、国際交流や貿易が制限された江戸《えど》時代、薩摩藩は限られた外国との窓口《まどぐち》の１つとして役割《やくわり》を果たしていました。当時、国際交流や貿易の窓口として幕府《ばくふ》に認《みと》められていた地域とその相手国の組み合わせとして正しいものを、次のア～エより１つ選び記号で答えなさい。

ア　対馬藩《はん》―朝鮮《ちょうせん》　　松前藩―オランダ・中国　　長崎―アイヌ
イ　対馬藩―朝鮮　　松前藩―アイヌ　　長崎―オランダ・中国
ウ　対馬藩―朝鮮　　松前藩―アイヌ　　長崎―琉球《りゅうきゅう》
エ　対馬藩―アイヌ　　松前藩―琉球　　長崎―オランダ・中国

問２　②＿＿＿について、戊辰《ぼしん》戦争に関する次のア～エの出来事を、古い順に並《なら》べ替《か》えなさい。

ア　会津《あいづ》戦争　　イ　鳥羽伏見《ふしみ》の戦い
ウ　江戸城《えどじょう》無血開城　　エ　五稜郭《ごりょうかく》の戦い

問３　③＿＿＿について、江戸幕府が続いた265年間を通じて、農民による百姓《ひゃくしょう》一揆《いっき》は約3200件も起こったという記録があります。次の資料は、慶応《けいおう》４年に起きた「生駒《いこま》一揆」の時に一揆の参加者が行った署名《しょめい》です。署名の形状の特徴《とくちょう》とその目的について説明しなさい。

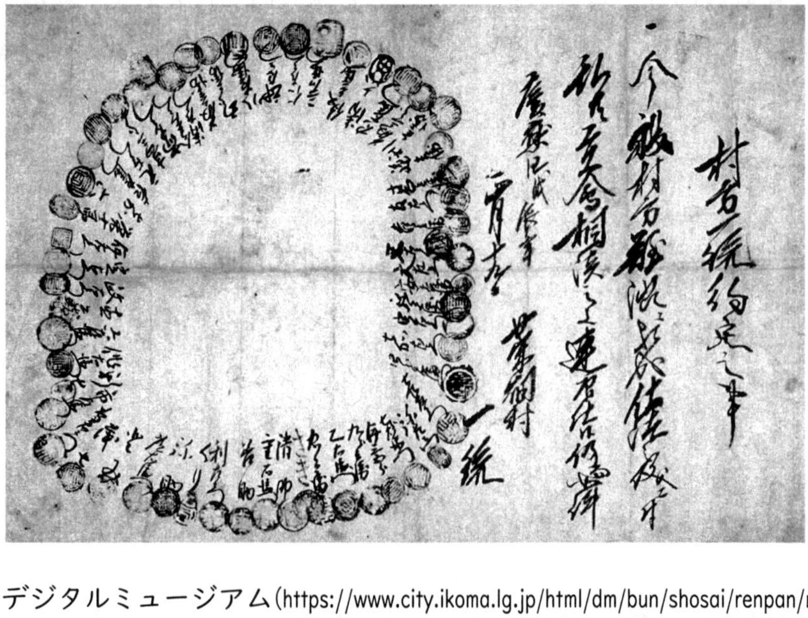

「生駒市《いこまし》デジタルミュージアム(https://www.city.ikoma.lg.jp/html/dm/bun/shosai/renpan/renpan.html)」

問４　④＿＿＿について、あとの問いに答えなさい。

（１）　初代将軍《しょうぐん》の死後、鎌倉《かまくら》幕府の政治をまとめるためにつくられた役職として正しいものを、次のア～エより１つ選び記号で答えなさい。

ア　執権《しっけん》　　イ　関白　　ウ　摂政《せっしょう》　　エ　管領《かんれい》

（２）　鎌倉文化の説明として誤っているものを、次のア～エより１つ選び記号で答えなさい。

ア　運慶《うんけい》・快慶《かいけい》によって東大寺南大門の金剛《こんごう》力士像がつくられた。
イ　宋《そう》から伝えられた様式で円覚寺舎利殿《しゃりでん》がつくられた。
ウ　軍記物『平家物語』が琵琶《びわ》法師によって語り伝えられた。
エ　一遍《いっぺん》が浄土宗《じょうどしゅう》をひらき、「南無阿弥陀仏《なむあみだぶつ》」を唱えれば救われると説いた。

問５　⑤＿＿＿について、聖徳《しょうとく》太子に関する説明として正しいものを、次のア～エより１つ選び記号で答えなさい。

ア　冠位十二階《かんいじゅうにかい》を定めて、豪族《ごうぞく》たちに役人としての心構えを示した。
イ　天皇《てんのう》と親せきの関係にあった蘇我入鹿《そがのいるか》とともに政治にあたった。
ウ　すぐれた制度や文化を取り入れるために小野妹子らを隋《ずい》につかわせた。
エ　憲法《けんぽう》十七条を定めて、家柄《いえがら》にとらわれず能力のある人を役人にした。

問６　⑥＿＿＿について、この随筆《ずいひつ》の名前を漢字で答えなさい。

問７　⑦＿＿＿について、藤原《ふじわら》氏の全盛期《ぜんせいき》は藤原道長《ふじわらのみちなが》とその子の頼通《よりみち》の時代でした。藤原氏が政治の実権をにぎった方法について、「有力豪族を追放したこと」や「荘園《しょうえん》からの大きな収入《しゅうにゅう》を得ていたこと」以外の方法について説明しなさい。

問8　⑧＿＿＿について、応仁《おうにん》の乱《らん》のあとに建てられた京都にある建築物を、次のア～エより1つ選び記号で答えなさい。

ア

イ

ウ

エ

問9　⑨＿＿＿について、国際連合に関する次の文章の下線部が正しければ○を、誤っていれば正しい語句を解答らんに書きなさい。

ア　安全保障《ほしょう》理事会の常任理事国は、特別な権限として審査権《しんさけん》を持っている。
イ　WTOは病気についての知識を広め、予防するなどの活動を行う機関である。
ウ　1945年に発足《ほっそく》した国際連合の本部はニューヨークにおかれている。
エ　子どもの権利《けんり》条約は、すべての人の人権《じんけん》を尊重《そんちょう》する基準として採択《さいたく》された。

問10　⑩＿＿＿について、太平洋を主な戦場とした戦争に関する次の出来事を古い順に並べ替えたときに4番目になるものを、次のア～エより1つ選び記号で答えなさい。

ア　日本軍がミッドウェー海戦でアメリカ軍に大敗した。
イ　アメリカ・イギリス・中国の名においてポツダム宣言《せんげん》が発表された。
ウ　アメリカ軍が沖縄島に上陸して激《はげ》しい地上戦が行われた。
エ　アメリカが原子爆弾《げんしばくだん》を広島に投下し、約14万人の人が亡《な》くなった。

問11　⑪＿＿＿について、次の資料は日露《にちろ》戦争前の国際情勢をえがいた風刺画《ふうしが》です。このなかで焼かれている「栗《くり》」は、どの国を表しているのか答えなさい。

問12　カードＢとＣで説明している、人物［　Ｘ　］と［　Ｙ　］をそれぞれ答えなさい。

【理　科】〈２月１日午前試験〉（社会と合わせて60分）〈満点：70点〉

１　ドルトン君は夏休みの自由研究として，海のプランクトンを観察することにしました。

ドルトン君は観察の日時を決めようとしています。次の文章を読んで問題に答えなさい。

ドルトン君：今年の夏休みの宿題は，海のプランクトンの観察にしようと思うんだ。

母　　　：それは面白《おもしろ》そうね。海面は時刻《じこく》によって高さが変わるよね。海面が一番低いときを干潮《かんちょう》，高いときを満潮《まんちょう》というけど，プランクトンを採《と》るなら満潮の時間がいいよ。
海面が上下する原理から満潮の時刻を計算で予想してみない？

ドルトン君：え！計算で求められるんだ。どうやってやるの？

母　　　：実際にはかなり複雑なんだけど，太陽と月の引力の影響《えいきょう》だけを考えた簡単《かんたん》なモデルで計算してみようね。海面が上下するのはなんでだと思う？

ドルトン君：海が月と太陽の引力で引っ張られているからだよね。ということは，月と太陽の両方の動きを計算していけば時刻が求められるんだね！

母　　　：正解。ただし，太陽の引力は月に比べるととても大きいんだけど，地球から遠いから満ち引きを起こす力は月に比べて小さくなるの。だから①月の動きのほうが重要ね。月によって引き起こされる満ち引きはこのようになるよ（図１）。

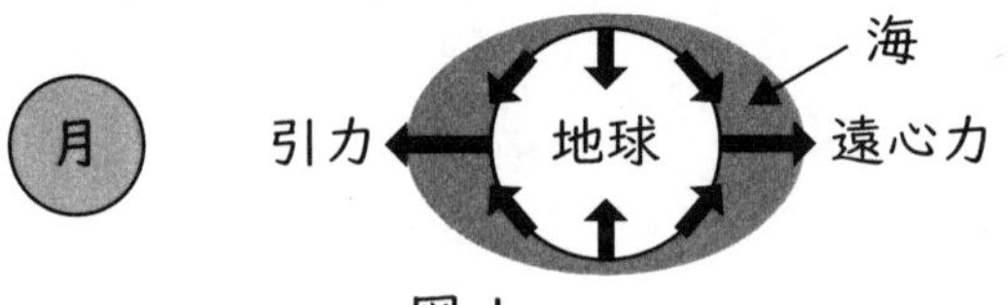

図１

ドルトン君：なるほど！だとすると計算で求められるね。８月３日は午前８時に満潮だって。これだとプランクトンを採るにはちょっと早いかなあ。午前１０時くらいに満潮になる日にやりたいから（　Ａ　）だね。

母　　　：じゃあ，Ｗｅｂで確認してみようか？

ドルトン君：あれ！計算した時刻とちょっと違《ちが》ってる。

母　　：いいことに気が付いたね。海の満ち引きには②月や太陽の引力以外にも多くのことが関係するから理論《りろん》通りにはいかないことも多いのよ。

ドルトン君：他にはどんな原理がはたらいているのかなあ。

母　　：その謎《なぞ》を解いていくのが探究《たんきゅう》よ！

問１　干潮時と満潮時の海面差が最大になるとき，および最小になるときの太陽と月の位置関係をそれぞれ記しなさい。太陽と月，地球はそれぞれ(太)と(月)，(地)で表すものとします。

問２　下線部①のように，月の影響だけを考えたとき，満潮と干潮は１日に何回起こりますか。また，満潮の時刻は１日でおよそ何分ずれるかを，次の**ア**～**エ**から１つ選び記号で答えなさい。なお月は27日で地球の周りを一周するものとします。

ア：20　　**イ**：50　　**ウ**：80　　**エ**：110

問３　Ａに当てはまる月日を答えなさい。

問４　下線部②のように潮の満ち引きには月や太陽の引力以外の影響もあります。下の図を参考にして，計算と異なる時刻になる理由について考え説明しなさい。

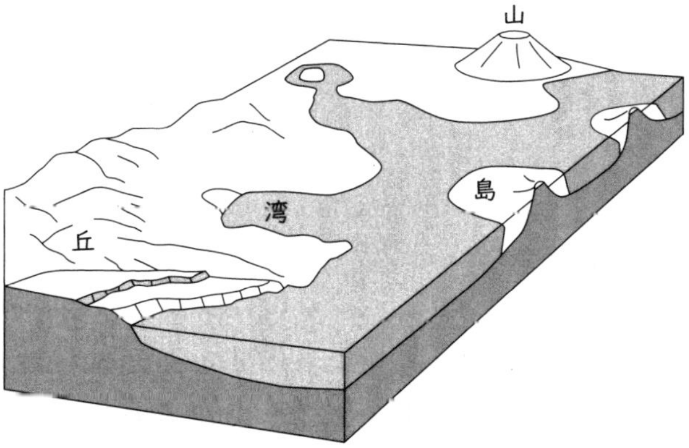

コトバンク「海岸地形の名称」をもとに作成

2　ドルトン君は野外調査をするための準備をしています。次の文章を読んで問題に答えなさい。

母　　　：磯《いそ》に出るときには，ケガをしないようにする対策《たいさく》以外に何が必要だと思う？

ドルトン君：日焼け止め！

母　　　：そうね。

ドルトン君：紫外線《しがいせん》をカットするためだよね。でも，なんで紫外線をカットしないといけないの？

母　　　：紫外線は目に見えない光の一種なのだけど，生き物にとって有害なんだよ。たくさん浴びると，体をつくるタンパク質や脂質《ししつ》が壊《こわ》れるからカットしないといけないの。紫外線は、場合によっては皮膚《ひふ》ガンを引き起こすこともあるよ。だからお父さんも最近は日焼け止めをつけて研究所に行ってるの。

ドルトン君：日傘《ひがさ》をさしているのに，なんで日焼け止めもしていく必要があるの？

母　　　：なぜ日焼け止めも必要かというと，紫外線が地面や建物に（　Ａ　）するからなのよ。

ドルトン君：そうなんだ。家の中にも入ってくるの？

母　　　：そうだね。一部の紫外線はガラスを通《とお》り抜《ぬ》けるんだよ。部屋の中でも窓《まど》側に置いた果物は変色しやすいよね。

ドルトン君：あ，そうだ！バナナを窓のそばに出しっぱなしにしていた。…，①あ～皮が黒くなってる。

問１　Ａに当てはまる言葉を答えなさい。

問２　野外調査では，体に浴びる紫外線をカットするために日焼け止め以外にどのようなアイテム（装備《そうび》）が利用できますか。作業のしやすさも考えて３つ挙げなさい。

問３　地球の大気には紫外線をカットする層《そう》があります。これについて次の①，②に答えなさい。

① この層を何といいますか。

② ①が薄《うす》くなり紫外線が通りやすくなった部分を何といいますか。

問４　下線部①について，バナナが黒くなる原因が紫外線であることを証明する実験方法を考え，図を用いて文章で説明しなさい。

3　ドルトン君はお父さんに海水中のプランクトンを集める方法を教えてもらうことにしました。次の文章を読んで問題に答えなさい。

ドルトン君：お父さん，海のプランクトンを観察したいんだけど，集める道具はある？

父　　　：①プランクトンネットを使うと一度にたくさん集められるよ（図１）。

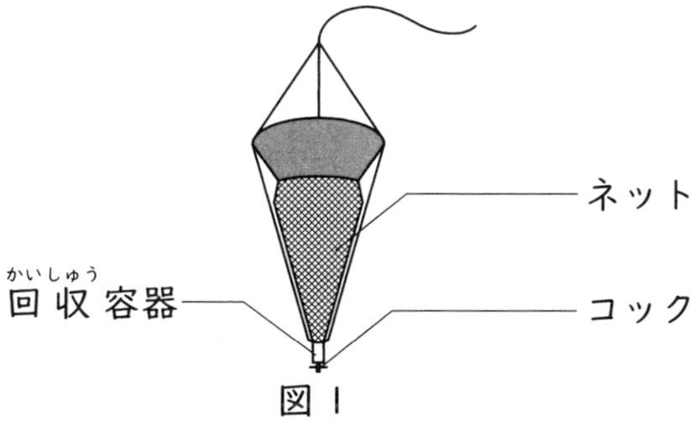

図１

ドルトン君：どうやって使うの？

父　　　：プランクトンネットを海中に投げ入れてからゆっくりロープを引っ張ろう。引き上げると，ネットから水が出て行ってプランクトンが回収容器に集まるよ。②回収容器の下にあるコックを回すと，集めたプランクトンをとり出せるよ。

ドルトン君：わかった，じゃあやってみるね。

父　　　：だんだん風が強くなってくるから早く行こう。

ドルトン君：なぜ風が強くなるの？

父　　　：実は風向きや強さには温度が影響しているんだよ。この気温変化のグラフ（図2）はね，地面と海面を示しているんだけど・・・。③どっちが地面の温度だと思う？

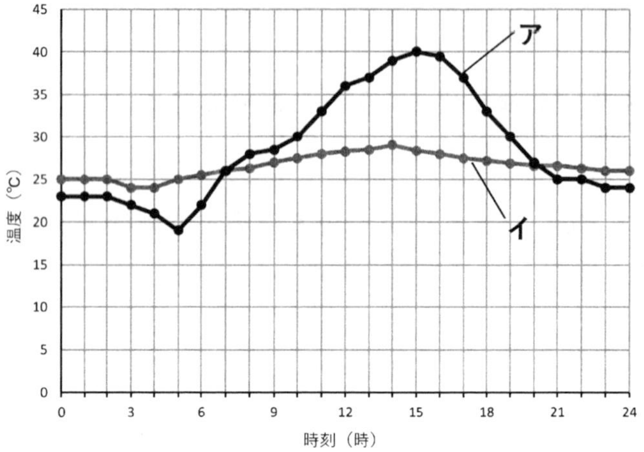

図2

ドルトン君：陸地の岩石や砂《すな》の温まりやすさは，水よりも金属に近いからこっちじゃない？

父　　　：そうだね。地面や海面の温度が上がると空気が温まるよね。温まった空気はどう動く？

ドルトン君：（　A　）向きに動くよ。

父　　　：そうだね。

ドルトン君：海と陸では空気が温まるのに時間差があるんだね。このグラフだと，（　B　）時と（　C　）時を境に風向きが変わりそうだ。（　B　）時以降《いこう》は（　D　）に向かって風が吹《ふ》き始めて，どんどん風が強くなっていくんだね。

父　　　：そうだね。プランクトンを採るときに注意しないといけないことがあるよ。海岸では打ち寄せた波が沖に戻《もど》ろうとするときに離岸《りがん》流という沖合に向かう強い流れができるんだ。幅《はば》は数十メートルくらいで長さは数百メートルくらい。とくに④堤防《ていぼう》沿《そ》いでは，強い離岸流が起きやすいと言われているよ。

ドルトン君：そうなんだ。もしものためにライフジャケットを着たほうがいいね。

（プランクトン採集後）

ドルトン君：たくさんとれたよ。顕微鏡《けんびきょう》で観察してもいい？

父　　　：部屋にあるから⑤使い方に気を付けて観察してごらん。

問１　下線部①について，これと同じ原理で餌《えさ》をとらえている生物を次の中から２つ選び，記号で答えなさい。

ア：シロナガスクジラ　　**イ**：ホホジロサメ　　**ウ**：シャチ

エ：イセエビ　　**オ**：タコ　　**カ**：アサリ

問２　下線部②について，一般《ぱん》的に水を入れるタンクのコックは水が出る方向に合わせると開きますが，プランクトンネットでは閉《し》まります。この理由について述べなさい。

	中身が出る状態	中身が出ない状態
タンク	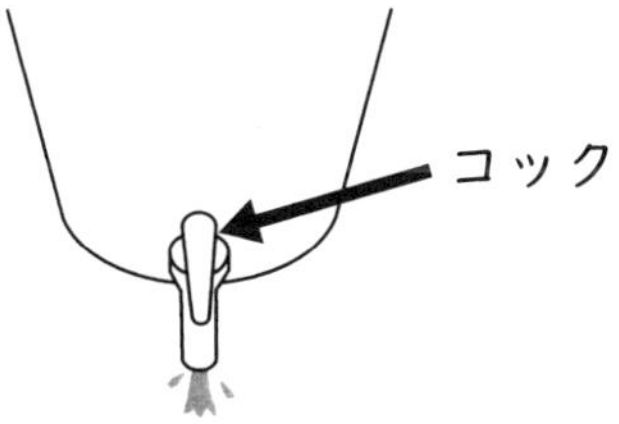	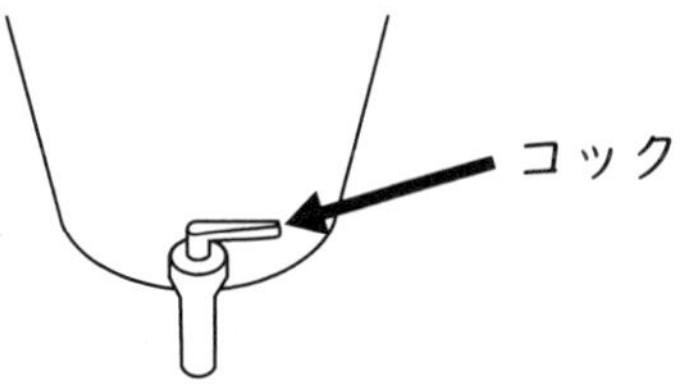
プランクトンネット	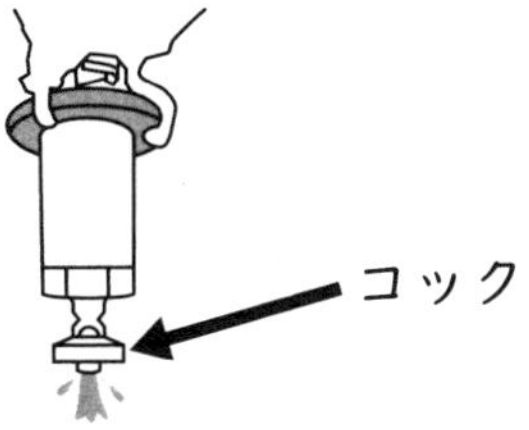	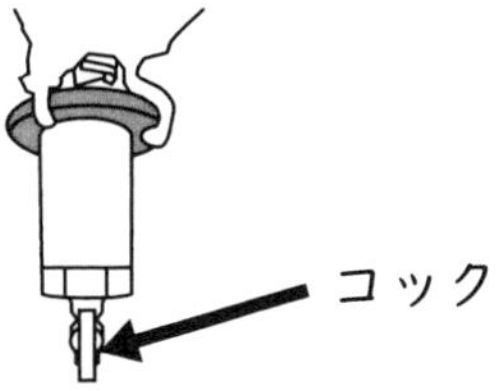

問３　下線部③について，お父さんが示したグラフは以下のようになります。地面の温度を表しているのは**ア**と**イ**のどちらですか。記号で答えなさい。

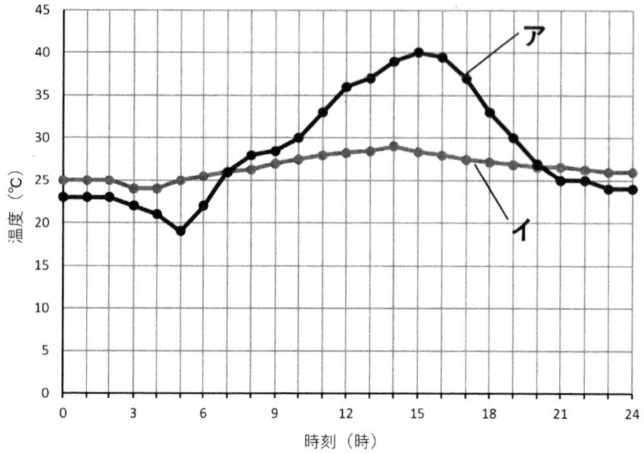

図２

問４　Ａ～Ｃに当てはまる言葉と数字を答えなさい。

問５　Ｄに当てはまる言葉は海と陸どちらですか。

問６　下線部④について，堤防沿いに離岸流が生じやすい理由について上から見た図を用いて説明しなさい。

問７　離岸流で流されたとき，あなたならどのような行動をしますか。海水の動きを考えて答えなさい。

問８　下線部⑤について正しいものを選びなさい。

ア　対物レンズをつける前に接眼レンズをつける。

イ　倍率を高くすると細かなところがよく見えるようになるので，観察できる範《はん》囲が広くなる。

ウ　顕微鏡観察をするときは接眼レンズをのぞきながら対物レンズとプレパラートを近づけてピントを合わせる。

エ　顕微鏡観察をするときは光が必要なので，直射《ちょくしゃ》日光が当たる明るいところで行う。

オ　倍率を高くすると光が集まって大きく見えるので，観察している場所が明るくなる。

問９　ドルトン君は顕微鏡で観察をしているもののなかにきれいな形の微《び》生物《せいぶつ》を見つけました（図３）。これはケイソウという生物で，じょうぶなガラス質のものでつつまれた植物プランクトンの仲間です。電子顕微鏡で観察すると，ケイソウにはたくさんのあなが開いていることが分かります（図４）。このあなは，どのようなはたらきをしていると考えられますか。

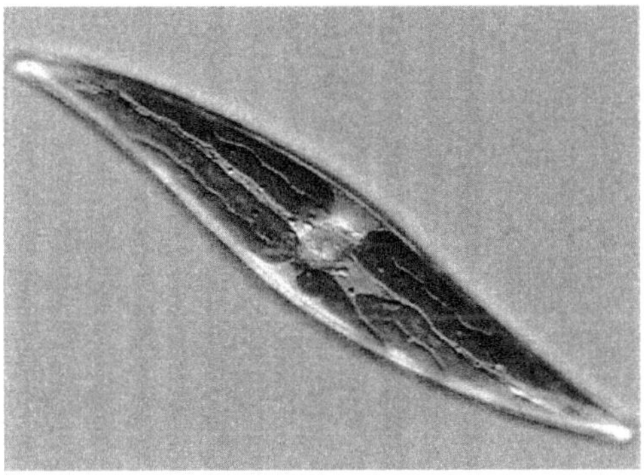

図３　ドルトン君が顕微鏡で見つけたケイソウ

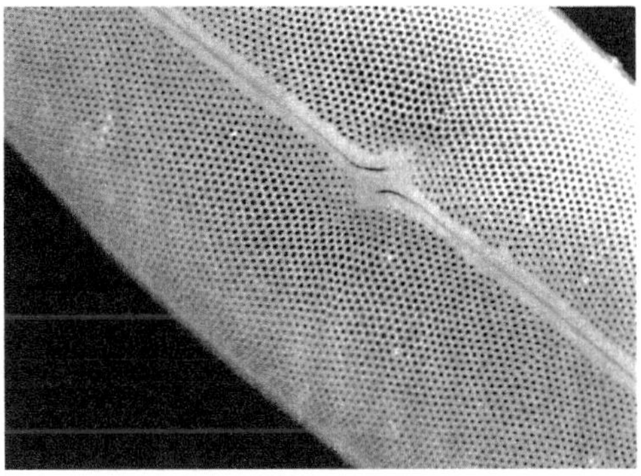

図４　電子顕微鏡で見たケイソウ

出典　日本の海産プランクトン図鑑　共立出版

問六　この文章にタイトルをつけるとすると、最もふさわしいものはどれか。次の中から一つ選び、記号で答えなさい。

ア「昆虫が持つおもしろさと不思議」
イ「進化で生存を有利にする動物たち」
ウ「子どもと大人でこんなにも違う考え方」
エ「わからないことについて考えることの大事さ」

問七「あなたが知ってしまってがっかりしたこと」について、知った内容と、その時の場面を具体的に説明しながら一五〇字以上二〇〇字以内で書きなさい。（一マス目から書き始め、途中で改行はしないこと）

三　対義語の関係になるように（　　）に入る漢字を一つずつ選び、記号で答えなさい。

①複雑　⇔（　　）純
②進化　⇔（　　）化
③損失　⇔　利（　　）
④積極的⇔（　　）極的
⑤祖先　⇔　子（　　）

ア 孫　**イ** 変　**ウ** 害　**エ** 対　**オ** 消　**カ** 単　**キ** 退　**ク** 益

問三　――②「うまく答えられなくていいんです」とあるが、なぜか。次の中から当てはまらないものを一つ選び、記号で答えなさい。

ア　あえて「なぜ」をそのままにしておくことで、考えるきっかけができるから。

イ　問いが本質的なので、うまく答えることができないのも当然だから。

ウ　生存に有利だったからという説明は、子どもが知りたい答えではないから。

エ　お母さんは専門家ではないので、間違っていたとしても誰にも責められないから。

問四　二か所の X には同じ言葉が入ります。当てはまる言葉を本文中から二字で抜き出しなさい。

問五　――④「しかし大切なのはそのプロセスだと思います」とあるが、どういうことか。最もふさわしいものを次の中から一つ選び、記号で答えなさい。

ア　重要なのは答えを得たかどうかではなく、「なぜ」について考えるプロセスそのものであるということ。

イ　どんなプロセスを経たとしても待ち受ける結果は同じなので、よりプロセスのしっかりした人が評価されるということ。

ウ　プロセスがしっかりしていれば、たとえ間違った結果が出たとしても自分にとっての正解になるということ。

エ　答えにたどり着くまでの思考のプロセスが、他の本質的な問いにも応用できるということ。

を与《あた》えることでしょう。いつの日かその疑問は解かれ、納得《なっとく》がもたらされることもあるでしょう。ああでもない、こうでもないと考えあぐねた末、結局、有効な答えが見つからないこともあるかもしれません。④しかし大切なのはそのプロセスだと思います。世界はわからないことで満ちています。疑問を抱《いだ》き続けることに意味があるのです。そしてそのことについて自ら考えることそのものに意味があるのです。

（福岡伸一『生命の逆襲』による）

問一 [A]～[C]に入れるのに最もふさわしいものを次の中から一つずつ選び、記号で答えなさい。

ア つまり　**イ** ところで　**ウ** なぜなら　**エ** しかし　**オ** それに

問二 ——①「内向的」、——③「生半可な」の意味として最もふさわしいものを次の中から一つずつ選び、記号で答えなさい。

①内向的

ア 後ろ向きで物事を悪いほうに考えること。

イ 外に出るのがおっくうでいつも家にいること。

ウ 自分の世界に閉じこもりがちなこと。

エ 家族や身内にのみ強がること。

③生半可な

ア おおざっぱな　**イ** 中途半端な　**ウ** 極めつきは　**エ** 親身に

えようとするんですけど、うまく答えられないんです。どうしたらいいでしょうか。

なるほど。そうですね。②うまく答えられなくていいんです。むしろ、③生半可な答えを返すよりも、[X]は[X]のまま開いておいたほうがいいと思うのです。「何でだろうねえ。お母さんにもわからないわ」と。

実際のところ、専門家《せんもんか》であっても、この手の「なぜ」の疑問《ぎもん》にはうまく答えることができないのです。それは問いがあまりにも本質的だからです。あえて答えようとすると、いやいや、カブトムシの角は角だけど、クワガタムシの角は角じゃなくて、あごが発達したもので……などとうんちくを語りながら問いの方向をはぐらかしてしまったり、幼虫の色や模様は、葉っぱに似せて身を隠《かく》すためだとか、そうかといえば、敵を威嚇《いかく》するためのものだとか、相矛盾《あいむじゅん》するようなことを口走ったりしがちです。

[A]、生物の「なぜ」を合理的に説明しようとすると、結局のところ、たったひとつの論法《ろんぽう》に行き着いてしまいます。[B]、それが生存《せいぞん》のために有利だったから、という進化論《しんかろん》です。[C]子どもが聞きたいことはそんな答えではありません。なぜこの世界に、こんなに奇妙《きみょう》なかたちや美しい色があるのか、その存在《そんざい》の不思議（センス・オブ・ワンダー）を問うているのですから。ましてや、蝶の幼虫が蛹になったあと、その内部でいかに細胞《さいぼう》の変容が起きるのか、なぜそのような劇的《げきてき》な変化が必要なのか、そんな疑問には、最先端の生物学でもほとんど答えることができません。

＊

ある日のことです。私は区役所の待合室で住民票ができるのをぼんやり待っていました。私の前に、お母さんと小学校低学年くらいの子どもがいました。係の人が名前を呼《よ》びます。「〇〇さーん」。すると子どもが不思議そうにお母さんに聞きました。「あれ、なんで名前が違うの？」

おそらく諸事情《しょじじょう》があるのでしょう。するとそのお母さんはごく自然にこう答えたのでした。「なんでだろうねえ」と。子どもはそれ以上何も言いませんでした。

疑問は開かれたまま子どもの心にそっと受け止められます。それは彼《かれ》に自分で考える契機《けいき》

問六　この作品の文章の特徴《とくちょう》として、最もふさわしいものを次の中から一つ選び、記号で答えなさい。

ア　登場人物がみな自分の思いを裏表《うらおもて》なく率直に語っていることで、個々の人物に感情移入がしやすくなっている。

イ　会話文が多く使われており、まるで登場人物同士の漫才《まんざい》を見ているような愉快《ゆかい》な気持ちになることができる。

ウ　登場人物の心情の変化が、「ぱっと顔をあげる」などの描写《びょうしゃ》で効果的に表現されている。

エ　三人以上の登場人物が会話する場面を描くことで、人間関係に悩《なや》みを抱える千弦の心情を描写している。

二　以下の文章を読んで、次の問いに答えなさい。

ある集まりでお話をさせていただいたときのことです。私《わたし》は①内向的な少年で、虫オタクだったこと、採集に出かけたり、蝶《ちょう》の幼虫《ようちゅう》を卵《たまご》から育てたりして、いつも家じゅう虫だらけだったことを話しました。大事なイモムシが脱走《だっそう》し、大騒《おおさわ》ぎしたこともありました。今にして思えば、親はよくそれをがまんしてくれていたなあと思います。気持ち悪いから捨《す》ててきなさいとは一度も言われませんでした。しかし積極的に何かを教えてくれることもありませんでした。

＊

お話をしたあと、客席のお母さんから質問の手が挙がりました。

うちの子どももたいへんな昆虫《こんちゅう》好きで、ありとあらゆることを聞いてきます。なぜカブトムシとクワガタムシでは角のかたちが違《ちが》うの？　どうしてアゲハチョウの幼虫にはこんなきれいな色の模様《もよう》がついているの？　蛹《さなぎ》の中ではいったい何が起きているの？　何とか答

問四　――③「千弦の言葉には、やはりとげがある」とあるが、この時の千弦の気持ちとして最もふさわしいものを一つ選び、記号で答えなさい。

ア　響音のせいで思ったように家での練習時間がとれず、蓄積《ちくせき》するいらいらと日ごろのうらみ。

イ　コンクールが近いのにもかかわらず、思ったようにピアノを弾けないことに対する焦《あせ》り。

ウ　音楽受験をするのにはお金がかかるというのに、練習から逃げる秋生に対する怒り。

エ　知り合いが多く参加している音楽劇で、自分だけ誘われず仲間外れにされた悲しみ。

問五　[X]に入れるのに最もふさわしい言葉を次の中から一つ選び、記号で答えなさい。

ア　素敵な考えを思いついて

イ　少しうつむいた響音に気づいて

ウ　秋生のことが好きな自分に気づいて

エ　お昼ごはんがまだだったことに気づいて

問一　[A]～[E]に入れるのに最もふさわしいものを次の中から一つずつ選び、記号で答えなさい。

ア　めったに
イ　やはり
ウ　つまり
エ　もうちょっと
オ　とても

問二　――①「教室の助っ人してるだけだから」について、「教室の助っ人」とはどういうことか。次の中から最もふさわしいものを一つ選び、記号で答えなさい。

ア　ピアノ教室に通う生徒を増やすための宣伝《せんでん》のお手伝いをしているということ。
イ　ピアノ教室のレッスンに、一時的に指導者として協力しているということ。
ウ　学校行事のたびに、千弦や秋生と同様に伴奏のピアノを弾いているということ。
エ　ピアノ教室に通っていないけれど、音楽劇のメンバーに加わっているということ。

問三　――②「へんじゃないかしら」について、響音は何について「へん」だと感じているのか。次の中から当てはまらないものを一つ選び、記号で答えなさい。

ア　音楽教室へ通い始めたことを、千弦やお母さんに言っていなかったこと。
イ　千弦をふるさと文化祭の出し物に誘おうと思いつかなかったこと。
ウ　プロピアニストの男女比に対して学校にピアノが弾ける男子が少ないこと。
エ　音楽の話題にもかかわらず、千弦の存在がまったく思い浮《う》かばなかったこと。

いじょうぶなの」

「秋君って、いそがしいの？　じぶんから来てたんだから、だいじょうぶだと思うけど」

「先輩、＊音楽受験するってうわさがあるんだ。練習足りてないと思うけど、ふるさと文化祭のお遊び劇に参加するひまがあるなんて、余裕《よゆう》だなあ。わたしにはむり」

③千弦の言葉には、やはりとげがある。

「……やっぱり、千弦ちゃんはいそがしくてむりってことだよね。秋君、すっごくじょうずだけど、受験するにはまだ練習が足りないの？」

千弦がため息をつく。

「たしかにへたじゃないよ。でも、音楽受験するにはテクニカルをもっとやらないと。先輩、うちの学年の女子からもすっごく人気あるんだ。学校ではなにを弾いても、すごーい！　うまーい！　ってちやほやされるから、じぶんでもうまい気になっちゃうのかもね。でも、[D]音の粒《つぶ》がそろわないとダメなんじゃない」

[X]、千弦は声を明るくした。

「ごめん、いやな言いかたした。課題曲がたくさんで、練習しなきゃいけないのはわたしなのに。うん。ごめん、そっちでいっぱいで、わたしは文化祭には参加できない。

そうだ、コンクールが、もうすぐなの。市が主催だから大きくはないみたいだけど、先生が舞台の経験ふやしなさいって、申しこみしちゃって。そこで弾く曲、きいてみてよ。響音、最近あんまり家にいないから、わたしのピアノきいてないでしょ」

響音はぱっと顔を上げる。千弦は、[E]ちょっといそがしくてピリピリしているだけなのかもしれない、と思えた。

「うん！　ききたい。はやくお昼買って帰ろう」

（小俣麦穂『ピアノをきかせて』による）

＊注

音楽受験　…　音楽科を受験すること。演奏の技術が求められる。

「ねえねえ、秋君って、ピアノじょうずだよね」

「まあね。そのせいで、赤峰先輩は学校で超有名人《ちょうゆうめいじん》。ピアノが弾ける男子なんて、［A］いないもん。プロのピアニストは男性《だんせい》のほうが多いのに、へんなの」

　心なしか、千弦の言葉にひっかかるものを感じる。

「それより……響音、ピアノ、習うの？」

「まだ、わかんない。まだ、①教室の助《すけ》っ人《と》してるだけだから」

「やだあ、教室の助っ人ってなあに？」

　千弦は笑ったけれど、響音は、これって②へんじゃないかしら、と思いはじめた。

　響音は春休みが終わる最後の日、［B］きのう、おじいちゃんの家からマンションに戻《もど》ってきた。けれど、やっぱり千弦ともお母さんともゆっくり話す時間はなくて、まだ音楽教室へ通うことを言っていなかった。

　そして、音楽劇に千弦をさそおうと、これっぽっちも考えつかなかったじぶんも、へんかもしれない。

　音楽のことなのに、どうして千弦が思いうかばなかったんだろう。

「助っ人って、さっき先輩が言ってた『なかま』っていうのに関係あるの？」

「あ、うん。とっこちゃんが行ってるピアノ教室がね、ふるさと文化祭の舞台《ぶたい》に出ることになったんだって。でも、参加人数が少なくて。それで、教室の子じゃなくてもいいから、音楽好きな子がなかまになってくれないかなって。ね、千弦ちゃんも、いっしょに助っ人やらない？」

　それは、［C］すてきな提案《ていあん》に思えてきた。燈子や秋生となら、千弦も楽しくなるにちがいない。楽しい音楽なら、千弦のピアノはきっと、重い音になんかならない。

　けれど千弦は、ふうん、というそっけないあいづちを打った。

「とっこちゃんて、燈子さん？　元気お姉さんって記憶《きおく》あるけど、わたし、ずっと会ってないなあ。東京から帰ってきてるってこと？　燈子さんの行ってたピアノ教室、先生はけっこうすごい人っていうの、きいたことある。でも、赤峰先輩だっていそがしいはずなのに、だ

2021年度 ドルトン東京学園中等部

【国　語】〈二月一日午前試験〉（五〇分）〈満点：一〇〇点〉

〔注意〕字数制限がある問いは、「、」や「。」やカギカッコなどを字数に含《ふく》みます。

一　以下の文を読んで、次の問いに答えなさい。

〈登場人物〉
響音《ひびね》…主人公。小学五年生。
千弦《ちづる》…響音の姉。中学一年生。
秋君《あきくん》（赤峰秋生《あかみねあきお》）…千弦の中学の先輩《せんぱい》。ピアノが上手。
とっこちゃん（燈子《とうこ》）…響音と千弦の叔母《おば》。

〔響音は、とっこちゃんや秋君と一緒に音楽劇《おんがくげき》に出演することになった。響音と姉の千弦が学校の帰り道に会話をしている。〕

「千弦ちゃん、秋君とよく話するの？　やっぱり、ピアノのこととか？」
「わたしも赤峰先輩も、行事のたんびにピアノ弾《ひ》かされるからよくいっしょになるだけ。きょうも始業式で、わたしたちだけピアノのとなりの席。校歌の伴奏《ばんそう》ならともかく、生徒の入退場《にゅうたいじょう》なんて、放送で音楽流せばいいじゃない。ほんと、やめてほしい」
やめてほしい、と言った千弦の声の低さに、響音はドキリとする。
「響音、ぼーっとしてないで、はやく行こ！　いそがないと、お昼の時間になったら、あそこのパン屋さんは混《こ》むんだから」
千弦は別人のように明るく言うと歩きだす。響音はあわててあとを追った。

2021年度

ドルトン東京学園中等部 ▶解説と解答

算 数 ＜２月１日午前試験＞（50分）＜満点：100点＞

解 答

1 (1) 1 (2) $\frac{1}{3}$ (3) 2 (4) 5700 2 (1) 80 (2) 分速200m (3) 15.9% (4) 10個 (5) 8.71cm (6) 5 3 (1) ① 白色，55個 ② 125cm^2 (2) ① 40 ② 420個 4 (1) 961.25hPa (2) シマロン (3) イ，ウ (4) イ，ウ (5) **台風名**…ナムセウム，**説明**…(例) 最大風速が65ノット以上

解 説

1 四則計算，単位の計算

(1) $5\div(3\times7-7\times2)\div10\times14=5\div(21-14)\div10\times14=5\div7\div10\times14=\frac{5\times14}{7\times10}=1$

(2) $3\frac{1}{4}\times\left(\frac{1}{3}-\frac{2}{13}+\frac{3}{17}\right)\div3\frac{8}{17}=\frac{13}{4}\times\left(\frac{221}{663}-\frac{102}{663}+\frac{117}{663}\right)\div\frac{59}{17}=\frac{13}{4}\times\frac{236}{663}\times\frac{17}{59}=\frac{1}{3}$

(3) $\frac{3}{4}+0.125\div1.25\times2.5\div\frac{1}{5}=\frac{3}{4}+\frac{1}{8}\div1\frac{1}{4}\times2\frac{1}{2}\div\frac{1}{5}=\frac{3}{4}+\frac{1}{8}\div\frac{5}{4}\times\frac{5}{2}\div\frac{1}{5}=\frac{3}{4}+\frac{1}{8}\times\frac{4}{5}\times\frac{5}{2}\times\frac{5}{1}=\frac{3}{4}+\frac{5}{4}=\frac{8}{4}=2$

(4) １ｔは1000kgだから，5.7ｔは，5.7×1000＝5700(kg)である。

2 整数の性質，速さ，濃度《のうど》，分配算，長さ，条件の整理

図１

2) 16　20
2) 　8　10
　　4　 5

(1) 16と20の最小公倍数を求めればよい。よって，右の図１の計算から，２×２×４×５＝80とわかる。

(2) ゆめさんが15分で進んだ道のりは，50×15＝750(m)だから，２人の進行のようすを図に表すと，右の図２のようになる。よって，まいさんが1000m進む間にゆめさんが進んだ道のりは，1000−750＝250(m)なので，まいさんが出発してからゆめさんに追いつくまでの時間は，250÷50＝５(分)とわかる。したがって，まいさんの速さは分速，1000÷５＝200(m)と求められる。

図２

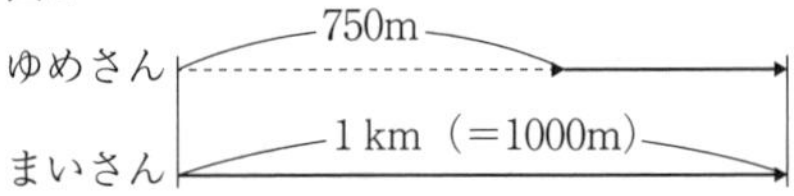

(3) (食塩の重さ)＝(食塩水の重さ)×(濃度)より，６％の食塩水300ｇに含《ふく》まれている食塩の重さは，300×0.06＝18(ｇ)，12％の食塩水100ｇに含まれている食塩の重さは，100×0.12＝12(ｇ)とわかる。よって，これらの食塩水を混ぜると，食塩の重さは，18＋12＝30(ｇ)，食塩水の重さは，300＋100＝400(ｇ)になるので，できた食塩水の濃度は，30÷400×100＝7.5(％)と求められる。したがって，この食塩水から200ｇ取り出したとき，含まれている食塩の重さは，200×0.075＝15(ｇ)になる。さらに食塩を20ｇ加えると，食塩の重さは，15＋20＝35(ｇ)，食塩水の重さは，200＋20＝220(ｇ)になるから，完成した食塩水の濃度は，35÷220×100＝15.90…(％)とわかる。これは，小数第２位を四捨五入すると15.9％になる。

(4) あさみさんがもらった個数を①個とすると，みほさんがもらった個数は，①×２＋４＝②＋４

(個)になる。すると，ゆうじさんがもらった個数は，(②＋４)×３－５＝②×３＋４×３－５＝⑥＋12－５＝⑥＋７(個)と表すことができるので，３人がもらった個数の合計は，①＋②＋４＋⑥＋７＝⑨＋11(個)となる。これが101個だから，⑨＋11＝101より，①＝(101－11)÷９＝10(個)と求められる。よって，あさみさんがもらった個数は10個である。

⑸　右の図３で，●印をつけた角の大きさは，60÷２＝30(度)なので，太実線と太点線の部分の中心角の合計はどちらも，30＋60＝90(度)になる。よって，弧《こ》の部分の長さの合計は，$1\times2\times3.14\times\frac{90}{360}+2\times2\times3.14\times\frac{90}{360}=(0.5+1)\times3.14=4.71$(cm)とわかる。また，直線部分の長さの合計は，１×４＝４(cm)だから，斜線《しゃせん》部分の周の長さは，4.71＋４＝8.71(cm)と求められる。

図３

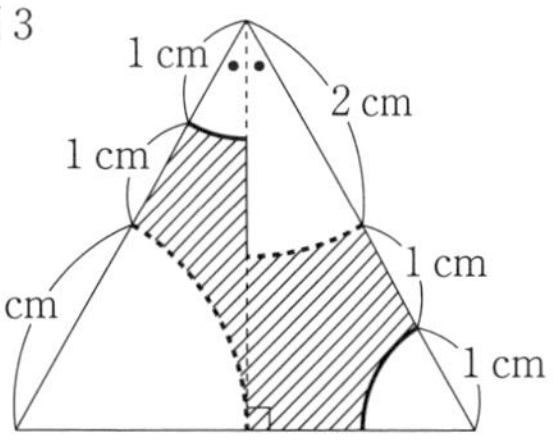

⑹　$A\times A=B$より，$A=2$，$B=4$と決まる。よって，$C+E=4$となるので，CとEは一方が１で他方が３になる。すると，Dは残りの５とわかる。

3　図形と規則

⑴　①　10は偶数《ぐうすう》だから，10段目の色は白色である。また，N段目に並んでいる立方体の個数は，１＋２＋３＋…＋N(個)と表すことができるので，10段目に並んでいる立方体の個数は，１＋２＋３＋…＋10＝(１＋10)×10÷２＝55(個)とわかる。　②　たとえば６段積んだ場合，真上から見ると下の図１，正面と左横から見ると図２，背面と右横から見ると図３のように見える。同様に考えると，10段積んだ場合はどの方向から見ても赤い正方形が，１＋３＋５＋７＋９＝25(個)ずつ見えるから，赤い正方形の個数の合計は，25×５＝125(個)になる。よって，赤く見える部分の面積の合計は，１×１×125＝125(cm²)である。

図１

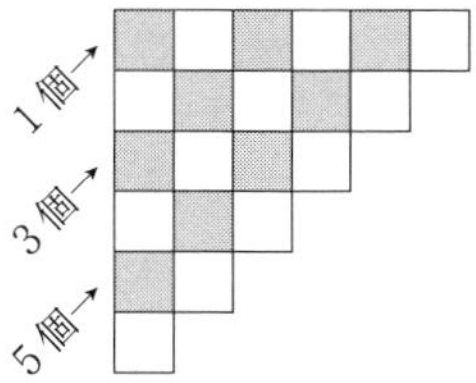

図２

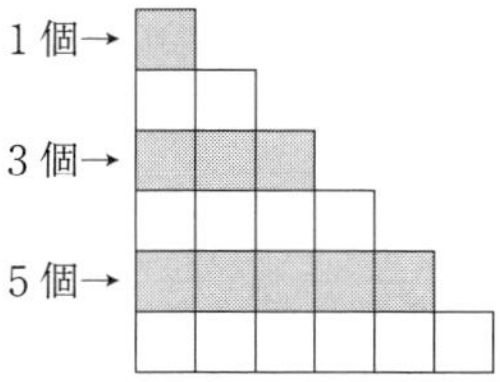

図３

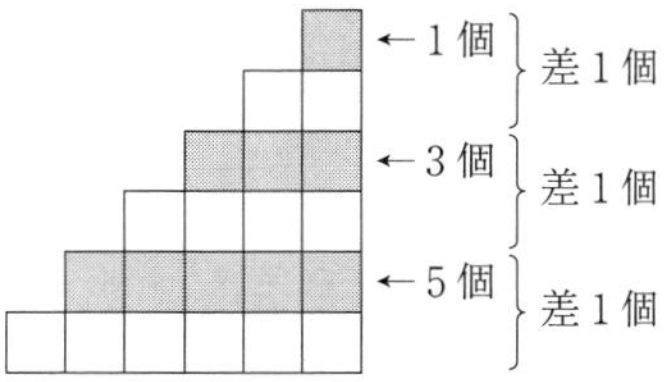

⑵　①　白く見える部分が赤く見える部分より多くなるのは，積んだ段の数が偶数の場合である。また，どの方向から見ても白い正方形と赤い正方形がそれぞれ同じ個数ずつ見えるので，白く見える部分の面積が赤く見える部分の面積より100cm²多くなるのは，ひとつの方向から見たときの白い正方形と赤い正方形の個数の差が，100÷５＝20(個)になるときである。図３のように，１段目と２段目，３段目と４段目，５段目と６段目の差はすべて１個になるから，差が20個になるのは全部で，２×20＝40(段)積んだときとわかる。つまり，□に入る数は40である。　②　各段に並んでいる立方体の色と個数をまとめると，右の図４のようになる。このとき，奇数《きすう》段目と偶数段目の差は図４のようになるので，アにあてはまる数は，２×20＝40とわかる。よって，白い立方体と赤い立方体の個数の差は全部で，２＋４＋６＋…＋40＝(２＋40)×20÷２＝420(個)と求められる。

図４

段	1	2	3	4	5	6	…	39	40
色	赤	白	赤	白	赤	白	…	赤	白
個数	1	3	6	10	15	21	…	…	…
差	2		4		6		…	ア	

4 表とグラフ

⑴　９月に来た台風の中心気圧は，古い方から順に，975，950，960，960hPaである。よって，これらの平均値は，(975＋950＋960＋960)÷４＝3845÷４＝961.25(hPa)となる。

⑵　最大風速をまとめると，右の図のようになる。この図から，小さい順に並べたときに11番目になるのは最大風速が75ノットの台風とわかる。これは2018年８月23日のシマロンである。

最大風速	35	40	50	55	60	65	70	75	80	85
回数	1	1	2	2	2	1	1	1	4	1

⑶　2018年７月28日のジョンダリは，最大風速が65ノットで階級が５だから，アは正しくない。また，2017年から2019年の間に来た台風は，すべて７月，８月，９月，10月のいずれかに来ているので，イは正しい。次に，７月の最大風速の平均値は，(55＋50＋65＋35)÷４＝51.25(ノット)，10月の最大風速の平均値は，(80＋60＋80)÷３＝73.3…(ノット)だから，ウは正しい。最後に，問題文中の表１からは被害《ひがい》の大きさを読み取ることはできないので，エは正しいとは言えない。よって，適当なものはイ，ウである。

⑷　はじめにアについて，階級３の回数は２回だから，アは正しくない。また，イについて，階級４の台風は全部で６回あるが，それらの中心気圧は{970，975，985}のいずれかである。同様に，階級５の台風は全部で８回あるが，それらの中心気圧は{950，955，960，970}のいずれかである。よって，イは正しい。次に，ウについて，2017年と2019年の回数はどちらも５回であり，その割合は，５÷16×100＝31.25(％)となる。また，2018年の回数は６回であり，その割合は，６÷16×100＝37.5(％)となる。これらは四捨五入するとそれぞれ31％，38％になるので，ウは正しい。最後に，エには2017年10月22日のラン(中心気圧950，最大風速80)などが抜《ぬ》けているから，エは正しくない。したがって，正しいものはイ，ウである。

⑸　問題文中の表１から，階級５の台風はすべて最大風速が65ノット以上であることがわかる。よって，あてはまるのはナムセウムである。

社　会　＜２月１日午前試験＞（理科と合わせて60分）＜満点：70点＞

解　答

1 **問１**　ア　**問２**　イ　**問３**　EU　**問４**　エ　**問５**　長崎(県)　**問６**　ウ　**問７**　ウ　**問８**　オ　**問９**　エ　**問10**　(例)　夫の育児の不参加という要因(を改善するためには)企業に対して子どもを持つ男性社員に育児のために休みを取らせることを義務化する(という対策が必要である。)　**問11**　イ　**問12**　ア　**問13**　ウ　**問14**　イ　**2** **問１**　イ　**問２**　イ→ウ→ア→エ　**問３**　(例)　署名は円形に書かれているという形状の特徴があり，これにはだれが一揆の中心人物かをわからなくする目的があった。　**問４**　⑴　ア　⑵　エ　**問５**　ウ　**問６**　枕草子　**問７**　(例)　自らの娘を天皇と結婚させて天皇家の外せきになり，摂政や関白の地位につくこと。　**問８**　ア　**問９**　**ア**　拒否権　**イ**　WHO　**ウ**　○　**エ**　世界人権宣言　**問10**　エ　**問11**　韓国　**問12**　**X**　北条政子　**Y**　推古天皇

解　説

1　国勢調査を題材とした問題

問１　総務省は，2001年の中央省庁再編のさいに総務庁・郵政省・自治省が統合されてできた行政機関で，行政組織や地方自治，選挙，情報通信，統計などに関する仕事を担当している。統計局はその内部部局の１つで，国勢調査をはじめとする国の社会情勢などを知るための基本となる統計の作成を行っている。

問２　アメリカは日本の最大の肉類の輸入先で，日本に輸入される牛肉の約40%，豚肉の約30%がアメリカ産となっている。なお，アはカナダ，ウはロシア，エはオーストラリア。統計資料は『日本国勢図会』2020／21年版による(以下同じ)。

問３　EU(ヨーロッパ連合)はヨーロッパ諸国による地域共同体で，経済統合だけでなく，安全保障政策などでも協調することをめざして，1993年に発足した。イギリスは1973年に後にEUに発展する欧州《おうしゅう》共同体に入り，EUにも参加していたが，2016年に国内でEUから離脱《りだつ》するべきかどうかを問う国民投票が行われ，賛成票が過半数を占《し》めた。この結果を受けてイギリス政府とEUとの間で交渉《こうしょう》が進められ，2020年１月にイギリスは正式にEUから離脱した。

問４　石炭や石油などの化石燃料が豊富でないフランスは，1973年の石油危機(オイルショック)をきっかけとして原子力政策を進めた結果，発電量の約７割を原子力発電が占めるほどになった。なお，アは日本，イは韓国，ウはカナダで，日本では2011年の東日本大震災のさい，福島第一原子力発電所が重大な事故を起こしたため，全国の原子力発電所が稼働《かどう》を停止した。その後，再稼働した原子力発電所もあるが，発電量は再生可能エネルギーによる発電量を下回っている。

問５　長崎県の沖合には，大陸だなが広がる好漁場として知られる東シナ海が広がり，暖流の対馬《つしま》海流が流れている。また，沿岸部にはリアス海岸が見られるところがあり，これを天然の良港として利用できたため，古くから漁業がさかんに行われてきた。県内には，江戸時代に禁教とされていたキリスト教の信仰を守り続けた人たちが暮らした場所があり，これに関連する大浦天主堂などの文化遺産が，2018年に「長崎と天草地方の潜伏《せんぷく》キリシタン関連遺産」としてユネスコ(国連教育科学文化機関)の世界文化遺産に登録された。また，雲仙岳《うんぜんだけ》などの火山があり，付近には温泉地もあるが，1991年６月に起こった雲仙普賢岳の噴火では，火砕《かさい》流の発生によって多くの犠牲《ぎせい》者が出た。

問６　やませは，梅雨時から夏にかけて東北地方の太平洋側に吹《ふ》く北東風で，寒流の親潮(千島海流)の上を吹き渡ってくるため，冷たく湿っている。やませが長く続くと，日照不足や低温によって作物が不作になる冷害が起こることがある。

問７　現在，日本では少子高齢化が進行しており，2015年の人口ピラミッドは，子どもにあたる下の部分が，高齢者にあたる上の部分よりも細くなっている。ウの人口ピラミッドのうち，人口が多いのは，太平洋戦争終戦直後の1940年代後半に起こった第１次ベビーブームの世代と，その人たちの子どもが生まれた1970年代前半の第２次ベビーブームの世代である。なお，アは1955年，イは1920年，エは1980年の人口ピラミッド。

問８　Ａは石狩平野で，泥炭《でいたん》地を客土で開発したことにより，北海道を代表する稲作地帯となった。Ｂは十勝平野で，広大な土地で機械を使った畑作がさかんに行われている。Ｃは根釧《こんせん》台地で，国家事業としてパイロットファームがつくられてから，酪農地帯として成長した。

問９　沖縄県宜野湾《ぎのわん》市にある普天間《ふてんま》基地(普天間飛行場)は，住宅地や学校などのある市街地に立地しており，騒音《そうおん》や事故の危険性など，多くの問題をかかえている。そのため，日本政府とアメリカ政府は基地を移転させることで合意し，移転先は沖縄島北部にある名護市の辺野古《へのこ》とされた。建設工事が始まったものの，県内移設となったことや，環境《かんきょう》破壊《はかい》につながる工事に反発する声もある。

問10　資料からわかるように，少子化が進んだ原因として，「未婚化の進展」「晩婚化の進展」「夫婦の出生《しゅっしょう》力の低下」があげられる。このうち，「未婚化の進展」と「晩婚化の進展」は，人々の価値観や社会の変化にかかわることがらなので，簡単には変えられないと考えられる。これらに比べると，「夫婦の出生力の低下」については，行政による支援や企業の協力などにより，一定の改善が進む可能性がある。たとえば，その要因としてあげられた「育児・教育コストの負担増」については，政府による金銭的な援助や，企業による手当の拡充によって，負担を軽減することができる。また，「夫の育児の不参加」については，男性社員の育児休業取得を企業に義務づけ，夫が積極的に育児に参加する機会を増やすといった対策が考えられる。

問11　地方公共団体間の財政格差を縮小するため，財政の苦しい地方公共団体に対して国から交付される補助金を地方交付税交付金といい，使い道は地方公共団体が自由に決められる。なお，使い道を定めたうえで，国から地方公共団体に支給される補助金を，国庫支出金という。

問12　衆議院議員の任期は４年で，参議院議員の６年よりも短く，また，任期途中で衆議院が解散されることもある。そのため，より国民の意見を反映できると考えられていることから，予算の議決，法律の議決，内閣総理大臣の指名，条約の承認などについては，参議院よりも強い権限が衆議院に認められている。これを，衆議院の優越という。

問13　ハザードマップは，自然災害が発生したさいに，被害の発生が予想される地域や被害の程度，避難《ひなん》場所などを示した地図で，水害や津波，火山災害など，それぞれの災害について作成されている。しかし，地震や津波などの災害がいつ，どこで起こるかを事前に知るのは非常に困難で，ハザードマップにはそうした情報は書かれていない。

問14　ア～エのように，外国人だけでなく，だれにでもわかりやすいように施設や交通機関などを絵記号で表したものを，ピクトグラムという。コンビニエンスストアのピクトグラムは，そこで売られていることが多いサンドイッチと飲み物が図案化されており，スーパーマーケットを表すのにも用いられる。なお，アはショッピングセンター・百貨店(デパート)，ウは銀行・ATM(現金自動預け払い機)，エは博物館・美術館を示している。

2　各時代で活躍《かつやく》した女性を題材とした問題

問１　江戸時代には，キリスト教禁教と貿易統制を目的として，国際交流や貿易が大きく制限された。しかしこの間も，対馬藩(長崎県)は釜山《プサン》に置かれた倭《わ》館で朝鮮と交易を行っていた。蝦夷《えぞ》地(北海道)南部を支配していた松前藩は，先住民族であるアイヌとの交易を独占して大きな利益を得ていた。長崎では，出島でオランダの商人が，唐人屋敷《やしき》で中国の商人が，それぞれ幕府と交易を行っていた。江戸時代には，これらに琉球《りゅうきゅう》王国との交易を行っていた薩摩藩(鹿児島県)を合わせた「四つの窓口」が，国外へと開かれていた。

問２　戊辰《ぼしん》戦争は新政府軍と旧幕府軍の戦いで，1868年１月の京都・鳥羽伏見《とばふしみ》の戦いから始まった。同年４月には，新政府軍の代表である西郷隆盛と，旧幕府軍の代表である勝海舟が会談し，江戸城無血開城が行われた。東北地方などにあった諸藩は，奥羽越《おううえつ》列藩同盟を結成して新政府軍に抵抗《ていこう》したが，同年８～９月の会津戦争で敗れ，東北地方が平定された。榎本武揚《えのもとたけあき》が率いる旧幕府軍は函館五稜郭《ごりょうかく》にたてこもって戦ったが，1869年５月に降伏《こうふく》し，戊辰戦争は終結した。

問３　資料は「傘《からかさ》連判状」とよばれるもので，一揆《いっき》を結んだ農民たちが一致団結を示すため，参加者全員で署名をして作成した。一揆の中心人物には死罪などの厳罰が科される場合が多かったので，一揆の中心人物がだれかをわからなくさせるため，署名を円形に書いたのである。

問４　(1)　執権《しっけん》は鎌倉幕府における将軍の補佐役で，北条氏が代々その地位を独占し，幕府政治を動かした。なお，摂政《せっしょう》と関白は朝廷における官職，管領《かんれい》は室町幕府における将軍の補佐役。

(2)　浄土《じょうど》宗を開いたのは法然《ほうねん》で，一遍《いっぺん》は時宗を開き，踊《おどり》念仏によって教えを広めた。

問５　607年，聖徳太子は中国のすぐれた制度や文化を取り入れるため，小野妹子を遣隋使として隋(中国)に派遣した。なお，アとエは「冠位十二階」と「憲法十七条」が逆，イは「蘇我入鹿《そがのいるか》」ではなく「蘇我馬子」が正しい。

問６　『枕草子《まくらのそうし》』は，中宮定子(藤原道長の兄・道隆《みちたか》の娘)につかえた宮廷女官の清少納言が著した随筆で，四季の移り変わりや宮廷生活のようすなどがするどい感性でつづられている。

問７　藤原氏は自分の娘を天皇のきさきとし，生まれた子を天皇に立てて皇室との関係を強め，天皇の外せき(母方の祖父)として大きな権力を握《にぎ》った。そして，天皇が幼いときには摂政，成人してからは関白として政治を行った。この政治は，摂関政治とよばれる。

問８　室町幕府の第８代将軍足利義政は，将軍職をしりぞいたのち，京都の東山に山荘をつくり，その中にアの銀閣を建てた。銀閣は1489年に完成し，その後，慈照《じしょう》寺という寺院とされた。なお，イは首里城正殿(沖縄県)，ウは東大寺大仏殿(奈良県)，エは平等院鳳凰《ほうおう》堂(京都府)。

問９　**ア**　「審査《しんさ》権」ではなく「拒否《きょひ》権」が正しい。安全保障理事会における重要事項の決議には，全常任理事国をふくむ９か国以上の賛成が必要で，常任理事国が１か国でも反対すると決議ができない。常任理事国５か国が持つこの権限は，拒否権とよばれる。　**イ**　WTOは「世界貿易機関」の略称で，WHO(世界保健機関)が正しい。　**ウ**　国際連合の本部はアメリカのニューヨークにおかれているので，正しい。　**エ**　「子どもの権利条約」ではなく「世界人権宣言」が正しい。子どもの権利条約は，18歳未満の人を子どもと定義したうえで，子どもの権利や自由を尊重し，保護することなどを目的として，1989年に採択《さいたく》された。

問10　アは1942年，イは1945年７月，ウは1945年４～６月，エは1945年８月６日のことなので，古い順にア→ウ→イ→エとなる。

問11　資料の風刺《ふうし》画は，「火中の栗」とよばれる。日露戦争(1904～05年)開戦前，ロシアは南下政策を進めており，韓国(1897年に朝鮮から変更《へんこう》)の支配権をめぐって日本と対立していた。また，ロシアの南下政策に対抗するため，日本とイギリスは1902年に日英同盟を結んだ。風刺画では，一番左の人物がロシア，中央の小さい人物が日本を表しており，その右のイギリスを表す人物が，ロシアが焼いている栗を取ってくるように日本をそそのかしている。また，このようすをうかがっている一番右の人物は，アメリカを表している。なお，「火中の栗を拾う」とは，自分の利益にならないのに危険をおかすことのたとえ。

問12　**X**　北条政子は鎌倉幕府の初代将軍源頼朝の妻で，第２代将軍頼家・第３代将軍実朝《さねとも》の母である。実朝の死後，弟の北条義時とともに幕府の実権を握り，「尼《あま》将軍」とよばれた。1221年の承《じょう》久《きゅう》の乱のさいには，動揺《どうよう》する御家人を前にして頼朝の恩を説く演説を行い，御家人の結束を固めて幕府を勝利に導いた。　**Y**　推古天皇は蘇我馬子らに推されて592年に即位《そくい》し，最初の女性天皇となった。翌593年には，おいにあたる聖徳太子を摂政とし，天皇中心の国づくりをすすめた。

理 科 ＜2月1日午前試験＞（社会と合わせて60分）＜満点：70点＞

解 答

1 **問1** （例） 右の図① **問2** 2回，イ **問3** 8月5日 **問4** （例） 海岸線や海底の地形が入り組んでいたりすると，海流の移動がさまたげられ，海水の移動に時間がかかるため。 2 **問1** 反射 **問2** （例） ぼうし，長そでのシャツ，長ズボン **問3** ① オゾン層 ② オゾンホール **問4** （例） 解説を参照のこと。 3 **問1** ア，カ **問2** （例） 閉じたときのコックの向きが水の流れと平行になっていれば，水の流れやぶつかったものなどによってコックが開いてしまうことを防ぐことができるから。 **問3** ア **問4** A 上 B 7 C 20 **問5** 陸 **問6** （例） 海岸に沿って流れている海流が，堤防に集まって沖へ出ていくから。（図は右の図②） **問7** （例） 海岸に向かって横に移動して，流れが弱くなったら陸に向かう。 **問8** ア **問9** （例） 呼吸のための酸素や光合成のための二酸化炭素，栄養分をとり入れたり，はい出物などが移動するための通路としてはたらいている。

図①

図②

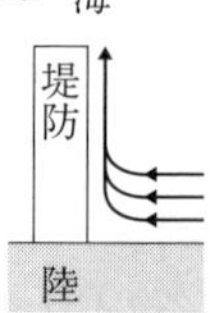

解 説

1 **潮の満ち引きについての問題**

問1 太陽，地球，月が直線状にならぶとき(つまり満月，新月のとき)は，月の引力によって海面が上がろうとする方向と，太陽の引力によって海面が上がろうとする方向とが重なるため，海面の上がり方が大きくなる。よって，干潮時と満潮時の海面差が大きくなる。このようになる期間を大潮と呼ぶ。一方，地球から見て太陽と月が90度はなれているとき(つまり半月のとき)は，月の引力の影響《えいきょう》で海面が下がろうとする方向と，太陽の引力によって海面が上がろうとする方向とが重なり，打ち消し合う。すると，干潮時と満潮時の海面差が小さくなる。このようになる期間を小潮と呼ぶ。

問2 地球が1日に1回自転する間に，ある地点では，図1の海面が上がったところと下がったところを2回ずつ通ることになる。そのため，ふつう満潮と干潮は1日に2回ずつある。また，月が地球の周りを27日で1周しているものとすると，月は1日あたり，360÷27＝13.3…より，約13度動いていることになる。すると，満潮の場所も約13度ずつずれていくので，1日当たりの満潮の時刻のずれは，地球が約13度自転するのにかかる時間にあたる，$24 \times 60 \times \frac{13}{360} = 52$(分)となる。このことから，イがふさわしい。

問3 月の公転の向きと地球の自転の向きは同じなので，問2より，満潮の時刻は1日で約50分おそくなると考えられる。よって，8月3日の(午前中の)満潮の時刻が午前8時だとすると，4日は午前8時50分ごろ，5日は午前9時40分ごろ，6日は午前10時30分ごろとなるので，このときドルトン君は8月5日と考えた。

問４　図を見てもわかるように，海岸線は入り組んでいるのがふつうである。また，海には島があるほか，海底の地形も平らではない。このように地形が複雑であるため，海水の移動がさまたげられるので，各地の満潮の時刻は単純な計算の通りにはならない。

2 紫外《しがい》線の性質についての問題

問１　太陽光にふくまれる紫外線は，日傘《ひがさ》をさすことで空から直接届くものを防ぐことができる。しかし，それだけでは地面や建物に反射した紫外線をさえぎることができない。

問２　太陽光(紫外線)が皮膚《ひふ》に直接当たらないようにするために，長そでのシャツを着たり長ズボンをはいたりする，ぼうしやサングラスを身につけるなどの工夫が必要である。

問３　地球のはるか上空には，オゾン層という気体の層があり，これが紫外線をさえぎるはたらきをしている。ところが，近年になってオゾン層の一部で，あなの開いたように薄《うす》くなっている部分が見つかっていて，この部分をオゾンホールと呼んでいる。このようにオゾン層が破壊されているのは，かつてエアコンや冷蔵庫などに使われていたフロンという物質が大気中に大量放出されたせいであり，そのため現在はフロンを使わないようにしている。

問４　たとえば，同じくらいの大きさのバナナを２本用意し，一方はそのままにして，もう一方は太陽の光が当たらないようにアルミニウムはくでおおう。そして，これらを太陽光が当たる場所にしばらく置いて，色の変化を観察する。そのままにしたほうが黒くなれば，色の変化の原因が紫外線であると考えられる。なお，アルミニウムはくでおおう代わりに，箱をかぶせたり，日焼け止めをぬったりする方法も考えられる。

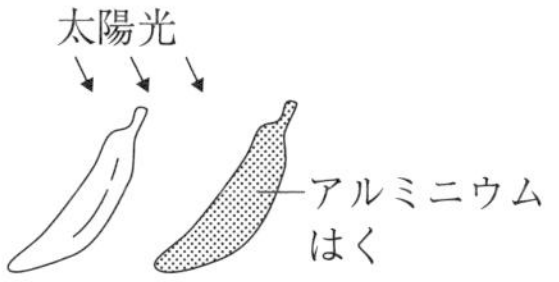

3 プランクトンの採集と観察についての問題

問１　プランクトンネットでは，目の細かい化学せんいでできたネットでプランクトンをこしとって集める。よって，こしとって餌《えさ》を食べる(集める)動物を選ぶ。シロナガスクジラは，プランクトンやオキアミなどの餌を大量の海水とともに口の中に入れ，このうち海水だけを口から出して餌をこしとる。アサリは，２本の管を貝がらから外に出し，一方の管で海水をとり入れ，エラで餌をこしとっている。とり入れた海水は呼吸でも使い，もう一方の管からはい出される。

問２　タンクのようなコックのつくりだと，プランクトンネットを海に入れているときや海から引き上げるときに，水の流れなどによってコックが開いてしまいやすく，集まったプランクトンが出ていってしまい採集が失敗する可能性が高くなる。中身が出る方向に合わせると閉まるようなつくりにすれば，海から引き上げるときなどにコックが開きにくくなる。

問３　土は水よりも温まりやすくて冷めやすいことから考えられるように，地面は海面に比べて，温まりやすくて冷めやすいため，１日の温度変化が大きい。よって，アが地面，イが海面とわかる。

問４　**A**　同じ体積で比べると，温められた空気は周りの空気より軽いため，上向きに動く。

B　朝，地面の温度が海面の温度より高くなると，それまでは海面上の空気が上向きに動いて陸風(陸から海への風)が吹《ふ》いていたのが，地面上の空気が上向きに動くようになって，海風(海から陸への風)に変わる。図２より，その変わり目は，地面の温度と海面の温度が同じになる７時と考えられる。その後，温度の差が大きくなるにつれて海風が強くなる。　**C**　夕方，地面の温度が海面の温度より低くなると，それまでは地面上の空気が上向きに動いて海風が吹いていたのが，海面上の空気が上向きに動くようになり，陸風に変わる。図２より，その変わり目は，地面の温度と海面の温度が同じになる20時と考えられる。

問５　問４のＢの解説を参照のこと。

問６　海岸に向かってきた波は，いったん海岸に沿って動き(沿岸流)，そのあと離《り》岸流となる。海につき出た堤防《ていぼう》の付近では，沿岸流が堤防にさまたげられて集まるため，離岸流の勢いが強まりやすい。

問７　離岸流の勢いは強く，それに逆らって泳ぐのは非常に難しい。そこで，はじめは海岸に向かって横方向に(海岸に沿って)泳ぐ。そして，離岸流の勢いが弱まってきてから，海岸に向かって泳ぐようにする。なお，慌《あわ》てたり無理に泳いだりすると，むだに体力を使ってしまう。まずは落ち着いて，海にういて呼吸することを第一に考える。

問８　アについて，レンズをつけるときは，ほこりなどが入らないように，接眼レンズ，対物レンズの順につける。イとオについて，倍率を高くすると，観察できる範囲《はんい》がせまくなる。そのため，レンズに入る光の量が少なくなり，見え方は暗くなる。ウについて，ピントを合わせる操作は，対物レンズをプレパラートにできるだけ近づけたあと，対物レンズを遠ざけるように動かしながら行う。エについて，顕微《けんび》鏡は直射日光が当たらないところに置く。直射日光が当たるところで使うと，非常に強い光が目に入るおそれがあり，危険である。

問９　ケイソウは植物プランクトンなので，呼吸や光合成を行う。よって，表面にあいたたくさんのあなは，これらのはたらきを行うさいに出入りする酸素や二酸化炭素の通路になっていると考えられる。また，成長に必要な栄養分(肥料分)をとり入れるさいの通路としてのはたらきもしていると考えられる。

国　語　＜2月1日午前試験＞（50分）＜満点：100点＞

解　答

一　**問1**　**A**　ア　**B**　ウ　**C**　オ　**D**　エ　**E**　イ　**問2**　エ　**問3**　ウ　**問4**　イ　**問5**　イ　**問6**　ウ　二　**問1**　**A**　オ　**B**　ア　**C**　エ　**問2**　①　ウ　③　イ　**問3**　エ　**問4**　疑問　**問5**　ア　**問6**　エ　**問7**　(例)　動物が好きだった私は，とてもねずみをかわいいと思っていましたが，ある日，母から「ねずみには病原菌や寄生虫がいることがあるし，かまれると危険なので，見つけてもかわいいからといってさわってはだめだよ」と言われました。それ以来，ねずみに対してどこか嫌悪感めいたものを抱くようになってしまい，ほかの動物たちも不潔なのではないかと，敬遠するようになってしまいました。　三　①　カ　②　キ　③　ク　④　オ　⑤　ア

解　説

一　**出典は小俣麦穂《おまたむぎほ》の『ピアノをきかせて』による。**響音《ひびね》は，ふるさと文化祭の音楽劇に参加することになり，そのことを姉の千弦《ちづる》に話す。

問１　**A**　ピアノの弾《ひ》ける男子が少ない中，ピアノがじょうずな「赤峰先輩《あかみねせんぱい》は学校で超《ちょう》有名人」だと話している場面である。よって，“ほとんど”という意味の「めったに」があてはまる。

B　「春休みが終わる最後の日」を直後で「きのう」と言いかえているので，「つまり」が合う。

C　直後の一文に，「燈子《とうこ》や秋生《あきお》となら～千弦のピアノはきっと，重い音になんかならない」とあるので，響音には千弦もいっしょに助っ人をやるという自分の思いつきがすごくいいものに思えていることがわかる。よって，「とても」がふさわしい。　**D**　千弦が秋君のピアノについて，へたではないが音楽受験するにはもっと技術が必要だと話している場面なので，「もうちょっと」があてはまる。　**E**　響音は，千弦の言葉に「とげがある」と感じて気になっていたが，千弦が響音に自分のピアノをきいてほしいと言ってくれたので，千弦のとげとげしい態度はいそがしさによるものだと，響音は考え直したのである。よって，「やはり」がふさわしい。

問２　空らんＣをふくむ文の直前の響音の言葉に，「とっこちゃん」が行っているピアノ教室が「ふるさと文化祭の舞台《ぶたい》に出ることになった」のだが，参加人数が少ないので教室に通っていない響音たちも出演することになったとある。よって，エがふさわしい。

問３　続く部分に，響音は，千弦やお母さんとゆっくり話す時間がなくて，音楽教室へ通うことをまだ言っていないことや，千弦はピアノをやっているのに「音楽劇に千弦をさそおうと，これっぽっちも考えつかなかったじぶん」のことを「へんかもしれない」と感じていることが書かれている。

問４　千弦は，秋君のピアノについて練習が足りていないと言ったり，響音が参加している音楽劇を「お遊び劇」と言ったりしている。しかし，この後で「ごめん，いやな言いかたした」とあやまり，課題曲がたくさんあって練習しなければいけないのは自分だと話しているので，そのために千弦は焦《あせ》って「とげがある」言いかたをしていたのだと考えられる。

問５　直後で千弦が響音に「ごめん，いやな言いかたした」とあやまっていることから，千弦は響音のようすを見て，秋君のピアノについて悪く言ってしまったことを反省したのだと考えられる。よって，イがあてはまる。

問６　本文は，響音と千弦の会話が中心に描《えが》かれている。その中で変化する千弦の心情は，「ため息をつく」や「声を明るくした」のような行動で表現されている。

二　**出典は福岡伸一《ふくおかしんいち》の『生命の逆襲《ぎゃくしゅう》』による。**筆者は，子どもの疑問はうまく答えられないものが多いが，それでいいのだと言い，その理由を説明している。

問１　**A**　子どもの疑問はあまりにも本質的であるため，うまく答えられなくて当然だと述べた後で，それらの疑問を合理的に説明しようとすると，最終的に「たったひとつの論法に行き着いて」しまうとつけ加えているので，前のことがらに別のことをつけ加えるときに使う「それに」がふさわしい。　**B**　直前の文で述べた「たったひとつの論法」を「それが生存のために有利だったから，という進化論」と言いかえている。よって，前に述べた内容を言いかえるときに用いる「つまり」があてはまる。　**C**　子どもの「なぜ」という疑問を合理的に説明しようとすると，「それが生存のために有利だったから，という進化論」に行き着いてしまうと述べた後で，「子どもが聞きたいことはそんな答えではありません」と反対のことを述べているので，前のことがらを受けて，それに反する内容を述べるときに用いる「しかし」が合う。

問２　①「内向的」は，興味や関心が自分の内側にばかり向かうようす。　③「生半可な」は，中途半端《ちゅうとはんぱ》なようす，いいかげんなようす。

問３　続く段落で，子どもの問いはあまりにも本質的なので，専門家にもうまく答えられないと述べられている。また，その次の段落に，「生物の『なぜ』を合理的に説明しようとすると，結局のところ～それが生存のために有利だったから，という進化論」に行き着くが，それは子どもが聞きたい答えではないとある。さらに，本文の最終段落に，子どもの疑問に答えずにそのまま子どもの心に残すことで，子ども自身に考えるきっかけを与《あた》えると述べられている。よって，エが合わない。

問4　本文を通して，筆者は疑問を抱き続けることが大切だと述べている。最終段落に，お母さんが子どもの疑問に答えなかった場合，「疑問は開かれたまま子どもの心にそっと受け止められます」とあることからも，「疑問」がふさわしい。

問5　直前の一文に注目すると，ぼう線④の「そのプロセス」は「ああでもない，こうでもないと考えあぐね」ることを指しているとわかる。また，最後の一文には，「自ら考えることそのものに意味がある」と述べられており，筆者は，答えを得ることよりも考えるプロセスが大切だと考えていることがわかる。

問6　昆虫《こんちゅう》について子どもに質問されたお母さんの話から始まり，疑問は疑問のままでよく，子ども自身が考えることそのものに意味があると結んでいる。よって，エが合う。

問7　「知ってしまってがっかりしたこと」というテーマなので，知った内容が自分の考えていたようなものではなくて期待はずれだったという流れでまとめるとよい。

三　対義語の完成

①「複雑」は，関係や構造がこみ入っていること。対義語は，こみ入っていないことを表す「単純」。　②「進化」は，事物が進歩して，よりよいものになること。対義語は，おとろえたり規模が小さくなったりすることを表す「退化」。　③「損失」は，金銭や物などを失うこと。対義語は，もうけを表す「利益」。　④「積極的」は，物事を自分からすすんでするようす。対義語は，ひっこみがちなようすを表す「消極的」。　⑤「祖先」は，同じ家系の先代までの人々のこと。対義語は，祖先から代々血筋や家系を引く人々のことを表す「子孫」。

2021年度　ドルトン東京学園中等部

【算　数】〈２月１日午後試験〉（50分）〈満点：100点〉

〔注意〕１．三角定規やコンパス，分度器は使用できません。
２．分数は最後まで約分して答えてください。
３．比は最も簡単《かんたん》な整数で答えてください。
４．円周率は3.14とします。

１ 次の計算をしなさい。ただし，(4) は［　　］にあてはまる数を答えなさい。

(1)　$5-(13\div7\div5-2\div7)\times35$

(2)　$\dfrac{9}{13}\div\dfrac{9}{11}-\dfrac{5}{13}\div\dfrac{5}{7}+\dfrac{1}{5}\times\dfrac{10}{13}$

(3)　$\left(4.9\div1\dfrac{2}{5}-2.4\times\dfrac{5}{6}\right)\div0.125$

(4)　345 mg ＝［　　］g

２ 次の問いに答えなさい。

(1)　１から50までの整数で，２でも３でも５でも割《わ》り切《き》れない数は何個ありますか。

(2)　食塩50 gを濃度《のうど》８％の食塩水450 gに加えました。この食塩水に濃度12％の食塩水200 gを加えました。完成した食塩水の濃度は何％ですか。小数第２位を四捨五入《ししゃごにゅう》して答えなさい。

⑶　１周 200 m の池の周りをさゆりさんは分速 60 m，まさひろさんは分速 50 m で同じ場所から同時に同じ方向に進みました。さゆりさんがまさひろさんに追いつくまでにさゆりさんは池を何周しますか。

⑷　同じ個数のクッキーとチョコレートがあります。グループメンバー全員に，クッキーを５個ずつ配ると 10 個余り，チョコレートを２個ずつ配ると 46 個余ります。クッキーは全部で何個ありますか。

⑸　図は一辺４㎝の正方形の各辺の真ん中の点を中心とする円周の一部を組み合わせて作った図形です。斜線《しゃせん》部分の面積を求めなさい。

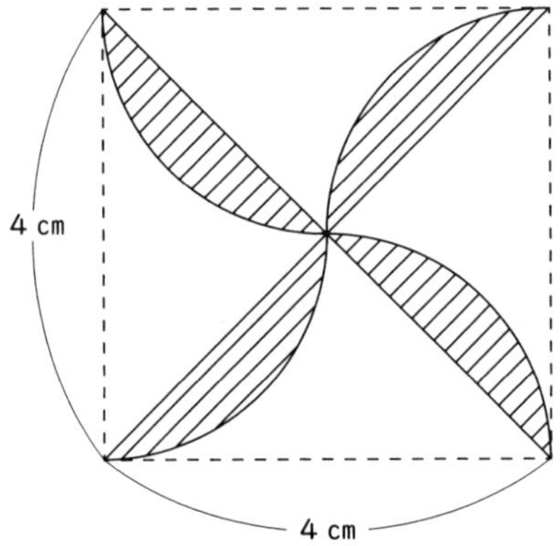

⑹　同じ大きさの 27 個の立方体を組み合わせて大きな立方体を作り，大きな立方体の面に垂直《すいちょく》に突《つ》き抜《ぬ》けるような穴《あな》を図のように何か所かあけました。このとき 27 個の立方体のうち，１つも穴のあいていない立方体は何個ありますか。

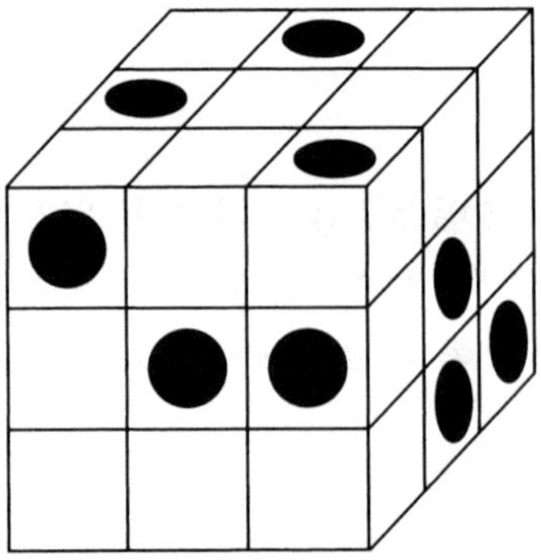

3 それ以上約分できない分数を既約《きやく》分数といい，分子が分母より小さい分数を真《しん》分数といいます。例えば$\frac{1}{2}$は既約真分数ですが，$\frac{4}{6}$は既約分数ではなく，$\frac{5}{2}$は真分数ではありません。異《こと》なる３つの既約真分数を使って次の式を作ります。

（既約真分数**ア**）－（既約真分数**イ**）＝（既約真分数**ウ**）

(1) 次の条件に合うように式を作りなさい。

① ３つの既約真分数がすべて異なる。

② ３つの既約真分数の分母がすべて異なる奇数《きすう》である。ただし①と異なる式を作ること。

(2) この式を作るとき，３つの既約真分数の分母，分子がすべて異なる奇数になることはありません。その理由を説明しなさい。

4 図１は，１辺の長さが１cm，３cm，５cm，７cm，９cmである５個の異なる立方体を組み合わせた１つの立体です。

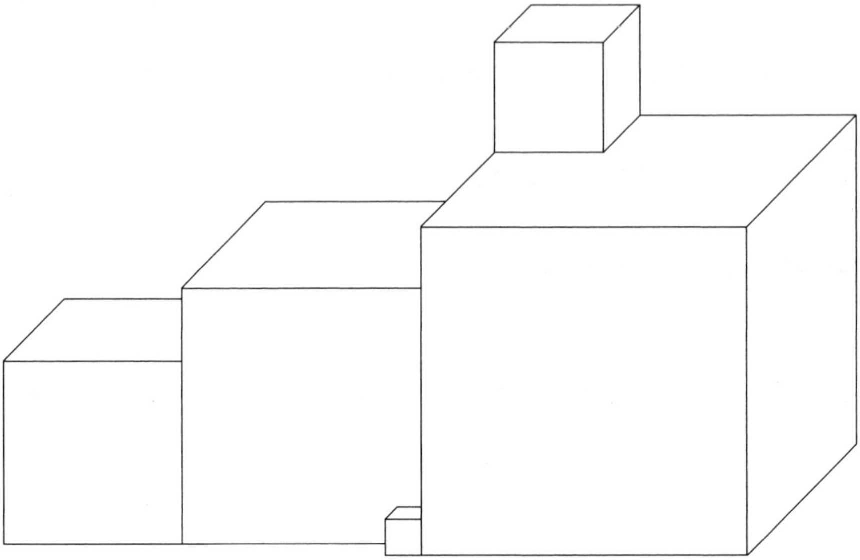

図１

図２は，この立体を真上から見たもので，１目《め》盛《も》りは１cmです。

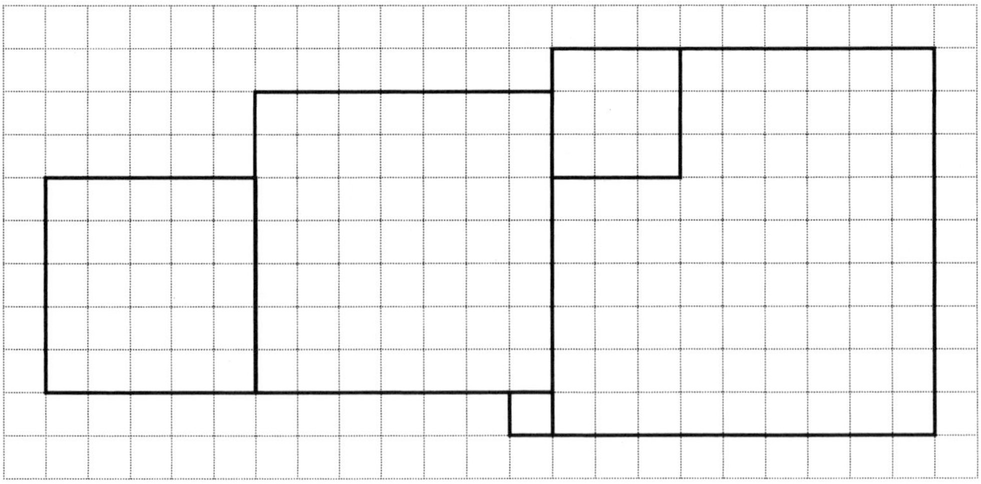

図２

(1)　図１の立体の体積を求めなさい。

⑵　図１の立体の表面積を求めなさい。ただし，表面積には底面も含《ふく》みます。

⑶　１辺の長さが２㎝，４㎝，６㎝，８㎝，10㎝である５個の異なる立方体を，次の条件で組み合わせて１つの立体を作ります。

【条件】

- 立方体は，１目盛りが１㎝で縦《たて》16㎝横20㎝の方眼用紙のマス目に合わせておく。
- 立方体は，方眼用紙の上に直接おくか，それ自身よりも大きい立方体の上にはみ出さないようにのせる。
- どの立方体も少なくとも１つの他の立方体と接することとし，接している部分の面積は１㎠以上となるように組み合わせる。

表面積が最も大きくなるように立体を作るとき，この立体を真上から見た図を，図２のように解答用紙にかきなさい。ただし，１辺の長さが10㎝の立方体はすでに図にかいてあります。

必要ならば，下のマス目を下書きに使用しなさい。

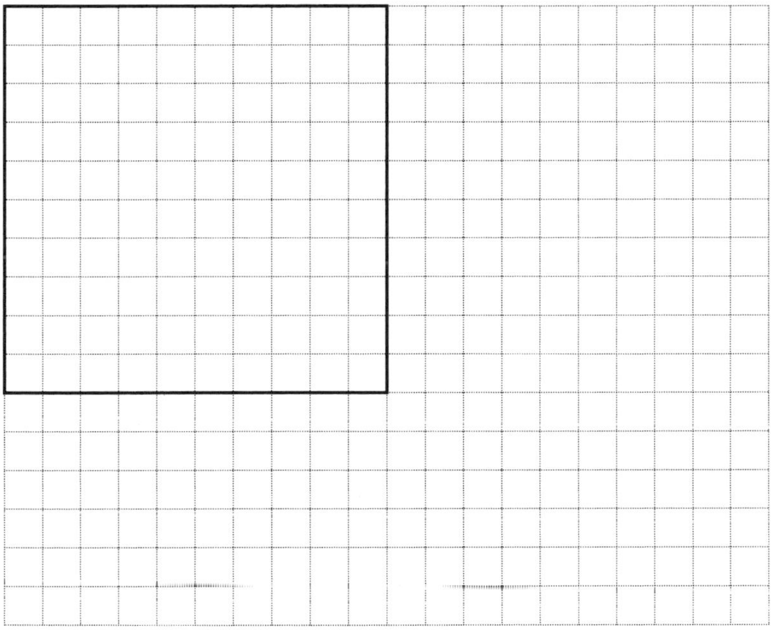

⑷　⑶の立体の表面積を求めなさい。ただし，表面積には底面も含みます。

③時間がある限りはせいいっぱいがんばろう。

ア　若い年代の人口はゲンショウしている。

イ　あのゲンテイのゲームが欲しい。

ウ　平成から令和へゲンゴウが変わる。

④ガラスの破片が飛び散る。

ア　あのアタりで落としたと思う。

イ　季節がカわって春になった。

ウ　重心がカタ側に寄っている。

⑤三角定規で垂直に線を引く。

ア　こぼしたソースが床にタれる。

イ　ミズを得た魚のような元気さだ。

ウ　北風が強くフいていて寒い。

問六　この文章のタイトルとして最もふさわしいものを次の中から一つ選び、記号で答えなさい。

ア「音楽や歌の誕生について」
イ「遊びと共感する力」
ウ「動物園のゴリラと野生のゴリラ」
エ「おにごっこはなぜ楽しいのか」

問七　＝＝「人間は、どうして、こんなふうに共感したがる生き物なのでしょう？」とあるが、なぜだと考えるか。具体的な経験を一つ挙げて、自分の考えを一五〇字以上二〇〇字以内で書きなさい。（一マス目から書き始め、途中で改行はしないこと）

三　次の①～⑤について、――のカタカナを漢字にしたときに、＝＝と同じ漢字になるものを一つずつ選び、記号で答えなさい。

①二つの間に大きな差異はない。
ア　豊かな自然にカコまれた生活。
イ　十のクライを四捨五入する。
ウ　以前とは様子がコトなっている。

②有力な情報を提供する。
ア　桃太郎は動物たちをおトモにした。
イ　ゴリラはサルの中でも力がツヨい。
ウ　野球のルールを息子にオシえた。

問二　二か所の［　Ｘ　］には同じ四字熟語が入ります。当てはまるものを次の中から一つ選び、記号で答えなさい。

ア　適材適所《ていざいてきしょ》　**イ**　臨機応変《りんきおうへん》　**ウ**　一挙両得《いっきょりょうとく》　**エ**　自業自得《じごうじとく》

問三　――①「ゴリラは、日に何度も、しかもほかの動物とは比べ物にならないほど長く、遊び続けることができるのです」とあるが、ゴリラが遊びを続けられる理由として当てはまらないものを次の中から一つ選び、記号で答えなさい。

ア　相手の力に合わせて自分の力を加減することができるから。

イ　群れの一体感を高めるための手段として遊びをとらえているから。

ウ　遊び相手の出方によって遊びをだんだんと変更することができるから。

エ　笑い声により、遊びたいという意志を伝えあうことができるから。

問四　――②「心の能力」と同じ意味になるように、次の［　　］に当てはまる語句を二八字で抜き出しなさい。

［（二八字）］能力。

問五　この文章の内容に最もふさわしいものを次の中から一つ選び、記号で答えなさい。

ア　ゴリラや人間はもともと遊ぶ能力をもっているので、自然と共感できるようになる。

イ　ゴリラの「グコグコグコ」という笑い声は、主に追いかけっこをするときに発せられる。

ウ　ゴリラがもっと遊べるように、動物園にもシーソーやブランコを作るべきである。

エ　遊ぶという体験を通じて、人間やゴリラは共感する能力を身に着けることができる。

手の能力に応じて自分の力を加減したり、ときには、相手の力をいつもより出させるための工夫《くふう》をしたりしながら、彼らは上手に遊びます。

　このように、相手に合わせ続けられる「体の能力」と②「心の能力」と、なにより続けようとする「意志」があるからこそ、遊ぶことができるのです。人間やゴリラは、遊びという複雑な行為《こうい》を、やすやすとやってのける体と心を進化させてきたのです。

　この遊ぶ能力は、生まれつき備わっているものだと考えられています。ただし、その能力を引き出すには、小さいころに、同じような年ごろの子と遊ぶ経験が必要です。

　今、日本の動物園では、ゴリラが繁殖《はんしょく》できないことが問題になっています。動物園で育ったゴリラは、子ども時代に同性、異性《いせい》を問わず、遊ぶ機会が少なくなってしまいます。それが原因で、交尾《こうび》ができなくなったゴリラも少なくありません。

「遊び」の中で、いろいろな相手と体を触《ふ》れあううちに、同性同士はもちろん、自分とはちがう体を持つ異性とも共感できるようになります。この共感がないと、交尾さえできなくなってしまうのですね。

　みなさんは、幼い子どもが、「お母さん、見て見て！　虫がいる！」などと、母親に一所《いっしょ》懸命《けんめい》に呼びかけている姿を見たことがありませんか？　子供はなぜ、自分が見たものを母親にもいっしょに見てほしいと思うのでしょうか。

　小さな子どもに限ったことではありません。大人だって、雨上がりの空にきれいな虹《にじ》がかかっていたり、凍《い》てつくような冬の夜空にぽっかり浮《う》かぶ満月を見つけたりしたら、好きな人といっしょに見たい、その美しさや、それを見ている時間を共有したいと思うはずです。

人間は、どうして、こんなふうに共感したがる生き物なのでしょう？

（山極寿一『ゴリラは語る』による）

問一　Ａ～Ｄに入れるのに最もふさわしいものを次の中から一つずつ選び、記号で答えなさい。

ア　たとえば　**イ**　だからこそ　**ウ**　ところが　**エ**　ようするに

①ゴリラは、日に何度も、しかもほかの動物とは比べ物にならないほど長く、遊び続けることができるのです。

彼《かれ》らが好んでよくやる遊びは「レスリング」と「追いかけっこ」。それから、後ろから相手の腰《こし》に手を置いてついていく「ヘビダンス」や、つるにつかまってブラブラする「ターザンごっこ」、みんなより少し高いところに立ってドラミングする「お山の大将《たいしょう》ごっこ」なども、定番の遊びです。

彼らが遊んでいる最中に出す「グコグコグコ」という笑い声は、「自分は今楽しいんだよ」ということを相手に伝える手段《しゅだん》です。笑いがあることで、相手も「自分がやっていることは相手を傷《きず》つけたり、嫌《いや》な気分にさせたりしていないんだ。遊びを続けてもいいんだな」とわかります。笑い声には、そういうメッセージの役目もあるのです。

「遊び」というのは不思議なもので、遊ぶこと自体が目的です。[A]、みなさんが朝、通学路を歩くのは学校に通うためですよね。お母さんたちがお店へ行くのも、買い物をするためでしょう。ふつう、行動にはなんらかの目的があるわけです。

[B]、遊びは、単純《たんじゅん》に楽しみたいから、遊びたいから遊んでいるのです。

時間のむだづかいにも見える「遊び」を長く続けられるのは、遊びの内容をどんどん変えていけるからです。たとえば、なんとなくはじめた相撲《すもう》のようなとっくみあいが、いつの間にか「おにごっこ」に変わって、だれかが空《あ》き缶《かん》を見つけて「缶けり」に変わる、というようなことは、幼《おさな》いときに経験がある人も多いのではないでしょうか。ゴリラの遊びも、追いかけっこをしていて、捕《つか》まえたらそこでおしまいなのか、それとも役割《やくわり》を交替《こうたい》して続けるのか、はたまた、ちがう遊びに変化していくのかというのは、遊んでいるゴリラたちの間で、相手の出方によって自分の出方を[X]に変えるというかたちで、展開《てんかい》していきます。

[X]に自分の出方を変えるには、相手が何をしようとしているのか、どんな気分なのかを察する必要があります。[C]、共感する力を高めることが求められるのです。

[D]、力を加減することもできるのです。子どものゴリラに誘《さそ》われて、ブラックバックがレスリングに参加することがありますが、年が離《はな》れていれば、力の差は決定的です。相

問六　——④「胸が水車小屋のような音を立てはじめた」という表現がたとえている感情として最もふさわしいものを次の中から一つ選び、記号で答えなさい。

ア　いらだちあせる気持ち
イ　怒って荒だつ気持ち
ウ　はずんで高ぶる気持ち
エ　満足してほっとする気持ち

問七　文中のキワという少女の姿から受ける印象として最もふさわしいものを次の中から一つ選び、記号で答えなさい。

ア　素直で無邪気な少女
イ　無口で気むずかしい少女
ウ　話好きで人なつっこい少女
エ　けなげでしっかり者の少女

二　以下の文章を読んで、次の問いに答えなさい。

ぼくは、笑い声の先に、音楽や歌が誕生《たんじょう》したのではないかと想像しています。声を出しあいながら、おたがいに気分を伝えあい、相手と同調していく。そういう笑い声を音楽や歌にまで昇華《しょうか》させたのが人間だったのでしょう。

進化の過程をさかのぼると、ゴリラの笑い声は、他者との「同調」というコミュニケーションの、ひとつの原型になっているにちがいない。ぼくはそう考えるようになりました。

「笑い声」で他者と「同調」するコミュニケーションは、ゴリラの「遊び」にも一役買っています。

問三　――②「それなのに、なにやら薄ら寒い夕暮だという気がしていた」とあるが、汗をかいているのに「薄ら寒く」感じたキワの気持ちとして最もふさわしいものを次の中から一つ選び、記号で答えなさい。

ア　車内の蒼白い明かりが村の赤い裸電球と違っていてなじみにくく、心細い気持ち。

イ　子供ひとりだけで見知らぬ大都会へ向かっているので、わくわくする気持ち。

ウ　まわりの席の大人たちが意地悪そうに見え、いじめられそうで不安な気持ち。

エ　東京で本当に父に会えるのか会えないのかわからなくて心配する気持ち。

問四　文中の……線を付けた二つの文は、どちらも、作者がキワという人物になりきって、その心の中の独り言を述べている。これと同じ性質の文が、二つの……線の間に、あと一つある。その文のはじめの三字を抜き出しなさい。

問五　――③「キワは後悔した」とあるが、その理由として最もふさわしいものを次の中から一つ選び、記号で答えなさい。

ア　プリンをくれたおばさんの質問に答えたために、自分のことを暇つぶしの話題にされたから。

イ　眼鏡のおばさんとおしゃべりしてしまったために、切符を盗んだ疑いをかけられてしまったから。

ウ　車内販売のプリンを御馳走してもらえるなら、一つではなく二つ頼めばよかったと思っているから。

エ　和服の婆さんに自分の出身の話をしてしまったために、余計な心配をかけてしまうことになったから。

この婆さんは田植え休みも知らないとみえる。
「なんでもね、お父さんが東京へ働きに出ていて、そのお父さんに会いにいくんですって。」
「この子、ひとりで？　お母さんはどうしたんでしょうねえ。」
「さあ……私《わたし》もそう訊《き》いたんですけど、お母さんの話になると、急に黙《だま》っちゃうんです、この子。」

眼鏡のおばさんは、仙台《せんだい》の手前から乗ってきた。車内販売《はんばい》のプリンを一つ御馳走《ごちそう》してくれたので、訊かれるままにぽつりぽつりと話したのだが、こんな退屈凌《たいくつしの》ぎの話の種になるのだったら、黙りこくっていればよかったと、③キワは後悔《こうかい》した。

母親が、弟二人を連れて山むこうの実家へ帰ってしまってから、もうそろそろ一年になる。それというのも、父親が東京へ働きに出かけたきり二年も音沙汰《おとさた》なしだったからだが、そんなことを行きずりの他人に話したところで、どうなるものでもない。

外の夕闇《ゆうやみ》のなかを流れてゆく燈火《とうか》を、ただぼんやりと見送っているうちに、キワはまたあくびが出そうになった。今朝、村の家を出てきたのはまだ暗いうちだったから無理もないが、もうすぐ東京だから眠《ねむ》ってはいけない。

キワは、窓ガラスを鏡にして、手のひらでほつれた髪を撫《な》で上げてから、目印の赤いリボンを結び直した。すると、不意に④胸《むね》が水車小屋のような音を立てはじめた。

（三浦哲郎『木馬の騎手』による）

問一　――①「うさん臭げ」とは、どことなくあやしく思う様子を表している。本文中の会話文**ア**～**エ**の中で、その思いが最も強く表されているものを一つ選び、記号で答えなさい。

問二　［Ａ］には時間帯を表す言葉が入るが、本文をふまえて最もふさわしいものを次の中から一つ選び、記号で答えなさい。

ア　真昼間　**イ**　真夜中　**ウ**　たそがれ　**エ**　あさやけ

東京の父親のところは、村で見馴《みな》れている赤い裸電燈《はだかでんとう》であってくれればいい。そう思いながら、座席《ざせき》の下からリュックを引き出し、なかから町の商店の名入りの手拭《てぬぐ》いを取り出して顔や首筋《くびすじ》を拭《ふ》いていると、

ア「この子、ひとりなのかしら……。」
和服の婆さんが独り言のようにそう呟《つぶや》くのがきこえた。

イ「……ええ、ひとりですって。青森の方から乗ったらしいんですけどね、上野までいくんだそうです。」
ちょっと間を置いてから、前の席の眼鏡のおばさんがちいさな声でそういった。

ウ「ま、青森から……よくまあ、ひとりで。」
と婆さんがいうので、褒《ほ》めてくれたのかと思うと、

エ「切符《きっぷ》は、持ってるんでしょうね。」
「ええ、持ってますよ。お祖父《じい》さんが馬車で町の駅まで送ってきて、買ってくれたんですって。」
「へえ……馬車でねえ。」
と婆さんは妙《みょう》なことに感心している。

大人たちは、時々こちらを見《み》くびって筒抜《つつぬ》けの内証話《ないしょばなし》をするから、目の遣《や》り場に困《こま》ってしまう。キワは、手拭いを畳《たた》んでリュックに仕舞《しま》うと、また窓の方へ目をやって、それでもやはり、念のために、薄手《うすで》のセーターの鳩尾《みぞおち》のあたりを片手《かたて》でそっと掴《つか》んでみた。

首から紐《ひも》で肌着《はだぎ》の内側に吊《つる》してある婆っちゃ手製の布袋《ぬのぶくろ》には、鎮守《ちんじゅ》様のお守りと、まさかの時のために爺っちゃが持たせてくれた千円札が三枚《まい》と、それに切符が入っている。人目を盗《ぬす》んで汽車に飛び乗った子供《こども》と間違《まちが》えて貰《もら》っては困る。

「いくつぐらいかしらねえ。」
「四年生ですって。」
「四年生が、ひとりで東京へなにしにいくのかしら。いま、学校はお休みじゃないんでしょう？」

2021年度 ドルトン東京学園中等部

【国　語】〈二月一日午後試験〉（五〇分）〈満点：一〇〇点〉

〔注意〕字数制限がある問いは、「、」や「。」やカギカッコなどを字数に含《ふく》みます。

一　以下の文章を読んで次の問いに答えなさい。

不意に、頭の上で学校とおなじようなベルが鳴り響《ひび》いたので、キワはびっくりして目が醒《さ》めた。

起き上がってみると、そこは爺《じ》っちゃの馬車の荷台ではない。

「まだ大丈夫《だいじょうぶ》よ。ここは宇都宮《うつのみや》。もう一時間とちょっとで上野だからね。」

前の席のおばさんが、眼鏡の奥《おく》で笑いながらそう教えてくれた。

そのおばさんの隣《となり》の席には、さっきまでは本ばかり読んでいる若《わか》い男がいたのだが、それがいつのまにか和服の婆《ばあ》さんに替《か》わっていて、その婆さんが①うさん臭《くさ》げに目尻《めじり》でこちらをじっとみている。キワは、なんとなくばつが悪くて、頷《うなず》くともなく顎《あご》を引いたまま窓《まど》の外へ目をやった。

外はもう、［　A　］で、ホームやそのむこうにみえる駅舎には蒼白《あおじろ》い明かりが点《と》もっていた。ベルが鳴り終わると、それらがうしろへ流れはじめて、やがて窓ガラスに自分の広いおでこが映《うつ》った。出かけてくるとき、なるべく大人にみえるようにと婆《ば》っちゃが髪《かみ》を三つ編みにしてくれたので、そうでなくても広いおでこが、みっともないほど広くみえる。

キワは、窓ガラスに映った自分のおでこが油を引いたように光っているのをみて、初めて自分が全身に汗《あせ》をかいているのに気がついた。②それなのに、なにやら薄《うす》ら寒い夕暮《ゆうぐれ》だという気がしていたのは、知らぬ間に車内の天井《てんじょう》にも点もっていた蒼白い明かりのせいだろうか。

2021年度

ドルトン東京学園中等部　▶解　答

※　編集上の都合により，２月１日午後試験の解説は省略させていただきました。

算　数　＜２月１日午後試験＞（50分）＜満点：100点＞

解　答

[1] (1)　2　(2)　$\frac{6}{13}$　(3)　12　(4)　0.345　[2] (1)　14個　(2)　15.7％　(3)　6周　(4)　70個　(5)　4.56cm^2　(6)　8個　[3] (1)　①　(例)　$\frac{2}{3}-\frac{1}{4}=\frac{5}{12}$　②　(例)　$\frac{2}{3}-\frac{1}{5}=\frac{7}{15}$　(2)　(例)　アとイの分母と分子がすべて異なる奇数になるとして，アーイを通分して計算すると，アーイ$=\frac{(奇数)}{(奇数)}-\frac{(奇数)}{(奇数)}=\frac{(奇数)\times(奇数)-(奇数)\times(奇数)}{(奇数)\times(奇数)}=\frac{(奇数)-(奇数)}{(奇数)}=\frac{(偶数)}{(奇数)}$となる。よって，ウの分母は偶数になってしまうため，３つの分数の分母，分子はすべて異なる奇数にはならない。　[4] (1)　1225cm^3　(2)　820cm^2　(3)　(例)　右の図　(4)　1304cm^2

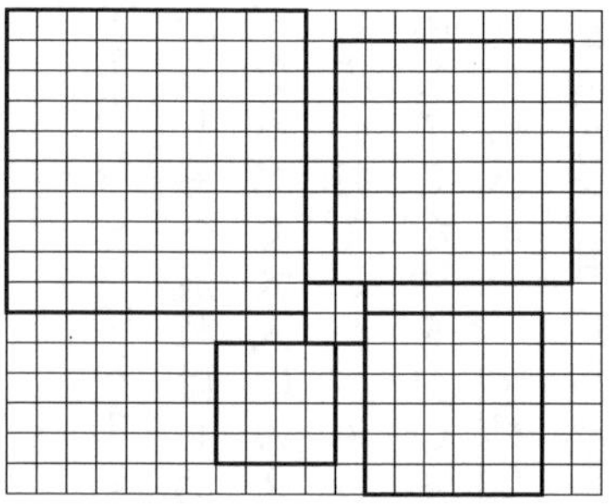

国　語　＜２月１日午後試験＞（50分）＜満点：100点＞

解　答

[一] **問1**　エ　**問2**　ウ　**問3**　ア　**問4**　人目を　**問5**　ア　**問6**　ウ　**問7**　エ　[二] **問1**　**A**　ア　**B**　ウ　**C**　エ　**D**　イ　**問2**　イ　**問3**　イ　**問4**　相手が何をしようとしているのか，どんな気分なのかを察する(能力。)　**問5**　エ　**問6**　イ　**問7**　(例)　私の母は，おいしいものを食べると，「これ，おいしいから食べてみて」と，必ず私にも食べさせてくれます。そして二人で「おいしいね」と言い合うとき，私は幸せな気持ちになります。母も，とてもうれしそうです。いい気持ちを身近な人と共有することは，一人で感じているときよりもっと幸せを感じさせてくれるので，人間は共感したがるのではないかと思います。　[三] ①　ウ　②　ア　③　イ　④　ウ　⑤　ア

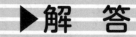

出題ベスト10シリーズ

①国語読解ベスト10

②漢字合格の2790題

③計算合格の820題

④図形問題ベスト10

■過去の入試問題から出題例の多い問題を選んで編集・構成。受験関係者の間でも好評です！

有名中学入試問題集

●男子校編

●女子校編

■中学入試の全容をさぐる!!

■首都圏の中学を中心に、全国有名中学の最新入試問題を収録!!

※表紙は昨年度のものです。

算数の過去問25年分

■筑波大学附属駒場

■麻布

■開成

○名門３校に絶対合格したいという気持ちに応えるため過去問実績No.1の声の教育社が出した答えです。

都立中高一貫校 適性検査問題集

■都立一貫校と同じ検査形式で学べる！

●自己採点のしにくい作文には「採点ガイド」を掲載。

●保護者向けのページも充実。

●私立中学の適性検査型・思考力試験対策にもおすすめ！

スーパー過去問の 解説執筆・解答作成スタッフ（在宅）募集！

※募集要項の詳細は、10月に弊社ホームページ上に掲載します。

2025年度用

中学スーパー過去問

■編集人 声の教育社・編集部

■発行所 株式会社 声の教育社

〒162-0814 東京都新宿区新小川町8-15

☎03-5261-5061(代) FAX03-5261-5062

https://www.koenokyoikusha.co.jp

※本書の内容についての一切の責任は当社にあります。内容・解説・解答・その他は当社ホームページよりお問い合わせ下さい。

ストリーミング配信による入試問題の解説動画

2025年度用web過去問　ラインナップ

■ 男子・女子・共学（全動画） 見放題
36,080円（税込）

■ 男子・共学 見放題
29,480円（税込）

■ 女子・共学 見放題
28,490円（税込）

● 中学受験「声教web過去問（過去問プラス・過去問ライブ）」（算数・社会・理科・国語）

3〜5年間 **24校**

過去問プラス

麻布中学校	桜蔭中学校	開成中学校	慶應義塾中等部	渋谷教育学園渋谷中学校
女子学院中学校	筑波大学附属駒場中学校	豊島岡女子学園中学校	広尾学園中学校	三田国際学園中学校
早稲田中学校	浅野中学校	慶應義塾普通部	聖光学院中学校	市川中学校
渋谷教育学園幕張中学校	栄東中学校			

過去問ライブ

栄光学園中学校	サレジオ学院中学校	中央大学附属横浜中学校	桐蔭学園中等教育学校	東京都市大学付属中学校
フェリス女学院中学校	法政大学第二中学校			

● 中学受験「オンライン過去問塾」（算数・社会・理科）

3〜5年間 **50校以上**

東京	青山学院中等部
	麻布中学校
	跡見学園中学校
	江戸川女子中学校
	桜蔭中学校
	鷗友学園女子中学校
	大妻中学校
	海城中学校
	開成中学校
	開智日本橋中学校
	吉祥女子中学校
	共立女子中学校
東京	国学院大学久我山中学校
	渋谷教育学園渋谷中学校
	城北中学校
	女子学院中学校
	巣鴨中学校
	桐朋中学校
	豊島岡女子学園中学校
	日本大学第三中学校
	雙葉中学校
	本郷中学校
	三輪田学園中学校
	武蔵中学校
東京	明治大学付属明治中学校
	早稲田中学校
	都立中高一貫校 共同作成問題
	都立大泉高校附属中学校
	都立白鷗高校附属中学校
	都立両国高校附属中学校
神奈川	神奈川大学附属中学校
	桐光学園中学校
	県立相模原・平塚中等教育学校
	市立南高校附属中学校
千葉	市川中学校
	国府台女子学院中学部
千葉	芝浦工業大学柏中学校
	渋谷教育学園幕張中学校
	昭和学院秀英中学校
	専修大学松戸中学校
	東邦大学付属東邦中学校
	千葉日本大学第一中学校
	東海大学付属浦安中等部
	麗澤中学校
	県立千葉・東葛飾中学校
	市立稲毛国際中等教育学校
埼玉	浦和明の星女子中学校
	開智中学校
埼玉	栄東中学校
	淑徳与野中学校
	西武学園文理中学校
	獨協埼玉中学校
	立教新座中学校
茨城	江戸川学園取手中学校
	土浦日本大学中等教育学校
	茗渓学園中学校

web過去問 Q&A

過去問が動画化！
声の教育社の編集者や中高受験のプロ講師など、
過去問を知りつくしたスタッフが動画で解説します。

Q どこで購入できますか？

A 声の教育社のHPでお買い求めいただけます。

Q 受講にあたり、テキストは必要ですか？

A 基本的には過去問題集がお手元にあることを前提としたコンテンツとなっております。

Q 全問解説ですか？

A 「オンライン過去問塾」シリーズは基本的に全問解説ですが、国語の解説はございません。「声教web過去問」シリーズは合格のカギとなる問題をピックアップして解説するもので、全問解説ではございません。なお、「声教web過去問」と「オンライン過去問塾」のいずれでも取り上げられている学校がありますが、授業は別の講師によるもので、同一のコンテンツではございません。

Q 動画はいつまで視聴できますか？

A ご購入年度２月末までご視聴いただけます。
複数年視聴するためには年度が変わるたびに購入が必要となります。

よくある解答用紙のご質問

01

実物のサイズにできない

拡大率にしたがってコピーすると，「解答欄」が実物大になります。配点などを含むため，用紙は実物よりも大きくなることがあります。

02

A3用紙に収まらない

拡大率164％以上の解答用紙は実物のサイズ（「出題傾向＆対策」をご覧ください）が大きいために，Ａ３に収まらない場合があります。

03

拡大率が書かれていない

複数ページにわたる解答用紙は，いずれかのページに拡大率を記載しています。どこにも表記がない場合は，正確な拡大率が不明です。

04

１ページに２つある

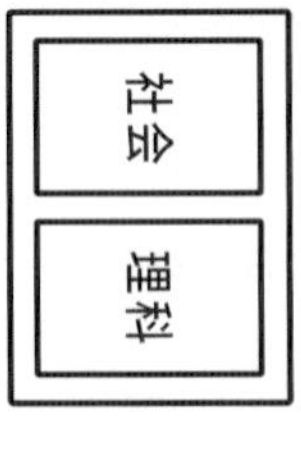

１ページに２つ解答用紙が掲載されている場合は，正確な拡大率が不明です。ほかの試験回の同じ教科をご参考になさってください。

【別冊】入試問題解答用紙編

解答用紙は本体からていねいに抜きとり、別冊としてご使用ください。

※　実際の解答欄の大きさで練習するには、指定の倍率で拡大コピーしてください。なお、ページの上下に小社作成の見出しや配点を記載しているため、コピー後の用紙サイズが実物の解答用紙と異なる場合があります。

●入試結果表

— は非公表

年度	回	項目	国語	算数	社会	理科	2科合計	4科合計	2科合格	4科合格
2024	2月1日午前	配点(満点)	100	100	50	50	200	300	最高点	最高点
		合格者平均点	—	—	—	—	133	197	157	225
		受験者平均点	—	—	—	—	112	170	最低点	最低点
		キミの得点							126	181
	2月1日午後特待	配点(満点)	100	100			200		最高点	
		合格者平均点	—	—			129		146	
		受験者平均点	—	—			87		最低点	
		キミの得点							特 124 一 109	
	2月2日午後理数特待	配点(満点)		100		100	200		最高点	
		合格者平均点		—		—	151		162	
		受験者平均点		—		—	93		最低点	
		キミの得点							特 144 一 108	
2023	2月1日午前	配点(満点)	100	100	50	50	200	300	最高点	最高点
		合格者平均点	—	—	—	—	154.0	203.5	—	—
		受験者平均点	—	—	—	—	103.5	170.0	最低点	最低点
		キミの得点							142	189
	2月1日午後特待	配点(満点)	100	100			200		最高点	
		合格者平均点	—	—			144.2		—	
		受験者平均点	—	—			105.5		最低点	
		キミの得点							特 138 一 123	
	2月2日午後理数特待	配点(満点)		100		100	200		最高点	
		合格者平均点		—		—	134.7		—	
		受験者平均点		—		—	93.7		最低点	
		キミの得点							特 128 一 112	
2022	2月1日午前	配点(満点)	100	100	50	50	200	300	最高点	最高点
		合格者平均点	—	—	—	—	147.5	172.3	—	—
		受験者平均点	—	—	—	—	113.2	141.7	最低点	最低点
		キミの得点							137	165
	2月1日午後特待	配点(満点)	100	100			200		最高点	
		合格者平均点	—	—			142.6		—	
		受験者平均点	—	—			102.8		最低点	
		キミの得点							特 133 一 124	
	2月2日午後理数特待	配点(満点)		100		100	200		最高点	
		合格者平均点		—		—	136.8		—	
		受験者平均点		—		—	99.3		最低点	
		キミの得点							特 130 一 115	

〔参考〕満点［合格者最低点］　2021年：2月1日午前2科200［145］　4科340［非公表］　2月1日午後2科200［144］

※　表中のデータは学校公表のものです。

2024年度　ドルトン東京学園中等部　2月1日午前

算数解答用紙

番号		氏名		評点	／100

1

(1)		(2)		(3)		(4)	個

2

(1)		(2)	円	(3)	cm^3
(4)	時　分	(5)		(6)	最大で　人 最少で　人

3

(1)		(2)	①	あ		い		う
②	え		お		(3)	①	か		き
②								

4

(1)	①		②		(2)		(3)	
(4)	式や考え方 番目				

（注）この解答用紙は実物を縮小してあります。179％拡大コピーをすると、ほぼ実物大の解答欄になります。

〔算　数〕100点(推定配点)

1～3　各５点×15＜2の(6)，3の(2)の①，②，(3)の①は完答＞　4　(1)　各２点×2　(2)　５点　(3)　６点　(4)　式や考え方…５点，答え…５点

２０２４年度　ドルトン東京学園中等部　２月１日午前

社会解答用紙

番号		氏名	

評点	／50

1

問１　問２　問３　問４　(1)　(2)

問５（15・30・45字のマス目）

問６（アルファベット指定）

2

問１

問２（15・30・40字のマス目）

問３　問４　→　→　→

問５（漢字指定）　問６　問７

3

問１　問２

問３

１つめの問題点は、

２つめの問題点は、

問４　問５　問６　問７

（注）この解答用紙は実物を縮小してあります。172%拡大コピーをすると、ほぼ実物大の解答欄になります。

〔社　会〕50点(推定配点)

1　問１～問４　各２点×5　問５，問６　各３点×2　2　問１　２点　問２　３点　問３　２点　問４，問５　各３点×2＜問４は完答＞　問６，問７　各２点×2　3　問１～問４　各２点×5　問５　３点　問６，問７　各２点×2

２０２４年度　　ドルトン東京学園中等部　２月１日午前

理科解答用紙

番号		氏名		評点	／50

1

問1	(1) 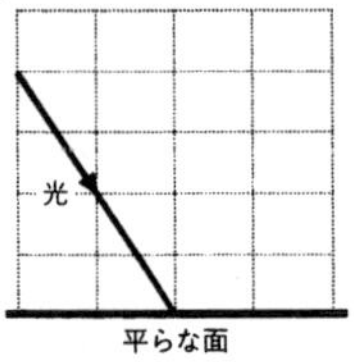
	(2)

問2		問3	1	2	3	問4	

2

問1			問2	記号	理由

問3		問4		問5	→ → → →

問6	(1) ①	②	(2) 年前

3

プラスチックが他とちがう点をいくつか書き出しましょう（知っていること，観察して気づいたこと，など）。

プラスチックが大きな問題となるのはなぜでしょうか。あなたの考えを書きましょう。

（注）この解答用紙は実物を縮小してあります。169％拡大コピーをすると、ほぼ実物大の解答欄になります。

〔理　科〕50点(推定配点)

1　(1)　図…2点，説明…2点　(2)　3点　問2～問4　各3点×3＜問3は完答＞　2　問1　各2点×2　問2　記号…2点，理由…3点　問3～問5　各3点×3＜問5は完答＞　問6　(1)　各2点×2　(2)　4点　3　各4点×2

２０２４年度　ドルトン東京学園中等部　二月一日午前

国語解答用紙

番号		氏名		評点	／100

一
問一 ① ② ③
問二 ① ② ③

二
問一
問二
問三
問四
問五
問六
問七

三
問一 A B C
問二 ① ②
問三
問四
問五
問六
問七
問八

（注）この解答用紙は実物を縮小してあります。179％拡大コピーすると、ほぼ実物大の解答欄になります。

〔国　語〕100点(推定配点)

一　各２点×６　二　問１～問６　各５点×６　問７　４点　三　問１，問２　各２点×５　問３～問６　各５点×４　問７　４点　問８　20点

2024年度　ドルトン東京学園中等部　2月1日午後特待

算数解答用紙

番号		氏名		評点	／100

1

(1)		(2)		(3)	①		②		③		
(4)	円	(5)	①		②	cm³	(6)	時速　km			
(7)		(8)	D		L		T		O		N

2

(1)	刺すことは　できる　／　できない	
(2)	ア	
	イ	
	ウ	
	エ	
	オ	

3

(1)	種類	(2)	枚
(3) ①		②	

4

(1)	6時　分　秒	(2)	回
(3)	秒間	(4)	回

（注）この解答用紙は実物を縮小してあります。175％拡大コピーをすると、ほぼ実物大の解答欄になります。

〔算　数〕100点(推定配点)

1　(1)，(2)　各5点×2　(3)　各2点×3　(4)～(8)　各5点×6＜(8)は完答＞　2　(1)　4点　(2)　各2点×5　3，4　各5点×8

２０２４年度　ドルトン東京学園中等部　二月一日午後特待

国語解答用紙

番号		氏名		評点	／100

一

問一 ①

問二

問三 ① ② ③

二

問一 A B C

問二

問三 から。

問四

問五

問六

問七

三

問一

問二

問三

問四

問五

問六

問七

問八

（注）この解答用紙は実物を縮小してあります。175％拡大コピーすると、ほぼ実物大の解答欄になります。

〔国　語〕100点(推定配点)

一　各２点×６　二　問１　各２点×３　問２～問５　各５点×４　問６，問７　各４点×２　三　問１～問６　各５点×６<問４は完答>　問７　４点　問８　20点

２０２４年度　ドルトン東京学園中等部　２月２日午後理数特待

算数解答用紙

番号		氏名		評点	／100

1

(1)		(2)		(3)	円	(4)	歳
(5)	cm^2	(6)	時　分	(7)		(8)	杯

2

(1)	ア		イ					(2)	
(3)	ウ		エ		オ		カ		
(4)		(5)	㋐	cm^2	㋑	cm^2	㋒	cm^2	

3

(1)	種類	(2)	①		②	(3)	cm

4

(1)	月　日	(2)		(3)	①		②	記号
②	説明							

（注）この解答用紙は実物を縮小してあります。167%拡大コピーをすると、ほぼ実物大の解答欄になります。

〔算　数〕100点(推定配点)

1　各５点×８　**2**　(1)　各４点×２　(2)，(3)　各５点×２＜(3)は完答＞　(4)　４点　(5)　各２点×３

3　各４点×３＜(2)は完答＞　**4**　各５点×４＜(3)の②は完答＞

２０２４年度　ドルトン東京学園中等部　２月２日午後理数特待

理科解答用紙

番号		氏名		評点	／100

1

問1		問2	g				
問3							
問4	g	問5	g	問6	cm	問7	g
問8							
問9	影響 解決策						

2

問1		問2		
問3				説明
問4	A 記号	B 記号	Aの時刻	
問5	(1)	(2)	(3)	
問6	C 記号	D 記号	Cの時刻	

問7

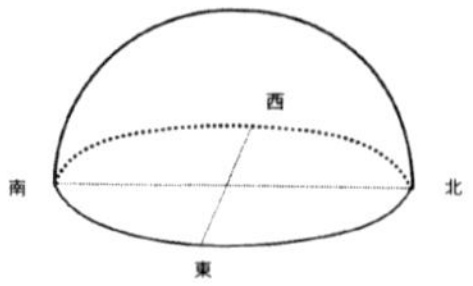

3

問1	
問2	
問3	実験方法 結果
問4	サンゴにとっての利点 褐虫藻にとっての利点
問5	

（注）この解答用紙は実物を縮小してあります。179％拡大コピーをすると、ほぼ実物大の解答欄になります。

〔理　科〕100点(推定配点)

1　問１～問８　各４点×８　問９　各３点×２　2　問１～問３　各４点×３＜問１，問３は完答＞　問４～問６　各２点×９　問７　４点　3　各４点×７

２０２３年度　ドルトン東京学園中等部　２月１日午前

算数解答用紙

番号		氏名		評点	／100

1

(1)		(2)		(3)		(4)	

2

(1)		(2)	%	(3)	$x=$
(4)	秒速　m	(5)	番目	(6)	人

3

(1)	ア		イ		(2)		(3)	
(4)	cm^2							

4

(1)	か所	(2)	
(3)	式や考え	答え	

（注）この解答用紙は実物を縮小してあります。172%拡大コピーをすると、ほぼ実物大の解答欄になります。

〔算　数〕100点(推定配点)

1, 2 各５点×10　3 (1) 各５点×２　(2)～(4) 各６点×３　4 (1) ５点　(2) ６点　(3) 式や考え…６点，答え…５点＜完答＞

２０２３年度　ドルトン東京学園中等部　２月１日午前

社会解答用紙

番号　　氏名　　評点　／50

1　問１　問２　問３　問４（漢字指定）

問５　問６

問７（15・30・35）

問８

2　問１　問２　問３

問４

問５　問６　問７（漢字指定）　問８

3　問１　問２（アルファベット指定）　問３　問４

問５（15・30・40）

問６　問７　問８

（注）この解答用紙は実物を縮小してあります。Ｂ５→Ａ３（163%）に拡大コピーすると、ほぼ実物大の解答欄になります。

〔社　会〕50点（推定配点）

1　問１～問６　各２点×６　問７　３点　問８　２点　2　各２点×８　3　問１～問４　各２点×４　問５　３点　問６～問８　各２点×３

２０２３年度　　ドルトン東京学園中等部　２月１日午前

理科解答用紙

番号		氏名		評点	／50

1

問1		
問2		
問3	温度 約　　℃	理由
問4		

2

問1		問2					
問3							
問4		問5		問6	cm³	問7	水 / 空気

3

問1		問2	温度 ℃ / 理由
		問3	(1) g / (2) %

（注）この解答用紙は実物を縮小してあります。169％拡大コピーをすると、ほぼ実物大の解答欄になります。

〔理　科〕50点(推定配点)

1　各３点×５　2　問１，問２　各２点×２　問３～問６　各３点×４＜問４，問５は完答＞　問７　各２点×２　3　各３点×５

二〇二三年度　　ドルトン東京学園中等部　二月一日午前

国語解答用紙

番号		氏名		評点	／100

一

問一　①　　ばす　②　　く　③

問二　①　②　③

二

問一

問二

問三

問四

問五

問六　30

問七

三

問一

問二

問三

問四

問五

問六　40　30

問七

問八　50　100　150　200　250　300

（注）この解答用紙は実物を縮小してあります。175％拡大コピーすると、ほぼ実物大の解答欄になります。

〔国　語〕100点(推定配点)

一　各２点×６　二　問１～問６　各５点×６　問７　４点　三　問１～問６　各５点×６　問７　４点　問８　20点

２０２３年度　　ドルトン東京学園中等部　２月１日午後特待

算数解答用紙

番号		氏名	

評点	／100

1

(1)		(2)		(3)		(4)	

2

(1)	円	(2)	が　安打多い	(3)	
(4)	分後	(5)		(6)	勝

3

(1)		(2)		(3)	

4

(1)	円		(2)	円		
(3)	ア		イ		ウ	
	エ		オ		カ	
(4)						

5

(1)	①		②		③			
(2)	万票	(3)	万票					
(4)	ア		イ		ウ		エ	

（注）この解答用紙は実物を縮小してあります。179％拡大コピーをすると、ほぼ実物大の解答欄になります。

〔算　数〕100点(推定配点)

1, 2　各３点×10　3　各４点×３　4　(1)，(2)　各４点×２　(3)　各３点×６　(4)　５点　5　各３点×９

二〇二三年度　ドルトン東京学園中等部　二月一日午後特待

国語解答用紙

番号		氏名		評点	／100

一

問一　①　②　③

問二　①　②

問三

二

問一　A　B　C

問二

問三

問四

問五

問六　～

三

問一　A　B　C　D

問二

問三

問四

問五　40　30

問六　50　100　150　200　250　300

（注）この解答用紙は実物を縮小してあります。175％拡大コピーすると、ほぼ実物大の解答欄になります。

〔国　語〕100点(推定配点)

一　各２点×６　二　問１　各３点×３　問２～問６　各５点×５　三　問１　各３点×４　問２～問４　各５点×３　問５　７点　問６　20点

２０２３年度　ドルトン東京学園中等部　２月２日午後理数特待

算数解答用紙

番号		氏名		評点	／100

1

(1)		(2)		(3)		(4)	

2

(1)		(2)	%	(3)	度
(4)	m	(5)	個	(6)	

3

(1)		(2)	ア		イ		(4)
(3)							

4

(1)	通り	(2)	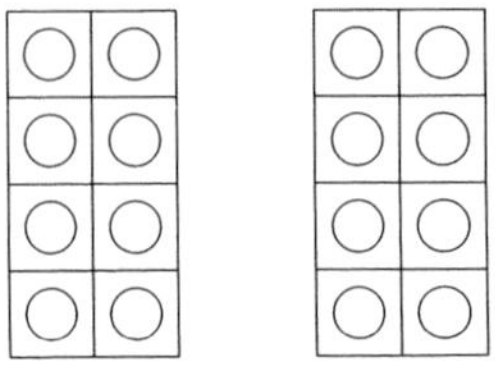	(3)	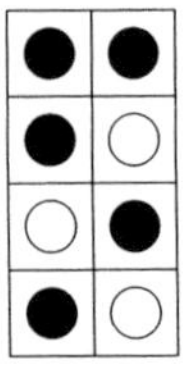
(4)					

5

(1)		(2)	①		②		③
(3)	①  A B		②  A B		③  A B		

（注）この解答用紙は実物を縮小してあります。175％拡大コピーをすると、ほぼ実物大の解答欄になります。

〔算　数〕100点（推定配点）

1，2　各４点×10＜2の(6)は完答＞　3　(1)，(2)　各３点×３　(3)　５点　(4)　４点　4　(1)，(2)　各３点×３　(3)　４点　(4)　５点　5　(1)，(2)　各３点×４＜(1)は完答＞　(3)　各４点×３

２０２３年度　ドルトン東京学園中等部　２月２日午後理数特待

理科解答用紙

番号		氏名	

評点	／100

A

問1		問2	
問3	利点1 利点2		
問4	（利点1・利点2）←選んだ利点を丸で囲む 不十分な点 必要なデータ		

B

問1	記号	理由		
問2	温度の影響 昼の長さの影響			
問3	温度･昼の長さの条件	理由		
問4				
問5	実験 結果			
問6		問7	考え方	濃度　%
問8				

C

問1	記号	理由	
問2	飛翔距離　m	平均飛翔速度　分速　m	
問3			
問4	ア　答	イ　答	

（注）この解答用紙は実物を縮小してあります。175％拡大コピーをすると、ほぼ実物大の解答欄になります。

〔理　科〕100点(推定配点)

A　問1　4点＜完答＞　問2　各3点×2　問3　各4点×2　問4　5点　B　問1　5点＜完答＞　問2～問6　各4点×8　問7，問8　各5点×2　C　各5点×6＜問1は完答＞

2022年度　　ドルトン東京学園中等部　2月1日午前

算数解答用紙

番号		氏名		評点	／100

1

(1)		(2)		(3)		(4)	

2

(1)	市	(2)	g	(3)	度
(4)	m	(5)	曜日	(6)	

3

(1)	① 手	②	通り
(2)		(3)	

4

(1)	m	(2)	m
(3)			

（注）この解答用紙は実物を縮小してあります。175％拡大コピーをすると、ほぼ実物大の解答欄になります。

〔算　数〕100点(推定配点)

1，2　各6点×10　3　(1)　各4点×2　(2)，(3)　各6点×2　4　(1)，(2)　各6点×2　(3)　8点

２０２２年度　ドルトン東京学園中等部　２月１日午前

社会解答用紙

番号		氏名	

評点	／50

1

問1　問2　問3　問4　問5

問6　（漢字指定）

問7

問8　（15, 20, 30, 35）

2

問1　問2　問3

問4 (1)

(2)

問5　（漢字指定）

問6

問7　西暦　年　月　日

問8

3

問1

問2

問3　（完答）

問4

問5　問6

問7　（15, 25, 30）

問8　国名　記号　（完答）

（注）この解答用紙は実物を縮小してあります。172%拡大コピーをすると、ほぼ実物大の解答欄になります。

〔社　会〕50点(推定配点)

1～3　各２点×25＜3の問３，問８は完答＞

２０２２年度　ドルトン東京学園中等部　２月１日午前

理科解答用紙

番号		氏名		評点	／50

1

問1

問2

2

問1		問2	倍

問3

問4　てこの原理を利用したもの

図

3

問1

問2　説明

必要な情報

（注）この解答用紙は実物を縮小してあります。172％拡大コピーをすると、ほぼ実物大の解答欄になります。

〔理　科〕50点（推定配点）

1　各８点×2　2　問１，問２　各４点×2　問３　６点　問４　てこの原理を利用したもの…２点，図…４点　3　問１　６点　問２　各４点×2

二〇二二年度　ドルトン東京学園中等部　二月一日午前

国語解答用紙

番号		氏名		評点	／100

一

問一 A B C

問二

問三

問四

問五

問六

二

問一 a b c

問二

問三

問四

問五

問六

問七

問八

三

問一 ① ② ③

問二 ① ②

（注）この解答用紙は実物を縮小してあります。175％拡大コピーすると、ほぼ実物大の解答欄になります。

〔国　語〕100点(推定配点)

一 問1　各3点×3　問2　6点　問3～問6　各5点×4　二 問1　各2点×3　問2　5点　問3　8点　問4～問7　各5点×4　問8　16点　三 各2点×5

２０２２年度　ドルトン東京学園中等部　２月１日午後特待

算数解答用紙

番号		氏名		評点	／100

1

(1)		(2)		(3)		(4)	

2

(1)	点	(2)	g	(3)	cm^2
(4)	m	(5)	個	(6)	位

3

(1)	a		b		c	
	d		e		f	

(2)

4	3	8	
			6
			1
			7

(3)

A	
B	
C	
D	

4

(1)	個	(2)	段目	(3)	cm^2

5

(1)	①		②			
(2)						
(3)	ア		イ		ウ	
	エ		オ		カ	

（注）この解答用紙は実物を縮小してあります。175％拡大コピーをすると、ほぼ実物大の解答欄になります。

〔算　数〕100点(推定配点)

1～4　各５点×16＜3の(1)，(3)は完答＞　5　(1)　各２点×２　(2)　４点　(3)　各２点×６

二〇二二年度　ドルトン東京学園中等部　二月一日午後特待

国語解答用紙

番号		氏名		評点	／100

一

問一　a　b　c

問二

問三

問四　A　B　C

問五

問六

問七

二

問一　a　b　c

問二

問三

問四

問五

問六　従来の常識と少し違った「ものの見方」は、

問七　X　Y

三

問一　①　②　③

問二　①　②

（注）この解答用紙は実物を縮小してあります。175%拡大コピーするとほぼ実物大の解答欄になります。

〔国　語〕100点(推定配点)

一　問1　各2点×3　問2，問3　各5点×2　問4　各4点×3　問5，問6　各5点×2　問7　15点　二　問1　各2点×3　問2〜問6　各5点×5　問7　各3点×2　三　各2点×5

２０２２年度　ドルトン東京学園中等部　２月２日午後理数特待

算数解答用紙

番号		氏名		評点	／100

1

(1)		(2)		(3)		(4)	

2

(1)	点	(2)	g	(3)	㎠
(4)	m	(5)		(6)	

3

(1)	番目	(2)		(3)	個

4

(1)	g	(2)①	右（　　　　）の位置に，合計（　　　　本）のマッチ棒を使った正方形を下げる。
(2)②			
(3)①	三角すい（　　　本），四角すい（　　　本），立方体（　　　本）		
(3)②	三角すい（　　　　），四角すい（　　　　），立方体（　　　　）		
	三角すい（　　　　），四角すい（　　　　），立方体（　　　　）		
	三角すい（　　　　），四角すい（　　　　），立方体（　　　　）		

5

(1)	℃		(2)			(3)				
(4)	カ		キ		ク		ケ		コ	

（注）この解答用紙は実物を縮小してあります。179％拡大コピーをすると、ほぼ実物大の解答欄になります。

〔算　数〕100点(推定配点)

1～3　各４点×13＜2の(5)は完答＞　4　(1)，(2)　各４点×３　(3)　①　４点＜完答＞　②　５点＜完答＞　5　(1)～(3)　各４点×３　(4)　各３点×５

２０２２年度　ドルトン東京学園中等部　２月２日午後理数特待

理科解答用紙

番号		氏名		評点	／100

1

問１

問２

問３

問４

問５

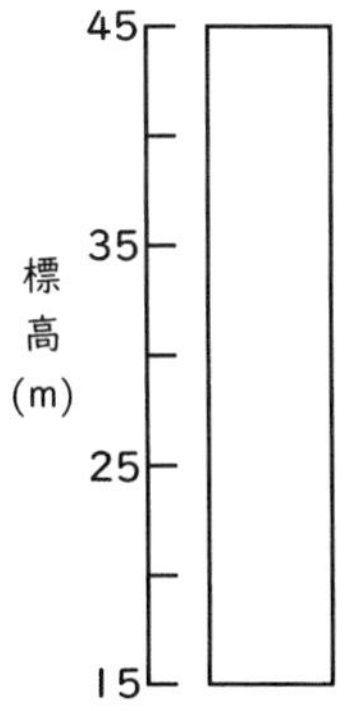

2

問１　　問２

問3

問４

問5

3

問1

問2

問3

問4

問5

（注）この解答用紙は実物を縮小してあります。179%拡大コピーをすると、ほぼ実物大の解答欄になります。

〔理　科〕100点(推定配点)

1　問１　８点　問２，問３　各５点×２　問４，問５　各８点×２　2　問１，問２　各５点×２　問３　８点　問４　５点<完答>　問５　８点　3　問１　５点　問２，問３　各８点×２　問４，問５　各７点×２

2021年度　ドルトン東京学園中等部　2月1日午前

算数解答用紙

番号		氏名		評点	／100

1

(1)		(2)		(3)		(4)	

2

(1)		(2)	分速　　m	(3)	%
(4)	個	(5)	cm	(6)	

3

(1)	①	色	個	②	cm^2
(2)	①			②	個

4

(1)	hPa	(2)		(3)		
(4)						
(5)	台風名		説明			

（注）この解答用紙は実物を縮小してあります。167%拡大コピーをすると、ほぼ実物大の解答欄になります。

〔算　数〕100点(推定配点)

1, 2　各5点×10　3　各6点×4＜(1)の①は完答＞　4　(1)～(3)　各5点×3＜(3)は完答＞　(4)　6点＜完答＞　(5)　台風名…2点，説明…3点

２０２１年度　ドルトン東京学園中等部　２月１日午前

社会解答用紙

番号		氏名		評点	／70

1

問１　問２　問３

問４　問５（漢字指定）　問６

問７　問８　問９

問10　を改善するためには

という対策が必要である。

問11　問12　問13　問14

2

問１　問２　→　→　→

問３

問４　(1)　(2)　問５　問６（漢字指定）

問７

問８

問９　ア　イ　ウ　エ

問10　問11　問12　X　Y

（注）この解答用紙は実物を縮小してあります。170%拡大コピーをすると、ほぼ実物大の解答欄になります。

〔社　会〕70点（推定配点）

1　問１，問２　各２点×２　問３　３点　問４　２点　問５　３点　問６〜問９　各２点×４　問10　４点　問11〜問14　各２点×４　2　問１　２点　問２，問３　各３点×２<問２は完答>　問４，問５　各２点×３　問６，問７　各３点×２　問８〜問12　各２点×９

2021年度　　ドルトン東京学園中等部　2月1日午前

理科解答用紙

番号		氏名		評点	／70

1

問1	干満差が最大 地	干満差が最小 地	問2	回	問3	月　日
			問4			

2

問1		問2			
問3	①		②		
問4					

3

問1			問2							
問3		問4	A		B		C		問5	
問6	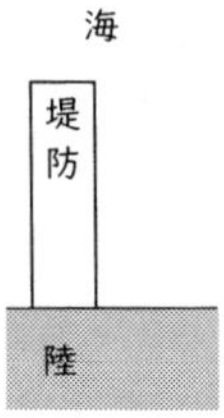				問7					
問8		問9								

（注）この解答用紙は実物を縮小してあります。169％拡大コピーをすると、ほぼ実物大の解答欄になります。

〔理　科〕70点(推定配点)

1　各3点×6　2　問1　3点　問2　各1点×3　問3　各3点×2　問4　4点　3　各3点×12

二〇二一年度　ドルトン東京学園中等部　二月一日午前

国語解答用紙

番号		氏名		評点	／100

一

問一　A　B　C　D　E

問二

問三

問四

問五

問六

二

問一　A　B　C

問二　①　③

問三

問四

問五

問六

問七

150

200

三

①

②

③

④

⑤

（注）この解答用紙は実物を縮小してあります。B5→A3（163%）に拡大コピーすると、ほぼ実物大の解答欄になります。

〔国　語〕100点(推定配点)

一　問1　各2点×5　問2～問6　各5点×5　二　問1，問2　各3点×5　問3～問6　各5点×4　問7　20点　三　各2点×5

2021年度　ドルトン東京学園中等部　2月1日午後

算数解答用紙

番号		氏名		評点	／100

1

(1)		(2)		(3)		(4)	

2

(1)	個	(2)	%	(3)	周
(4)	個	(5)	cm^2	(6)	個

3

(1)	①		②
(2)			

4

(1)	cm^3	(2)	cm^2

(3)

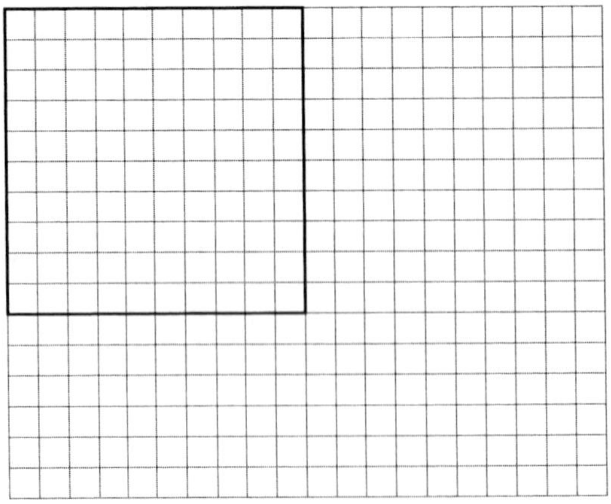

(4)	cm^2

（注）この解答用紙は実物を縮小してあります。167%拡大コピーをすると、ほぼ実物大の解答欄になります。

〔算　数〕100点(推定配点)

1, 2 各6点×10　3 (1) 各5点×2　(2) 6点　4 各6点×4

二〇二一年度　ドルトン東京学園中等部　二月一日午後

国語解答用紙

番号		氏名		評点	／100

一

問一

問二

問三

問四

問五

問六

問七

二

問一

A

B

C

D

問二

問三

問四

28

能力。

問五

問六

問七

200

150

三

①

②

③

④

⑤

（注）この解答用紙は実物を縮小してあります。175％拡大コピーすると、ほぼ実物大の解答欄になります。

〔国　語〕100点(推定配点)

一　各５点×7　二　問１　各２点×４　問２，問３　各５点×２　問４　７点　問５，問６　各５点×２　問７　20点　三　各２点×５

Memo

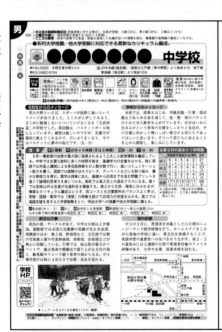

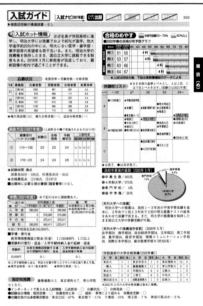